高等院校互联网+新形态教材·经管系列(二维码版)

公司治理
(微课版)

王胜桥　朱兰亭　主　编

清华大学出版社
北京

内 容 简 介

本书由教授、博士、公司高管组成的"工商管理国家级一流本科专业建设点"教学团队联合编著，主要包括公司治理概述、公司治理的理论基础、公司的股权结构设计、董事会运作机制设计、独立董事制度、监事会监督机制设计、高管层的激励与约束、公司股权激励设计、公司信息披露、利益相关者与机构投资者、公司治理模式的演进、互联网企业的公司治理等内容，体现了公司治理领域的最新理念、发展趋势、应用技术和企业实践。

本书注重案例学习，强化知识内隐，重视能力培养，在每章的结构安排上，先说明本章的学习目标，再以引导案例导入正文内容；文中安排与章节内容匹配的知识拓展和图表资料，文后有本章小结、思考题，以及实践应用或延伸阅读资料。更重要的是，本书提供了配套的微课视频，使学习者能够更加轻松便捷地学习公司治理的知识要点，丰富其思维方式，提升其专业能力。

本书既可作为高等院校的工商管理类公司治理课程的教材，也可作为其他经济管理类专业的参考书，还可作为企业的管理人员的培训用书。

本书封面贴有清华大学出版社防伪标签，无标签者不得销售。
版权所有，侵权必究。举报：010-62782989，beiqinquan@tup.tsinghua.edu.cn。

图书在版编目(CIP)数据

公司治理：微课版/王胜桥，朱兰亭主编. —北京：清华大学出版社，2022.6
高等院校互联网+新形态教材. 经管系列：二维码版
ISBN 978-7-302-60277-4

Ⅰ. ①公⋯ Ⅱ. ①王⋯ ②朱⋯ Ⅲ. ①公司—企业管理—高等学校—教材 Ⅳ. ①F276.6

中国版本图书馆 CIP 数据核字(2022)第 038385 号

责任编辑：梁媛媛
装帧设计：李　坤
责任校对：么丽娟
责任印制：丛怀宇

出版发行：清华大学出版社
网　　址：http://www.tup.com.cn, http://www.wqbook.com
地　　址：北京清华大学学研大厦 A 座　　邮　编：100084
社 总 机：010-83470000　　邮　购：010-62786544
投稿与读者服务：010-62776969, c-service@tup.tsinghua.edu.cn
质量反馈：010-62772015, zhiliang@tup.tsinghua.edu.cn
课件下载：http://www.tup.com.cn, 010-62791865

印 装 者：北京鑫海金澳胶印有限公司
经　　销：全国新华书店
开　　本：185mm×260mm　　印　张：16.25　　字　数：395 千字
版　　次：2022 年 6 月第 1 版　　印　次：2022 年 6 月第 1 次印刷
定　　价：49.00 元

产品编号：095037-01

前言

公司治理是我国高等学校工商管理类专业的核心课程。现代企业制度下的公司的存在必然带来公司治理问题，需要通过一套正式和非正式的制度安排和机制设计，来协调公司与所有的利益相关者之间的关系。公司治理的核心是监督管控与激励约束，良好的公司治理有助于企业的生存与成长，透视公司的未来价值，改善公司的声誉和形象，成为"百年老店"，实现"基业长青"。

本书共分十二章，主要包括公司治理概述、公司治理的理论基础、公司的股权结构设计、董事会运作机制设计、独立董事制度、监事会监督机制设计、高管层的激励与约束、公司股权激励设计、公司信息披露、利益相关者与机构投资者、公司治理模式的演进、互联网企业的公司治理等内容，体现了公司治理领域的最新理念、发展趋势、应用技术和企业实践。

本书注重案例学习，强化知识内隐，重视能力培养，在每章结构的安排上，先说明本章的学习目标，再以引导案例导入正文内容；文中安排与章节内容匹配的知识拓展和图表资料，文后有本章小结、思考题，以及实践应用或延伸阅读资料。更重要的是本书提供了配套的微课视频，使学习者能够更加轻松便捷地学习公司治理的知识要点，丰富其思维方式，提升其专业能力。

本书由教授、博士、公司高管组成的"工商管理国家级一流本科专业建设点"教学团队联合编著，由王胜桥、朱兰亭担任主编。具体分工如下：尹君编写第一章，符栋良编写第二章，宣子岳编写第三章，狄蓉编写第四章，种玉编写第五章，裴宏宙编写第六章，张帆编写第七章，郭建杰编写第八章，朱兰亭编写第九章、第十一章，并协助统稿，李兰编写第十章，张佳佳编写第十二章。王胜桥教授负责大纲设计和最后的统稿工作。

本书基于教学团队多年的企业管理与公司治理研究及最新企业实践编著完成，同时参阅和借用了大量前期出版的教材、论著及研究资料。另外，本书的出版还得到了工商管理高原学科和一流本科专业建设项目的资助，在此一并感谢。本书中所选的各种案例，只是为了给学习者传递更多的专业信息和思考空间，不代表本书观点，特此说明。因作者水平有限，书中难免有不足之处，部分资料因原作者无法查询，未能一一标注，敬请读者谅解并指正。

编　者

目录

第一章　公司治理概述 ... 1

第一节　企业及企业制度的产生 ... 4
一、企业制度的产生 ... 4
二、公司制企业制度 ... 6

第二节　公司治理的缘起与发展 ... 7
一、公司治理的缘起 ... 7
二、公司治理的发展 ... 8

第三节　公司治理的内涵与内容 ... 10
一、公司治理的内涵 ... 10
二、公司治理的内容 ... 10

第四节　公司治理的意义与特征 ... 12
一、公司治理的意义 ... 12
二、公司治理的特征 ... 13
三、公司治理与公司管理 ... 14

本章小结 ... 16
思考题 ... 16
实践应用 ... 17

第二章　公司治理的理论基础 ... 19

第一节　新古典企业理论 ... 21

第二节　交易成本理论 ... 22
一、科斯企业理论 ... 22
二、资产专用性理论 ... 23
三、间接定价理论 ... 24

第三节　委托代理理论 ... 24
一、委托代理问题 ... 25
二、委托代理理论概述 ... 26
三、委托代理动态模型 ... 26

第四节　利益相关者理论 ... 28
一、利益相关者理论概述 ... 28
二、利益相关者分析 ... 30

本章小结 ... 32
思考题 ... 32
实践应用 ... 33

第三章　公司的股权结构设计 ... 35

第一节　股东的权利与义务 ... 36
一、股东的定义 ... 36
二、股东的权利 ... 37
三、股东的义务 ... 38

第二节　股权结构设计模式 ... 39
一、股份的含义与种类 ... 39
二、股份比例设计 ... 40
三、股权的分类与股权结构模式 ... 41

第三节　股东大会及其运行机制 ... 45
一、股东大会的定义 ... 45
二、股东大会的类型 ... 47
三、股东大会的性质和职权 ... 47
四、股东大会的表决机制设计 ... 48

第四节　投资者关系管理 ... 50
一、投资者关系管理的内涵 ... 50
二、投资者关系管理的核心内容 ... 51
三、如何做好投资者关系管理 ... 53

本章小结 ... 54
思考题 ... 54
实践应用 ... 55

第四章　董事会运作机制设计 ... 57

第一节　董事选聘与权利 ... 59
一、董事的概念和性质 ... 59
二、董事的选聘 ... 60
三、董事的权利与义务 ... 61

第二节　董事会的结构设计 ... 62
一、董事会的职能与规模 ... 62
二、董事会的构成 ... 63

三、董事会的组织设计 66
第三节 董事会的运行机制 68
　一、董事会会议的类型及方式 68
　二、董事会会议的召集、频率
　　　与议事规则 70
　三、董事会的绩效评估 71
第四节 董事会的专门委员会 72
　一、董事会战略委员会 72
　二、董事会提名委员会 73
　三、董事会薪酬委员会 75
　四、董事会审计委员会 76
本章小结 77
思考题 78
实践应用 78

第五章 独立董事制度 80

第一节 独立董事制度概述 81
　一、独立董事及独立董事制度的
　　　内涵 81
　二、独立董事制度的起源与发展 82
　三、独立董事的角色与作用 84
　四、独立董事制度的局限 85
第二节 独立董事的资格与任免 87
　一、独立董事的任职资格 87
　二、独立董事的提名和选举 88
　三、独立董事的聘用 89
　四、独立董事的更换 90
第三节 独立董事的权利与义务 91
　一、独立董事的权利 91
　二、独立董事的义务 94
第四节 独立董事的考核、激励与约束 96
　一、独立董事的业绩考核 96
　二、独立董事的激励机制 97
　三、独立董事的约束 99
本章小结 99
思考题 99
实践应用 100

第六章 监事会监督机制设计 102

第一节 监事会概述 104
　一、监事会的概念及特征 104
　二、监事会的职权范围 106
　三、监事会的作用 107
第二节 监事会的结构设计 107
　一、以英美为代表的单层治理
　　　模式 107
　二、以德国为代表的双层治理
　　　模式 108
　三、以日本为代表的平行结构
　　　治理模式 109
第三节 监事会的运行机制 110
　一、监事会的成员结构 110
　二、监事会监督的方式和工作
　　　原则 112
　三、监事会的议事规则 113
　四、监事会监督的有效性 114
第四节 我国的监事会制度 115
　一、监事会制度在我国的起源
　　　和发展 115
　二、我国监事会的设置与运作 116
　三、我国监事会制度的不足
　　　与发展 116
本章小结 119
思考题 119
实践应用 119

第七章 高管层的激励与约束 122

第一节 高管层的选任机制 124
　一、高管层的界定与特征 124
　二、职业经理人制度 126
　三、选拔任用制度 127
第二节 高管层的绩效评价 128
　一、绩效评价指标体系 128
　二、绩效评价管理方法 130
　三、绩效评价结果应用 133

第三节　高管层的激励机制......................134
　　一、物质与利益激励..........134
　　二、权力与地位激励..........137
　　三、企业文化激励..............138
第四节　高管层的约束机制......................138
　　一、自我约束......................139
　　二、内部约束......................139
　　三、外部约束......................140
本章小结..142
思考题..142
实践应用..142

第八章　公司股权激励设计......................145

第一节　股权激励概述..............................147
　　一、股权激励的相关概念..147
　　二、股权激励的目的..........149
　　三、股权激励的基本原则..150
　　四、股权激励的作用..........151
第二节　股权激励计划设计要点..............152
　　一、明确有效股权激励的标准..........152
　　二、确定股权激励的对象..152
　　三、确定股权激励的模式..153
　　四、确定股权激励对象的报酬
　　　　构成..............................153
　　五、确定股权激励的调整原则..........154
第三节　股权激励的业绩基础条件..........155
　　一、股权激励与主导需求结合..........155
　　二、股权激励与绩效结合..156
　　三、股权激励与能力结合..156
　　四、股权激励与服务期限结合..........156
第四节　典型的股权激励模式..................157
　　一、股票期权......................157
　　二、业绩股票......................159
　　三、虚拟股票......................160
　　四、股票增值权..................162
　　五、限制性股票..................163
　　六、员工持股计划..............164

　　七、延期支付......................165
本章小结..166
思考题..167
实践应用..167

第九章　公司信息披露..................................169

第一节　信息披露与公司治理..................171
　　一、信息披露制度..............171
　　二、信息披露与公司治理..172
第二节　信息披露的原则和内容..............176
　　一、信息披露的原则..........176
　　二、信息披露的内容..........178
第三节　信息披露的方式..........................180
　　一、强制性信息披露..........180
　　二、自愿性信息披露..........181
本章小结..185
思考题..185
实践应用..185

第十章　利益相关者与机构投资者..........188

第一节　利益相关者与机构投资者..........189
　　一、机构投资者的概念与种类..........190
　　二、机构投资者的特点......190
　　三、机构投资者的作用......191
第二节　机构投资者与公司治理..............193
　　一、机构投资者参与公司治理的
　　　　动机..............................193
　　二、机构投资者参与公司治理的
　　　　机制..............................194
　　三、机构投资者参与公司治理的
　　　　途径..............................194
第三节　市场竞争与公司治理..................195
　　一、市场竞争对公司治理的影响...195
　　二、市场竞争与公司治理有效性...197
第四节　债权人、信用中介机构与公司
　　　　治理..198
　　一、债权人与公司治理......198

二、信用中介机构与公司治理........198

第五节　政府监管、媒体监督与公司
　　　　治理........................199
　　一、政府监管与公司治理............199
　　二、媒体监督与公司治理............201
本章小结................................202
思考题..................................203
实践应用................................203

第十一章　公司治理模式的演进........207

第一节　英美型公司治理模式............208
　　一、英美型公司治理模式的起源......208
　　二、英美型公司治理模式的特点......208
　　三、英美型公司治理模式的优势
　　　　和劣势........................209

第二节　德日型公司治理模式............211
　　一、德日型公司治理模式的起源......211
　　二、德日型公司治理模式的特点......212
　　三、德日型公司治理模式的优势
　　　　和劣势........................213

第三节　家族型公司治理模式............214
　　一、家族型公司治理模式的起源......214
　　二、家族型公司治理模式的特点......215
　　三、家族型公司治理模式的优势
　　　　和劣势........................215

第四节　公司治理的演进趋势............218
　　一、公司治理模式逐渐趋同化........219
　　二、公司治理模式趋同化的原因......219

本章小结................................220
思考题..................................221
实践应用................................221

第十二章　互联网企业的公司治理........224

第一节　互联网企业的公司治理模式......226
　　一、互联网平台企业的概念界定......227
　　二、网络治理：互联网平台企业
　　　　公司治理模式..................229

第二节　互联网企业的公司治理特征......230
　　一、网络治理、层级治理及市场
　　　　治理的区别....................230
　　二、网络治理的特征................231

第三节　创始人对公司控制权的保护......232
　　一、创始人与控制权的概念内涵......232
　　二、互联网平台企业创始人控制权
　　　　保护：智力资本导向............232
　　三、双层股权结构制度..............234
　　四、合伙人制度....................236

第四节　互联网企业的公司激励机制......240
　　一、相关理论基础..................240
　　二、互联网平台企业激励机制的
　　　　主要内容......................241

本章小结................................244
思考题..................................244
实践应用................................245

参考文献..247

第一章 公司治理概述

【学习目标】

1. 了解企业及企业制度的产生。
2. 认识公司治理的缘起与发展。
3. 掌握公司治理的内涵与内容。
4. 理解公司治理的意义与特征。

【引导案例】

从"瑞幸咖啡财务造假"事件看上市公司治理的重要性

一、"瑞幸咖啡财务造假"事件回顾

(一)瑞幸咖啡的基本情况

瑞幸咖啡(luckin coffee)总部位于厦门,由神州优车集团原首席运营官(COO)钱某某创建,是中国最大的连锁咖啡品牌。2017 年 10 月 5 日,瑞幸咖啡第一家内部测试店在神州总部一楼开业;同月,第一家外部测试店在北京银河 SOHO 开业。从此以后,瑞幸以狂飙突进的速度开店,截至 2019 年 12 月 16 日,在大陆开设的门店已经达到 4910 家。2019 年 5 月 17 日,瑞幸咖啡在美国纳斯达克股票市场成功敲钟,并在一路的质疑声中狂奔进入纳斯达克。瑞幸咖啡的发行价定在区间的上端,每股为 17 美元,但开盘价又比定价上涨近 50%,以 25 美元/股开盘,一天交易后收于 20 美元,上涨近 20%,市值接近 50 亿美元,是截至 2019 年在纳斯达克 IPO 融资规模最大的亚洲公司。瑞幸咖啡刷新了中国公司在美国上市的最快纪录,此时,距离它创立仅 19 个月。2018 年 7 月瑞幸咖啡开始 A 轮融资,除了陆某某及相关人员之外,大钲资本、愉悦资本等投资公司也进行共同融资,融资额达 2 亿美元,瑞幸咖啡的估值达 10 亿美元。

(二)事件回顾

披露的招股书显示,2018 年度,瑞幸咖啡的营业收入为 8.41 亿元,净亏损为 16.19 亿元,归属于公司股东的净亏损达 31.9 亿元。瑞幸咖啡 2019 年第一季度营业收入为 4.79 亿元,净亏损为 5.27 亿元。如果按公布的数据来计算,瑞幸咖啡成立以来亏损近 22 亿元,平均每天亏损额约为 400 万元。

2020年2月1日著名做空机构——浑水发布做空报告，录制了11260小时视频，形成981天成功纪录和851天未成功纪录，合计为1832天。此外，他们还出动了92名全职员工、1418名兼职员工，收集了25843张消费小票。通过反馈的调查数据，经过缜密的推算，得出瑞幸咖啡财务造假的事实：瑞幸咖啡在2020年第三季度、第四季度分别虚报销量69%和88%。2020年4月2日，瑞幸咖啡发布公告，董事会成立的特别委员会调查结果显示，公司虚报2019年第二季度至第四季度销售额约为22亿元。瑞幸咖啡自4月2日公布业绩造假之后，股价较前一日收盘价26.2美元暴跌75.57%，此后2个交易日又下跌了15.94%和18.4%。4月3日瑞幸咖啡董事长陆某某发声，表示承担责任，中国证监会回应"瑞幸咖啡财务造假"，表示强烈谴责。4月5日，瑞幸咖啡董事长陆某某道歉，表示羞愧心痛，瑞幸咖啡财务造假高管被停职调查。4月7日，瑞幸咖啡宣布停牌。自5月6日起财政部对瑞幸咖啡公司境内2家主要运营主体瑞幸咖啡(中国)有限公司和瑞幸咖啡(北京)有限公司成立以来的会计信息质量开展检查，并延伸检查关联企业、金融机构23家。截至2021年，检查基本完成。调查发现，自2019年4月起至2019年末，瑞幸咖啡通过虚增商品券业务增加交易额22.46亿元，虚增收入21.19亿元(占对外披露收入51.5亿元的41.15%)，虚增成本费用为12.11亿元，虚增利润为9.08亿元。

(三)董事会和管理层改组

瑞幸咖啡2020年5月初的公告显示，除了钱某某和刘某被免职外，还将另外6名参与此次造假的员工停职或休假，这也是首次牵扯到钱某某。在2020年4月瑞幸咖啡自曝光之后，市场对于刘某独自进行业绩造假的说法并不认同。外界认为，不管是动机、能力还是责权，如此高比例收入的造假，绝对不可能是刘某及其下属部门就可以轻易完成的。但当天公告中并未提及钱某某是否参与造假，只是对外公布称在调查期间，董事会在考虑了这些信息与证据后，终止了钱某某和刘某两人的职务。在解除他们职务的同时，瑞幸董事会也对公司的管理层进行了调整，任命公司董事、高级副总裁郭某某担任代理CEO，并任命两名非神州系高管曹某某和吴某担任董事。7月5日，瑞幸咖啡召开特别股东大会。此次会议投票通过了此前股东大会公告中的全部议案，即免除陆某某、黎某、刘某某及邵某某四位董事的职务。

二、瑞幸咖啡造假原因分析

瑞幸咖啡为了拉动股价的上涨，以及相关的业绩承诺，提高公司自身的价值，不断进行业务造假。

(一)外部原因

一是面对主动造假、费尽心机造假的公司，审计机构未能尽职尽责。瑞幸咖啡为了上市圈钱，大肆进行不为人知的背后操纵。二是会计师事务所等审计机构对瑞幸咖啡进行审计的过程，出现了评估失灵的情况，致使瑞幸咖啡能够成功逃脱中介机构的审计。

(二)内部原因

一是内控形同虚设。内部风险控制管理存在重大疏漏，瑞幸咖啡随意捏造财务和运营数据，夸大门店的每日订单数量，从而营造盈利的假象。瑞幸咖啡全业务流程造假，说明公司内部控制机制基本上形同虚设。二是内部管理不到位。瑞幸咖啡各方出于利益和需求的动机，视管理为儿戏，选择利己策略并实施。比如，董事会中的大部分董事没有承担该负的责任。上市公司治理层面的监督机制失效使公司会计信息失真变得越来越严重，而实际进行公司操作的是钱某某等相关管理层。三是公司的主要管理人员失信。瑞幸咖啡公司管理成员中的一些关键人物信誉很差，有的是刑满释放人员；有的是长期失信人员，所参与的每一家公司均有行骗的斑斑劣迹。有这种无底线、无道德的公司领导，实际上使瑞幸咖啡从成立伊始就沦为一家"骗子公司"。

三、瑞幸咖啡财务造假带来的启示

(一)完善外部监管体系，加大打击力度

财务造假在某种程度上受到的行政处罚远远小于违法所得。因此，要对公司财务造假进行顶格处罚。除此之外，还要加快完善企业海外贸易和投融资法律体系，推动企业"走出去"，为中国企业树立良好的品牌形象。要强化审计等第三方独立机构的权利和责任。对于市场中介机构而言，要高度重视对企业商业模式的风险评估。瑞幸咖啡这种互联网公司进入快消行业，采用"烧钱+补贴"的商业模式，本身就具有相当大的市场风险。注册会计师应在审计计划各阶段，对瑞幸咖啡进行详细的审核。

(二)增强管理层诚信意识，建立有效的监督机制

在此次造假的过程中，瑞幸咖啡管理层发挥了巨大的作用。"瑞幸咖啡"事件，给其他互联网公司树立了一个反面典型。对于这种情况，应当慎重选择管理人员，加强上市企业内部的诚信教育，增强管理层的诚信意识，让管理层树立正确的价值观。一旦企业出现类似管理层失信问题，所面临的就不只是罚款，甚至可能让公司在资本市场上的价值完全消失。加大失信的成本与代价，让这些扰乱市场、产生极大社会负面影响的企业与个人没有翻身的可能。除此之外，还要对公司管理层的管理能力与范围进行有效监督，而不只是流于形式。而本案例中的瑞幸咖啡公司，本身存在着严重的制度缺陷，从披露的资料及数据可以看出，此次造假事件的参与人员除了涉及部分重要的管理层之外，还涉及很多中层及基层员工。参与人数之多，造成的恶劣影响之深远，让瑞幸咖啡的内控部门形同虚设，成为"空架子"。至于内控部门是否也参与其中，我们不得而知。正是瑞幸咖啡内控制度设计不完善导致监督不力，最后出现严重的财务造假事件。

(三)改善公司内部治理结构，维护投资者与中小股东利益

维护股东和利益相关者的利益是公司治理的重中之重，企业的成功缺乏系统性的保护，是因为企业基础非常脆弱。每个公司治理水平的直接体现是股东权益是否被管理层考虑，瑞幸咖啡公然造假做出"漂亮"的数据来蒙蔽投资者，使大量的投资者与小股东的利益受到损害。以牺牲"小我"成就"大我"，不仅在法律上是不允许的，而且在道德上也是不允许的，因为它会产生恶劣的影响。此次事件对于类似商业模式的公司起到了一定的警示作用，维护投资者与中小股东的利益不容懈怠，否则这样的公司就是在进行诈骗。

瑞幸咖啡成立仅10多个月就在海外上市，紧接着就曝出财务造假，其造假历程给了我们一定的思考与启示。瑞幸咖啡涉嫌财务造假事件涉及金额之巨大，性质之恶劣，涉及面之广，超出了大家的想象。因此，提高企业内控水平，维护中小投资者权益，加强公司治理已经迫在眉睫。

(资料来源：树友林，朱虹宇. 公司治理视域下瑞幸咖啡财务造假问题探究[J]. 江苏商论，2021.)

第一节 企业及企业制度的产生

企业是指把人的要素和物的要素结合起来自主地从事经济活动、具有营利性的经济组织。其基本含义为以盈利为目的(与非营利性组织,如大学、医院等的根本区别),是经济组织(与社会组织,如政党组织、教会组织等的区别)。企业的运行必须要以制度为保障。

制度是大家共同遵守的办事规则或行动准则,它抑制可能出现的机会主义行为,使人们的行为更可以预见并由此促进劳动分工和财富创造。制度要有效能,总是隐含着某种对违规的惩罚。企业制度是指在一定的历史条件下所形成的企业经济关系或契约关系,包括企业经济运行和发展中的一些重要的规定、规矩和行动准则。

一、企业制度的产生

从企业制度的发展历史来看,经历了两个发展时期:古典企业制度和现代企业制度。古典企业制度以业主制企业和合伙制企业为主,现代企业制度以公司制企业为代表。

(一)业主制企业及其属性

业主制企业是指由一个自然人①投资,全部资产为出资人所有并由出资人对企业债务承担无限责任的营利性经济组织。

业主制企业具有以下典型的特征。①业主制企业的出资人(投资者、企业主)仅限于一个自然人。②业主制企业不具有法人资格,其财产及责任与企业主的个人财产及个人的责任是同一的。③业主制企业的企业主对企业享有全部权利,完全、独立、直接地支配企业的财产和经营管理活动。④企业主享有以企业之名获得所有利润的权利,并对企业经营的一切风险及债务承担无限责任。

业主制企业与其他企业组织形式相比,具有以下不足之处。①业主制企业的企业主承担无限责任,企业的经营风险很大,一旦经营不当,欠债太多,不仅企业财产要用来偿还债务,而且可能累及企业主其他个人财产。②企业出资人只有一个,企业资本来源少,企业规模受到很大限制,很难适应现代化大生产的要求。③业主制企业与企业主的人身密不可分,因此其存续期限较短,一旦企业主死亡或歇业,企业即告终止。

(二)合伙制企业及其属性

合伙制企业是指由两个或两个以上自然人通过订立合伙合同,共同投资设立、共同经营管理的营利性经济组织。

合伙制企业的典型特征体现在以下几点。第一,合伙制企业成立的基础是合伙人之间签订的合伙合同,合伙合同以合伙人之间的平等地位、受托信任关系为基础,合伙人之间在合伙的业务范围内形成相互代理关系。第二,合伙制企业不具有法人资格,属于自然人企业。

---

① 自然人即生物学意义上的人,是基于出生而取得民事主体资格的人,含本国公民、外国公民和无国籍人。自然人、法人和非法人组织都是民事主体。自然人是在自然状态之下而作为民事主体存在的人,代表着人格,代表其有权参加民事活动,享有权利并承担义务。

这是合伙制企业与公司制企业的基本区别。第三，合伙制企业的性质是强调人的联合，就是在保持各合伙人独立性前提下的联合，在合伙关系中，民事主体是合伙人而不是合伙企业本身。第四，合伙人对合伙制企业债务承担无限连带责任。合伙制企业财产不足以抵偿企业债务时，合伙人应用自己的个人财产去清偿债务。

按照合伙人对合伙制企业的责任，合伙制企业可分为普通合伙企业和有限责任合伙企业。普通合伙企业的合伙人均为普通合伙人，对合伙企业的债务承担无限连带责任；有限责任合伙企业由一个或几个普通合伙人和一个或几个责任有限的合伙人组成，合伙人中至少有一个人要对企业的经营活动承担无限责任，其他责任有限的合伙人只以其出资额为限对合伙企业债务承担责任，一般不直接参与企业的经营管理活动。

合伙制企业既有优点，也有缺点，表现在以下几个方面。第一，合伙制企业的资本来源相对广泛，可以充分发挥企业和合伙人个人的力量，增强经营管理实力，扩大企业规模。第二，合伙人共同承担合伙企业的经营风险和责任，而不是由单一的投资者承担责任，因此相对分散了经济上的风险和责任。第三，多数国家对于合伙制企业不作为一个统一的纳税单位征收所得税，因此合伙人仍然只需将其从合伙企业分得的利润与其他个人收入汇总缴纳一次所得税即可。第四，合伙人对企业债务承担无限连带责任，风险较大，合伙人的退出或死亡会影响企业的生存和寿命。

(三)公司制企业及其属性

公司制企业是依法成立的、以盈利为目的的经济组织。其包含两层含义：①公司要依法成立，具有独立产权和组织形式，以盈利为目的；②与自然人企业相比，现代公司制度指由一定人数以上的股东共同出资设立，股东以其出资额为限对公司负责，公司以其资产对外负责的具有法人资格的公司形式。

(四)企业制度比较

业主制企业、合伙制企业和公司制企业这三种企业制度既有其优点，也有其缺点。如何选择适合的企业制度，涉及企业设立、法人地位、风险责任、存续期限等选择因素。

从企业设立来看，业主制企业、合伙制企业设立较为简单，公司制企业相对复杂一点。

从资本规模来看，业主制企业规模小，合伙制企业规模中等，公司制企业相对来说规模较大。

从法人地位来看，业主制企业和合伙制企业都没有法人地位，公司制企业则是独立的法人。

从风险责任来看，业主制企业承担无限责任，合伙制企业承担无限连带责任，公司制企业则存在代理责任问题。

从税收来看，业主制企业和合伙制企业只涉及个人所得税，公司制企业则包括企业所得税和个人所得税。

从利润分享来看，业主制企业是利润个人独享，合伙制企业是合伙人共享，公司制企业则是按比例分享。

从出资转让来看，业主制企业转让容易，公司制企业则是多数人同意就行，合伙制企业最难，需要合伙人一致同意。

从存续期限来看，业主制企业同企业主个人的生命相关，合伙制企业同约定的合伙期有关,而公司制企业则可永远存续。

从代理成本来看,业主制企业无代理成本,合伙制企业代理成本低,公司制企业代理成本则相对高些。

从两权分立来看,业主制企业和合伙制企业两权统一,公司制企业则两权分离。

综上所述,投资者只有按照最低成本、最大收益、最小风险等原则,对各种因素综合比较和分析,才能选择适合的企业制度形式。

二、公司制企业制度

公司治理问题主要是针对现代企业制度的公司制企业来说的(以下简称公司)。公司的主要形式为:有限责任公司和股份有限公司。

(一)有限责任公司

有限责任意味着公司与其所有者和雇员相互分离,公司所拥有的并不等同于构成公司的个人所拥有的。公司的独立责任,即公司以其全部资产对公司的债务承担独立清偿责任。股东的有限责任,即股东以其出资额为限对公司承担责任。股东的责任是对公司的责任,而不是对公司债权人的责任。

有限责任可以减少和分散投资风险;有效募集社会资本,促进企业快速发展;鼓励投资,促进高风险项目的发展;促使投资和经营相分离,形成和优化专门的公司治理结构。尤其重要的一点就是,有限责任制度的前提条件和理论基础是公司人格与股东人格的分离,即公司具有独立于股东的人格。

"法人"是与"自然人"相对的一个概念,法人分为两种,即社团法人和财团法人。公司属于社团法人,法人是公司区别于业主制企业特别是合伙制企业等自然人企业的主要特征。法人是由自然人及其财产组成的稳定的组织结构,是一种以团体形式出现的现代社会权利主体和行为主体。

法人的典型特征体现为:依法定的程序和条件成立;具有独立的法律人格,即具有独立的民事权利能力和民事行为能力,有自己的意思表示机关,可以法人的名义来签订契约;法人的权利义务与法人成员的权利义务相互分离,即法人是独立于自然人而存在的民事主体;法人的存续具有永久性,法人可以超越自然人的生命而存在,不会随着所有者的死亡而消亡。

有限责任公司又称有限公司,是指根据法律规定的条件成立,由两个以上股东共同出资,并以其认缴的出资额为限对公司的经营承担有限责任,公司以其全部资产对公司的债务承担责任的企业法人。

有限责任公司的典型特征体现为:股东人数的限制性;公司设立程序和组织机构简便灵活;公司募集资本和出资转让受到限制;股东承担有限责任;资合与人合的统一。

(二)股份有限公司

股份有限公司又称股份公司,是指其全部资本分为等额股份,股东以其所持股份为限对公司承担责任,公司以其全部资产对公司的债务负责。其主要作用包括:筹资功能;分散风险;投资灵活;专门化、长期性管理;较高的经济效率。

依据公司是否上市,股份有限公司又分为上市公司和非上市公司。一般意义上的上市公司是指在公开的资本市场即证券市场上发行和交易股票、债券的股份有限公司。我国大陆境内的上市公司现在是指经国务院证券监督管理机构核准，或由其授权的证券交易所依照法定条件和程序核准，在上海、深圳的证券交易所公开发行和交易股票、债券的股份有限公司。

上市公司不同于其他形式的股份有限公司，其具有自身特征：一是上市公司是指依法在证券市场公开发行和交易股票、债券的股份有限公司。我国《公司法》第一百二十条所称上市公司，是指其股票在证券交易所上市交易的股份有限公司。二是政府对这类公司在股份募集、公司设立、信息披露等方面实行更加全面、严格的监督管理，例如，公司股东和股本总额必须达到比其他公司更高的法定条件，上市公司必须定期提供并公开其财务会计报告，必须即时报告其重大事项。

(三)有限责任公司与股份有限公司比较

有限责任公司与股份有限公司作为公司的主要形式，两者既有共同点又有不同点。

共同点体现在三个方面：①股东都对公司承担有限责任；②股东的财产与公司的财产是分离的；③有限责任公司和股份有限公司对外都是以公司的全部资产承担责任。

不同点体现在五个方面：①在成立条件和募集资金方面有所不同；②股份转让难易程度不同；③股权证明形式不同；④股东会、董事会权限大小和两权分离程度不同；⑤财务状况的公开程度不同。

公司制企业是人类历史的重大发明，打破了人们血缘和地缘的合作，建立了以契约为导向的合作关系。其产生后，不仅为人类创造了巨大的财富，而且成为企业做大做强的重要制度保障。因此，公司是社会财富的创造者；企业做大做强是通过公司的力量推动的；公司是缔造国家经济优势的基石；公司改变了人们的生活方式。

第二节　公司治理的缘起与发展

现代企业制度下的公司，对公司治理提出了新的要求，这需要通过一套正式和非正式的制度安排和机制设计，来协调公司与所有利益相关者之间的利益关系。良好的公司治理可以透视公司的未来价值，改善公司的声誉和形象，关系到企业的生存与成长，帮助企业真正成为"百年老店"，实现"基业长青"。

一、公司治理的缘起

公司治理缘起于两权(所有权和控制权)分离理论。两权分离理论随着股份公司的产生而产生。其中，所有权即股东的所有权，控制权即经营者的控制权。对于一个公司而言，在其运营过程中，只要经营者不是公司财产的完全所有者，委托代理关系就始终存在。这种委托代理关系是公司治理的重要理论基础。委托代理关系的中心任务是解决在利益相冲突和信息不对称的情况下，委托人如何设计最优契约激励代理人的问题。

公司治理的思想源于亚当·斯密。亚当·斯密在《国富论》一书中对早期股份公司股东大会、董事会的治理模式进行了描述，"股份公司的经营，例由董事会处理。董事会在执行任务上不免受股东大会的支配，但股东对公司业务多无所知，……他们大抵心满意足地接受董事会每年或每半年分配给他们的红利，不找董事会的麻烦"。斯密虽未进行深入的研究，但已经认识到股份公司的委托代理模式可能存在的缺陷。"在钱财的处理上,股份公司的董事为他人尽力,而私人合伙公司的合伙人,则纯粹是为自己打算。所以,要想股份公司董事监视钱财用途,像私人合伙公司合伙人那样用意周到,那是很难做到的"。亚当·斯密较早认识到公司治理问题的存在,他发现股份公司中的经理不可能像合伙制企业的企业主一样尽心尽力地管理企业,对这些经理人而言,疏忽大意或奢侈浪费总是难以避免的。

早期的公司治理可追溯到 20 世纪 30 年代的美国。1932 年,美国法学家阿道夫·伯利(Adolf Berle)和经济学家加德纳·米恩斯(Gardiner Means)联合撰写了一本经典著作——《现代公司与私有财产》。在该书中主要讨论了现代公司所有权和控制权的分离,以及这一分离所导致的后果。作者将股票交易所和股票市场看成现代公司出现所必然带来的副产品,并考察了这些副产品是如何起作用的。作者提出这样的难题:公司是为了所有者利益还是经营者利益而经营?作者探究了是什么驱使经营者高效使用公司资产?作者还考察了作为组织生产以及分配商品和服务主导形式的公司的作用。这本著作是划时代的经典之作,开了"公司治理"研究的先河,构建了现代公司治理的分析框架。基于伯利和米恩斯的研究,学者们围绕公司所有权和控制权之间的问题开展了更加深入的研究。

"公司治理"这一词语的出现大约是在 1962 年,哥伦比亚商学院的理查德·艾尔斯(Richard Eells)在《公司政府》第一章中使用"公司治理"的研究标题。之后,随着公司高级管理人员的高薪引起股东和社会的不满、机构投资者的兴起与股东参与意识的提高、兼并收购对利益相关者的损害、转轨经济国家存在的"内部人控制"等问题的产生,公司治理不断出现在大众的视野中,引起了经济学界、管理学界、法学界、社会学界和伦理学界的普遍关注,关于公司治理的研究在 20 世纪七八十年代达到了高潮。

詹森(Jensen)等(1976 年)在所有权与经营权分离的基础上,进一步探讨了公司治理制度应如何安排才能使所有者和经营者的利益相一致。钱德勒(1977 年)分析了美国烟草、食品、化学、机械制造等行业制造部门的数据资料,认为随着市场的发展和技术的进步,大型联合工商企业的出现是必然的结果,其原因是企业经理的管理能力这只"看得见的手"比市场调节这只"看不见的手"的效率更高。

进入 20 世纪 90 年代,一系列公司经营丑闻事件将公司治理问题由学术象牙塔带入社会公众的视野,公司治理逐步成为一门显学。这其中,以英国《卡特伯里报告》、亚洲金融危机和美国安然公司财务报表造假三个事件最具代表性。关于现代公司治理所面对的真实问题,克拉克曼和汉斯曼教授在《公司法剖析:比较与功能的视角》一书中做了极具参考价值的总结,揭示了公司治理中的三大利益冲突,高度概括了公司治理的三大代理问题:经营者对股东的机会主义行为、控制股东对小股东实施的机会主义行为及股东群体对其他公司利益相关者(债权人与雇员)实施的机会主义行为。

综上所述,代理制度革命带来的两权分离和有限责任制度革命引发的股东权责不对称,促成了现代公司制度的确立,也引发了公司治理问题。

二、公司治理的发展

公司治理制度形成的根本原因是利益相关者对企业利润份额的追求。公司治理从出现伊始就是为了管理公司各利益相关者之间的关系。公司治理是一种动态的过程,在这种动态的过程中,公司内部和外部的各种治理机制通过各种不同的形式对处于相对静态中的公司治理结构发挥着各种各样的作用。在公司治理的过程中，由于各国具体制度的不同，公司治理产生了多样化的治理系统、治理主体与治理机制。

在传统上，公司治理解决的是公司内部决策权的分配问题。早期公司普遍采用所有者管理模式，这种简单模式本身就存在公司决策权的内部分配问题。进入20世纪以后，公司内部结构开始发生变化。尤其是伴随资本市场发展，原本少数人投资成立的公司，开始面向公众投资者融入资本，外部投资者在加入公司的同时，也提出了公司接纳其参与公司事务的诉求，因此逐渐产生了董事会或经理主导的公司模式。

在这种新型模式中，必然涉及董事或经理享有何种管理权、如何行使管理权、如何对待投资者或股东、股东如何控制和监督公司等一系列问题。如果按照市场资本主义逻辑，公司控制权最终归属于那些提供资本的市场参与者——股东或所有者。在这个意义上，公司治理实际上就是公司内部治理。公司治理结构涉及企业利益相关者之间的正式和非正式契约或协议。这些协议可能涉及资本提供者(包括公司所有者和债权人)的报酬结构、公司决策者的激励结构及保持参与者讨价还价能力有效平衡的组织结构。

(一)公司治理的不同发展阶段

公司治理的发展历程是一个动态渐进的演化过程，公司治理的发展受到公司制度变迁、"公司治理"的推进动力与变革阻力等多重因素的影响。纵观公司治理的发展史，公司治理发展至今大致经历了古典的私人股东主导的公司治理模式、职业经理主导的公司治理模式、投资者主导的公司治理模式和创业型经济中的风险资本治理模式四个阶段。古典的私人股东主导的公司治理模式是股份公司产生以后最早出现的公司治理模式，是自由竞争资本主义阶段的主流模式。此后，随着企业规模的日趋扩大及企业技术的不断发展，职业经理阶层开始出现，企业也由此演化成现代化的科层制企业。

20世纪60年代中期，美国大公司内部控制权由股东向经理人员转移的运动基本完成，经理革命基本结束。自第二次世界大战结束以来，在西方发达资本主义国家，以保险公司、商业银行信托机构、投资银行、退休基金、共同基金等为主体的机构投资者逐渐崛起，成为股票市场的主要交易者，公司治理的模式由经理主导型向法人股东主导型转变。20世纪70年代后，美国出现从传统的管理型经济向创业型经济转变的变革，而创业精神与创业管理是创业经济得以发展的重要支撑。创业经济的发展进一步催生风险资本，其在创业企业的公司治理中发挥了极其重要的作用，美国的纳斯达克股票市场的成立代表着创业经济中公司治理模式的这一根本性变化。

(二)公司治理历史发展的影响因素

经济的发展经历了古典型经济、管理型经济和创业型经济的不同阶段。技术创新、管理创新和组织创新则是推动经济发展的主要力量，相应地，公司治理模式也随之发生变化。创新为公司治理的演化创造了技术条件，产业革命的机械化生产催生了现代的公司组织，科学管理下的管理创新产生了"经理革命"，使公司控制权转移到职业经理手中。

创新是影响公司治理演进的主要因素，一系列技术、组织和制度创新推动并形成公司治理的制度基础，公司治理模式要致力于建立适合创新的组织和制度、协调体制、信息处理模式，创新与公司治理模式相辅相成，比如，日本企业就强调管理人员和车间工作人员在创新中的现场合作，创新也主要以生产技术创新和工艺创新为主，因此，其治理模式为利益相关者共同治理；而美国则强调高级管理人员和企业的专业技术人才对创新的贡献，忽视工人的技术投资，创新以产品创新为主，管理层与普通工人距离较远，由此产生对高层管理人员和核心技术人员的高额股票期权激励，而忽视工人的福利和奖励。

第三节　公司治理的内涵与内容

一、公司治理的内涵

"治理"一词源于拉丁语 gubernare，意思是"统治"或"掌舵"。因此，治理就是运用权力去指导、控制及用法律来规范和协调影响人们利益的行为。公司治理应该同时包括治理结构(产权安排)和治理机制(各种公司治理机制的设计与实施)两个层次。这两个层次的划分与逻辑关系的合理构建完整地体现了科斯(Coase)提出的"治理"作为"权威的分配和实施"的原意。一方面，公司治理要解决合约不完全问题，可通过产权安排向投资者提供投资的激励方式实现；另一方面，公司治理要解决信息不对称问题，可通过治理机制的设计与实施向经营者提供努力工作的激励方式实现。

从公司治理问题缘起与发展来看，公司治理可从狭义和广义两个层面来概括。

从狭义角度上理解，公司治理是基于企业所有权层次，研究如何授权给职业经理人并针对职业经理人履行职责的行为行使监管职能的科学。也就是公司所有者，特别是股东对经营者的一种监督与制衡机制。即通过一种制度安排，来合理地协调所有者与经营者之间的权益与责任关系。公司治理的目标是保证股东利益的最大化，防止经营者对所有者利益的侵害。其特点是通过股东大会、董事会、监事会及治理层所构成的公司治理结构的内部治理。

从广义角度上理解，公司治理是研究企业权力安排的一门科学。广义的公司治理不再局限于股东对经营者的制衡，而是涉及广泛的利害相关者，包括股东、债权人、供应商、雇员、政府和社区等与公司有利害关系的个人或集团。公司治理是通过一套包括正式或非正式的、内部或外部的制度或机制来协调公司与所有利害相关者之间的利益关系，以保障公司决策的科学化，从而最终保障公司各方面的利益。因为在广义上，公司已不仅仅是股东的公司，而是一个利益共同体。公司的治理机制也不仅限于以治理结构为基础的内部治理，而是利益相关者通过一系列的内部、外部机制来实施共同治理，治理的目标不仅是股东利益的最大化，而且要保障公司决策的科学性，从而保证公司各方面的利益相关者的利益最大化。

综上所述，公司治理的内涵可从以下四个方面加以理解：①公司治理产生的原因是所有权和经营权的分离；②公司治理结构的实质是一种基于契约合同的委托代理关系；③公司治理结构的主要内容有法人治理结构、委托代理结构、股东治理结构和经营者治理结构；④公司治理的目的是通过制度安排的方式构建激励与约束的机制以实现公司效益最大化。

二、公司治理的内容

"公司治理"是一个多角度、多层次的概念，相应地，公司治理的内容也非常丰富，很难用简单的术语进行表达。关于公司治理内容，学术界主要从具有比较广泛和代表性的管理学、经济学和法学三大学科进行描述。比较有代表性的主要有安德鲁·施莱弗(Andrei Shleifer)、吴敬琏、林毅夫、李维安、张维迎和朱长春等人的观点。

哈佛大学教授施莱弗(Shleifer)等(1997年)在一篇关于公司治理的经典论述《公司治理综述》(*A survey of corporate governance*)中提出，公司治理是融资供给方(投资者)保障自身投资收益的方式。由于代理问题，外部投资者担心自己的利益在不完美的世界中会因经理的败德行为受到侵占。经理如何能够用一种机制得到外部投资者的融资？或者说，如何能够保证给予外部投资者应有的投资收益？这就需要给予外部投资者一些权力：一种是给予外部投资者强有力的法律保护；另一种是所有权集中，也就是形成大投资者(大股东)。这就是公司治理的两种主要治理模式。

吴敬琏(1994年)认为，公司治理结构是由所有者、董事会和高级执行人员即高级经理人三者组成的一种组织结构。在这种结构中，所有者、董事会和高级经理人员三者之间形成一定的制衡关系。通过这一结构，所有者将自己的资产交由公司董事会托管；公司董事会是公司的决策机构，拥有对高级经理人员的聘用、奖惩和解雇权；高级经理人员受雇于董事会，组成在董事会领导下的执行机构，在董事会的授权范围内经营企业。要完善公司治理结构，就要明确划分股东、董事会、高级经理人员的各自权力、责任和利益，从而形成三者的制衡关系。从吴敬琏教授对公司治理的阐释可见，他是从狭义、直观、具体的内部控制角度来理解公司治理的，重点关注公司治理的特征及如何有效防范企业内部控制问题。

林毅夫(1997年)认为，"所谓的公司治理结构，是指所有者对一个企业的经营管理和绩效进行监督和控制的一整套制度安排"，他引用了米勒(1995年)的定义作为佐证，按照米勒的定义，公司治理结构是为了解决如下的委托代理问题而产生的："如何确知企业管理人员只取得适当的、盈利的项目所需的资金，而不是比实际所需要的多？在经营管理中，经理人员应该遵循什么标准或准则？谁来裁决经理人员是否真正有成效地使用了公司的资源？如果证明不是如此，谁负责以更好的经理人员替换他们？"他还指出，人们通常所关注或定义的公司治理结构，实际是指公司的直接控制或内部治理结构。

李维安和张维迎都认为公司治理(或公司治理结构)有广义和狭义之分。他们认为狭义的公司治理，是指所有者(主要是股东)对经营者的一种监督与制衡机制，其主要特点是通过股东大会、董事会、监事会及管理层所构成的公司治理结构的内部治理；广义的公司治理则是通过一套正式或非正式的内部或外部的制度或机制来协调公司与所有利益相关者(股东、债权人、供应者、雇员、政府、社区)之间的利益关系。

张维迎(1999年)的观点是，狭义的公司治理结构是指有关公司董事会的功能与结构、股东的权利等方面的制度安排；广义的公司治理结构是指有关公司控制权和剩余索取权分配的一整套法律、文化和制度性安排，这些安排决定公司的目标、谁在什么状态下实施控制、如何控制、风险和收益如何在不同企业成员之间分配这样一些问题，并认为广义的公司治理结构是企业所有权安排的具体化。

朱长春(2014年)提出，公司治理，从广义角度上理解，是研究企业权力安排的一门科学；从狭义角度上理解，是基于企业所有权层次，研究如何授权给职业经理人并针对职业经理人履行职责行为行使监管职能的科学。基于经济学专业立场，企业拥有两种权利：所有权和经营权，二者是分离的。

企业管理(corporate management)是构建在企业"经营权层次"上的一门科学，研究的就是企业所有权人向经营权人授权，经营权人在获得授权的情形下，为实现经营目标而采取一切经营手段的行为。与此相对应，公司治理(corporate governance)则是构建在企业"所有权层次"上的一门科学，研究的是科学地向职业经理人授权，科学地对职业经理人进行监管。

虽然李维安和张维迎是从不同的角度理解问题的，但都同意广义与狭义上的含义划分，并且都认为狭义的概念是指内部治理，广义的概念既包括内部治理，又包括外部治理。在这一点上，他们的观点与林毅夫是一致的(虽然他没有明确广义与狭义的概念划分)。而吴敬琏的定义则可以理解为狭义的概念。

综合来看，公司治理讨论的基本问题，实际上就是如何使企业的管理者在利用资本供给者提供的资产发挥资产用途的同时，承担起对资本供给者的责任，利用公司治理的结构和机制，明确不同公司利益相关者的权利、责任和影响，建立委托代理人之间激励兼容的制度安排。利益相关者影响从现代组织的控制中分离，为了代表利益相关者要求减少代办费用和信息非对称性而实施公司管理控制制度。在最广义层面，公司治理包含的规则、关系、制度和程序，都在这个框架之内由信托当局在公司中行使和控制。恰当的规则包括当地可适用的法律和公司的内部规则。而关系包括所有相关人士之间的关系，最重要的是那些拥有者、经理、董事会董事、管理当局、雇员。制度和程序则要应付一些事态，比如当局、工作指标、保障机制、报告要求和责任的代表团。

概括起来，公司治理的内容可分为三个层次：公司内部治理机制、公司外部治理市场、有关公司治理的法律法规。公司内部治理机制的主要内容是在公司内部构造一个合理的权力结构，从而在股东、董事会与经理人之间形成一种有效的激励、约束与制衡机制，以保障公司遵守有关法律法规，并实现公司及股东利益的最大化。公司外部治理市场主要是指公司外部的产品市场、资本市场、经理人才市场通过产品与价格竞争、公司控制权竞争、经理人才竞争等方式对公司产生的激励、约束作用。有关公司治理的法律法规主要是指在公司治理过程中现行有效的规范性文件。

第四节　公司治理的意义与特征

一、公司治理的意义

(一)良好的公司治理有利于改善公司绩效

公司绩效与公司治理是紧密相关的，对上市公司来说更是如此。

首先，良好的公司治理能够刺激权益资本和债务资本流向那些以最有效的方式进行投资，提供市场最需要的产品和服务，同时又能提供最高回报率的企业。

其次，良好的公司治理能够有效地约束企业经营者，激励经营者对稀缺资源进行最有效的配置，从而有利于实现公司和股东的目标。

最后，良好的公司治理能够提升公司经营层应对变化和危机的能力。

(二)良好的公司治理有利于提高投资者信赖度

由于资本市场的国际化，本国企业可以到国外去融资，但是一国能否吸引长期的有耐心的国际投资者，在很大程度上取决于该国的公司治理是否能够让投资者信赖和接受。即使该国的公司并不依赖于外国资本，但坚守良好的公司治理准则，也能够增强国内投资者对投资该公司的信心，从而降低融资成本，最终能够获得更多、更稳定的资金来源。

世界上取得成功的公司几乎都经历了同一个过程，即发展—融资—再发展—再融资，能够沿着这条道路发展下去的基本前提就是取得投资者的信赖，良好的公司治理是取得投资者信赖的基石。通过增强信心，树立良好的声誉，积累无形资产，建立或恢复投资者的信任，良好的公司治理就可以为公司树立良好的形象。

(三)良好的公司治理关系到企业的生存与成长

全球著名的咨询机构麦肯锡咨询公司于1999—2000年对来自欧美的投资者进行了三次调查，发现投资者对治理结构好的公司愿意支付27%的溢价。公司治理是公司潜在价值的源泉，投资者愿意为治理质量良好的公司支付更高价格的原因在于，公司治理对公司价值起着决定性作用。大量的事实表明，良好的公司治理将带来较高的股票价格。

良好的公司治理可以保障投资者的合法权益，这是投资者投资公司的制度基础。如果因为公司治理的缺陷，投资者的权益得不到保障，投资者"用脚投票"远离公司，公司就缺乏发展的资金保障。良好的公司治理可以减少不良事件的发生或降低风险，即使公司发生了不良事件，也可以迅速弥补。

(四)良好的公司治理是发展中国家和新兴市场国家经济改革的要求

研究表明，1998年的国际金融危机使人们开始认识到日本、东南亚、俄罗斯和其他新兴市场国家的公司治理处于危险境地。股权过于集中、缺乏对投资者的保护，以及缺乏对资本市场的有效监管，加之原有的"裙带资本主义"，导致了投资者对这些国家金融体系信心的崩溃。很多企业盈利能力低下，财务信息不透明，企业的负债水平往往超过财务报告的披露信息。那些公司治理标准最低的国家——尤其是在对小股东的保护方面——货币贬值和股市衰落也最为严重。

经历了1998年的国际金融危机后，西方银行开始要求发展中国家政府、当地交易所和职业机构加强对企业的控制和监管，要想获得贷款，就必须对公司治理进行实质性改革。这些对公司治理改革的要求主要集中在以下三个方面：一是通过更加严厉的法律和政策监管，以及彻底的调查来减少欺诈和腐败；二是进行基于西方会计准则更为详细的财务信息披露；三是建立规模更小的且更为独立的董事会来保障股东和其他利益相关者的权益，同时发挥审计委员会和独立审计师的作用。

二、公司治理的特征

公司治理的关键在于明确、合理地配置公司股东、董事会、管理层和其他利益相关者之间的权利、责任和利益，从而形成有效的制衡关系。良好的公司治理都有负责、公正、透明等特征，具体体现为以下几个方面。

(一)保护股东权利

股东权利可分为两类：财产权和管理参与权。前者如股东身份权、资产收益权、优先受让和认购新股权、转让出资或股份的权利；后者如参与决策权，选择、监督管理者权，提议、召集、主持股东会临时会议权及知情权。其中，财产权是核心，是股东出资的目的；管理参与权则是手段，是保障股东实现其财产权的必要途径。健全保护股东的诉讼制度，建立调查公司事务制度，完善股东知情权，加强对优先购买权的保护，是公司治理对股东权利保护的应有之义。

(二)平等对待股东

股东平等原则是指股东在基于股东资格而发生的法律关系中，应按其持有股份的性质和数额享受平等待遇。股东平等原则是各国公司法普遍承认的基本原则，是公司法的基本精神之一，是公平、正义价值在公司法中的体现。股东平等原则也是公司存在和运作的基础。因此，股东平等原则是衡量公司制度设计的基本标准。良好的公司治理应确保公平对待所有股东，平衡公司大股东与中小股东之间的利益关系，保障中小股东权益。不得在公司成员间实行不公平待遇，反对恃强凌弱。

(三)保护利益相关者的合法权利

利益相关者参与公司治理的模式已经成为现代公司治理的主流模式。传统的公司治理对主要的利益相关者如小股东、债权人和职工的地位认识不清，法律保护不足，以致他们很难参与公司治理或者在参与时法律保护机制缺失，使他们的合法权益不能得到很好的保障。良好的公司治理应完善共同治理的模式，正确认识职工、债权人、中小股东在共同治理公司模式中的作用，在公司治理中注重其参与并建立与对他们的保护相适应的法律制度，这是发展和完善利益相关者的关键。

(四)信息透明

信息披露对公司权益资本成本的变动影响很大。投资者往往根据公司所披露的信息决定如何选择资产组合，因此，公司信息透明是维护资本市场有效运转的前提。透明化的公司治理模式能够促进公司资源的优化配置，降低公司的经营成本，有效减小公司的风险发生概率。

(五)董事会尽责

董事会是公司最重要的决策和管理机构，公司的事务和业务均在董事会的领导下，由董事会选出的董事长、常务副董事长具体执行。良好的公司治理应确保董事会对公司的事务和业务的有效控制。

三、公司治理与公司管理

(一)公司治理与公司管理的区别

1. 两者的基本目的不同

公司治理的基本目的是要实现责权的合理安排与制衡；公司管理的基本目的是实现企业经营的目标，即实现企业财富的最大化。从终极目的来看，两者是一致的，公司治理基本目的的实现，最终也是为企业实现其经营目标而服务的，从而达到利益相关者利益的满足。一种公司治理模式的确立或形成，就是为公司管理创造一个适宜的环境，最终完成对财富的创造，并使利益相关者的利益达到最大化。

2. 两者的主体、客体不同

公司治理的主体是利益相关者，主要指股东、债权人、政府、职工、社区等，他们投入了专项资产，因而都要参与公司治理，以维护各自的利益。公司管理的主体是经营者，主要是指经理和员工，他们为解决供应、生产、销售等基本生产经营问题而进行日常决策。

比较而言，公司治理主体更多元化。公司治理的客体一般包括两个层次，一是指股东及其他利益相关者对董事会的治理，二是指董事会对经理层的治理。公司管理的客体包括供应、生产、营销、人事等的管理。

3. 两者的环境影响程度不同

从法律的约束力来看，公司治理不仅要遵从《公司法》《证券法》等较高层次的法律规范，而且要遵守政府或相关自律组织提出的治理指引，如我国的《上市公司治理准则》等。因此规范的程度较高，约束力较强。

公司管理除遵守基本的法律法规外，如何管理一般认为是企业自己的事情，因而有较大的自由度和灵活性。另外，从政府的作用来看，公司治理中政府通过积极的干预能够发挥更大的作用，因为政府也是现代意义上的治理主体之一，当然，这里政府在公司中的作用与计划经济时代的政企不分不可同日而语。

4. 两者的资本结构反映信息不同

从公司治理的角度来说，资本结构反映的是债权人权益和股东权益，从而反映的是这两者的不同地位和权力的问题。而资本结构相对于公司管理就是反映了企业的财务状况即资产的提供与组成。

5. 两者的作用机制不同

公司治理是通过市场机制及内外部的显性、隐性契约来实现的，而公司管理则主要是通过行政权威的关系来实现的。

6. 两者的稳定性不同

公司治理在一段较长的时间内会保持相对的稳定性，这是保障公司健康稳步发展的需要；而公司管理往往会随着市场的不断变化调整相应的管理方法与决策，尤其是对于公司具体的作业管理层次。

(二)公司治理与公司管理的联系

企业制度构架层次的公司治理与以经营决策为中心的公司管理是构成现代企业整体运作不可割裂的两个组成部分，它们之间相互影响、相互作用，共同促进企业作为社会经济利益主体目标的实现。

(1) 两者的最终目标是一致的。虽然从基本目标上来说，两者的目标略有不同，但归根结底都是要实现企业的最终目标，即实现企业价值最大化，从而实现利益相关者利益的目标。

(2) 从广义的角度来说，公司管理是公司治理的一种延伸。

(3) 两者相互影响，相互制约。虽然公司治理规范了公司基本运行的制度构架并建立了相应的运行机制，但这只是给企业的具体运作提供了一个舞台，如何在这个舞台上唱戏、唱好戏是公司管理的问题。当然要唱更大的戏、更特殊的戏就必须对舞台提出新的要求，因此，公司治理也有适应特定公司的管理环境的问题。

本 章 小 结

从企业制度的发展历史来看,经历了两个发展时期:古典企业制度和现代企业制度。古典企业制度以业主制企业和合伙制企业为主,现代企业制度以公司制企业为代表。现代企业制度下的公司,提出了公司治理的新要求,这就需要通过一套正式和非正式的制度安排和机制设计,来协调公司与所有利益相关者之间的利益关系。

良好的公司治理可以透视公司的未来价值,改善公司的声誉和形象,帮助企业真正成为"百年老店",实现基业长青。

公司治理问题缘起两权(所有权和控制权)分离理论。公司治理发展至今大致经历了古典的私人股东主导的公司治理模式、职业经理主导的公司治理模式、投资者主导的公司治理模式和创业型经济中的风险资本治理模式四个阶段。

公司治理的内涵可从四个方面理解:①公司治理产生的原因是所有权和经营权的分离;②公司治理结构的实质是一种基于契约合同的委托代理关系;③公司治理结构的主要内容有法人治理结构、委托代理结构、股东治理结构和经营者治理结构;④公司治理的目的是通过制度安排构建激励与约束的机制以实现公司效益最大化。

公司治理的内容可分为三个层次:公司内部治理机制、公司外部治理市场、有关公司治理的法律法规。

公司治理的意义包括四个方面:良好的公司治理有利于改善公司绩效;良好的公司治理有利于提高投资者信赖度;良好的公司治理关系到企业的生存与成长;良好的公司治理是发展中国家和新兴市场国家经济改革的要求。

良好的公司治理的特征体现为负责、公正、透明等。

企业制度构架层次的公司治理与以经营决策为中心的公司管理是构成现代企业整体运作不可分割的两个组成部分,公司治理与公司管理两者之间既有区别又有联系。它们之间相互影响、相互作用,共同促进企业作为社会经济利益主体目标的实现。

思 考 题

1. 简要分析三种企业制度的异同。
2. 简要说明公司治理的缘起与发展的背景。
3. 公司治理的内涵与内容是什么?
4. 简要说明公司治理的意义与特征。

实 践 应 用

腾讯公司的成功之道

腾讯公司于1998年11月在深圳成立,2004年6月在香港上市,发行价为3.7港元。在5年多的时间里,其股价已上涨到140港元以上,市值高达330亿美元,成为全球市值仅次于谷歌(Google)和亚马逊等的大型互联网公司。如今，腾讯产品遍及游戏、门户、搜索、电子商务、博客、邮箱、空间、娱乐等领域，甚至因此得到一个"行业公敌"的绰号。

2021年3月24日，腾讯发布了2020年第四季度及全年业绩报告。财报显示，2020年Q4腾讯营业收入1336.67亿元，同比增长26%，净利润为332.07亿元，同比增长30%；全年营业收入4820.64亿元，同比增长28%，净利润为1227.42亿元，同比增长30%。

财报显示，2020年腾讯总收入为4820.64亿元，较2019年度增长28%。经营盈利为1494.04亿元，增长30%；经营利润率为31%，与上年大致持平。年度盈利为1269.83亿元，增长30%；净利润率为26%，与上年大致持平。年度本公司权益持有人应占盈利为1227.42亿元，增长30%。每股基本盈利为12.93元，每股摊薄盈利为12.69元。其中金融科技与企业服务板块增长27%，达到1280.86亿元。

财报显示，腾讯云加大自研技术投入力度，"星星海"定制化云服务器解决方案及自研的数据中心技术"T-block"，持续提升云服务成本效益。同时，腾讯会议企业版在各行业提升渗透率，成为中国最大规模的独立云会议应用。企业微信目前服务超过550万企业客户，已成为远程办公不可或缺的通信工具。数据显示，2020年以来，小程序连接企业微信、微信支付、微信"搜一搜"、微信AI等微信平台，商家自营小程序GMV同比增长达255%，微信生态衍生的就业机会超3600万个。

腾讯如何在短时间内跻身国内知名门户网站？这要先从腾讯CEO马某某分析。虽然马某某家庭富裕，但其创业资本更多是来自自己的积累。有传言马某某的启动资金来自炒股，传说他曾经把10万元炒成70万元。对此，马某某本人没有正面回应过，但马某某承认自己曾经靠开发股霸卡发过一笔小财，并借此进入资本市场，获取资本原始积累。最开始的50万元注册资金，大部分是由在二级资本市场有所斩获的马某某出的。

马某某没有占据绝大部分的股份，他聪明地将自己名下的股份定义为47.5%，其他4个人的股份加起来为52.5%。这样做的好处是，他不仅不会给其他创业合作伙伴造成一股独大的感觉，而且在极端情况下其他4个创始人也可以一起说服他改变决定，而他要通过任何决议必须至少有两个创始股东同意才能实施。可见，腾讯自创始之初就明晰了集体领导的策略，同时马某某自己也没有失去对整个公司的控制权。

马某某给公司取名为腾讯，饱含深长的意味。一方面，马某某的名字里有个"腾"字，公司和自己密切相关；另一方面，"腾"也有腾飞、发达的意思。后缀为"讯"，更多是因为老东家润讯对马某某的影响。英文名Tencent，更多是参考著名的通信公司朗讯(lucent)而命名的。后来腾讯在香港上市，英文名Tencent被香港人称为"十分钱"(ten cents)，正好那时的腾讯至多是一家SP(短信内容提供商)公司，用户所发的短信腾讯收费一毛钱一条，正好十分钱，很贴切和形象。

再分析腾讯做大做强的具体原因。

原因一：庞大的用户基数。2020年第三季度，据腾讯公布的数据，腾讯微信及WeChat月活跃用户达12.1亿，市场预估12.1亿元。腾讯QQ智能终端月活跃账户数为6.17亿。腾讯网络人数已经达到大国级别的人口基数，有着庞大而高度黏性的用户群之后，开发任何互联网业务都具备天然的优势。

原因二：互联网业务个个过硬。腾讯开展的互联网业务之多，在国内可谓无人能与之匹敌。腾讯以即时通信起家，产品遍及游戏、门户、搜索、电子商务、博客、邮箱、空间、娱乐等领域，甚至因此得到一个"行业公敌"的绰号，这可能是由于其每个产品都能做到领先于同业。按正常的商业理论来说，产品线做长之后，是很难再做精细的，而腾讯却能在每个产品中保持极高的竞争力，这和它们以产品为导向的企业文化分不开。

原因三：低调实干的领导群。"企鹅帝国"的精神领袖马某某极少抛头露面，而是把大部分精力放在产品上，每天都以一个"宅男"的身份来体验自己公司的产品。光是这一点，就极为可贵。此外，贵为上市公司 CEO 的马某某，给几百个产品之一的 QQ 邮箱产品提出 300 多项改进，而很少四处演讲、大谈自己公司商业模式的先进和投行券商对自己公司价值认识的不足。

互联网产品的特点就是快速体验，一个小调整发布，用户可以很快就发现它的好坏，然后在互联网上口碑传播。如果平台太强而产品差的话，反而会有非常负面的影响。腾讯早就认识到这一点，只有高质量的产品才能得到 QQ 平台的推广。

当一个上市公司有这样一群极为专注产品、低调实干的领导群时，买了他们的股票，你自然会睡得更香了。再想想，苹果公司、比亚迪，似乎也符合以上三个原则。或许就像那句话说的，伟大的公司大多雷同，失败的公司各有不同。

(资料来源：http://www.zyrm.com/gsqm/qm/3588.html。)

【思考与讨论】

1. 腾讯公司能够做大做强的原因是什么？
2. 从公司治理角度分析腾讯公司的成功之道。

 微课视频

扫一扫，获取本章相关微课视频。

公司治理的意义.mp4

公司治理与公司管理.mp4

第二章 公司治理的理论基础

【学习目标】
1. 了解新古典企业理论要点。
2. 理解交易成本理论思想。
3. 掌握委托代理理论观点。
4. 懂得利益相关者理论要旨。

【引导案例】

"万宝之争"：谁的万科

万科企业股份有限公司(以下简称"万科")成立于1984年，1991年1月在深圳证券交易所成功上市(股票代码：000002，股票名称：万科A)。作为国内首批投身房地产行业的公司，万科1993年就正式将大众住宅开发确定为公司核心业务。经过30多年的发展，万科在创始人王石及其团队带领下取得了骄人的业绩。良好的业绩表现和高效的公司治理加强了机构投资者的持股动机，再加上万科内部股权结构高度分散，最终导致了万科管理层与宝能系的控制权之争。

宝能系是指以宝能集团为中心的资本集团，宝能集团成立于2000年，集团旗下包括综合物业开发、金融、现代物流、文化旅游、民生产业等五大板块，下辖宝能地产、前海人寿、钜盛华等多家子公司。在本次控制权争夺事件中，宝能系主要是通过前海人寿和钜盛华及其各自的一致行动人对万科进行增持。

华润(集团)有限公司(以下简称"华润集团")创始于1938年，是2003年归属国务院国有资产监督管理委员会领导下的中央企业。华润集团实行多元化经营战略，其业务遍布多个领域，主营业务包括日用消费品制造与分销、地产及相关行业、基础设施及公用事业三项领域，旗下共有17家一级利润中心，在香港拥有6家上市公司。华润集团的综合实力强大，连续多年位居世界500强企业之列。"万宝之争"前华润集团为万科的第一大股东，持有万科15%左右的股份。

深圳市地铁集团有限公司(以下简称"深铁集团")成立于1988年，是深圳市国资委授权经营的地方性国有独资企业，主要从事深圳市城市轨道交通投融资、建设运营、地铁资源维护及地铁物业的综合开发等业务。"万宝之争"结束后深铁集团取代宝能系成为万科的第一大股东，合计持有股份达到 29.38%。

恒大地产集团有限公司(以下简称"恒大集团")成立于 1997 年，是一家集房地产开发、金融贸易、健康医疗及体育事业为一体的综合性企业。在本次控制权争夺中，恒大集团也是参与者之一。

"万宝之争"演化到最后的结局可以分为以下四个阶段。

1. 第一阶段：宝能系突袭收购万科股份

从 2015 年 1 月开始，宝能系通过旗下的钜盛华、前海人寿等一致行动人，在二级股票市场上连续增持万科，8 月 26 日，宝能系持股 15.04%超过华润集团的 14.89%，成为万科第一大股东。华润集团耗资 4.97 亿元两次增持万科股份增加到 15.29%，重新夺回万科的大股东之位，但局面并未维持多久。宝能系在 2015 年 12 月 4 日、10 日、11 日连续三次增持，万科第一大股东再落宝能系。此时，宝能系持股 23.52%，华润集团持股 15.29%。万科管理层一直保持沉默，2015 年 12 月 17 日万科发声，王石宣称"不欢迎'宝能系'成为万科第一大股东"。宝能系表示相信市场力量。"万宝之争"正式开打，双方由此开始了正面资本较量。

2. 第二阶段：万科反击，多方加入

2015 年 12 月 18 日，万科正式发声的第二天，万科的股价在开市一小时内直接涨停，然后开始了长达半年的停牌期。而在停牌前，安邦保险加入了这场争夺，17 日、18 日两次增持万科股份，共计 7.01%，成为万科的"白马骑士"。

2016 年 3 月 17 日股东大会结束之后，华润集团突然发声反对万科与深铁集团涉及金额高达 600 亿元的合作。3 个月后，万科召开第十七届董事会第十一次会议，只有独立董事张某某认为该预案影响到自身利益，不参与表决，其余 10 名董事进行表决，最终董事会以超过 2/3 的票数通过此次预案。第二天，华润集团发表公开声明反对万科董事会通过的重组方案。2016 年 6 月 23 日，宝能系也发出声明，认为万科已成为"内部人控制"的公司，反对万科发行新股购买资产的预案。宝能系与华润的持股合计占比 39.53%，超过 1/3，意味着万科重组预案失败。但这两大股东的联合并没有持续多久，6 月 30 日，华润集团公开反对宝能的罢免全体董事的议案，次日的万科董事会议上，罢免议案被全票否决。

2016 年 7 月 4 日，万科停牌首日复牌直接跌停。19 日，万科提交了《关于提请查处钜盛华及其控制的相关资管计划违法违规行为的报告》，直指宝能系资金问题。8 月 4 日恒大集团买入 4.68%的万科股份，并一路增持，到 11 月 29 日恒大集团拥有的股份达 14.07%。此时，第一大股东宝能系持股比例达到 25.4%，华润集团和恒大集团分别以 15.31%和 14.07%的持股比例成为第二大股东和第三大股东。

3. 第三阶段：全体罢手，董事会改组

2016 年 12 月 18 日，万科终止了与深铁集团的重组。但没过多久，之前反对两者重组议案的华润集团就与深铁集团签署了《关于万科企业股份有限公司之股份转让协议》，华润集团不再持有万科股份。同时，恒大集团与深铁集团经过协商达成一致并签订战略合作协议，把在万科的表决权委托给深铁集团行使，期限一年。协议签订两个多月后，恒大集团直接将所持股份全部转让。

此时，深铁集团拥有了华润集团转让的15.31%的股份、恒大集团转让的14.07%的股份，合计持有股份达到29.38%，取代宝能系成为第一大股东。2017年6月21日，万科公布新一届董事会成员候选名单，王石不再作为万科董事被提名，第二大股东宝能系也没有出现在董事会成员候选名单中。6月30日召开的万科股东大会通过了上述董事会成员选举。此次董事会换届意味着"万宝之争"落幕。

2014年12月31日到2017年9月30日，前十大股东持股比例从37.88%到68.54%，增长了30.66个百分点。董事会换届结束后，万科之前股权分散局面完全改变。

4. 第四阶段：宝能系撤退，减持获利

2019年下半年，万科发布了一个最新公告，二股东钜盛华及前海人寿(这两个都是宝能系旗下的子公司)累计减持了5%的股份，手里尚持有股份4.9999998%，已经不足5%，这意味着接下来宝能系已经不算是需要监管的大股东了。如果接下来宝能系还继续减持万科的话，都不需要发公告。从目前情况来看，宝能系很可能会在接下来继续卖股份，获利离场。从监管意义上讲，这个持续了4年、跨越1460天的大战至此结束。

宝能系前前后后累计减持22.38亿股，按照减持时间股价区间计算，宝能系共动用资金432.99亿～463.51亿元(未考虑资金成本及万科分红)，总减持金额575.44亿～603.46亿元，扣除成本的话，盈利区间为292亿～350亿元(加上目前依然在持的近5%股票市值)。

(资料来源：根据《金融时报》《证券时报》、财边网、生意场、搜狐网、《成都商报》等信息综合改编.)

第一节 新古典企业理论

新古典企业理论是新古典经济学关于企业的理论，它对人们产生了长远的影响，后续一些理论的产生也是受到其很大的影响。尽管新古典企业理论也存在缺陷，但是从主要方面来看，这一理论做出的贡献是不可磨灭的。

19世纪末，凡勃仑最早提出了"新古典经济学"这个术语，其核心是企业理论，因而世人称呼它为新古典企业理论，正式拉开了企业理论的序幕。除了凡勃仑以外，马歇尔、罗宾逊、张伯伦也是这一理论的拥趸。

新古典企业理论的成立有四个主要的假设条件。①企业生产出的商品是没有任何差异的，完全如同"克隆"一般；②投入和产出在现场就完成了；③技术被假设成外生变量；④企业抛弃了所有的感性因素，完完全全是个"理性人"。

基于上面四个假设，把企业的投入、产出抽象成一个生产函数，对于这个函数，最终想要获得的解是最大化的利润。这个函数稍显复杂，因为不止一个变量，包括资本、劳动、土地等，通过最优决策，得到最为理想的产品和劳务的输出。

新古典经济学分析框架的企业特征是：一是能力无限(拥有解决问题的全部知识)；二是完全理性(即可准确地预测所有经济变量未来的变数)；三是信息充分(得到各种生产要素的信息准确、及时)；四是零交易费用(契约完备，任何交易都没有成本耗费)。

新古典企业理论的实质是价格决定。其认为在自由交易的市场上，个人追逐自身利益最大化的直接结果是市场处于"出清"状态。该理论分析以均衡假设为前提，把产业看作其主要的分析层次，把一个产业内的企业描述成本质上同一的组织，即同质的投入产出系统内部运行机制完全相同，具有相同的成本和需求曲线。企业运行所在的市场结构历史上无变化，这种系统内的所有变化都是外生的和临时的。由此看来，均衡分析所研究的不是市场中的某个特定的企业，而是把市场中的企业作为一个整体，在价格体系的协调下(总供给和总需求曲线决定的价格准确地反映了资源的稀缺性)实现资源在各种活动中的优化配置。

一个以追求最大利润为目标的生产者必将以最低成本的生产要素组合，也就是以最优的生产要素组合来进行生产。因此，企业被简化成生产函数，即在可行的技术条件下任何一组投入所能生产的最高产出的一种关系。它选择生产函数上的(最佳)点，获取必要的投入，根据生产函数将它们转换为产出，然后将产出销售出去也就是将投入变为产出的"黑箱"。该分析框架遵循无成本信息的隐含假定，特别是生产函数本身、价格及投入与产出属性已知的隐含假定。

企业生产要素的技术选择组合是既定的和可任意调整的，所有的生产要素都是完全可分的和可流动的。在假设条件下，企业可以根据价格的变化，随时调整生产要素的技术组合以实现利润最大化。在主流经济学的价格理论中，企业是概念化的、充分有效率的"黑箱"。市场上不存在真正意义的企业竞争，企业的最优化行为仅仅是在既定的技术条件下，根据价格变化选择实现利润最大化的相应技术组合的过程。

新古典企业理论没有考察企业内部组织及其活动方式，因为从论证价格机制有效性的角度看，企业内部组织及其活动方式是无关紧要的，只要把它假设为一个向市场提供产品的、充分有效的专业化生产者就足够了。因而，在新古典经济理论中，企业不仅仅是一个"黑箱"，更重要的是一个完全同质的从事专业化生产的"黑箱"。把企业假设为完全同质的最优化行为者是论证价格机制有效性的前提和基础。简而言之，新古典企业理论把企业看作"黑匣子"，只说明企业的产品计划是如何随产出和投入的价格而变化，而对计划如何制订只字未提。

第二节　交易成本理论

1937年，科斯在《企业的性质》这一经典文献中正式提出了交易成本理论，该理论基于新古典经济学，用以研究组织制度。本节依次介绍交易成本经济学的三个重要理论：科斯企业理论、资产专用性理论和间接定价理论。

一、科斯企业理论

科斯首次指出"当资源的导向依赖于企业家时，由一些关系系统构成的企业就开始出现了"。科斯开拓了西方经济学(微观)发展的全新领域，因为他把经济分析引入了交易费用。也正是因为科斯的创举，即在经济分析法体系中把交易作为基本单位，交易成本学说才得以面世。

新古典经济学中不足的地方在于，其默认交易没有成本，也没有摩擦，自然也就完全没有了交易费用。但是现实并非如此，交易存在成本，市场价格机制的运作存在摩擦和成本。那这个成本到底是什么呢？这里要引入"价格发现"的概念。通过对价格发现概念的理解，不难发现这个成本就是价格发现的成本。所谓价格发现，是指买卖双方在给定的时间和地方对一种商品质量和数量达成交易价格的过程。

科斯还弥补了新古典企业理论中企业定义的缺失。在科斯的定义中，有这么两个关键词，即"权威"和"命令"。企业通过这两个关键词来配置资源及协调各类经济活动的组织形式。市场需要企业发挥自己的功能来协调各类经济活动。试想如果一场交易在企业内部完成的费用比在市场上完成的费用低，那么人们自然会选择在企业内部完成。

一个企业能做到多大规模的问题也常常困扰着人们，科斯充分运用了交易成本法这个工具来解决这个问题。决定企业规模的两个主要因素为交易成本和组织成本，企业若想要保持发展的动力，就需要节约交易费用，约束条件是"一个企业将扩大某种交易在市场上完成的费用等于在企业内完成的费用，或等于另成立一家企业的成本"。在科斯的理论之中，市场的发达程度会影响市场的交易费用，并且二者的关系是市场发达程度越高，在市场的交易费用越低，在这种情况下，企业的发展趋势就不乐观了。从企业成长的角度来看，科斯的企业理论并没有那么完备。

尽管科斯做出如此多的创举，但是这颗明珠从一开始就被淹没在沙砾中，直到20世纪60年代才得以闪闪发光。之后的企业理论深受科斯理论的影响，形成了两个派系，就是下文中将要为大家介绍的威廉姆森(Williamson)资产专用性理论，以及杨小凯等人发展的间接定价理论。

科斯企业理论可简单归纳为：交易是经济活动的基本分析单位；比较制度分析法是经济活动的基本分析方法；交易成本最小化是交易方式选择的目的。

二、资产专用性理论

威廉姆森把科斯理论发展到一个新的高潮，是交易费用经济学理论当之无愧的领军人物，他将科斯理论有所不足的地方加以完善，将其构建成严密的体系。威廉姆森提出交易三维度，即①资产专用性；②交易发生的频率；③交易的不确定性。

"资产专用性"这个名词其实表达的是两种程度，第一种是资产用于不同用途的程度，第二种是由不同使用者使用的程度(包括场地、物质资产、人力资产、专项资产、品牌资产及临时性资产等的专用性)。接下来，让我们将"专用性"作为定语提到资产前，一个新的名词产生了，即专用性资产。专用性资产具有较强的耐久性和专一性，一般来说，它只为了某种交易而存在，不会反复横跳。如果这笔专用性资产选择了"新主"，背弃了"旧主"，被用到另一种交易，那它也不再具备原先百分之百的价值，而是会贬值。威廉姆森之后又对资产专用性进行了更加深入的阐述，即资产专用性其实是资产交易的专用性。

为了获取更多利润，企业必定会想方设法降低交易成本，因而，他们往往会选择纵向一体化。纵向一体化，是指与企业产品的用户或原料的供应单位相联合或自行向这些经营领域拓展，即企业在现有业务的基础上，向现有业务的上游或下游发展，形成供产、产销或供产销一体化。

企业通过纵向一体化可以减少中间商赚差价，因为他们不必受制于人，将自己业务开展的命运交至他人手中。在威廉姆森之后，一些后继者对资产专用性理论进行了进一步的研究。布莱尔(Blair)拓展了利益相关者理论；道氏(Dow)对资本雇佣劳动命题进行了论证；格罗斯曼(Grossman)和哈特(Hart)讨论了企业内部与企业之间的交易区别问题；格罗斯曼和哈特从不完全合约出发，指出一体化水平取决于当事人控制专用性资产的程度；阿尔奇安(Alchian)和德姆塞茨(Demsetz)从资产专用性出发推导出可占用性准租的概念。

所以，资产专用性理论是在不完全合约背景下，促进交易成本最小化，确保企业合约的效率，强调了非人力资本的专用性。

三、间接定价理论

间接定价理论同样是在科斯企业理论基础上发展起来的，张五常、杨小凯和黄有光是这个理论的代表人物。1983年，张五常发表了一篇名为《企业的契约本质》的论文，对企业设立的目的做出了阐释，他认为企业设立的最终目的并不是要取市场而代之，真正的目的是实现要素市场契约取代产品市场契约，从而实现企业内部剩余权利的定价方式替代市场的直接定价方式。企业与市场并不是处于"你死我活"、只容许存在其一的关系，二者的关系实际转变为产品市场与要素市场的关系。

杨小凯和黄有光基于科斯和张五常的思想，搭建了一个关于企业一般化均衡的契约模型。当然，这个模型的建立前提有三方面：一是消费者—生产者；二是专业化经济；三是交易成本。这个模型搭建了两座桥梁，一是将企业所有权内部结构与定价成本关联起来；二是将企业的均衡组织形式与交易效率相关联。管理者对剩余的索取权体现了管理服务的间接价格。

总的来说，间接定价理论认为，市场和企业是资源配置的两种可以互相替代的手段，企业的功能在于节约交易费用。

随着生产力的迅速发展，人们之间的联系越来越密切，对于先人不可知的地球如今不过是个"村庄"，人们可以轻易抵达世界的另一边，人们也越来越注重合作。因为在很多情况下，适当的合作可以使合作双方互利共赢。对于合作的研究在一些领域已然相当成熟。现今人们对于交易成本理论的研究仍在不断进行，有些学者也逐渐将目光放到合作联盟这一维度。无论是人们肉眼可见还是肉眼不可见的合作与联盟，这二者对于降低交易成本都能起到相当的作用。已有学者通过研究发现，节约交易成本和联盟战略的制定之间存在关联且二者的确是相互作用的，人们可以通过合作或者联盟来降低交易成本。通过合作，企业与外部资源联系的成本得以降低，这一成本低于市场交易成本。不只是企业，从国家的发展来看，国与国通常也会通过合作来降低交易成本。

科斯和威廉姆森的交易成本理论是静态的，缺乏动态的考量，很多因素被忽略，比如交易本身的性质和组织能力之间的关系。总的来看，交易成本理论围绕交易费用节约这一中心，把交易作为分析单位，找出区分不同交易的特征因素，然后分析什么样的交易应该用什么样的体制组织来协调。

第三节　委托代理理论

企业一定是由拥有公司股权的股东控制的吗？股东永远都是亲力亲为，负责公司日常运营的吗？1932年，美国学者伯利(Berle)和米恩斯(Means)在《现代公司与私有财产》一书中向大众展示了他们对200家大型企业的分析结果，揭示了一个"经理革命"现象，即随着股份公司的发展、股权的分散及企业所有权和经营权的分离，主导企业甚至经济社会的权力将逐步由股东转移至经理阶层。

现代企业的"控制者"其实已经转变为职业经理人群体，股东不需要自己亲力亲为，他们只需要花钱雇用受过专业培训的职业经理人就可以，股东与职业经理人实际上就形成了委托代理关系。委托代理普遍存在于经济领域和社会领域。

一、委托代理问题

委托代理在人们的日常生活中其实也很普遍。简单来说，就是委托人将决策权及执行权委托给代理人，代理人通过行使这两项权利来达成委托人的目的。一般来说，委托人和代理人通常无法做到完全的同频共振。即便一开始二者的确朝着同一个方向前进，但走着走着总是会出现一些偏差，事实上，这二者的目标也不一致。委托人的目标代表的是所有者权益，而代理人的目标通常代表着经营者、职工、银行等利益主体的利益。就代理人目标代表的三个利益主体来看，这三者是有矛盾的。委托人与代理人亦然。

委托代理主要有两大问题。

一是信息不对称。代理人通常无法完全获得委托人的信息。比如，公司的 CEO 不可能完全了解普通员工日常的工作情况。不要说 CEO，哪怕就是一个小经理，对其直属的下属也未必完全了解，很难全方位把控下属的工作状态。如果说真的要了解，倒也不是完全不可行，但是了解的过程要耗费大量的成本，反而有些得不偿失。

二是不确定性。委托、代理双方的确可以就未来可能发生的状况签订比较完备的契约，但是这个世界存在着太多的不确定性。今天对某种情况做了假设，可是明天偏偏出现了另一种情况，实在是防不胜防。不确定性这个问题自身是没有办法被消除的，人们能做的只有提升自己应对不确定性的能力。

简单来说，信息不对称的现象也分为两类：一类是事前的信息不对称，另一类是事后的信息不对称。

事前的信息不对称是指在一项交易发生时有一方比另一方拥有更多的信息，因而取得优势，但当交易结束的时候，信息不占优势的一方的劣势随即被消除。这就无怪乎很多人往往想通过各种方式获取"内参"，以此来增加自己谈判的筹码。事前信息不对称所产生的问题已经被归结为"选择或逆向选择"问题。

"逆向选择问题"是阿克洛夫(Akerlof)于 1970 年在《"柠檬"市场：质量的不确定性和市场机制》一文中首先提出的。"柠檬"市场是一个二手车市场。不妨先做一个假设，假设买卖双方之间不存在任何的信息不对称，也就是说，双方都可以完全辨别出二手车的质量优劣。好车的成交价格此时自然是比差车的成交价格要高，好车可以卖到 240 元，差车则只能卖到 180 元。这是最理想的状态，但问题是信息不对称是不可能被磨灭的。买二手车的人通常是处于劣势的，有时候买一辆二手车对于他们来说就像一场赌博，他们只能对车的平均质量有个大概了解，这种情况下他们绝对不愿意出 240 元的高峰价格的。假设买到好车和差车的概率相等，他们可能只愿意支付 180 元。对于卖车的人来说，这显然不是什么利好消息，卖一辆好车给买车的人可就亏大了，所以他们通常会销售差车给买车的人。但买车的人显然也不是傻子，当他们觉得自己有很大概率买到差车的时候，他们最终出的价格也不会达到 180 元，必然会下降，因此，差车成交价只有 120 元。继续往下想，当买车的人出价越来越低，卖车的人更加要卖差车出去，这显然是个恶性循环。这样的一个逆向选择导致的严重后果就是二手车市场的交易难以为继。

接下来，让我们将目光放到事后的信息不对称上。事后的信息不对称和事前的信息不对称有一点相同，就是有一方比另一方拥有更多的信息，手上的筹码更足。不同的地方在于，占优势的那一方在交易结束后仍占据着优势地位。此类信息不对称产生的问题现今都被归入"道德风险"问题。

道德风险最早是一个保险用语，是由阿罗(K.J.Arrow)发现的。说起道德风险，可能很多人脑子中会浮现一个词语，那就是"骗保"，有些投保者会详细阅读保险条款并想尽各种办法钻空子以期获得价格不菲的保费。人心总是难以揣测的，很难想象一个人为了自身的利益会做出多么丧心病狂的事情，因此，分析经济问题的时候千万不要漏算了人心。

二、委托代理理论概述

在生产力落后及生产规模较小的时代，还没有太多的委托必要，因为通过自己的努力就可以完成既定的目标，但随着生产力的迅猛发展及各行业的精细化分工，权利的所有者无法继续完全行使自己的权利，且此时涌现了一批高素质的代理人。在此种条件下，把权利放出去显然是个不错的选择。但问题是不可能保证委托人和代理人行为一致，委托人和代理人都有各自的算盘。对于委托人来说，自然是自己财富越多越好，但是代理人不一定这么想，打工必然要保障自己的收益，而且代理人通常也会追求一个比较放松的状态。这样看来委托人和代理人的冲突就已经十分明显了。糟糕的代理人最终可能损害到委托人的利益。委托人和代理人一直处于博弈的状态。

随着现代企业组织结构的变化，斯宾塞(Spence)和泽克豪泽(Zeckhauser)、罗斯(Ross)、张维迎、米尔里斯(Mirrlees)及霍姆斯特罗姆(Holmstrom)等以企业的所有权与经营权分离为前提，创立了委托代理理论。委托代理理论成立同样有一个前提，它是建立在完全合同基础上的。委托代理关系变成了一种复杂的数学函数。委托人要确定一种激励机制，比如股权激励等，激励代理人恪尽职守甚至超常发挥，带领企业迈向更加美好的未来。而代理人则根据这种激励机制来选择自己到底如何做才能使自身利益最大化。委托代理的中心任务就是协调委托人和代理人的冲突，在信息不对称等种种不利局面下设计出最合理的契约来激励代理人。

三、委托代理动态模型

(一)重复博弈的委托代理模型

最早研究委托代理模型的是伦德纳(Radner)和罗宾斯坦(Rubbinstein)，他们通过使用重复博弈模型证明，假设委托人和代理人能够心平气和地保持长期合作，那么帕累托一阶最优风险分担和激励是可以实现的。

帕累托最优(Pareto Optimality)，也称帕累托效率，是资源分配的一种理想状态，假定固有的一群人和可分配的资源，从一种分配状态到另一种分配状态的变化中，在没有使任何人境况变坏的前提下，至少使一个人变得更好，这就是帕累托改进或帕累托最优化。

那到底为什么能够实现这一目标呢？有以下两点原因。

一是因为大数定律。大数定律即在随机事件的大量重复出现中，往往呈现几乎必然的规律，这个规律就是大数定律。通俗地说，这个定律就是，在试验不变的条件下，重复试验多次，随机事件的频率近似于它的概率。偶然中包含着某种必然。

抛开数学专业术语，即那些外生变量可以被剔除，没有那么多复杂的因素影响，委托人通过其可以观测到变量推断代理人是否在努力工作，代理人不可能通过"摸鱼"来提高自己的福利，换言之，其必须恪尽职守，否则面临随时被开除的风险。

二是长期合同为代理人提供了"个人保险"，委托人可以免除代理人的风险。但是当代理人与委托人在同样的利率条件下进入资本市场的时候，长期合同会被一系列的短期合同所取代。

(二)代理人市场声誉模型

法玛(Fama)是第一个明确提出"代理人声誉"的学者，他认为代理人市场对代理人是有约束作用的。大家都处在同一个领域，时间久了自然对彼此都比较熟悉，拥有超强业务能力、业绩优秀的人，其自身的价值自然就较高。代理人必须爱惜自己的羽毛，一旦其职业生涯有了污点，那么他的价值必然会受损，之后很有可能无法在代理人市场很好生存下去。从长远来看，即便代理人当前没有收到一份满意的激励合同，他也同样需要恪尽职守，因为这样才能在未来获取更高的利益。霍姆斯特罗姆将法玛的思想模型化，并且他还得出了如下结论：努力随着年龄的增长而递减。因为人到了一定的年龄，外界对他的评价已经基本定型，这个时候他不必再去证明自己，自己的声誉已经体现。

(三)棘轮效应模型

"棘轮效应"(ratchet effects)一词最初来自对苏联式计划经济制度的研究。在计划经济体制下，企业的年度生产指标根据上年的实际生产不断调整，好的表现反而由此受到惩罚(因此，聪明的经理用隐瞒生产能力来对付计划当局)。这种标准随业绩上升的趋向被称为"棘轮效应"。其实，这种现象普遍存在于经济、管理领域，当然也存在于项目管理过程中。

假设代理人B是一个优秀的管理者，在他的带领下，企业2020年的销售额比2019年足足增加了30%，这时委托人A当然非常高兴，也给予代理人B一定的奖励。而到2021年，委托人A的标准就提高了，他会认为既然代理人B在2020年使销售额实现了如此大的增长，那么今年保持这个增长就算是理所应当的，只有当超过30%的增长率时，才可能给代理人B相应的奖励。

这样，代理人B的生活就很艰难，因为他越努力，业绩越好，委托人A对他的标准就越高，拼死拼活地努力最终反而得到的奖励越来越少。这样看来实在是太不划算了。当代理人B想明白这个悲伤的故事之后，自然会更加倾向于适当的消极怠工。因为他通过"细水长流"可以获取更大的收益。这个简单的案例体现的就是"棘轮效应"。

学者霍姆斯特罗姆和里卡特·哥斯达(Ricart-Costa)研究了相关的问题。在他们的模型里，经理人和股东之间风险分担是不一致的。因为他们二者看待投资结果的视角是不一样的，对于经理人来说，结果好，反映的就是他们能力强；而对于股东来说，结果好，代表着资产回报率高。这也难怪经理人业绩越好，股东对他们的要求就越高。因此在长期的过程中，棘轮效应会弱化激励机制。

委托代理理论倡导所有权和经营权分离，企业所有者保留剩余索取权，而将经营权利让渡，委托代理理论是现代公司治理的逻辑起点。

第四节 利益相关者理论

Freeman 是最早使用"利益相关者"这一概念的经济学家。1984 年，Freeman 给予广义利益相关者的经典定义是："企业利益相关者是指那些能影响企业目标的实现或被企业目标的实现影响的个人或群体。"而 Clarkson 认为，企业的目标是为所有利益相关者创造财富和价值，企业是由利益相关者组成的系统，它与为企业活动提供法律和市场基础的社会大系统一起运作。

一、利益相关者理论概述

20 世纪 60 年代末，主流企业理论的理念多半都是"股东至上"，传统的股东至上的管理理念，促使企业疯狂追逐利润，导致社会经济大退步，生态环境退化等。同时，在美国和英国等长期奉行外部控制型公司治理模式的国家里对主流企业理论的质疑和批判中，利益相关者理论逐步产生和发展起来，Penrose 和 Ansoff 进行了开创性研究。Freeman 等致力于完善理论的框架，并在实践中取得较好的应用效果。Blair 认为公司不是简单的实物资产的集合物，而是一种治理和管理者专业化投资的制度安排。利益相关者理论对人力资本的重视契合了知识经济时代"人"的地位提高的趋势，符合企业可持续发展观。

利益相关者理论与传统的股东至上主义的区别在于，所有参与了关系投资的合作者，都可以被认定为"利益相关者"。那么如何界定利益相关者，即谁是企业的利益相关者？利益相关者的特征是什么？这些问题至今还未有一致的答案。目前，界定利益相关者比较通用的方法是多维细分法和米切尔评分法。

多维细分法认为，企业的生存和繁荣离不开利益相关者的支持，但利益相关者可以从多个角度进行细分，不同类型的利益相关者对企业管理决策的影响及被企业活动影响的程度是不同的。利益相关者由于所拥有的资源不同，对企业产生不同影响。多维细分法从三个方面对利益相关者进行了细分。

(1) 持有公司股票的人，如董事会成员、经理人员等，称为所有权利益相关者。

(2) 与公司有经济往来的相关群体，如员工、债权人、内部服务机构、雇员、消费者、供应商、竞争者、地方社区、管理结构等，称为经济依赖性利益相关者。

(3) 与公司在社会利益上有关系的利益相关者，如政府机关、媒体及特殊群体，称为社会利益相关者。

米切尔评分法，是由美国学者 Mitchell 和 Wood 于 1997 年提出来的，它将利益相关者的界定与分类结合起来。首先认为，企业所有的利益相关者必须具备以下三个属性中至少一种：合法性、权利性和紧迫性。他们依据这三个方面对利益相关者进行评分，根据分值将企业的利益相关者分为以下三种类型。

(1) 确定型利益相关者，同时拥有合法性、权利性和紧迫性。他们是企业首要关注和密切联系的对象，包括股东、雇员和顾客。

(2) 预期型利益相关者，拥有三种属性中任意两种。同时拥有合法性和权利性，如投资者、雇员和政府部门等；同时拥有合法性和紧迫性的群体，如媒体、社会组织等；同时拥有紧迫性和权利性，却没有合法性的群体，比如一些政治和宗教的极端主义者、激进的社会分子，他们往往会通过一些比较暴力的手段来达到目的。

(3) 潜在型利益相关者，他们只具备三种属性中的其中一种。

Freeman 认为股东的利益不应该被放在最顶端的部位，而是要弱化股东利益地位，把他们看成利益相关者网络中的一个节点。这样的观点使公司治理目标更加注重多边利益主体的利益。随之越来越多的学者开始将公司理解为一个由物质资本所有者、人力资本所有者以及债权人等利益相关者间的组合。

利益相关者治理就是要让所有通过专用性资产的投入而为企业的财富创造做出贡献的产权主体参与到公司的治理中，也就是利益相关者共同拥有剩余索取权和剩余控制权。利益相关者理论引导着公司治理方法的改变，企业的治理开始更多地落在利益相关者的视角，不仅包括调节股东与经理层的关系、大股东与中小股东的关系，还包括调节股东和其他利益相关者的关系，如债权人利益的保护、社区利益的保护等。公司治理的主旨在于形成一种制度，以保护各方的利益，提高公司的效率，实现企业利益最大化目标。

企业社会责任是企业在市场经济条件下有目的、有计划地主动承担对各方面利益相关者的责任，实现企业与社会的和谐与可持续发展目标。企业应把对社会和环境的高度关注融入企业的正常运营，使可持续发展和企业社会责任成为所有经营活动不可或缺的组成部分。近年来，我国学者利用利益相关者理论对我国企业公司治理和改革中的相关问题进行初步分析，开始将利益相关者理论引入社会责任理论，为研究企业承担社会责任提供一种途径和操作方法。

将企业承担的社会责任纳入公司治理，使企业更着重于对长期目标的追求和持续的发展而无须因为股东利益最大化的目标只重视短期效益。同时社会各方的利益得到了维护，他们反过来会促进企业的发展，从而减少了监督激励成本和机会主义行为，社会各方和企业形成一种基于信任的长期稳定的合作关系，这将极大减少信息不对称导致的成本。

良好的声誉、独特的组织文化形成企业稀缺的、有价值的、竞争对手难以模仿或难以替代的资产，这些资产使企业创造了超越对手的竞争优势。从战略角度考察利益相关者理论强调对战略管理的来自市场条件的一个主要挑战，这种挑战结合了生态关注、全球观点、企业社会责任和市场参与各方之间的长期承诺和合作。在企业的实际经营过程中，对于承担社会责任仍存在着不小的争议，但承担社会责任已成为一种趋势。

近年来，管理者都比较认同企业社会责任不仅要考虑股东最大利益，还要充分考虑其他利益相关者，如消费者、供应商、债权人、员工、所在社区乃至政府等的利益。企业管理者应关心长期财务利益的最大化。为此，他们必须从事一些必要的社会行动并承担相应的成本。他们必须以不污染、不歧视、不发布欺骗性广告等方式来维护社会利益，还必须在增进社会利益方面发挥积极作用。

企业履行社会责任具有重要的意义，表现在以下四个方面。

(1) 企业履行社会责任，有利于为企业带来新的发展机遇。企业实践和研究成果充分说明企业社会责任与经济绩效呈正相关关系，而非像传统经济学理论认为的会加重企业负担，影响其利益，企业完全可以将社会责任转化为实实在在的竞争力。

(2) 企业履行社会责任，有利于提高市场开拓能力。企业社会责任作为一种激励机制，对企业管理来说，是一场新的革命，更是提高企业开拓能力的动力源泉。

(3) 企业履行社会责任，有利于树立企业形象，增强企业竞争力。企业承担一定的社会责任，虽短期会增加经营成本，给企业带来一定的影响，但无疑有利于企业良好形象的树立，形成企业的无形资产和竞争优势，最终给企业带来长期的、潜在的利益。

(4) 企业履行社会责任，可以促使企业、政府、社会之间形成良性互动，从而为企业的可持续发展赢得良好的外部环境。

虽然利益相关者理论起源较早，但迄今为止，理论尚不成熟，仍存在许多不足之处，除了要加强该理论体系的建设之外，还要注重该理论的实践运用。

二、利益相关者分析

利益相关者分析用于分析与客户利益相关的所有个人(或组织)，帮助客户在战略制定时分清重大利益相关者对战略的影响，也用于项目管理过程中。项目交付成果可能会影响某人或组织，同时这些人或组织会做出相应行动来影响项目的推进。在项目管理过程中，利益相关者分析的目的就是找出这些人或组织，制定沟通策略，从而使其利于项目的推进。利益相关者能够影响组织，他们的意见一定是在决策时着重考虑的因素。利益相关者模型如图2.1所示。

图2.1 利益相关者模型

(一)权力—行为矩阵

所有利益相关者不可能对所有问题保持一致意见，其中一些群体要比另一些群体的影响力更大，这时如何平衡各方利益成为战略制定者考虑的关键问题。除了对战略制定产生影响以外，利益相关者分析也是评价战略的有力工具。战略评价可以通过确定持反对意见的股东和他们对一些有争议的问题的影响力来完成。

在图2.2中可以看出各利益相关者的位置，利用这种方法可以很好地评估和分析在新战略的发展过程中应该在什么位置引入"政治力量"。

(1) 最难应付的团体处于细分市场D区内，因为他们可以很好地支持或阻碍新战略，但是他们的观点却很难预测。其隐含的意思非常明显：在已建立一个不可改变的地位前一定要找到一种方法来测试这些利益相关者对新战略的态度。

(2) 相反，在细分市场C区内的利益相关者，可能会通过管理人员的参与过程来影响战略，这些管理人员同意他们的观点并建立那些代表他们期望的战略。

(3) 虽然细分市场 A 区和 B 区内的利益相关者权力很小，但是这并不意味着他们不重要。事实上，这些利益相关者的积极支持本身会对权力更大的利益相关者的态度产生影响。

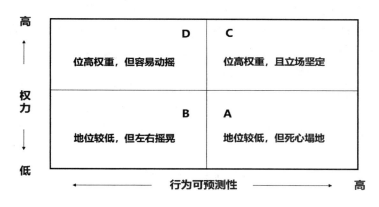

图 2.2　利益相关者分析：权力—行为矩阵

(二)权力—利益矩阵

权力—利益矩阵如图 2.3 所示，它根据利益相关者与其持有的权力大小的关系，以及从何种程度上表现出对组织战略的兴趣，对其分类。因此，称其为权力—利益矩阵。

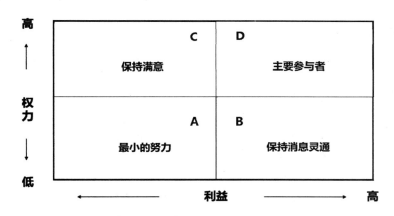

图 2.3　利益相关者分析：权力—利益矩阵

在战略制定和实施过程中，应重点考虑主要参与者(D 区)是否接受该战略。因为他们既有权力又有兴趣。关系最难处理的一类利益相关者是 C 区内的利益相关者，虽然总的来说他们是相当被动的，但可能因某些特定事件而对战略产生兴趣，并施加有力的影响。因此，全面考虑利益相关者对未来战略的可能反应非常重要。如果低估了他们的利益而迫使其突然重新定位于 D 区内，并且阻止战略变革，那么情况就会很糟。类似地，需要正确对待 B 区中利益相关者的需要，因为企业的经营业绩和战略与他们的利益密切相关，而他们没有太大的权力，所以可以通过保持信息交流来满足他们对利益关注的心理需求。

通过权力—利益矩阵可以明确以下几点认识。

(1) 组织的政治和文化状况是否可能会阻止其采纳特定的战略，如处在一个成熟行业里，具有惰性成分的企业可能不会采用创新战略。换句话说，确定利益相关者位置是一种分析文化适应性的方法。

(2) 确定哪些个人或团体是战略变革的支持者或反对者。重新确定某些特殊利益相关者的地位，要明确是坚持战略还是改变战略，以满足他们的期望和要求。

(3) 一旦制定了明确的战略和确定了利益相关者的地位，应采取一定的维持行动，以阻止他们对自己重新定位，因为重新定位会阻止战略的实施。这意味着应努力保持 C 区内利益相关者的满意程度，并保持 B 区内利益相关者的信息沟通。

利益相关者理论关键之处在于：它认为随着时代的发展，物质资本所有者在公司中的地位呈逐渐弱化的趋势。所谓弱化物质资本所有者的地位，指利益相关者理论强烈质疑"公司是由持有该公司普通股的个人和机构所有"的传统核心概念。

本 章 小 结

本章介绍了公司治理的理论基础：新古典企业理论、交易成本理论、委托代理理论及利益相关者理论。新古典企业理论把企业的投入、产出抽象成一个生产函数，对于这个函数，最终想要获得的解是最大化的利润。这个函数稍显复杂，因为不止一个变量，包括资本、劳动、土地等，通过最优决策，得到最为理想的产品和劳务的输出。新古典企业理论把企业看作"黑匣子"，只说明企业的产品计划是如何随产出和投入的价格而变化，而对计划如何制订只字未提。

科斯还弥补了新古典企业理论中企业定义的缺失。1937 年科斯提出了交易成本理论，研究组织制度。科斯企业理论可简单归纳为：交易是经济活动基本分析单位；比较制度分析法是经济活动基本分析方法；交易成本最小化是交易方式选择的目的。

受科斯理论的影响，交易成本理论形成了两个派系，威廉姆森的资产专用性理论关注在不完全合约背景下，促进交易成本最小化，确保企业合约的效率，强调了非人力资本的专用性；而杨小凯等人发展的间接定价理论认为，市场和企业是资源配置的两种可以互相替代的手段，企业的功能在于节约交易费用。

委托代理理论是制度经济学契约理论的主要内容之一，认为"如果当事人双方，其中代理人一方代表委托人一方的利益行使某些决策权，则代理关系就随之产生"，委托代理理论倡导所有权和经营权分离，企业所有者保留剩余索取权，而将经营权利让渡，委托代理理论是现代公司治理的逻辑起点。

利益相关者理论是指企业的经营管理者为综合平衡各个利益相关者的利益要求而进行的管理活动，认为任何一个公司的发展都离不开利益相关者的投入或参与，企业追求的是利益相关者的整体利益，而不仅仅是某些主体的利益。

思 考 题

1. 科斯的交易成本理论对公司治理的理论贡献是什么？
2. 为什么说委托代理理论是现代公司治理的逻辑起点？
3. 为什么把利益相关者理论作为公司治理的重要理论基础？

实践应用

曾经风靡一时,但最终走向衰落的摩托罗拉公司

曾几何时,"摩托罗拉"就是无线通信的代名词,同时它还是技术和品质的结晶。甚至就在 20 年前,摩托罗拉还在嘲笑日本品质的代表索尼,认为后者的质量只配做体育用品。今天,虽然摩托罗拉的产品从品质上讲仍然傲视同类产品,但其就像一个戴着假发拿着手杖的贵族,怎么也无法融入时尚的潮流。

摩托罗拉公司原名为加尔文制造公司,创立于 1928 年,用创始人之一的保罗·加尔文的名字命名。摩托罗拉在无线电通信方面的实力很强,它的调频技术和天线技术都领先于世界。同时,作为美国军方和政府部门的供应商,摩托罗拉产品的稳定性和鲁棒性(Robustness)都很好。这从某种程度上讲是摩托罗拉产品的基因。至今,很多摩托罗拉的产品仍然如此。

第二次世界大战后,摩托罗拉名气越来越大,人们一说起无线通信首先就会想到摩托罗拉。从对讲机、早期的手机,即大哥大,到 90 年代初风靡中国,城市里人手一个,万元户腰里的 BP 机。人们甚至忘了公司的名称——加尔文制造公司,由此可见,当年摩托罗拉名头之响。

从第二次世界大战后到 90 年代初,可以说是摩托罗拉红火的年代。到 90 年代初,摩托罗拉在移动通信、数字信号处理和计算机处理器三个领域都是世界上技术最强的。更难能可贵的是,它的产品声誉极好。80 年代末的摩托罗拉对讲机就可以在钢铁包围的大货轮货舱里和岸上的人通话,这是任何其他同类产品做不到的。1990 年,摩托罗拉的营业额超过 100 亿美元,在 IT 公司中仅次于 IBM 和 AT&T。如果摩托罗拉能通吃三大市场,它无疑将是今天世界上最大的 IT 公司。即使它能垄断其中一个,也是一个巨无霸的公司。但很遗憾,它一个也没做好,这个通信革命的领导者被自己掀起的技术浪潮淘汰了。原因何在呢?

摩托罗拉的基因决定了它在数字移动通信中很难维持它原来在模拟手机上的市场占有率。摩托罗拉并不是没有看出数字手机将来必将代替模拟手机,而是很不情愿看到这件事发生。作为第一代移动通信的最大受益者,摩托罗拉要尽可能地延长模拟手机的生命期,推迟数字手机的普及,因为它总不希望自己掘自己的墓。如果过早地放弃模拟手机,就等于放弃已经开采出来的金矿,而自降身价和诺基亚公司一同从零开始。尤其在刚开始时,数字手机的语音质量还远不如摩托罗拉砖头大小的大哥大,更使摩托罗拉高估了模拟手机的生命期。和所有大公司一样,在摩托罗拉也是最挣钱的部门嗓门最大,开发数字手机的部门当然不容易盖过正在挣钱的模拟手机部门,因此,摩托罗拉虽然在数字手机研发上并不落后,但是,进展缓慢。当各个竞争对手推出各种各样小巧的数字手机时,摩托罗拉才发现自己慢了半拍。当然,以摩托罗拉技术和市场的优势赶上这半拍,按理说应该不难,但是,摩托罗拉另一个基因使它很难适应新的市场竞争。在摩托罗拉内部很长时间里,也许直到今天,技术决定论一直占主导。在数字电子技术占统治地位的今天,各个厂家之间在技术上的差异其实很小,这一点点差别远不足以让用户选择或不选择某个品牌的产品。相反,功能、可操作性、外观等非技术因素反而比技术更重要。在这些方面,摩托罗拉远远比不过诺基亚和亚洲的对手。摩托罗拉的一些经理们常常很看不上诺基亚和三星等公司的做法,"他们换一个机壳或者颜色就算是一款新手机",但是,用户还真的很买后者这种做法的账。

"铱星计划"对摩托罗拉的打击远不止十亿美元。在摩托罗拉启动"铱星计划"时，GSM还没有在世界上占统治地位，美国和包括中国在内的很多国家还吃不准技术上更好的CDMA是否会很快替代GSM。但是，摩托罗拉把精力分散到铱星上，不仅失去了和诺基亚竞争的最佳时机，而且还把一些市场丢给了三星、LG等更新的电子公司。

在计算机处理器业务上，摩托罗拉经过多年的努力，还是最终败给了英特尔。

在数字信号处理器上，摩托罗拉最终没有竞争过老对手德州仪器。

摩托罗拉长期以来形成了高工资、高福利的"大锅饭"，员工干好干坏差别不大。摩托罗拉的本意是想避免员工之间不必要的攀比，每个人都有一个宽松、自在的环境安心工作。直到今天，摩托罗拉公司给员工的期权依然数量很少。这不能不说是受摩托罗拉的传统管理模式所限。因此，很多人把摩托罗拉看成一个能养老的公司而不是一个创业的公司。

摩托罗拉作为世界无线(移动)通信的先驱和领导者，可以说开创了整个产业。遗憾的是，它只领导了移动通信的第一波浪潮，就被对手赶上并超过。此后，由于技术路线错误，执行力不足，摩托罗拉失去了利用技术优势夺回市场的可能性。摩托罗拉曾经跨通信和计算机两大领域之间，甚至很有同时成为计算机和通信业霸主的可能。退一步讲，只要它在计算机中央处理器(CPU)、通信数字处理器(DSP)或者手机任何一个领域站稳脚跟，就能顺着计算机革命或者通信革命的大潮前进，立于不败之地。但是，其领导人无力领导这样一个庞大的公司，反而使公司没有专攻的方向，在各条战线上同时失利。

摩托罗拉一直由卡尔文家族控制，卡尔文三世很想把它办成百年老店，但是他心有余而力不足，无能力迎接信息革命的挑战。因此，摩托罗拉这个贵族式的公司不可避免地没落了。如果当初摩托罗拉的领袖是盖茨或者通用电气的韦尔奇，也许它就不会是今天这个结局了。公司领导人对公司发展的重要性，摩托罗拉的兴衰就是一个很好的例子。

君子之泽，五世而斩，对一个贵族家族式的公司也是如此。虽然摩托罗拉衰落了，但是它几十年来造福于我们这个世界。没有它，我们也许要晚几年用手机，没有它和英特尔的竞争，我们的计算机也许没有今天发展得这么快。

(资料来源：腾讯内容开放平台. 历史观察者 2018-12-05. https://page.om.qq.com/page/OB.)

【思考与讨论】

1. 摩托罗拉衰落的根本原因是什么？
2. 从公司治理的角度，你觉得摩托罗拉公司存在哪些问题？

微课视频

扫一扫，获取本章相关微课视频。

生产函数.mp4

委托代理理论.mp4

第三章 公司的股权结构设计

【学习目标】

1. 了解股东及股东大会在公司治理结构中的地位及股东应有的权利和义务。
2. 掌握股份结构和股权结构的设计。
3. 掌握股东大会的类型、性质；了解股东大会在企业中所行使的主要职权。
4. 了解投资者关系管理的含义与对策。

【引导案例】

京东 AB 股的前世今生

京东当时的前三大股东情况如下：腾讯持股为 17.8%，为第一大股东，拥有 4.5% 的投票权；京东集团 CEO 刘某某持有京东集团 15.4% 的股权，为第二大股东，拥有 79% 的投票权；沃尔玛持股为 9.9%，为第三大股东，拥有 2.5% 的投票权。

刘某某是如何做到的？这里要说的就是 AB 股了。

AB 股通俗地讲就是"同股不同权"。也有一些专业的叫法，如"双重股权制度""差异化表决权""特别表决权""不同投票权架构"等。一般采用 AB 股这类资本架构的公司股份会分为投票权不同的普通股，通常命名为 A 股和 B 股。其中 A 股为一股一票，在市面上可以正常流通；B 股则为一股多票的超级投票股(每股投票权通常有 2~20 张)，不能随意转让，转让的话要放弃投票特权、先转化为普通投票权股票，它通常为管理团队所持有。

京东 AB 股是如何设计的？普通股分为 A 类和 B 类两类，刘某某持 B 类，每 1 股拥有 20 票投票权；其他投资人持 A 类，每 1 股拥有 1 票投票权；A 类上市交易，B 类不上市交易；A 类在任何时候均不可以转换为 B 类，B 类可随时自由转换为 A 类；B 类转让给非联属人士(联署即直系或其控制的实体)时，则自动转换为 A 类；当刘某某不再担任京东董事兼 CEO 或其他特定情况时，其持所有 B 类将自动立即转换为等量的 A 类；A 类及 B 类就所有呈交股东投票的事项一并投票。普通决议，以法定出席人数的简单多数通过；特殊决议，以法定出席人数的 2/3 通过。

刘某某在投票权方面控制得很好，主要有以下三个方面的原因。

第一，京东在融资之前已打下很好的 3C 根基，最初的融资并非很迫切的需求，因此在融资上处于主动地位,而不是像很多企业一样,在融资时对投资机构卑躬屈膝。在2010年和2011年及2012年上半年整个电商发展大势有利于京东快速扩张,公司快速发展为最佳融资时期,这个时候估值高,出让的股权比例相对也比较少,有利于大规模融资。

第二,跟刘某某本人有关,他对京东的控制一直都很严,他说,如果失去了公司的控制权,那么自己宁愿把京东卖掉。换言之,就是说腾讯和沃尔玛投资京东可以,占据大股东的份额也可以,但是投票权还得是刘某某本人来掌握。

第三,腾讯与京东荣辱与共,腾讯之所以投资京东,一方面是因为自己电商方面比不过京东,另一方面是因为当时只有京东能够和阿里巴巴抗衡,既然自己做不了电商,那么不如选择让京东去和阿里巴巴竞争,所以腾讯最终投资了京东,强强联手才是最好的选择。

AB股在中国的特殊化应用表现在以下三个方面。

第一,投票权委托,即公司部分股东通过协议约定,将其投票权委托给其他特定股东(如创始股东)行使。京东发行上市前,曾有11家投资人将其投票权委托给刘某行使。刘某某持股20%左右却通过老虎基金、高瓴资本、今日资本及腾讯等投资人的委托投票权掌控了京东上市前过半数投票权。

第二,一致行动协议,即通过协议来约定,某些股东就特定事项采取一致行动,相当于在股东会外设了一个"小股东会",对外形成一个一致表决意见。一致行动协议内容通常体现为在行使提案权、表决权等股东权利时做出相同的意见表示。比如创始股东之间,或者创始人和投资人之间,就可以通过签署一致行动人协议加大创始股东的投票权权重,巩固其在公司的控制地位。

第三,采用有限合伙企业持股,有限合伙企业是以身份进行控制,即普通合伙人拥有合伙企业的控制权。同时有限合伙人在合伙企业中持股,进入、退出均在合伙企业中进行,不会影响公司层面的股权结构。通常实施股权激励基本采用有限合伙企业持股,而普通合伙人一般由公司实际控制人担任,这样有限合伙企业在公司的表决权就掌握在实际控制人手上了。

(资料来源:华杨资本股权激励。https://xw.qq.com/cmsid/20201117a03n3x00?f=newdc。)

第一节　股东的权利与义务

一、股东的定义

股东(shareholder)是股份公司的出资人或投资人,是股份公司中持有股份的人,有权出席股东大会并享有表决权,享受法定的经济利益,并承担相应的义务。股东可以是自然人,也可以是各种类型的法人实体。此外,股东也可指其他合资经营的工商企业的投资者。

股东是公司存在的基础,没有股东就不可能有公司。根据《中华人民共和国公司法》(以下简称《公司法》)的规定,有限责任公司成立后,应当向股东签发出资证明书,并置备股东名册,记载股东的姓名或者名称及住所、股东的出资额、出资证明书编号等事项。《公司法》同时规定,有限责任公司股东依法转让其出资后,应由公司将受让人的姓名或者名称、住所及受让的出资额记载于股东名册。对于股份有限公司,我国《公司法》既允许发行记名股票,也允许发行无记名股票。公司发行记名股票的,应当置备股东名册。股份有限公司的记名股票的登记持有人即为公司股东;而无记名股票的持有人则同时须将其姓名或名称及住所记载于股东名册，即能成为公司股东。

另外，股东作为公司的出资人，也具有相应的法律地位，主要表现在如下两点。

(1) 股东有限责任原则。股东作为出资者按其出资数额(股东另有约定的除外)享有所有者的分享收益、重大决策和选择管理者等权利，同时承担相应的义务。

(2) 股东平等原则。股东基于其股东资格，按所持股份的性质、数额享受平等待遇原则，即同股同权、同股同利，但公司章程可做其他约定。

二、股东的权利

股东的权利(简称股权)，是指在按《公司法》注册的企业中，股东基于出资认购股份，而在法律上享有的各种权利。其主要包括知情权、投资收益权、优先认股权、股票转让权、投票表决权、选举权和被选举权、建议权和质询权、股东代表诉讼权等。

(一)知情权

有限责任公司股东有权查阅公司章程、股东大会会议记录、董事会会议决议、监事会会议决议和财务会计报告；股份有限公司股东有权查阅公司章程、股东名册、公司债券存根、股东大会会议记录、董事会会议决议、监事会会议决议、财务会计报告等，对公司的经营提出建议或者质询。董事、高级管理人员应当如实向监事会或者不设监事会的有限责任公司的监事提供有关情况和资料，不得妨碍监事会或者监事行使职权；股东有权知悉董事、监事、高级管理人员从公司获得报酬的情况；股东大会有权要求董事、监事、高级管理人员列席股东会议并接受股东的质询。

(二)投资收益权

股东有权依照法律、行政法规、公司章程规定获取红利，分配公司终止后的剩余资产。收益是股东对公司投资的主要预期利益，是股东向公司投资的基本动机所在。收益权属于自益权，可由股东个人依章程或股东大会的决议而行使。

(三)优先认股权

股东基于其资格有权优先于非股东获得公司某种利益。在公司增资扩股时，原股东一般享有优先出资或认股的权利，以及股东对转让出资的优先购买权。优先认股权是公司发行新股增加资本时，按照原股东的持股比例，给予其在指定期限内以规定价格优先认购一定数量新股的权利。该权利产生的目的在于保证原股东对公司所有权的控制权不因资本的增加而受到削弱。优先认股权可以转让、买卖，也可以放弃。买卖优先认股权的价格，由股票市场上该种股票的价格、新股的发行价格和认购一股新股所需的优先认股权数三个因素决定。

(四)股票转让权

股东有权将在公司中的权益让渡给他人，主要是出资和股份的转让权。在公司资本维持原则下，股东不得从公司中抽回自己的投资份额，因而转让权分化了股东的投资风险，有利于社会资本市场的形成与发展。

(五)投票表决权

股东有权参加(或委托代表参加)股东大会并根据出资比例或其他约定行使表决权、议事权。在现代公司中,由于经营管理权力集中,股东一般不直接参与企业的经营,股东行使经营管理权的主要途径就是通过股东大会对公司行使表决权。

(六)选举权和被选举权

股东有权选举和被选举为董事会成员、监事会成员。

(七)建议权和质询权

股东对公司的经营建议权和质询权应该是股东特别是中小股东的一项重要权利。建议权是指股东对公司提出有关经营管理方面的意见、改善措施、方案的权利；质询权是指股东对公司的决策失误、管理不当、高管人员的不尽职或失职行为提出质疑,要求其改正的权利。每位股东都有权进行建议和质询,与其持股比例无关。

(八)股东代表诉讼权

当股东利益受到直接侵害时,股东可向侵害人提起直接诉讼；当股东利益受到间接侵害时,股东可向侵害人提起间接诉讼。间接诉讼又称股东代表诉讼、派生诉讼,是指公司的董事、监事和高级管理人员在执行职务时违反法律、行政法规或者公司章程的规定,给公司造成损失,而公司又怠于行使起诉权,符合条件的股东可以自己的名义向法院提起损害赔偿的诉讼。

上述股东权利大体可分为两类：财产权和管理参与权。前者如投资收益权、股票转让权、优先认股权；后者如知情权、投票表决权、股东代表诉讼权、建议权和质询权、选举权和被选举权。其中,财产权是核心,是股东出资的目的；管理参与权则是手段,是保障股东实现其财产权的必要途径。

三、股东的义务

权利和义务总是相对的,股东既然享有权利,就需要承担义务。股东的义务主要包括出资义务、对公司承担有限责任的义务、不得滥用其权利的义务等。

(一)出资义务

股东的出资义务,即股东必须依其所认数额向公司缴纳股款。认股人一旦按时缴纳出资额,就取得了股东资格。在允许股东分期缴纳其所认股款的情况下,股东只需缴纳首期出资额即可取得股东资格。

(二)对公司承担有限责任的义务

股东对公司承担有限责任的义务,即股东以其出资或所持股份为限对公司承担有限责任；股东除其出资外,对公司不承担任何其他财产责任,公司债务与股东无关,也有一些例外,如"揭开公司面纱"。

(三)不得滥用其权利的义务

我国《公司法》第二十条规定："公司股东应当遵守法律、行政法规和公司章程，依法行使股东权利，不得滥用股东权利损害公司或者其他股东的利益；不得滥用公司法人独立地位和股东有限责任损害公司债权人的利益。公司股东滥用股东权利给公司或者其他股东造成损失的，应当依法承担赔偿责任。公司股东滥用公司法人独立地位和股东有限责任，逃避债务，严重损害公司债权人利益的，应当对公司债务承担连带责任。"

> **延伸阅读1**
>
> 2018年9月30日，中国证监会正式发布修订后的《上市公司治理准则》，自发布之日起实施。节选如下。
>
> **第二章 股东与股东大会**
>
> **第一节 股东权利**
>
> 第七条 股东依照法律法规和公司章程享有权利并承担义务。
>
> 上市公司章程、股东大会决议或者董事会决议等应当依法合规，不得剥夺或者限制股东的法定权利。
>
> 第八条 在上市公司治理中，应当依法保障股东权利，注重保护中小股东合法权益。
>
> 第九条 上市公司应当建立与股东畅通有效的沟通渠道，保障股东对公司重大事项的知情、参与决策和监督等权利。
>
> 第十条 上市公司应当积极回报股东，在公司章程中明确利润分配办法尤其是现金分红政策。上市公司应当披露现金分红政策制定及执行情况，具备条件而不进行现金分红的，应当充分披露原因。
>
> 第十一条 股东有权依照法律、行政法规的规定，通过民事诉讼或者其他法律手段维护其合法权利。

第二节 股权结构设计模式

一、股份的含义与种类

(一)股份的含义

投资者向股份有限公司的投资即为股份(stock)。股份是股份有限公司资本构成的基本单位和最小单位，是股东权利与义务的产生根据和计算单位，股份可以通过股票价格的形式表现其价值，并且可转让。

(二)股份的种类

依据不同的标准，可以将股份有限公司的股份划分为不同的种类。

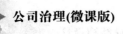

1. 根据股东所享有权益的内容和承担义务的大小划分

根据股东所享有权益的内容和承担风险的大小，可将股份分为普通股份和优先股份。

(1) 普通股份，又称普通股，是指股东拥有的权利、义务相等、无差别待遇的股份。普通股是股份有限公司资本中最重要、最基本的股份，各国立法普遍赋予普通股表决权，特别是要求上市公司的普通股必须具有表决权，并禁止以章程或股东大会决议予以剥夺或限制。这样，拥有普通股数量的多少就决定了股东对公司事务的控制程度。

普通股具有以下几个特点。一是其股利不固定，一般视公司有无利润、利润多少、现金情况而定，而且其股息要在支付公司债务利息和优先股股息后才能分配。不过，如果公司利润丰厚，普通股股利上不封顶，普通股股东是公司获利的主要受益者；反之，在公司亏损时，不仅股利全无，甚至连本亏掉。二是在公司清算时，普通股股东要排在公司债权人和优先股股东之后分配公司剩余财产。三是普通股股东一般都享有投票表决权，即普通股股东享有参与公司重大问题投票决策的权利。四是多数公司的普通股股东享有优先购股权，即普通股股东享有按一定比例优先购买新发行股票的权利。

(2) 优先股份，也称优先股，即比普通股享有优先权的股份。

优先股具有以下几个特点。一是优先股股东可优先参加分配股利或剩余财产，且股利一般是固定的，不受公司经营状况等因素的影响。二是优先股股东在分配公司盈余或剩余财产方面享有优先权利，相应地，其表决权等权利受到限制或剥夺，这是优先股股东在取得优先权时所付出的代价。

2. 根据股份有无表决权划分

根据股份有无表决权，可将股份分为表决权股份和无表决权股份。

(1) 表决权股份，即在任免董事等公司重大事项上享有无条件的表决权的股份。表决权股份具体又分为以下三种。①普通表决权股份，指每股享有一票表决权的股份；②多数表决权股份，指一股享有一票以上(如两票或更多票)表决权的股份，这种股份一般由特定股东如董事、监事拥有；③限制表决权股份，指表决权受到公司章程限制的股份，如优先股。设置多数表决权股份是为了保持特别股东对公司事务的控制权，但多数表决权股份增加了少数股东的特权，公司容易被少数股东操纵。

(2) 无表决权股份，指依据法律或公司章程被取消了表决权的股份。依法被剥夺表决权的股份主要是公司的自有股份；依据章程自愿放弃表决权的股份，主要是享有分配公司利润或剩余财产的优先股。此外，还有表决权受到《公司法》或公司章程限制的股份，即限制表决权股份。如有的国家《公司法》规定，当股东持有股份占公司资本的一定比例(如 30%)时，公司应以公司章程限制其表决权，这是为了防止大股东对公司事务的操纵和对小股东权益的侵害。

二、股份比例设计

股份比例，即每个股东投入资金占总股本的比例。假如一家公司的注册资本为 100 万元，1 元 1 股，总股本为 100 万股。A 股东投入 70 万元，即拥有 70 万股，占 70%的股份；B 股东投入 30 万元，即拥有 30 万股，占 30%的股份。

一般而言，在公司股份比例中，持有 66.7%的股份具有绝对控制权，在董事会和股东大会上拥有绝对的表决权；持有 51% 的股份具有相对控制权，在董事会经营决策权上，拥有超过半数的表决权；持有 33.4% 的股份具有否决权，即拥有 1/3 的否决权。

(一)股份比例设计的原则

(1) 一般以出资额为准，这是确定今后行使表决权的基础。

(2) 股份比例最好不要均等。若股份比例均等，在股东意见不一致的情况下，就会陷入僵局。在实际运作中，最好有明显的股份梯次。

(3) 要有核心股东能够掌握控制权和话语权。

(4) 股东之间要资源互补。股东之间的合作不仅是资金的集合，更是股东在资金之外的其他资源的互补，如技术、运营、品牌、专利、政策等。

(5) 股东之间要信任。股东之间合作是为了一个目标，是通过契约关系结合的经济组织，股东之间要共创、共担、共享。

(二)股份集中度设计

股份集中度(concentration ratio of share，CR)是指第一大股东所持有的股份与后面 n 个股东($n=1$，2，…，5)所持有的股份之和的比值关系。

$$CR = \frac{第一大股东持有的股份}{后面n个股东所持有的股份之和}$$

CR＞1，股份集中，说明第一大股东具有控制权。

股权集中的优势是存在一个有足够控制权和足够激励的股东主动监督公司的经营管理，并确保公司以股东利益最大化原则运营。股权集中的劣势是大股东可能滥用权力，迫使管理层做出对自己有利却损害中小股东利益的决策。

CR＜1，股份较为分散，说明第一大股东的控制权不稳定，有可能遭到其他股东的联合抵制。

股权结构分散的优势包括以下两点。①提高了股票的变现能力。随着更多的投资者持有股票，有可能形成一个活跃的股票市场，股票出售者将更容易找到股票购买者。同时，更高的股票变现能力最终会使资金成本更低，有利于公司整体利益的提升及市场价值的提高。②因为敌意收购者持续关注公司的表现，所以管理表现糟糕的公司更容易受到攻击，从而使经理人受到持续的压力，不得不努力表现，以避免公司股价下跌及敌意收购的发起。

三、股权的分类与股权结构模式

(一)股权的分类

股权结构是指公司总股本中，不同性质的股份所占的比例及其相互关系。股权即股票持有者所具有的与其拥有的股票比例相应的权益及承担一定责任的权力。按照股权的不同属性，股权可以分为以下几种。

1. 股权控制权与意思表决权

股权控制权是相对于所有权而言的，指通过股份持有对某项资源的支配权，并不一定对资产享有所有权。比如通过持有更多的股份，可取得对公司的控制权，即实际控制人。一般来说，持有66.7%～100%的股份，具有绝对控制权；持有51%～66.7%的股份，具有相对控制权；持有33.4%～51%的股份，具有一票否决权。

意思表决权又称股东议决权，是指股东基于出资人地位而享有的对股东大会的审议事项做出一定意思表决的权力。有时股权控制权与意思表决权是一致的，而有时又是不一致的，主要表现在股权与表决权的分离。在现实中，股东权力的实现主要体现在表决权的制度安排上。

2. 自益权和共益权

自益权是指股东专为自己的利益而行使的权利。股东的自益权主要包括发给出资证明或股票的请求权、股份转让过户权、出资转让权、新股认购优先权下可转换股票转换请求权、分配股息红利等投资收益权、剩余财产分配权等。

共益权是指凡股东为自己的利益同时兼为公司的利益而行使的权利。股东的共益权主要包括出席股东大会权、表决权、选任公司董事等管理人员的请求权、代表诉讼提起权、股东大会召集权、提案权、质询权、股东大会或董事会决议撤销诉讼权、申请特别清算权、公司重要文件查阅权等。

由此可见，自益权与共益权就其内容而言，前者主要表现为股东自身的、直接的经济利益，多具有所有权的内容；后者主要表现为股东对公司经营的参与和监督，多具有所有权中的占有、使用、管理等权能的内容，二者相辅相成，共同构成了股东所享有的完整股权。

3. 固有权和非固有权

按照股权性质是否可被剥夺或限制的不同，股权可分为固有权和非固有权。

固有权，又称法定股东权或不可剥夺权，是指《公司法》赋予股东的、不得以公司章程或股东大会决议予以剥夺或限制的权利。非固有权又称非法定股东权或可剥夺权，是指可由公司章程或股东大会决议予以剥夺或限制的权利。

划分固有权和非固有权的意义在于，明确股东的哪些权利是法定不可剥夺或不可限制的，哪些权利是可依公司章程或股东大会决议予以剥夺或限制的，从而既可加强对股东权利的保护，又可对股东权利重新进行分配或配置。如果股东的固有权被公司限制或者剥夺，属于公司的违法行为，股东可依法主张权利，并采取相应的救济措施。

4. 单独股东权和少数股东权

按照股权行使方式的不同，股权可分为单独股东权和少数股东权。

单独股东权是指不论股东持股多少，股东一人即可以自己的意志而单独行使的权利。单独股东权包括股东在股东大会上的表决权、宣告股东大会决议无效的请求权。

少数股东权又称共同股东权，是指持有公司已发行股份一定比例以上的股东才能行使的权利。少数股东权的行使与股东人数的多少并无必然联系，行使少数股东权的关键是必须持有一定数额或比例的出资或股份，因此少数股东既可以是持股达到一定比例以上的单个股东，也可以是持股数总计达到一定比例以上的多个股东。少数股东权又可分为以下两种情况。一是法定少数股东就可行使的权利。如我国《公司法》规定，股份有限公司中持有公司股份10%以上的股东，有召集临时股东大会的请求权；此外，提名独立董事需要10%以上的股份。二是法定多数股东才可行使的权利。如我国《公司法》规定，公司创立大会应有代表股份总数1/2以上的发起人、认股人出席，方可举行。

设立少数股东权是为了防止多数股东滥用多数表决。因此，共益权属于少数股东权，自益权属于单独股东权。

5. 一般股东权和特别股东权

按照股权行使主体的不同，股权可分为一般股东权和特别股东权。

一般股东权是指公司的普通股东行使的权利，特别股东权是指公司的特别股东(如优先股股东、劣后股股东、发起人股东等)才可以享有的权利。公司的特别股东虽然有某些特别的权利，不过其权利和义务也是对等的，他们在某些权益上的所得往往少于公司的普通股东。

(二)股权结构模式

股权结构按照公司所有权和控制权的组合可以划分为四种模式(见图3.1)。

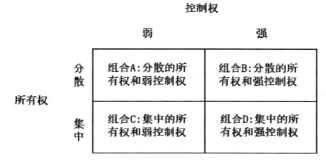

图 3.1　股权结构模式

1. 组合 A：分散的所有权和弱控制权

分散的所有权和弱控制权组合模式增加了股票流动性和公司被收购的可能性，且公司可能缺少来自分散股东的监管。在该模式下，如何处理股东与管理层之间的委托代理问题是关键。2020年2月，可口可乐公司采用的正是这种模式(见表3.1)。

表 3.1　2020 年 2 月可口可乐公司的前十位股东

投资者名称	持股比例(%)
伯克希尔—哈撒韦公司	9.32
领航集团有限公司	7.39
贝莱特集团公司	6.39
Herbert A. Allen	0.42
David B. Weinberg	0.27
Barry Diller	0.14
James Quincey	0.04
Kathy N. Waller	0.03
Brian Smith	0.03
John Murphy	0.02

2. 组合 B：分散的所有权和强控制权

分散的所有权和强控制权组合模式是在所有权分散的条件下采用杠杆控制，即用少量的股权控制相当大比例的表决权。其具体方式包括以下几种。

(1) 所有权金字塔控制。所有权金字塔控制是指大股东通过设置多层的子公司，以较少量的现金流拥有更多的公司控制权。金字塔层级越高，上层股东对下层企业的控制程度就越高。如图 3.2 所示，A 公司用 51%的股份控制 B 公司，B 公司用 51%的股份控制 C 公司，则 C 公司最终由 A 公司控制，即 A 公司通过 26.01%(51%×51%)的股份拥有 C 公司的控制权。

图 3.2　A 公司所有权金字塔控制

(2) 交叉持股控制。交叉持股，又称相互持股，是指两个以上的公司基于特定的目的，互相持有对方发行的股份而形成的企业法人间相互参股。交叉持股一方面可以稳定公司的股权结构，规避被并购的风险；另一方面可以降低经营失败的风险，推动公司之间的合作，带来协同效应。

(3) 代理投票控制。代理投票制度是指召开股东大会时，股东本人因故不能参加，可以委托他人代表自己参加股东大会并行使表决权的投票制度。股东委托书由公司印发，由一个股东出具委托书，并委托一人为限，应于股东大会召开五日前送达公司。委托书通常载明授权范围、委托代理人、出席股东大会行使表决权是否合法等。某股东即使只有少量股份，也可利用征集代理投票的方式，具有实现控制公司的可能。我国《公司法》第一百零六条规定："股东可以委托代理人出席股东大会会议，代理人应当向公司提交股东授权委托书，并在授权范围内行使表决权。"

(4) 一致行动人联合投票控制。中国证监会发布的《上市公司收购管理办法》(2014 年修订)第八十三条规定："本办法所称一致行动，是指投资者通过协议、其他安排，与其他投资者共同扩大其所能够支配的一个上市公司股份表决权数量的行为或者事实。"一致行动人可通过协议、合作、关联方关系等合法途径扩大其对一家上市公司股份的控制。

一致行动人一般包括四个基本点：一是采取一致行动的法律依据是协议、合作、关联方关系等合法方式；二是采取一致行动的手段是行使目标公司的表决权；三是采取一致行动的方式是采取相同意思表示；四是采取一致行动的目的是扩大其对目标公司股份的控制比例，或者巩固其对目标公司的控制地位。

(5) 表决权分设控制。同样的股份享受不同的表决权利。

优先股份，也称优先股，即比普通股享有优先权的股份。根据《上市公司章程指引》(2019 年修订)第十五条规定中的注释，发行优先股的公司，应当在公司章程中明确以下事项：①优先股股息率采用固定股息率或浮动股息率，并相应明确固定股息率水平或浮动股息率的计算方法；②公司在有可分配税后利润的情况下是否必须分配利润；③如果公司因本会计年度可分配利润不足而未向优先股股东足额派发股息，差额部分是否累积到下一会计年度；④优先股股东按照约定的股息率分配股息后，是否有权同普通股股东一起参加剩余利润分配，以及参与剩余利润分配的比例、条件等事项；⑤其他涉及优先股股东参与公司利润分配的事项；⑥除利润分配和剩余财产分配外，优先股是否在其他条款上具有不同的设置；⑦优先股表决权恢复时，每股优先股股份享有表决权的具体计算方法。

双层股权结构。这种制度设计包括以下内容。①公司股票区分为 A 序列普通股(class A common stock)与 B 序列普通股(class B common stock)，或更多，例如 C 类。②A 序列普通股通常由机构投资人与公众股东持有，B 序列普通股通常由创业团队持有。③A 序列普通股与 B 序列普通股设定不同的投票权。比如，脸书、谷歌与百度等企业都将其 A 序列普通股每股设定为 1 个投票权，B 序列普通股每股设定为 10 个投票权。但是，B 序列普通股每股 10 个投票权并不是唯一确定的，比如，星佳(Zynga)就将其设定为每股 70 个投票权。④A 序列普通股无法转换为 B 序列普通股，但 B 序列普通股一经转让即自动转换成 A 序列普通股。通过这些制度设计，创业企业中创业团队在出让股权利用外部资源时，并不会丧失对公司的有效控制。

3. 组合 C：集中的所有权和弱控制权

集中的所有权和弱控制权组合模式实行表决权最高限制，即限制单一股东在股东大会上行使投票权的最大比例。限制大股东表决权条款是为了更好地保护中小股东的利益，也为了限制收购者拥有过多权力，可以在公司章程中加入限制股东表决权的条款。比如，可增加限制条款，"凡是在投票时累计持股达 35%以上的股东，由《公司章程》限制其表决权，超出 35%以上的部分按一定比例折算其表决权，具体比例由《公司章程》规定"。

通常限制大股东表决权的方式有以下三种。一是直接限制，即以明文规定持股一定比例以上股东其超额部分的股份的表决力弱于一般股份，即该部分股份不再是一股一表决权，而是多股才享有一个表决权。二是间接限制，即通过规定不同公司议案的通过所需要的最低出席人数和最低表决权数的方式，增加大股东滥用表决权的难度，从而达到间接限制目的。三是对代理表决权的限制，例如，对代理人的资格做出限制，即因特别利害关系表决权被排除的股东不得代理其他股东行使表决权；再如，对代理表决权的数额进行限制，主要是要求代理人代理行使的表决权只能占已发行股份总数表决数的一定比例。

4. 组合 D：集中的所有权和强控制权

集中的所有权和强控制权组合模式的优点是所有权和经营权被控股股东掌握，因此容易形成很强的自我激励，如控股股东和管理层高度重合等。缺点是降低了资产变现能力和增值收购的可能性，以及存在大股东通过关联交易等手段侵占中小股东利益的可能性。

第三节　股东大会及其运行机制

一、股东大会的定义

股东大会是公司的最高权力机关，由股东或股东代表组成。股东作为公司的出资者，享有收益权、表决权和选举权，但股东数量众多，不可能都直接参与公司事务，因此通过召开股东大会来参与公司事务。

股东大会是由全体股东所组成的公司制企业的权力机构，是股东作为企业财产的所有者，对企业行使财产管理权的组织。企业一切重大的人事任免和重大的经营决策只有得到股东大会认可和批准方可有效。股东大会定期或临时举行会议。

> **延伸阅读2**
>
> 《公司法》第四章第二节提及股东大会的议事方式和表决程序，除法律另有规定的以外，由公司章程规定。同时对一些特定问题也做出了一些特殊规定，主要包括以下内容。
>
> 第一百零一条　股东大会会议由董事会召集，董事长主持；董事长不能履行职务或者不履行职务的，由副董事长主持；副董事长不能履行职务或者不履行职务的，由半数以上董事共同推举一名董事主持。
>
> 董事会不能履行或者不履行召集股东大会会议职责的，监事会应当及时召集和主持；监事会不召集和主持的，连续九十日以上单独或者合计持有公司百分之十以上股份的股东可以自行召集和主持。
>
> 第一百零二条　召开股东大会会议，应当将会议召开的时间、地点和审议的事项于会议召开二十日前通知各股东；临时股东大会应当于会议召开十五日前通知各股东；发行无记名股票的，应当于会议召开三十日前公告会议召开的时间、地点和审议事项。
>
> 单独或者合计持有公司百分之三以上股份的股东，可以在股东大会召开十日前提出临时提案并书面提交董事会；董事会应当在收到提案后二日内通知其他股东，并将该临时提案提交股东大会审议。临时提案的内容应当属于股东大会职权范围，并有明确议题和具体决议事项。
>
> 股东大会不得对前两款通知中未列明的事项作出决议。
>
> 无记名股票持有人出席股东大会会议的，应当于会议召开五日前至股东大会闭会时将股票交存于公司。
>
> 第一百零三条　股东出席股东大会会议，所持每一股份有一表决权。但是，公司持有的本公司股份没有表决权。
>
> 股东大会作出决议，必须经出席会议的股东所持表决权过半数通过。但是，股东大会作出修改公司章程、增加或者减少注册资本的决议，以及公司合并、分立、解散或者变更公司形式的决议，必须经出席会议的股东所持表决权的三分之二以上通过。
>
> 第一百零四条　本法和公司章程规定公司转让、受让重大资产或者对外提供担保等事项必须经股东大会作出决议的，董事会应当及时召集股东大会会议，由股东大会就上述事项进行表决。
>
> 第一百零五条　股东大会选举董事、监事，可以依照公司章程的规定或者股东大会的决议，实行累积投票制。
>
> 本法所称累积投票制，是指股东大会选举董事或者监事时，每一股份拥有与应选董事或者监事人数相同的表决权，股东拥有的表决权可以集中使用。
>
> 第一百零六条　股东可以委托代理人出席股东大会会议，代理人应当向公司提交股东授权委托书，并在授权范围内行使表决权。
>
> 第一百零七条　股东大会应当对所议事项的决定作成会议记录，主持人、出席会议的董事应当在会议记录上签名。会议记录应当与出席股东的签名册及代理出席的委托书一并保存。

二、股东大会的类型

(一)定期会议

股东大会定期会议,又称为股东大会年会,一般每年召开一次,通常是在每一会计年度终结后的6个月内召开。股东大会定期会议的召开多为法律强制,因此世界各国一般不对该会议的召集条件作出具体规定。召开股东大会年会,应当将会议召开的时间、地点和审议的事项于会议召开20日前通知各股东。

年会内容一般包括:选举董事、变更公司章程、宣布股息、讨论增加或者减少公司资本、审查董事会提出的营业报告等。

(二)法定大会

凡是公开招股的股份公司,从开始营业之日起算,一般规定在最短不少于一个月、最长不超过三个月的时期内举行一次公司全体股东大会。会议主要任务是审查公司董事在开会之前14天向公司各股东提出的法定报告,目的在于让所有股东了解和掌握公司的全部概况,以及进行的重要业务是否具有牢固的基础。

(三)临时会议

临时会议讨论临时的紧迫问题,临时股东大会通常是由于发生了涉及公司及股东利益的重大事项,无法等到股东大会年会召开而临时召集的股东会议。临时股东大会一般应当于会议召开15日前通知各股东;发行无记名股票的,应当于会议召开30日前公告会议召开的时间、地点和审议事项。

关于临时股东大会的召集条件,世界主要国家大致有三种立法体例:列举式、抽象式和结合式。我国采取的是列举式,《公司法》第一百条规定,有下列情形之一的,应当在两个月内召开临时股东大会:董事人数不足本法规定人数或者公司章程所定人数的三分之二时;公司未弥补的亏损达实收股本总额三分之一时;单独或者合计持有公司百分之十以上股份的股东请求时;董事会认为必要时;监事会提议召开时;公司章程规定的其他情形。

德国、日本等国家采取的则是抽象式的立法体例,即不具体列举召集条件,而将决定权交由召集权人根据需要确定。

三、股东大会的性质和职权

股东大会的性质,主要体现在以下两个方面。

(一)体现全体股东的意志

股东大会是由全体股东组成的权力机关,它是全体股东参加的会议,而不是股东代表参加的大会。现代企业股权分散,股东上万个甚至几十万个,不可能全部出席股东大会。因此,股东不能亲自到会的,可以委托他人代为出席投票,以体现全体股东的意志。

(二)企业最高权力机关

股东大会是企业经营管理和股东利益的最高决策机关,不仅要选举或任免董事会和监事会成员,而且企业的重大经营决策和股东的利益分配等都要得到股东大会的批准。但股东大会并不具体和直接介入企业生产经营管理,它既不对外代表企业与任何单位发生关系,也不对内执行具体业务,本身不能成为企业法人代表。

根据《公司法》第三十七条规定,股东会行使下列职权:(1)决定公司的经营方针和投资计划;(2)选举和更换非由职工代表担任的董事、监事,决定有关董事、监事的报酬事项;(3)审议批准董事会的报告;(4)审议批准监事会或者监事的报告;(5)审议批准公司的年度财务预算方案、决算方案;(6)审议批准公司的利润分配方案和弥补亏损方案;(7)对公司增加或者减少注册资本作出决议;(8)对发行公司债券作出决议;(9)对公司合并、分立、解散、清算或者变更公司形式作出决议;(10)修改公司章程;(11)公司章程规定的其他职权。

四、股东大会的表决机制设计

股东大会的决议是通过一定的表决制度形成的,因此,某种决议能否获得通过及通过的决议是否科学、正确,关键取决于股东大会表决制度的选择与安排。股东大会的表决制度主要有以下几种。

(一)举手表决制度

股东大会议案的表决多数情况下采取"一人一票"的举手表决制度,获得多数票数的议案得以通过。举手表决制度又称按人头表决,与股权的占有状态没有联系,一律"一人一票"。采用这一表决制度,委托投票的受托人不论其委托的票数有多少,也只能投一票。举手表决制度将股权的多少与议案的表决割裂开来,弱化了大股东的表决权限,加之受从众心理的影响,其表决结果有悖于公平、公正、公开的投资原则,也未必能准确地反映广大股东的真正意向。举手表决的优点是操作简便、节省时间,只适用于那些象征性表决,或比较琐碎、不容易引起争议的议案。有争议的举手表决议案经某些股东提议后,可以通过投票表决方式重新表决。如果董事会所提议案被举手表决否决,董事会成员或会议执行主席可以要求以投票表决方式重新表决。

(二)投票表决制度

1. 直接投票制度

直接投票制度是指当股东行使投票表决权时,必须将与持股数量相对应的表决票数等额地投向他所同意或否决的议案。

例如,某股东的持股量为100股,表决的议题是选举6个董事,那么该股东的有效表决票数就等于600(100×6),该股东必须将有效表决总票数分成6份,等额地投向他所选定的每一个董事,即每个候选董事都从他那里获得100张选票。这种表决制度对于大股东有利,只要持股达到50%以上,就可操纵董事人选。

2. 累积投票制度

累积投票制度是指当股东大会选举两名以上的董事时,股东所持的每一股份拥有与应选董事总人数相等的投票权,股东既可用所有的投票权集中投票选举一人,也可分散投票选举数人,按得票多少依次决定董事人选的表决权制度。累积投票制度是一种表决权。

例如,上述例子中,该股东可以将所有有效表决总票数投向某个候选董事,即某个候选董事从该股东处得到 600 张选票。累积投票制度的目的是防止大股东利用表决权的优势操纵董事的选举,矫正"一股一票"表决制度的弊端,同时充分调动中小股东行使投票权的积极性。

3. 网络投票制度

网络投票制度是指上市公司借助互联网召开股东大会,股东可以通过网络远程参加股东大会并行使表决权。网络投票制度可以有效地保障中小股东的合法权益,降低股东参加股东大会的时间和金钱成本,极大地提高了中小股东的话语权。

(三)代理投票制度

代理投票制度是现代股份公司会议表决的一个重要组成部分。按常规,参加会议或投票表决必须本人亲自完成,但是,由股东委托代理人代为投票,长期以来在全世界一直是各公司所认定和遵从的投票表决习惯。早期的代理投票大多是股东间相互委托,而且许多公司的章程都规定,这种委托只能发生在本公司的股东间,也就是说,代理人必须是本公司的股东。

> **延伸阅读 3**
>
> 2018 年 9 月 30 日,中国证监会正式发布修订后的《上市公司治理准则》,自发布之日起实施。现节选如下。
>
> #### 第二章 股东与股东大会
> #### 第二节 股东大会的规范
>
> **第十二条** 上市公司应当在公司章程中规定股东大会的召集、召开和表决等程序。
> 上市公司应当制定股东大会议事规则,并列入公司章程或者作为章程附件。
>
> **第十三条** 股东大会提案的内容应当符合法律法规和公司章程的有关规定,属于股东大会职权范围,有明确议题和具体决议事项。
>
> **第十四条** 上市公司应当在公司章程中规定股东大会对董事会的授权原则,授权内容应当明确具体。股东大会不得将法定由股东大会行使的职权授予董事会行使。
>
> **第十五条** 股东大会会议应当设置会场,以现场会议与网络投票相结合的方式召开。现场会议时间、地点的选择应当便于股东参加。上市公司应当保证股东大会会议合法、有效,为股东参加会议提供便利。股东大会应当给予每个提案合理的讨论时间。
> 股东可以本人投票或者依法委托他人投票,两者具有同等法律效力。
>
> **第十六条** 上市公司董事会、独立董事和符合有关条件的股东可以向公司股东征集其在股东大会上的投票权。上市公司及股东大会召集人不得对股东征集投票权设定最低持股比例限制。
> 投票权征集应当采取无偿的方式进行,并向被征集人充分披露具体投票意向等信息。不得以有偿或者变相有偿的方式征集股东投票权。
>
> **第十七条** 董事、监事的选举,应当充分反映中小股东意见。股东大会在董事、监

事选举中应当积极推行累积投票制。单一股东及其一致行动人拥有权益的股份比例在30%及以上的上市公司，应当采用累积投票制。采用累积投票制的上市公司应当在公司章程中规定实施细则。

第四节　投资者关系管理

一、投资者关系管理的内涵

投资者关系管理(Investor Relationship Management，IRM)是指运用财经传播和营销的原理，通过管理公司同财经界和其他各界进行信息沟通的内容和渠道，实现利益相关者价值最大化并如期获得投资者的广泛认同，规范资本市场运作，实现外部对公司经营约束的激励机制，实现股东价值最大化和保护投资者利益。其作用有以下几方面。

(一)帮助投资者有效地行使投票权

投资者可以依据获得的信息提出建议并实施监督，并且通过投资者关系管理部门将建议和监督信息反馈给公司董事会，帮助董事会对管理层决策履行监督、建议和批准的职责，约束管理者的道德行为，实现股东利益最大化。

(二)充分的沟通可优化公司股权结构

公司信息权的配置能够使投资者确认投资机会的价值性，以较低的概率甄别出投资项目的好坏，保障投资者的权益，是一项投资者权益保障的治理机制。当投资者通过信息权知晓投资风险降低时，他们所要求的投资回报率也随之降低。这会大大降低公司的资本成本，对于投资者而言具有甄别效应。充分的信息互动沟通能够减少投资者与上市公司之间的信息不对称，解决逆向选择和道德风险问题，防止"劣股驱逐良股"的现象。因此，投资者关系管理也是一项提高科学决策和公司价值的治理机制，能够吸引战略机构投资者加入公司的决策过程。

(三)能够了解投资者需求，加强投资者对公司的信任

外部投资者尤其是战略投资者可能会对公司治理标准提出更高的要求，如对总经理和董事长是否两职分离、独立董事比例、专门委员会组成、监事会的组成及股东大会如网上投票、累积投票、经理层激励(如股权激励机制)等治理机制尤其是自主性治理机制施加影响。

(四)能够提高公司市场公信力，促进股权文化的形成

投资者关系管理作为公司处理其与外部投资者之间关系的一种治理机制，在很大程度上会影响公司其他治理机制的效率，改善公司治理结构，并不断成为公司治理有效性的最优路径选择。

二、投资者关系管理的核心内容

(一)投资者关系管理的性质是公司持续的战略管理行为

公司战略以企业发展全局为对象,具有全局性、综合性和系统性。投资者关系管理从表面上看只是面向资本市场,实现公司与投资者之间的沟通,实际上,企业之间的竞争已逐渐由单一的产品市场竞争转向包括资本市场竞争在内的全方位竞争。目前,企业在资本市场上的表现更能总览企业的方方面面。

因此,投资者关系管理必将成为企业的一项全局性战略管理行为。投资者关系战略也将和企业的产业发展战略、产品战略、市场营销战略、财务战略、人力资源战略等协调一致而达到彼此支持、相得益彰,形成一种良性循环。

公司战略具有长远性,投资者关系管理正是企业的一种长期行为。

一方面,投资者关系管理伴随企业战略逐步演进,需要不断向已有的投资者和潜在的投资者介绍公司经营和发展前景,以取得他们对公司及公司战略的认可。

另一方面,长期性体现在投资者关系成为一种共识,作为一种观念根植于企业员工头脑中,只有公司真正形成尊重投资者的理念,才能在面临纷繁复杂的外部环境和公司内部事务时,从投资者角度考虑,做好投资者关系管理工作。

公司通过投资者关系管理影响投资者不是一朝一夕的事,需要公司以多种方式、多种渠道持续沟通,与投资者形成长期的、稳固的、亲善的关系。

(二)投资者关系管理的目的是实现公司相对价值最大化

公司价值与公司的产品价值和资产价值不同,它不仅是公司的利润和净资产所能体现的公司过去和现在的价值,更重要的是公司的未来,是公司在过去和现在的基础上的盈利能力和发展潜力,是公司的已有投资者和有意投资者对公司的一种预期。此处需要说明以下几点。

第一,公司价值作为一种预期,其实际的体现是公司变现的价格,即公司在公开市场上的交易价格,股票市场正是这样的一种公开市场。

第二,在一个有效市场即理性市场中,公司股票的交易价格是可以体现公司价值的。

第三,考虑到股票市场所面临的外部环境和系统风险,公司价值往往体现为公司对于整个市场的相对价值。

表现相对价值高低的指标一般有相对市盈率、相对市净率等。相对市盈率高表明公司的市盈率高于同类或近似上市公司的市盈率,反映投资者对该上市公司的预期高于对同类或近似上市公司的预期。

事实上,公司价值的提升伴随着公司自身实实在在的良好前景和投资者对公司的良好预期,投资者对公司价值的发现及长期看好是公司价值提高的一个重要环节。投资者关系管理就是要通过有效的沟通,提高投资者对公司的认同度和忠诚度,进而实现公司相对价值最大化。

(三)投资者关系管理的核心是通过沟通促进了解和认同

在证券市场不断发展、上市公司数量不断增加、投资品种日渐丰富的情况下,如何让投资者发现公司价值,并且保持对公司的长期认可并不是一件容易的事情,越来越多的上市公司发现其股票交易不活跃,常常被市场冷落。因此,如何与投资者有效沟通,促使他们全面真实地认知公司,是摆在公司面前的一项重要任务。

投资者关系管理的核心就是通过与投资者有效沟通,促进他们对公司的了解和认同。在沟通的过程中,首先要注意的是,公司应当将投资者关系管理作为公司长期持续的一种观念和态度,与投资者平等、诚恳、相互尊重地沟通,取得投资者的信任;其次要讲究沟通的方式、方法,注意运用资本营销等技术手段,增强沟通效果。

(四)投资者关系管理沟通的内容是影响投资者决策的信息

严格规范的信息披露是公司每位股东获得平等知情权的制度保障,因此,从市场监管的角度要求公司根据有关法规从形式和实质上披露股价敏感信息。投资者关系管理本身是一种与投资者相互沟通的过程,电话、参观、分析师会、小型说明会、一对一介绍、路演等形式广泛运用于投资者关系管理中。在这个互动交流的过程中,投资者对公司了解的程度不同,其投资偏好不同,必然会提出各种各样的个性化问题,其交流的内容也就远远超出强制信息披露的内容。

因此,在投资者关系管理中,公司与投资者沟通的内容是与投资者决策相关的信息,而不仅仅是强制信息披露要求的信息。通过这种沟通,公司可以了解投资者对公司的认知,进一步判断哪些信息有可能形成股价敏感信息而需要公开披露。

(五)投资者关系管理的手段是金融营销

现代公司的营销工作主要包括两个方面:产品(服务)营销和金融营销。产品(服务)营销的对象是公司的产品或服务,受众是满足消费需要的消费者或满足生产需要的生产者。消费者或生产者购买公司的产品或服务的目的是获得产品或服务的效用。产品(服务)营销的高级形式是对产品(服务)的品牌营销。

对于一家现代公司,特别是上市公司而言,一方面向消费者销售产品或服务;另一方面向投资者销售股票、债券或其他金融产品,以筹集企业发展所需的资金,充分体现公司的价值。金融营销的对象是公司的股票、债券或其他金融产品,目标受众是投资者。投资者购买金融产品的根本目的是获得投资收益。

金融营销作为公司的营销活动,与产品(服务)营销一样需要运用营销学的基本原理、方法、手段,但由于金融营销与产品营销的产品、对象、受众、目的不同,其具体的方法、手段也有很大区别。

(六)投资者关系管理的对象是公司的投资者或潜在投资者

在充分信息披露的前提下,公司应当根据不同的投资者对象——机构投资者、个人投资者、潜在投资者,针对他们不同的需求,采取不同的形式,重点交流其关注的信息。

投资者关系管理的对象有投资者和潜在投资者之分,投资者又有机构投资者和个人投资者之分。因此,在与投资者交流的过程中,公司应当根据投资者的不同性质,有所侧重地与之交流。比如,潜在投资者可能对公司没有系统的了解,甚至对公司所在的行业也不了解,公司就应当主要与之交流行业特点,并突出公司特点和价值所在;机构投资者甚至公司的战略投资者谙熟公司的背景和特点，投资者关系管理则应侧重使其对公司的发展规划和战略部署建立长期信任；个人投资者有的善于短线操作，有的看好公司未来、愿意长期持有，公司也应根据其不同的需求分别给予关注，从而针对投资者的不同需求实现高效沟通。

(七)投资者关系管理的基础是充分的信息披露

投资者关系管理采用多样的形式、有效的手段及快捷的渠道与投资者进行沟通，从而增强公司与投资者之间沟通的效果，有利于投资者对公司的了解和认同。事实上，任何公司的经营都会有喜有忧，有的公司存在认知误区，认为投资者关系管理就是试图利用各种形式和工具将公司的好消息与公众沟通，甚至讨好股东，而那些不利于公司的消息则避而不谈或避重就轻，担心损害公司形象。

三、如何做好投资者关系管理

(一)认识到位

认识到位本质上是观念上重视，特别是公司领导层、"一把手"要认识到位。只有真正认识到投资者关系管理对于企业发展的重要性，才能形成工作的内生动力，投资者管理部门开展工作才会顺畅。

(二)需求导向

需求导向就是以投资者的需求为导向。要做好投资者群体特性分析，做好投资者需求的分析和调查，要去了解投资者需要什么，需要怎么去沟通，怎么去交流，他们习惯通过什么样的渠道，以什么样的方式去沟通和交流，而不是公司认为投资者需要什么，公司觉得怎么去做更方便和有效就怎么做。

(三)完善制度

要建立完善的工作制度，需把各项工作的每个环节都细化下来，相关的工作人员要有甄别能力，知道该依照哪个制度，在哪个环节应该交由哪个部门处理，找哪个领导，怎么推进，甚至细化到如何具体表述。这样才能够保障工作可以持续、规范、有效地开展起来。

(四)资源协同

资源协同，即利用多方资源来开展工作。投资者关系管理工作涉及面非常广，要想开展好这项工作，不仅需要多领域的专业知识，而且需要组织协调好内、外部各方面的力量。有人说，投资者关系管理人员应像注册会计师那样擅长财务，像律师那样擅长法律，像公关专家那样擅长沟通，这句话非常有道理。这就需要投资者关系管理工作人员在不断加强自身业务能力和水平的同时，要善于整合和利用内外部多方的资源和力量来开展工作。比如，聘请第三方机构为信息披露合规性把关，聘请财经公关对投资者接待和业绩发布会等进行服务支持等。

总之，要积极主动地开展工作，不要抱着"有多少资源干多少事"的思想，而要"缺什么找什么"，这样才能够把工作真正干好。

本 章 小 结

　　股东是股份公司的出资人或投资人,是股份公司中持有股份的人,有权出席股东大会并享有表决权,享受法定的经济利益,并承担相应的义务。股东可以是自然人,也可以是各种类型的法人实体。

　　明确股东的权利和义务后,设立合理的股权结构和股东大会运行机制尤为重要。股权结构按所有权和控制权组合可分为四种模式:分散的所有权和弱控制权、分散的所有权和强控制权、集中的所有权和弱控制权、集中的所有权和强控制权。

　　股权结构高度集中,会给大股东与小股东带来利益冲突;股权结构高度分散,会给股东与经理层带来利益冲突。因此,根据企业具体情况,设计一套适合自己的股权结构,对于建设良好的公司治理机制至关重要。

　　股东大会是公司的权力机构,由全体股东组成,对公司重大事项进行决策,有权选任和解除董事,并对公司的经营管理有广泛的决定权。股东大会的决议是通过一定的表决制度形成的,因此,某种决议能否获得通过及通过的决议是否科学、正确,关键取决于股东大会表决制度的选择与安排。

　　股东大会的投票表决制度主要有直接投票制度、累积投票制度和网络投票制度。

　　直接投票制度是指当股东行使投票表决权时,必须将与持股数量相对应的表决票数等额地投向他所同意或否决的议案。

　　累积投票制度是指股东大会选举两名以上的董事时,股东所持的每一股份拥有与应选董事总人数相等的投票权,股东既可用所有的投票权集中投票选举一人,也可分散投票选举数人,按得票多少依次决定董事入选的表决权制度。累积投票制度是一种表决权。

　　网络投票制度是指上市公司借助互联网召开股东大会,股东可以通过网络远程参加股东大会并行使表决权。网络投票制度可以有效地保障中小股东合法权益,降低股东参加股东大会的时间和金钱成本,极大提高了中小股东的话语权。

　　股权结构不是静态的而是动态的,因此加强投资者关系管理至关重要。因此,需要了解投资者关系管理的内涵,从而正确做好投资者管理。

思 考 题

1. 简要说明股东有哪些权利和义务。
2. 如何设计股份比例?
3. 简述股东大会的职权有哪些。股东大会的表决机制如何设计?
4. 如何做好投资者关系管理?

实践应用

"当当网控制权之争"带给我们哪些教训

当当网李某某与俞某夫妻之间的恩怨再次上了热搜榜。

2020年4月26日,李某某带人到当当网办公区"拿"走了几十枚公章、财务章。随后,李某某又公布了一则人事调整公告,俞某被安排负责当当公益基金。

对于李某某的举动,当当网方面并不认同,回应称公章系被李某某抢走,公司已报警,这些公章已挂失。所谓的人事调整是李某某在使用挂失的公章"演闹剧"。

李某某与俞某之间孰是孰非?一切都还得交给法律去判断。值得关注的是,当当网事件的核心,是公司的控制权问题,李某某与俞某对于当当网的控制权之争,带给我们哪些启示和教训?

1. 夫妻创业股权如何分配更科学

李某某此次"拿"走公章、财务章是否合法,关键点在于4月24日召开的临时股东会决议的效力如何。而这牵涉到股东会召集的程序是否合法,这一点在此不做进一步的讨论。

目前双方争议比较大的是李某某和俞某各自在当当网的股权占比。

按照李某某的说法,他实际持有当当网45.86%的股份,并获得了小股东的支持,总计获得53.87%的支持。而据当当网的阚某在电话会议上回应称,当当网从美国完成私有化后,俞某持有当当网股权52.23%,李某某持股22.38%,二人的孩子持股18.65%。到底哪一方说的是事实,这对当当网未来的走向至关重要。

这也给我们提出一个值得思考的问题:夫妻创业股权到底如何分配科学?

按照很多专家给出的建议,一个好的股权结构,可以是7∶2∶1、6∶3∶1、6∶2∶2或5∶3∶2。从这些比例可以看出,公司的主要创始人保持对公司的绝对控制权至关重要。即使是在股权保持均分的情况下,也可以通过优先投票权等制度安排,将公司的控制权牢牢地掌控在自己的手中。

除了股权分配比例之外,夫妻创业共同设立公司时,还需要在股权架构、退出机制、管理机制等方面做出约定,从而排除因夫妻之间可能出现的矛盾或变故,对公司的经营管理产生负面影响的隐患。即使是创始人夫妻离婚,也能将对公司的负面影响降至最低。

2. "夫妻店"模式不利于企业做大做强

夫妻创业是一个经久不衰的话题。"夫妻店"模式是很多创业企业刚开始选择的模式,这种模式在企业规模比较小的时候,决策环节少而简单、组织内不同机构间协调顺畅,因此其具有一定的优势。

但是,随着企业规模逐渐壮大,其弊端也就逐渐显现出来。

在投资界,对于"夫妻店"控制模式的公司,一般都比较忌讳。这是因为,"夫妻店"无论大小,首先是以婚姻、家庭、夫妻感情为纽带,容易形成以权力和亲情互相交织的控制模式。

"夫妻店"控制模式的公司一般容易出现下述问题:企业的发展高度依赖于创始人夫妻

的能力和素养，从而容易限制企业做大做强；影响对优秀人才的吸引，不利于现代企业制度的建立等。

此前在纽约证券交易所上市的当当网，李某某与俞某在董事会中拥有两个席位，并且提名了一位独立董事，相当于他们夫妇掌握着 3/5 的席位，这令董事会形同虚设。他们不仅拥有绝对的经营管理权，而且当他们发生矛盾时，董事会也无法发挥抑制或调停作用，最后损害的则是全体股东的利益。

"夫妻店"控制模式，也导致当当在当时出现了人才流失、管理层决策缓慢等问题，从而错失了多次电商领域的发展机会。就更遑论当当私有化之后，出现的一系列闹剧。有评论称，再这么闹下去，当当网还要不要了。

可见要想使企业做大做强，还真要告别"夫妻店"控制模式，让其中一人隐退，引入外部优秀人才和资本，真正建立起高效、科学的现代企业管理制度，这样才能让企业在激烈的市场竞争中赢得更多的竞争优势。

(资料来源：牛牛观察. http://www.weste.net/2020/04-29/123633.html.2020-4-30.)

【思考与讨论】

1. 当当网股权之争的本质是什么？为什么会出现股权之争？
2. 当当网的股权之争会给企业带来怎样的问题？

 微课视频

扫一扫，获取本章相关微课视频。

公司的股权结构设计（一）.mp4　　公司的股权结构设计（二）.mp4

第四章 董事会运作机制设计

【学习目标】

1. 了解董事的权利与义务。
2. 掌握董事会的职能与规模。
3. 掌握董事会构成和组织设计的要素。
4. 了解董事会会议运作机制和董事会评价标准。
5. 掌握董事会委员会的构成及责任。

【引导案例】

花旗银行：200 年董事会核心路

花旗银行从一个纽约城市银行成长为全球银行的近 200 年历史中，经历过无数次的危机、并购与重组，可谓纷繁复杂。但其一开始就在强有力的董事会主导之下，从"所有者管理型企业"到"经理人管理型企业"的治理结构演变过程却是清晰可辨的。

1. 泰勒：一群商人的银行变为一个商人的银行

花旗银行的前身是成立于 1791 年的美国第一银行——纽约分行，1812 年 6 月，花旗银行以 200 万美元授权资本和 80 万美元实收资本注册成立。创立时花旗银行的董事会成员都是一些大商人，银行是他们为自己生意进行信用融资的工具。

花旗银行这种"由一群商人拥有和为一群商人服务"的状态一直持续到 1837 年，一场金融危机使其濒临破产。当时的全美第一富豪、曼哈顿的房地产投资商阿斯通救助了银行，并派其代表摩西·泰勒出任花旗董事。

在泰勒等管理银行期间，美国有过 1857 年、1873 年和 1884 年三次银行危机，每次危机中，花旗银行都因为安全可靠而声誉大增。1893 年的金融危机使花旗银行以 2970 万美元资产成为纽约市最大的银行，次年成为美国最大的银行。

2. 斯蒂尔曼：打造职业经理管理结构

1891 年，花旗银行董事会选择了 41 岁的詹姆斯·斯蒂尔曼担任总裁。直到这时，花旗银行的管理结构还很简单：十几个各自有自己生意的商人构成的董事会，专职高管只有一位

公司治理(微课版)

总裁和出纳。1891年到1909年,斯蒂尔曼担任总裁的18年里,花旗银行在其起步很晚的投资银行业务领域里奋起直追,领导和参与了大量的证券承销和企业重组活动。

斯蒂尔曼在拓展银行业务范围,像摩根一样重组了很多其他公司并坐镇其董事会的同时,也重组和扩展了花旗银行的董事会,用美国产业界的巨头替代了泰勒——佩恩家族企业的代表。

1909年,花旗银行首次设立了董事会主席职位。斯蒂尔曼从总裁位置退下,转任董事会主席。可以说,花旗银行的董事会主席就是斯蒂尔曼为自己退居二线作为顾问而创设的一个头衔。弗兰克·范德利普当选总裁,成为花旗银行的第一位"现代支薪经理"——职业经理人。

范德利普出任总裁,董事会主席斯蒂尔曼移居巴黎,二人通过电话和每周一次的信件保持联系。这个时候美国的整个商界中,那些创业起家的产业大亨都开始逐步退出了对公司的日常管理,公司经理开始替代公司所有者做出财务决定,其从维系商业交易的大亨间个人关系开始逐渐变为维系机构之间的关系。1919年,花旗银行成为美国第一家总资产达10亿美元的银行。

3. 现代激励机制的建立

1921年,花旗银行内部的经理人——43岁的查尔斯·米切尔当选总裁,史文森(德州的一个大地主和大企业家)担任董事会主席,但是明确了米切尔是花旗银行的行政"一把手",董事会主席只是董事会的召集人。1929年,花旗银行成为世界最大的商业银行,米切尔从总裁位置退下后转任董事会主席到1933年。

1923年,花旗银行推出了名为"管理人员基金"的奖金计划。计划的主要内容是对银行利润进行以下三个部分的分配。先按银行股东权益8%的比例提取银行超额储备,再按每股16%的比例对股东进行红利分配,最后按剩余利润20%的比例提取管理人员奖励基金,分配给副总裁及以上的高级管理人员。这一计划均衡考虑了所有者和管理者之间的风险与利益。1998年组建为花旗集团以后,公司逐步采用了美国大公司中普遍采用的授予董事和高级管理人员受限股票和股票期权等方式的长期激励计划。

4. 从花旗银行到花旗集团,危机后回归基本银行业务

为绕过限制银行活动的联邦法规,花旗银行1968年建立了一个银行控股公司——第一国民城市公司,除拥有当时名为第一国民城市银行的花旗银行外,还从事商业银行以外的业务活动。当时其他几家美国大银行也都成立了类似的银行控股公司。为了获得消费者的广泛认同,第一国民城市公司于1974年改名为花旗公司,1976年第一国民城市银行更名为花旗银行。

1998年花旗公司和旅行者集团合并为花旗集团,公司以6980亿美元的总资产成为世界最大的金融服务集团,被称为"全球金融超级市场"。花旗公司董事会主席约翰·里德和旅行者集团董事会主席桑迪·威尔作为联合董事会主席与联合CEO共同领导新公司。

1999年11月,花旗集团成为美国第一家同时拥有银行和保险业务的金融控股集团。2000年,在权力斗争中输给了威尔的里德离开了花旗集团,威尔成为董事会主席兼CEO。2002年10月,查尔斯·普林斯接任CEO,威尔担任董事会主席到2006年。

在金融控股公司模式之下,银行业务之外的业务范围过度扩张使花旗集团在2008年的国际金融危机中遭受了巨大损失。美国政府于 2008 年和 2009 年共计向花旗集团提供了 450 亿美元的紧急救助资金。2010 年第一季度花旗集团取得了 44 亿美元、每股 0.15 美元的盈利。在所有受到金融危机严重冲击的美国金融机构中，花旗集团的率先恢复与其积极自觉的董事会人员和治理结构调整不无相关。

2020 年，董事会选择现任花旗全球消费银行总裁兼首席执行官简·弗雷泽担任首席执行官，此举也同时打破了华尔街多年以来"首席执行官只能是男性"的不成文规定。过去 10 年，虽然也有很多女性高管在华尔街占据一席之地，但历史上未出现一名女性首席执行官执掌过华尔街的大银行。

在花旗集团 200 年的历史演变中，值得我们借鉴的经验与教训有很多，但其中最重要的三点是：自始至终不变的以董事会为中心和对股东及利害相关者负责的治理原则、业务管理上股东退出与经理人接手的有序推进、保守稳健的财务政策。

(资料来源：仲继银. 花旗银行. 200 年董事会核心路. https://www.globrand.com.)

第一节 董事选聘与权利

一、董事的概念和性质

(一)董事的概念

董事，是企业的一种职位名。根据《公司法》规定，董事(Member of the Board, Director)，是指由公司股东(大)会或职工民主选举产生的具有实际权力和权威的管理公司事务的人员，是公司内部治理的主体，对内管理公司事务，对外代表公司进行经济活动。现代公司中，维持组织稳定和可持续发展的核心来源和动力来自董事会，董事会的职责在于协调和化解股东之间、股东与经理人、员工及公司其他利益相关者之间存在的各个方面的矛盾和冲突，协调好各方利益，共建战略理念。

我国《公司法》规定了董事是由股东(大)会选举产生的、代表公司管理业务活动的自然人，其权利主要是参加公司的董事会，并依照董事会的决议行事。董事在公司法上的地位比较特殊，一方面，董事本身只是作为董事会成员的身份存在，其自身的权利和义务无法离开董事会集体的职权；另一方面，董事会内部存在着董事长和一般董事，董事长首先必须具有董事的资格，两者的权利和义务有很大的区别。

(二)董事的性质

关于董事的性质，各个国家有所不同，大陆法系主要是从董事与公司之间的关系来确定董事的性质，将董事与公司的关系定位为委任关系或者委任合同关系。英美法系中，主张董事是公司的受托人，这有助于说明公司的运行规则，当董事违反义务时，公司有权解除董事职务，甚至可以追究董事的赔偿责任。董事应当承担对公司的责任和义务。两大法系对于公司和董事之间关系的认识从本质上说并非对立而是十分接近的，涵盖了董事的对内与对外的关系。

二、董事的选聘

(一)董事的选举

1. 董事任职资格与提名

董事的任职资格是指出任公司董事职位的人员应当具备的资格条件,包括积极资格和消极资格。积极资格是指文化水平、工作经验或经历、技术业务水平等;消极资格是董事不应具备的条件。任职资格是达到岗位绩效标准的人员保证条件,董事是否完全具备任职资格,直接关系到能否高质量地达到岗位绩效标准。作为董事选聘的前提,董事提名需要在选举前提出有当选可能的人。上市公司董事的候选人名单以提案形式提交股东大会表决。董事候选人的提名工作由董事会下设的提名委员会担任。

2. 董事选聘主体与程序

在董事会选举程序和方法方面,《上市公司治理准则》规定,上市公司应当在公司章程中规定规范、透明的董事提名、选任程序,保障董事选任公开、公平、公正。上市公司应当在股东大会召开前披露董事候选人的详细资料,便于股东对候选人有足够的了解。董事候选人应当在股东大会通知公告前作出书面承诺,同意接受提名,承诺公开披露的候选人资料真实、准确、完整,并保证当选后切实履行董事职责。在董事的选举过程中,应充分反映中小股东的意见。

3. 董事的任免

股东有权选举和更换董事,董事具体的任期年限由公司章程规定,但每届任期不得超过三年,任期届满可连选连任。董事在任期届满前,股东(大)会不得无故解除其职务。董事的罢免又称董事的解任,是指公司股东(大)会或法院提前解除董事职务的制度。我国《公司法》尚未明确规定董事罢免制度及其程序,但董事罢免有其相当的合理性。一般而言,董事被解聘的原因有以下几点:任期届满而未能连任;违反股东(大)会决议;股份转让;本人辞职;其他如因解散或董事死亡,公司破产,董事丧失行为能力等。

(二)董事的任期和解任

董事的任期就是董事在位的期间。每届任期一般不得超过3年,可以连选连任。一般在公司章程中做出规定。

董事在任期内,股东(大)会无故不得解除其职务。董事的卸职、撤换等主要有以下几种情况:①任期届满;②转让出资或股份;③股东(大)会决议可以依法撤换董事甚至董事会,即使董事任期未满;④法院判决,董事执行公司业务时有重大损害公司利益的行为,或违反法律法规、公司章程的规定,即使股东(大)会没有解除其职务,股东依法可要求法院判决解任;⑤资格条件的丧失,被选举为董事者应当具备积极资格和消极资格条件,如果董事在当选后出现了不具备上述资格条件的情况,董事应当自动离职;⑥董事可以依法辞职。

三、董事的权利与义务

(一)董事的权利

我国《公司法》主要采用"董事权利"的概念,然而董事既享有权利,也享受权力,这既是董事履行职责的基础,也是董事履行忠实勤勉义务的基础。董事的权利产生于董事与公司之间的委托关系或聘用关系,董事有权依照个人意思行使该项权利,也有权放弃该项权利,但不得因为放弃报酬而豁免其承担的忠实和勤勉义务。

董事的权利是指董事在与公司的对应关系中,基于法律、公司章程的规定和委托契约的约定而享有受托处理公司事务的各项权利。委任或信托关系是董事权利的法理基础。其主要包括以下几方面权利。

1. 出席董事会会议

董事本人应该出席董事会会议,因故不能出席的,可以书面委托其他董事代为出席,委托书中应载明授权范围。出席会议既是董事的权利,也是董事的义务。董事会不得拒绝或者阻止董事出席董事会会议。相反,如果董事无故缺席董事会会议,即构成怠于履行职务的行为,也可能导致董事责任的产生。

2. 行使表决权

董事在董事会会议上有就所议事项进行表决的权利。董事会做出决议,必须经全体董事的过半数通过。表决权是董事的基本权利和权力。由于董事会采用会议形式,董事参加董事会会议并行使表决权,是董事履行职责的重要形式。根据《公司法》,董事会会议实行的是一人一票的表决方式。董事未出席董事会会议,也未委托他人代为出席的,视为放弃表决权。

3. 董事会临时会议召集的提议权

《公司法》规定,有限责任公司 1/3 以上的董事有权提请召开股东临时会议;股份有限公司 1/3 以上的董事有权提请召开董事会临时会议。临时会议提议权属于董事的集体权利,不是董事的个别权利。除非个别董事可以构成 1/3 以上的董事,否则,个别董事不得单独行使临时会议提议权。

4. 报酬请求权

在现代公司中,董事是工作董事,董事要付出大量的时间和精力参与公司事务管理,并具备丰富的管理才能,因而公司应给予董事相应报酬。

5. 签字权

公司的全部董事包括董事长在内,作为股东的受托人和代理人,应当对股东(大)会负责,在董事会所讨论和通过的文件上签字。

(二)董事的义务

董事的义务就是董事作为公司的受托人和代理人,应满足股东和公司的合法利益,依法应当为或不为一定行为的制度规定。董事主要履行两大义务。

1. 勤勉义务

勤勉义务，也称为注意义务或审慎义务，就是要求董事付出适当的时间和精力，关注公司经营，并按照股东和公司的最佳利益谨慎行事。简单来说，董事必须以谨慎的态度来管理公司的财产，就像勤勉地管理自己的财产一样。董事、高管在作为业务执行者和经营者处理公司事务时，应当对公司怀有善意，并从公司的最大利益出发来考虑和解决问题。

2. 忠实义务

忠实义务，也称为诚信义务，是指董事、高管必须以公司的利益为其最高目标和全部期望，不得在履行职责时掺杂个人私利或为第三人谋取利益，不得使用个人的利益和公司的利益发生冲突的操守标准或要求。简单来说，就是要求董事履职时必须诚实、善意且合理地相信其行为符合公司的最佳利益。相对于勤勉义务，忠实义务有相对明确的判断标准，违反与否，相对容易认定。

忠实义务的具体内容包括以下几点。①不得与公司进行交易。②竞业禁止。董事竞业是指董事经营与其所任职公司具有竞争关系的业务，如生产经营同类产品等。由于董事的竞业，董事可能利用其地位与职权谋取私利而损害公司利益。③不得泄露公司的秘密。④不得篡夺公司的机会。如果认为某一商业机会是公司的机会，公司可能因此达成交易或合同并获取收益，那么公司董事或控股股东就不可以利用自己的地位或职权，为自己的利益而获得或抢夺该商业机会，因为这一机会应当属于公司。公司董事如果违反了公司机会规则，就要承担损害赔偿责任。⑤不得侵占公司的财产。⑥公司章程规定的其他义务。

第二节 董事会的结构设计

一、董事会的职能与规模

(一)董事会的职能

董事会可以被视为股份公司权力机构的执行机构、企业的法定代表，有时又被称为管理委员会、执行委员会。董事会是由董事组成的，对内掌管公司事务、对外代表公司的经营决策和业务执行的机构；公司设董事会，由股东(大)会选举，董事会由法定人数的董事组成。在我国，有限责任公司设董事会，成员为 3 人至 13 人；股份有限公司设董事会，成员为 5 人至 19 人。董事会负责公司的业务经营活动的指挥与管理，对公司股东(大)会负责并报告工作，是公司最高的治理机构。

股份公司成立以后，董事会就作为一个稳定的机构而产生。董事会的成员可以按章程规定随时任免，但董事会本身不能撤销，也不能停止活动。董事会是公司最重要的决策和管理机构，公司的事务和业务均在董事会的领导下，由董事会选出的董事长、常务董事副董事长具体执行。

董事会的具体职能可概括为监督职能、制定战略职能与建议职能。监督职能要求董事会详细审查公司经营管理活动，以避免经理人的败德行为；制定战略职能要求董事会快速、准确地做出公司战略决策；而建议职能要求董事会能够向经理人提供建议，以有效地解决相关问题。

作为公司重要业务执行机关的董事会，其职能主要体现在以下几个方面。

(1) 负责召集股东(大)会会议，并向股东(大)会报告工作，执行股东(大)会的决议。董事会的这些职权体现了董事会与股东(大)会的实质关系。董事会作为公司的经营决策机构，对公司的权力机构股东(大)会负责，有权召集股东(大)会，并向股东(大)会报告工作，执行股东(大)会的决议。这既是董事会的职权，也是其法定职责。

(2) 决定公司的经营计划和投资方案。在股东(大)会决定了公司的经营方针和投资计划后，董事会据此决定公司的经营计划和投资方案并组织实施，这是董事会经营决策权最重要的体现。

(3) 制定有关股东(大)会决议的重大事项的方案，包括年度财务预算方案、决算方案、利润分配方案和弥补亏损方案，增加或者减少注册资本及发行公司债券的方案，公司合并、分立、变更公司形式、解散的方案。对于这些事项，股东(大)会具有最终决定权，但公司董事会可以通过制订方案并提交股东(大)会审议、表决，来施加影响，参与公司重大事项的决策。

(4) 决定公司内部管理机构、基本管理制度和重要管理人员，具体包括：决定公司内部管理机构的设置；聘任或者解聘公司经理；根据经理的提名，聘任或者解聘公司副经理、财务负责人，并决定其报酬事项；制定公司的基本管理制度。这些职权也是董事会经营决策权的重要体现，是董事会执行股东(大)会决议、实施公司经营计划和投资方案、保障公司良好运行的基础。

(5) 公司章程规定的其他职权。公司股东可以根据公司的具体情况，通过公司章程授权董事会其他职权，例如规定由董事会决定承办公司审计业务的会计师事务所的聘任或者解聘等。

(二)董事会的规模

一般来说，在合适的范围内，较大的董事会规模能够容纳更多具有差异化能力的专家，强化公司获取关键资源与异质信息的能力，提高公司治理水平。但董事会规模过大会出现决策冲突、讨论互相推诿、议事程序烦琐、内部松散等问题，阻碍公司创新，降低治理效率。庞大的董事会的负面影响早已超过了其带来的正面监督效应，导致有效运转的可能性变小，成为一种摆设而无法真正发挥治理作用。

公司类型不同，规模不同，公司的经营范围、经营规模及领导模式也不同，每一个具体的公司所需董事的数量不能一概而论，各国"公司法"对公司董事人数都做了不同的、弹性较大的规定，具体人数由公司在章程中加以明确，另外，为了保障董事会决议能够顺利通过，不至于造成表决数量相等而无法形成决议的局面，董事的人数一般为奇数。我国《公司法》规定，有限责任公司设董事会，其成员为 3 人至 13 人，股东人数较少或者规模较小的有限责任公司，可以设 1 名执行董事，不设董事会。执行董事可以兼任公司经理。执行董事的职权由公司章程规定。董事会的人数及人员构成应当符合法律法规的要求，专业结构合理。董事会成员应当具备履行职责所必需的知识、技能和素质，鼓励董事会成员多元化。

二、董事会的构成

在规模既定的情况下，董事会需要考虑董事人员的构成。一般来说，公司董事会基本上由执行董事、非执行董事及独立董事三部构成。

(一)执行董事

执行董事主要是担任董事的本公司管理人员,如总经理、副总经理等,主要负责日常经营与管理,制定和执行决策。法定意义上的执行董事,是指规模较小的有限公司在不设立董事会的情况下设立的负责公司经营管理的职务。而上市公司意义上的执行董事并没有明确的法规依据。

董事会成员中至少有一人担任执行董事,其负有积极地履行董事会职责或指定的职责。董事会职能未得以全面、合理地行使,致使公司遭受经济损失的,股东要求董事会承担赔偿责任的,该原因发生时并未明确归属某位董事职责分工的,则所有执行董事应当承担连带经济责任。股东人数较少和规模较小的有限责任公司,可以设一名执行董事,不设立董事会。执行董事可以兼任公司经理。履行董事的职权,应当参照《公司法》中关于董事会的规定,由公司章程规定。有限责任公司不设董事会的,执行董事也可以作为公司的法定代表人。

执行董事对股东会负责,主要行使下列职权。
(1) 召集股东会会议,并向股东会报告工作;
(2) 执行股东会的决议;
(3) 决定公司的经营计划和投资方案;
(4) 制定公司的年度财务预算方案、决算方案;
(5) 制定公司的利润分配方案和弥补亏损方案;
(6) 制定公司增加或者减少注册资本及发行公司债券的方案;
(7) 制定公司合并、分立、解散或者变更公司形式的方案;
(8) 决定公司内部管理机构的设置;
(9) 决定聘任或者解聘公司经理及其报酬事项,并根据经理的提名决定聘任或者解聘公司副经理、财务负责人及其报酬事项;
(10) 制定公司的基本管理制度;
(11) 公司章程规定的其他职权。

(二)非执行董事

非执行董事制度在国外得到了较为普遍的实行。1978年在美国,纽约证券交易所规定,公司应有完全由独立董事组成的审计委员会。美国纽约证券交易所也建议审计委员会应完全由独立董事组成,1987年,规定上市公司应有独立董事占多数的审计委员会。非执行董事在董事会的比重逐步上升,1992年美国制造业的调查表明:在94%的公司董事会中,非执行董事占多数,而1989年只有86%,1972年为71%。1991年,英国伦敦证券交易所公司财务治理委员会在其报告中建议,要求董事会应该至少要有3名非执行董事,其中的2名必须是独立的。该委员会于1992年提出了关于上市公司的《最佳行为准则》,建议"董事会应该包括具有足够才能、足够数量,其观点能对董事会决策起重大影响的非执行董事"。

非执行董事又称外部董事,是指除了董事身份外与公司没有任何其他契约关系的董事,在本公司不担任职位,如股东董事,能够从外部角度更公正地去判断公司的决策。通常来说,外部董事并不参与公司日常事务的管理,非执行董事可能包括向公司投资的银行家、律师或其他能够为公司经营提供建议或服务并因此与公司经营活动有利害关系的人。非执行董事对执行董事起着监督、检查和平衡的作用。一个非执行董事在他被委任的公司里并没有行政上或管理上的责任。

非执行董事的职责将是监督管理层、参与制定公司业务及事务上的方向、对董事会所面临的上述问题和其他问题发表肯定和客观的意见。在履行职责时，其中一个主要责任是确保董事会考虑的是全体股东的利益，而不仅仅是某一派或某一集团的利益。

对主体业务全部或大部分进入上市公司的企业，其非执行董事应为任职公司或控股公司以外人员；对非主业部分进入上市公司或只有一部分主业进入上市公司的子公司及二级以下的上市公司，其外部董事应为任职公司以外人员。

(三)独立董事

独立董事制度最早起源于20世纪30年代，1940年美国颁布的《投资公司法》是其产生的标志。该法规定，投资公司的董事会成员中应该有不少于40%的独立人士。独立董事制度的设计目的也在于防止控制股东及管理层的内部控制，损害公司整体利益。20世纪六七十年代以后，西方国家尤其是美国各大公司的股权越来越分散，董事会逐渐被以CEO为首的经理人员控制，以至于对以CEO为首的经理人员的监督已严重缺乏保障，内部人控制问题日益严重，人们开始从理论上普遍怀疑现有制度安排下的董事会运作的独立性、公正性、透明性和客观性。1976年美国证监会批准了一条新的法例，要求国内每家上市公司在不迟于1978年6月30日以前设立并维持一个专门的独立董事组成的审计委员会。由此独立董事制度逐步发展成英美公司治理结构的重要组成部分。

独立董事是指不在公司担任除董事外的其他职务，并与其所属上市公司及其主要股东不存在可能妨碍其进行独立客观判断的关系的董事。

(1) 独立董事的独立性和任职条件。独立董事必须具有独立性，在上市公司或者其附属企业任职的人员及其直系亲属(直系亲属是指配偶、父母、子女等系列人员)、主要社会关系人员不得担任独立董事。公司还可以根据实际需要，在公司章程中制定独立董事的职责。

(2) 独立董事的提名、选举和更换办法。独立董事的提名、选举和更换应当依法、规范地进行。独立董事每届任期与该上市公司其他董事任期相同，任期届满，可以连选连任，但是连任时间不得超过6年。独立董事连续3次未出席董事会会议的，由董事会提请股东(大)会予以更换。

(3) 独立董事的特别职权。独立董事的特别职权包括：发表重大关联交易的独立意见；向董事会提议聘用或解聘会计师事务所；向董事会提请召开临时股东(大)会；提议召开董事会；独立聘请外部审计机构和咨询机构；可以在股东(大)会前公开向股东征集投票权。

独立董事能够客观地监督经理层，维护中小股东权益，防止内部控制。基于这种考虑，当股东和管理层发生利益冲突时，独立董事站在中小股东的立场上，对管理层质疑、指责和建议。到了非常时期，如公司兼并、重组、破产等，股东更信赖独立董事，愿意倾听他们的声音。他们的意见，也成了热点，被媒体竞相追逐。很多上市公司聘用独立董事无形中提升了公司形象，便于市场融资。

担任独立董事的，多为社会名流，如专家学者、离任总裁、商界成功人士等。他们视野开阔，经验丰富，能为企业提出实用而中肯的建议。当企业需要政策扶持时，就会聘请有从政经历、有律师背景的人担任独立董事,让他们来帮助分析和预测政府行为,以便企业能审时度势,有效利用政策环境。

执行董事、非执行董事和独立董事的区别与联系,主要有以下几点。

(1) 特点不同。执行董事和非执行董事是相对的。执行董事,本身就作为一个董事参与企业的经营;非执行董事具有独立性、专家性和兼职性的特点。

(2) 权利不同。执行董事拥有议案的决议权和执行权;而非执行董事只拥有公司议案的提出权。

(3) 本质不同。执行董事也称积极董事,指在董事会内部接受委任担任具体职务,并就该职务负有专业责任的董事,执行董事是公司的职员。而独立董事跟公司没有任何关系,可以独立发表观点,对公司的董事会决策包括一些重大的问题独立发表意见。证监会要求,独立董事的意见必须是独立的,不会受到某一个利益集团的指示。执行董事本身是在公司里面有其他的工作或者业务相对的独立董事。

执行董事、非执行董事和独立董事之间的联系主要是:非执行董事对执行董事起着监督、检查和平衡的作用,执行董事一定不是独立的;独立董事是独立的非执行董事,但是非执行董事可能独立也可能不独立,非执行董事是不在公司经理层担任职务的董事,是董事的一种,也是组成董事会的成员之一。

三、董事会的组织设计

董事会是由董事组成的,是对内掌管公司事务,对外代表公司的经营决策和业务执行的机构。董事会的组成主要包括董事长、董事会秘书与董事会专门委员会。

(一)董事长

董事长是公司董事会会议的召集人和主持人,并对外代表公司诉讼和签字。董事会是由董事组成的集体,一般通过会议方式行使职权。为了能更好地执行股东(大)会的决议,履行董事会的职责,处理公司日常具体事务,董事会需要设董事长。有限责任公司或规模较小的公司可以不设董事长,只有1名执行董事;股份有限公司和规模较大的公司应当设董事长。根据我国《公司法》的规定,依法设有董事会的公司,须设立董事长1人,副董事长1~2人,董事长可以是公司的法定代表人。

我国《公司法》规定,不同类型公司的董事长的产生方式有所不同。股份有限公司董事长和副董事长由董事会以全体董事的过半数选举产生,有限责任公司董事长、副董事长的选举办法由公司章程自定。《公司法》对董事长的设立和产生等做了详细规定。有限责任公司设董事会:董事会设董事长1人,可以设副董事长,董事长、副董事长的产生办法由公司章程规定;国有独资公司设董事会:董事会设董事长1人,可以设副董事长,董事长、副董事长由国有资产监督管理机构从董事会成员中指定;股份有限公司设董事会:董事会设董事长1人,可以设副董事长,董事长和副董事长由董事会以全体董事的过半数选举产生。

董事长在各国不同的法律地位决定了各国对其职权的规定也有较大不同。在我国,《公司法》规定了董事长广泛的职权。其中,股份有限公司董事长行使的职权包括:主持股东大会和召集、主持董事会会议;检查董事会决议的实施情况;签署公司股票、公司债券;根据董事会授权,在董事会闭会期间,行使董事会部分职权。有限责任公司董事长负责主持股东会会议并召集和主持董事会会议,董事长其他方面的职权可以在公司章程中予以规定。副董事长协助董事长工作,董事长不能履行职责时,由董事长指定的副董事长代行其职权。

尽管董事长、副董事长经董事会或公司授权,可以依法召集、协调董事会的运作,但其与公司一般董事居于同等的法律地位,在表决权上一人一票,没有指挥、命令其他董事的权力。董事长、副董事长与其他董事一样,都必须对公司负有监管及忠诚的义务,并承担相应的责任。

(二)董事会秘书

董事会秘书,简称董秘,是指掌管董事会文书并协助董事会成员处理日常事务的人员。董事会秘书是上市公司的高级管理人员,承担法律、行政法规及公司章程对公司高级管理人员所要求的责任,享有相应的工作职权,并获取相应的报酬。上市公司的董事会秘书,虽然常常不是公司的董事,但是公司不可缺少的重要角色,由董事会聘任并对董事会负责,代表了公司的内在素质和外在形象。《上市公司章程指引》规定,董事会设董事会秘书,董事会秘书是公司高级管理人员,对董事会负责。

董事会秘书应当具有专业知识和经验,由董事会委任,法律规定不得担任公司董事的情形适用于董事会秘书。公司董事或者其他高级管理人员可以兼任公司董事会秘书,公司聘请的会计师事务所的注册会计师和律师事务所的律师不得兼任公司董事会秘书。董事会秘书由董事长提名,经董事会聘任或者解聘。

董事会秘书对外负责公司信息披露、投资者关系管理;对内负责股权事务管理、公司治理、股权投资、筹备董事会和股东大会,保障公司规范化运作等事宜。其主要职责包括以下内容。

(1) 负责公司股东大会和董事会会议的筹备、文件保管,即按照法定程序筹备股东大会和董事会会议,准备和提交有关会议文件和资料;负责保管公司股东名册、董事名册,大股东及董事、监事和高级管理人员持有本公司股票的资料,股东大会、董事会会议文件和会议记录等。

(2) 负责公司股东资料的管理,如股东名册等资料的管理。

(3) 负责办理信息披露事务。如督促公司制定并执行信息披露管理制度和重大信息的内部报告制度,促使公司和相关当事人依法履行信息披露义务,按照有关规定向有关机构定期报告和临时报告;负责与公司信息披露有关的保密工作,制定保密措施,促使董事、监事和其他高级管理人员及相关知情人员在信息披露前保守秘密,并在内幕信息泄露时及时采取补救措施。

董事会秘书制度的运用,其价值在于对公司治理有重要的作用。就公司内部治理而言,董事会秘书具有广泛地涉及公司内部运作程序的职权。

公司程序性和辅助性事务的集中行使使得公司董事等经营人员能够将更多的精力投入公司经营,使得公司信息沟通和决策执行的渠道更为畅通,从而提高了公司的运作效率,促进了公司的规范运作。权力的集中行使也使得董事会秘书成为公司大量具体经营活动的直接经手人和见证人,对公司经营管理人员的权力具有制约作用,保护了投资者的合法权益,实现了股东利益的安全。董事会秘书作为公司机关,代表公司与公司登记机关和监督机关进行沟通,使得与公司相关主体的知情权得以保障。

(三)董事会专门委员会

早在 20 世纪 70 年代，公司治理的最佳实践就已经呼吁设置三类专门委员会：审计委员会、薪酬委员会和提名委员会，并要求独立董事在这三个委员会中占多数。委员会设置的目的是希望在股东和经理利益可能存在冲突的领域进行专门审查。专门委员会设置，主要通过独立性的判断，约束和监督 CEO 在特定领域较大的自由裁量权，并逐渐衍生出董事会对经理层绩效和策略的评估。专门委员会制度推动了董事会对于事实上的独立董事的要求，直到 2000 年年初，纽约证券交易所规定，这些专门委员会成员必须完全由独立董事组成。与此同时，我国也开始重视董事会专门委员会在进行公司治理方面的工作。

《董事会专门委员会实施细则》中对董事会战略委员会、提名委员会、审计委员会、薪酬委员会的人员组成、职责权限、决策程序、议事规则等提出了意见和建议，为上市公司实施《上市公司治理准则》，建立董事会专门委员会，从而规范董事会运作，提高董事会议事质量和效率提供了可操作的参考。董事会专门委员会是指董事会内部常设若干由独立董事占多数组成的职能化与专业化的组织。董事会专门委员会的特征包括以下几点。

(1) 董事会专门委员会是董事会内部下属的辅助工作机构。董事会专门委员会设置于董事会内部，其是否设立及其权利、职责、运行方式和人员构成等均应获得董事会的批准，并且董事会专门委员会向董事会负责。

(2) 各专门委员会可以聘请中介机构提供专业意见，有关费用由公司承担。各专门委员会对董事会负责，各专门委员会的提案应提交董事会审查决定。

(3) 董事会专门委员会设立的目的是确保董事会有效履行重大决策和监督职能，尤其是监督职能。董事会作为一个决策执行机关，不可能经常召开会议，为了更好地履行其职能，设立了董事会专门委员会。

(4) 董事会专门委员会成员全部由董事组成，其中审计委员会、提名委员会、薪酬委员会中独立董事应占全部或多数并担任召集人，专门委员会至少由 3 名以上董事组成。

董事会专门委员会可以发挥如下作用：①提高董事会的工作效率，有效履行董事会的决策与监督专业化的职能；②明确董事的义务和责任，防止董事会滥用权力。董事会的专门委员会的相关内容在本章第四节中会详细阐述。

第三节　董事会的运行机制

一、董事会会议的类型及方式

董事会通过会议进行日常运作与运营。董事会会议是指董事会在职责范围内，研究决策公司重大事项和紧急事项而召开的会议；涉及会议的召集、主持、法定人数、议事规则等治理问题，是董事会行使职权的主要方式。在公司的重大业务中，除了法定和公司章程规定属于股东会决议的事项外，其他一般由董事会会议决定，因此，董事会决议的内容和法律效力对公司具有重大意义。

召开董事会会议必须达到董事法定出席人数，为保证董事会会议的民主决策，法定人数应当超过董事会成员的半数。我国《公司法》明确规定了股份有限公司董事会会议的法定人数，即应由 1/2 以上的董事出席方可举行会议。

(一)董事会会议的类型

1. 首次会议

首次会议是每年年度股东大会开完之后的第一次董事会议。国际规范做法是每年股东大会上要选举一次董事,即使实际股东并没有撤换,也要有这个程序。这样每年度的首次会议就具有一种"新一届"董事会亮相的象征性意义。董事会的首次会议在股东年会当天举行,议题包括选举高级管理人员等,此次会议无须通知。中国公司普遍实行三年一届的董事会选举制度,会议按第几届第几次会议的顺序,淡化了每年度首次会议的意义。

2. 定期会议

定期会议或称为例行会议,就是董事会按照事先就确定好的时间,按时举行的会议。首次会议上就应该确定董事会例行会议的时间,比如每个月第几个星期的星期几。这样做能够有效地提高董事的董事会会议出席率,也能确保董事会对公司事务的持续关注和监控。在每次董事会例行会议结束时,董事长或董事会秘书,要确认下次董事会例行会议的时间和地点。建立起一套董事会的例行会议制度,是董事会实际运作到位的一个有效办法。

3. 临时会议

临时会议是在例行会议之间,出现紧急和重大情况、需要董事会做出有关决策时召开的董事会会议。临时会议的会议通知是一个需要特别注意的问题。董事会的首次会议和定期会议,如果不发生更改,甚至可以不用正式发出会议通知。但是董事会的临时会议却需要按照公司章程的规定正式发送。董事会临时会议通知(包括需要通知的定期会议)应说明时间、地点和会议目的,但如果公司的所有在职董事均在场,则无须通知。

4. 特别会议

特别会议也称为非正式会议,并不是一定要做重大决策时才需要召开董事会会议,董事会的特别会议或者说是"非正式会议""务虚会""战略沟通与研讨会"等,与前三种董事会会议不同,它的目的不是要做出具体的决策,也不是对公司运营保持持续监控,而是提高董事会的战略能力,加强董事会与公司管理层的联系等。这种董事会会议可以一年或者两年召开一次,可以扩大范围,邀请一些非董事会成员的公司高管参加,也可以请外部专家作为会议引导者,提升这类会议的"沟通"和"研讨"水准。

(二)董事会会议的方式

1. 现场会议

董事会现场会议是指定期会议中面对面的会议,在会议中,针对公司重大事项问题,董事可以集思广益进行充分的交流与互动。

2. 通信会议

原则上全体董事都应现场出席董事会会议,但实际运作中难免有董事不能到现场出席董事会会议的情况,作为一种特殊情况,可以由董事长准许董事会成员通过电话和视频会议方式出席会议。通信表决是指通过现代通信手段召开会议,就公司的程序性事项进行表决,只要有一个实际的讨论过程并且在这一过程中,董事能够听到对方的声音,就算是亲自出席,董事会会议就有效。其优点是降低了会议成本,提高了会议的效率,缺点是缺少了直接沟通交流与互动讨论环节。

3. 委托会议

董事可以通过签署信件或传真方式委托其他董事代为出席。一名董事不得在一次董事会议上接受超过两名董事的委托代为出席会议。

4. 书面同意

董事会也可以通过所有董事书面一致同意的方式形成董事会决议,但这种做法只能在状态特殊、事项紧急并在公司利益所要求的情况下采用。

二、董事会会议的召集、频率与议事规则

(一)董事会会议的召集

1. 确定会议召集人

为保障董事会会议的效率,《公司法》规定了董事会会议的召集人和程序,董事会会议由董事长负责召集并主持;董事长因故不能履行职责时,由董事长指定的副董事长或其他董事代行职权;董事长无故不履行职责,亦未指定具体人员代其行使职权的,可由副董事长或者1/2以上的董事共同推举一名董事负责召集会议。

2. 会前准备

召开董事会会议,应当通过一定的召集程序,向董事提前发出会议通知。对于会议的召集期限和程序,各国《公司法》一般不做限制性规定。我国《公司法》规定,有限责任公司召开董事会会议,应当于会议召开10日前通知全体董事;股份有限公司董事会每次定期会议应当于会议召开10日前通知全体董事。董事会召开临时会议,可以另定召集董事会的通知方式和召集时限。董事会会议通知包括以下内容:会议日期和地点、会议期限、事由及议题、发出通知的日期。

3. 确定董事会会议的法定人数

董事会会议必须有法定最低人数的董事出席方可举行,并形成有效的董事会决议。为保证董事会会议的民主决策,法定人数应当超过董事会成员的半数。我国《公司法》明确规定了股份有限公司董事会会议的法定人数,即应由1/2以上的董事出席方可举行。对于有限责任公司,《公司法》没有明确限定董事会会议的法定人数,应由公司章程确定。

此外,我国《公司法》规定,公司经理、监事有权列席董事会会议。董事会或经理就涉及职工切身权益的问题做出决定,应当事先听取工会和职工的意见,并邀请工会代表或职工代表列席会议。

(二)董事会会议的频率、时间与地点

不能定期召开会议的董事会,处于不能履行其对股东和公司所负职责的危险之中。董事不能定期会面,其自身也会有来自法律或者股东诉讼方面的没有履行董事职责的风险。一般每年都要召开10次以上的董事会会议。可以每个月利用一整天的时间在公司总部,或者特

殊情况下在公司的某个部门召开董事会会议。董事会会议的频率取决于公司的具体情况。有时可能需要天天开例会,如发生标购或被标购情况时。可以充分利用各种现代化的通信手段,提高董事会效率,加强董事之间、董事与公司之间的联系。在正式的会议之间,董事会成员之间保持联系,进行非正式的对话也至关重要。

公司总部通常是董事例行会议的地点,但是如果公司运作于多个地点,在不同的地方召开董事会,可以给董事一个更广的视野和更多的机会来了解公司的活动。原则是要安排足够的董事会和委员会会议时间确保能够对那些关键问题进行充分的讨论。会议持续时间可以几小时,也可以一整天,取决于需要处理的工作量。规范运作的公司如在没有特别棘手的问题需要处理的情况下,通常是3~5小时。

(三)董事会会议的议事规则

与股东会的表决规则不同,董事会会议的议事规则坚持的是按董事人数确定表决的票数,每个董事享有一票表决权。董事会做出决议,必须经全体董事的过半数通过。董事会会议应严格按照规定的程序进行。董事会应按规定的时间事先通知所有董事并提供足够的资料,包括会议议题的相关背景材料和有助于董事理解公司业务进展的信息和数据。当两名或两名以上独立董事认为资料不充分或论证不明确时,可联名以书面形式向董事会提出延期召开董事会会议或延期审议该事项,董事会应予以采纳。

董事会应当对所议事项的决定做会议记录,由出席会议的董事在会议记录上签名存档,并对董事会的决议承担责任。但经证明在董事会表决时曾表明异议并记载于董事会会议记录的,可以免除该董事对董事会会议的责任。董事会会议记录也是公司经理组织实施董事会决议的依据,具有重要作用。

在董事会闭会期间,董事会授权董事长行使董事会部分职权的,公司应在公司章程中明确规定授权原则和授权内容,授权内容应当明确、具体。凡涉及公司重大利益的事项,应由董事会集体决策。

三、董事会的绩效评估

(一)董事会评价的意义

董事会的有效评价对于公司治理质量的提升具有重要作用。

(1) 通过对董事会的评价可以清晰地反映董事会对公司发展的价值贡献。评价过程有助于董事会及其董事考虑其实际角色和责任上的忠实义务水平,从而有助于董事提高对自身权力与责任的清晰理解及对公司发展的贡献程度。

(2) 定期对董事会进行评价可以有效提高董事会的运作效率。董事会评价有助于董事会在实际运作中及时发现问题和提出改正措施,在保障科学决策的同时提高决策的效率。

(3) 通过对董事会进行评价可以发挥预警作用,评价的结果对于董事会运作效率的改进具有积极作用。

(二)董事会评估的价值

对董事会的业绩进行明确和有规律的评价可以增强董事会履行其对股东、公司和广泛的利益相关者所承担责任的有效性，增加股东、股东大会对董事会的了解，提高董事会自身运作的效率，促使董事会提高水平，并加强对公司工作的责任感和领导力。优秀的董事会都在积极开展对自身绩效的评估工作。提名与治理委员会和董事会一起，对董事会的工作表现、董事会成员的技能和特征进行年度评审。评审内容包括每位董事在董事会中的表现，各自的差异、年龄和技能等。另外，还包括每位董事对其个人表现进行自我评价及董事长对每位董事的评价。

首席执行官要帮助和支持董事会和董事更为全面地理解他们的职责，评估他们职责履行的效果。当董事会开始认识到需要重构他们职责的时候，将进一步引起董事会中的"制度变迁"。董事长、首席执行官和董事需要具备这些新的理念和行为习惯。有效地操作起来可能并不容易，但是只有以这些理念和习惯做事的公司，才能建立和保持竞争优势。

(三)董事会评价的方式与结果

1. 董事会评价的方式

董事会评价包括董事会自评、监事会评价和股东大会评价三种方式。
(1) 董事会自评，包括董事自评和董事互评。
(2) 监事会评价，是指监事会对董事行为进行评价。
(3) 股东大会评价，是指股东大会对董事会执行股东大会决议情况进行评价。

2. 董事会评价的结果

根据董事会评价的结果可以将董事划分为优秀、称职、基本称职和不称职。
(1) 被评为优秀、称职的董事，在任期内继续履职。
(2) 被评为基本称职的董事，股东应当与其进行面谈，通过培训帮助其提高履职能力，向其提出限期改进要求，如长期未能有效改进的，应当及时予以更换。
(3) 被评为不称职的董事，应当及时予以更换。

第四节　董事会的专门委员会

董事会的专门委员会主要包括战略委员会、提名委员会、薪酬委员会、审计委员会等，以加强董事会对公司经营、运作的监督和指导。

一、董事会战略委员会

(一)战略委员会的构建

1. 战略委员会的含义

战略委员会的设置源于适应公司战略发展的需要。为增强公司核心竞争力，确定公司发展规划，健全投资决策程序，加强决策科学性，提高重大投资决策的效率和决策的质量，完善公司治理结构，根据《公司法》《上市公司治理准则》《公司章程》及其他有关规定，公司设立董事会战略委员会，并制定相应的工作细则。战略委员会是公司董事会的下设专门机构，主要负责对公司长期发展战略规划、重大战略性投资进行可行性研究并提出建议，向董事会报告工作并对董事会负责。

战略委员会所作决议，必须遵守《公司章程》、本议事规则及其他有关法律法规的规定；战略委员会决议内容违反《公司章程》、本议事规则及其他有关法律法规的规定，该项决议无效；战略委员会决策程序违反《公司章程》、本议事规则及其他有关法律法规的规定的，自该决议作出之日起60日内，有关利害关系人可向公司董事会提出撤销该项决议。

2．战略委员会的人员组成

战略委员会的人员构成主要以执行董事为主，还包括以下人员。

(1) 战略委员会成员由3～7名董事组成，其中应至少包括1名独立董事。

(2) 战略委员会委员由董事长、1/2以上独立董事或者全体董事的1/3提名，并由董事会选举产生。

(3) 战略委员会设主任委员(召集人)1名，建议由公司董事长担任。

(4) 战略委员会任期与董事会任期一致，委员任期届满，可以连选连任。这期间如有委员不再担任公司董事职务，自动失去委员资格，并由委员会根据上述第三条至第五条规定补足委员人数。

(5) 战略委员会下设投资评审小组，由公司总经理任投资评审小组组长，另设副组长1～2名。

(二)战略委员会的责任

战略委员会主要负责制定公司经营管理目标和长期发展战略，监督、检查年度经营计划及投资方案的执行情况。战略委员会的设立主要是从管理角度出发考虑的，其主要职能在于对董事关于企业重大经营和战略目标的讨论进行把关，以避免出现不顾股东回报或不顾社会效益的行为。战略委员会中非执行董事可以从多角度对经营活动及其潜在风险进行评议，降低执行董事的决策风险。战略委员会的成员构成以执行董事为主，委员会主任由董事长或总经理担任。

战略委员会对董事会负责，委员会提案提交董事会审议决定。其职责权限包括以下几点。

(1) 对公司长期发展战略规划进行研究并提出建议；

(2) 对《公司章程》规定须经董事会批准的重大投资融资方案进行研究并提出建议；

(3) 对《公司章程》规定须经董事会批准的重大资本运作、资产经营项目进行研究并提出建议；

(4) 对其他影响公司发展的重大事项进行研究并提出建议；

(5) 对以上事项进行检查；

(6) 董事会授权的其他事宜。

二、董事会提名委员会

(一)提名委员会的构建

1．提名委员会的含义

董事会提名委员会，其起源时间要晚于审计委员会和薪酬委员会。但是随着公司治理改革的深入，提名委员会的重要性也越来越突出。为了规范公司领导人的产生，优化董事会的组成，完善公司治理结构，世界各国的许多公司都在其董事会设置了提名委员会，作为公司董事会通常下设的专门委员会之一。提名委员会是公司董事会的专门委员会，主要负责对公司董事和经理人员的资质和录用标准、遴选程序提出建议，对具体候选人提名和审议。

设立提名委员会的一个重要目的是建立一个董事筛选和提名方面的监督机制，主要由独立董事构成的提名委员会来负责筛选和提名新董事，可以限制握有主导权的董事(如董事长、首席执行官)根据自己的个人喜好选择新董事，在董事会中安插亲信。提名委员会负责初选董事候选人，但董事会负责最终确定。除此之外，提名委员会在选择合适的人选担任公司首席执行官方面也肩负职责。提名委员会应该制定选聘首席执行官和评估其业绩的标准。

2. 提名委员会的人员组成

提名委员会的工作涉及人事这一关键问题，故提名委员会成员的任职资格十分重要。由首席独立董事担任主席，可以因其较高的专业声誉而得到有关各方的信赖，并符合国际通行的公司治理最佳做法准则。财经专家和行业专家的非执行董事可以分别为董事提名工作提供市场层面和行业层面的知识支持，对于有效地完成提名委员会的董事工作评价、董事会效率评价等职能也大有裨益。它主要由以下人员组成。

(1) 提名委员会成员由3名董事组成，其中独立董事占多数。

(2) 提名委员会成员由董事长、1/2以上的独立董事或者全体董事的1/3提名，并由董事会选举产生。

(3) 提名委员会设主任委员1名，由独立董事委员担任，负责主持委员会工作；主任委员在委员内选举，并报请董事会批准产生。

(4) 提名委员会任期与董事会任期一致，委员任期届满，可连选连任。这期间如有委员不再担任公司董事职务，自动失去委员资格，并由委员会根据规定补足委员人数。

(二)提名委员会的责任

提名委员会可使那些确保组织现在与未来健康发展、有效治理的做法制度化；能够把握最新和最重要的政策，检查董事会自身的工作，并在必要时做出改变。提名委员会的职责主要包括以下几点。

(1) 根据公司经营活动、资产规模和股权结构对董事会的规模和构成向董事会提出建议。

(2) 研究董事、经理人员的选择标准和程序，并向董事会提出建议。

(3) 广泛搜寻合格的董事和经理人员的人选。

(4) 对董事候选人和经理人选先进行审查并提出建议。

(5) 对须提请董事会聘任的其他高级管理人员进行审查并提出建议。

(6) 董事会授权的其他事宜。

提名委员会对董事会负责，委员会的提案提交董事会审议决定；控股股东在无充分理由或可靠证据的情况下，应充分尊重提名委员会的建议，否则，不能提出替代性的董事、经理人选。

三、董事会薪酬委员会

(一)薪酬委员会的构建

1. 薪酬委员会的含义

卓越和优厚的薪酬是独立和富有经验的薪酬委员会成员努力工作的成果。薪酬委员会负责研究公司报酬政策,以能够吸引、留住和激励公司董事和各层管理人员。薪酬委员会是董事会按照股东大会的决议设立的专门工作机构,其主要职责是调查行业内的收入水平,并确定企业主要执行人员(董事长、经理层等)的报酬和报酬方案,审查一般管理人员的薪酬结构与水平,制定管理人员奖金、期权等激励方案。

薪酬委员会根据董事及高级管理人员岗位的主要范围、职责、重要性及其他相关企业相关岗位的薪酬水平制订薪酬计划(方案),包括绩效评价标准、程序,奖励和惩罚的主要方案和制度等。董事会也可以授权薪酬委员会定期评估首席执行官、其他高层经理及董事会自身的绩效,这也是制订公司合理薪酬计划的根据。

2. 薪酬委员会的人员组成

薪酬委员会的独立性要求很高,要选择那些在各个方面都满足独立性标准的董事为薪酬委员会成员。薪酬委员会成员应与薪酬委员会所涉及的问题无个人经济利益关系,也没有因为交叉担任董事而产生潜在的利益关系,且不参与公司的日常经营。薪酬委员会由董事会设立,直接对董事会负责。薪酬委员会的人员构成以独立董事为主,委员会主任由独立董事担任。它的构成与运作有以下几个特点。

(1) 薪酬委员会一般为企业董事会的常设专门委员会,由 4~6 名董事会任命的董事委员(大多为独立董事)组成。

(2) 薪酬委员会每年至少召开 2 次会议,会前 7 天通知全体委员,会议由委员会主任主持,委员会主任不能出席时可委托其他 1 名委员(须是独立董事)主持。

(3) 会议至少应有 2/3 的委员出席方可举行,每名委员有 1 票的表决权。

(4) 会议提出的方案必须经半数以上的委员通过才有效。

(二)薪酬委员会的责任

薪酬委员会每年要审查和批准与首席执行官薪酬有关的公司目标,根据这些目标评估首席执行官的绩效,并就此向董事会提交一份报告。薪酬委员会每年审查和决定首席执行官的基本薪酬、激励薪酬和长期薪酬,并向董事会报告委员会的决定。在确定首席执行官的长期激励薪酬时,薪酬委员会要把公司绩效、股东回报、公司给予首席执行官类似奖励的价值等因素纳入考虑范围。

薪酬委员会还要每年审查和批准首席执行官之外的其他高级管理人员的薪酬。每年审查公司的雇员薪酬战略和雇员福利计划。薪酬委员会需要每年提交年度股东大会一份单独的薪酬委员会工作报告。报告应考虑到每年的不同情况,考虑报告中某些项目是否需由股东大会通过并将结论记录在案。

薪酬委员会的主要职责包括以下三个方面。

(1) 制订企业主要执行人员薪酬计划。薪酬委员会根据企业主要执行人员岗位的主要职责、重要性及其他相关企业相关岗位的薪酬水平制订薪酬计划。计划主要包括绩效评价标准、程序及主要评价体系，奖励和惩罚的主要方案和制度等。

(2) 提出企业主要执行人员每年度的薪酬标准并报请董事会批准。薪酬委员会审查企业主要执行人员履行职责的情况并对其进行年度绩效考评，然后提出相应的薪酬标准，报请董事会批准。

(3) 监督企业薪酬制度的执行情况。薪酬委员会提出的薪酬计划只有在报请董事会同意并提交股东大会审议通过后方可实施。

四、董事会审计委员会

(一)审计委员会的构建

1. 审计委员会的含义

董事会审计委员会是董事会按照股东大会决议设立的专门工作机构，主要负责公司内外部审计的沟通、监督和核查工作。

2. 审计委员会的人员组成

(1) 审计委员会成员由 3~7 名董事组成，其中独立董事占多数，同时委员中至少有 1 名独立董事为专业会计人士。

(2) 审计委员会委员由董事长、1/2 以上的独立董事或者全体董事的 1/3 提名，并由董事会选举产生。

(3) 审计委员会设主任委员(召集人)1 名，由独立董事委员担任，负责主持委员会工作；主任委员在委员内选举，并报请董事会批准产生。

(4) 审计委员任期与董事一致，委员任期届满，可连选连任。这期间如有委员不再担任公司董事职务，自动失去委员资格，并由委员会按规定补足委员人数。

(5) 审计委员会下设审计工作组为日常办事机构，负责日常工作联络和会议组织等工作。

(二)审计委员会的责任

审计委员会的人员构成以独立董事为主，至少有 1 名会计专业人士，委员会主任由独立董事担任。大多数公司审计委员会一年召开 4 次左右的定期会议，在定期会议的基础上，审计委员会有权在需要的时候召开特殊会议。审计委员会至少要每年与管理层和独立审计师就有关公司会计政策问题进行一次讨论。包括监管和会计的宗旨，资产负债表表外的业务结构及其对公司财务报告的效应，编制公司财务报告中运用的会计政策。

审计委员会要审查和评估公司的内部控制结构和财务报告流程，要定期评估内部控制结构和财务报告流程方面所存在的缺陷，包括任何控制和流程上的低效或无效，任何与控制和流程不相符的事项。与管理层讨论公司所面临的主要财务风险及管理层所采取的监测和控制这些风险的步骤，包括公司的风险诊断和风险管理政策。审计委员会要建立起有关会计、内控和审计事务投诉的一套接收、保存和处理流程，包括公司雇员有关公司可疑的会计和审计事务的秘密和匿名呈报。

审计委员会的职责以财务类问题为主，但审计委员会职责的有效完成，还需要其深入与财务有关的公司经营的各个层面。审计委员会具体职责主要有以下几点。

(1) 提议聘请或更换外部审计机构。
(2) 监督公司的内部审计制度及其实施。
(3) 负责内部审计与外部审计之间的沟通。
(4) 审核公司的财务信息及其披露。
(5) 审查公司的内控制度，对重大关联交易进行审计。
(6) 公司董事会授权的其他事宜。

本 章 小 结

　　董事是指由公司股东(大)会或职工民主选举产生的具有实际权力和权威的管理公司事务的人员，对内管理公司事务，对外代表公司进行经济活动。董事应当具备资格条件，董事是否完全具备任职条件，直接关系到能否高质量地达到岗位绩效标准。董事每届任期一般不得超过3年，可以连选连任。

　　董事的权利是指董事在与公司的对应关系中，基于法律、公司章程的规定和委托契约的约定而享有受托处理公司事务的各项权利。董事的义务就是董事作为公司的受托人和代理人，应为满足股东和公司的合法利益，依法应当为或不为一定行为的制度规定。

　　董事会可以视为股份公司权力机构的执行机构、企业的法定代表，有时又被称为管理委员会、执行委员会。董事会是由董事组成的，对内掌管公司事务、对外代表公司的经营决策和业务执行的机构。董事会由股东(大)会选举并由法定人数的董事组成，由执行董事、非执行董事及独立董事三类董事构成。

　　执行董事主要是担任董事的本公司管理人员，如总经理、副总经理等，主要负责日常经营与管理，制定和执行决策。

　　非执行董事又称外部董事，是指除了董事身份外与公司没有任何其他契约关系的董事，在公司不担任职位，能够从外部角度更公正地去判断公司的决策。

　　独立董事是指不在公司担任除董事外的其他职务，并与其所属上市公司及其主要股东不存在可能妨碍其进行独立客观判断的关系的董事。

　　董事会的组成主要包括董事长、董事会秘书与董事会专门委员会。

　　董事长是公司董事会会议的召集人和主持人，并对外代表公司诉讼和签字。

　　董事会秘书，简称董秘，是指掌管董事会文书并协助董事会成员处理日常事务的人员，是上市公司的高级管理人员。

　　董事会专门委员会主要包括战略委员会、提名委员会、薪酬委员会和审计委员会。

　　战略委员会主要负责对公司长期发展战略规划、重大战略性投资进行可行性研究并提出建议，向董事会报告工作并对董事会负责。

　　提名委员会，主要负责对公司董事和经理人员的资质和录用标准、遴选程序提出建议，对具体候选人提名和审议。

　　薪酬委员会主要职责是调查行业内的收入水平，并确定企业主要执行人员(董事长、经理层等)的报酬和报酬方案，审查一般管理人员的薪酬结构与水平，制定管理人员奖金、期权等激励方案。

　　审计委员会主要负责公司内外部审计的沟通、监督和核查工作。

董事会通过会议进行日常运作与运营，会议包括首次会议、定期会议、临时会议和特别会议。董事会的有效评价对于公司治理效率的提升具有重要作用。

思 考 题

1. 董事的任职资格条件有哪些？董事的权利与义务有哪些？
2. 简述董事会的会议种类与方式。
3. 如何考虑董事会人员组织设计？董事会专业委员会有哪些？

实 践 应 用

长春长生内部控制失效案例研究

一、长春长生"疫苗门"事件扫描

长春长生生物科技股份有限公司(以下简称长春长生)，创立于1992年8月18日，是一家上市疫苗生产企业，其研发和生产销售的疫苗数量巨大。然而，2018年7月15日，国家药监局经检查发现长春长生在冻干人用狂犬病疫苗生产过程中存在记录造假等行为，随后立即展开立案调查。调查发现，长春长生多批次、多种类疫苗出现违法违规生产的情况，令人触目惊心，导致公众对国产疫苗的信心崩塌，引起公众的愤怒和恐慌，造成的社会影响极其恶劣。2019年1月14日，借壳上市未满三年的长春长生公司收到深圳证券交易所重大违法强制退市的决定。

二、长春长生内部控制失效原因分析

控制环境、风险评估、内控活动、信息与沟通、监督五要素组成了完善的内部控制。在此，本文将依照内部控制五要素来分析长春长生内部控制失效原因。

1. 内部控制环境不佳

内部控制环境作为内部控制五要素和内部控制体系之一，在企业内部控制活动中起着举足轻重的作用。从公司治理结构可以看出，作为从事疫苗生产、涉及公众生命安全的上市公司，长春长生董事长、总经理、财务总监均由高某某一人担任，当决策权集中在少数高层手中时，负面作用非常突出，不利于做出有效判断。信息披露的不透明，降低了内部控制缺陷披露的质量，更容易造成徇私舞弊的行为。此外，高某某一家掌控着长生生物的董事会和管理层，公司的决策权、经营权、治理权未能实现相关分离，企业无法摆脱家族式管理模式。这类内部制约机制失衡的上市公司，使得董事会和监事会的监管作用流于形式，从而公司内部约束力较弱。

2. 风险评估虚构

长春长生在2015—2017年的内部控制自我评价中均未披露重要和重大缺陷，但公司各部门在生产质量管理等实际执行的过程中却出现重大缺陷的内部控制问题，风险评估不足，造成严重的后果。在生产过程中未按照GMP规定组织生产，且严重违反药品生产质量管理规范和国家药品标准。长春长生为提高产量，追求利益最大化，从而忽视对生产流程的严格监管。在风险评估上存在重大缺陷，无法有效识别风险并积极采取相应的措施。

3. 业务活动控制失效

长春长生企业内部控制看似已建立起相对完善的企业内部控制体系，但在实际投资、生产销售、研发投入等业务活动中并没有认真执行内部控制制度，无视内部控制在企业中的作用。同时，内部控制活动的实际效力在执行时缺乏有效监督，业务活动控制失效使得本能保障企业稳步发展的内部控制丧失了原本的意义。长春长生2015—2017年财报中显示，净利润和营业收入都处于稳步上升。从表面上看公司发展势头较好，实际上却是"高投资—低研发—高营销"的运营模式。在公司投资经营过程中，运用大量的资金购买理财产品，并不符合公司的核心发展战略。

4. 信息披露失真

2015—2017年，披露内部信息时，长春长生选择以最低标准进行公开，未披露任何的内部控制缺陷。然而企业在一年两次被发现产品生产质量问题，说明了未能及时、准确地向外界进行信息披露。长春长生2015—2017年的内部控制审计单位均为致同会计师事务所，应当及时识别出企业所存在的内部控制缺陷问题，但2015年度和2017年度的内控鉴证报告均为标准无保留意见。因此，致同会计师事务所出具的审计报告并未以实际情况为基础，而是对一些需要披露的事项进行掩盖，将一些不得不披露的缺陷的严重程度降低，无法出具真实有效的审计报告。

5. 监事会缺乏权威性

内部监督也是公司内部控制至关重要的一个环节。完善的内部监督机制可以避免内控缺陷的产生或及时发现存在的内部控制缺陷，以便做出整改。从研究中不难发现，长春长生公司的监事会仅有3人，并分别对董事会和管理层进行监督，监督力度不足。长春长生的董事长高某某身兼数职，同时还担任着总经理、财务总监，三权合一导致股权高度集中，使得监管严重受限，导致内部控制失效。此外，公司管理层由高某某一家所掌控，容易相互配合且具有一定的隐蔽性。内部控制执行机构没有与内部监督相分离，即使做出违法违规行为也不易发现，无法保障内部监督的有效实施。

[资料来源：张顺帆. 长春长生内部控制失效案例研究[J]. 中国管理信息化，2020(3).]

【思考与讨论】

1. 了解长春长生疫苗事件始末，讨论长生公司退市的根本原因。
2. 长生公司的治理问题体现在哪些方面？

微课视频

扫一扫，获取本章相关微课视频。

董事会运作机制设计(一).mp4

董事会运作机制设计(二).mp4

第五章 独立董事制度

【学习目标】

1. 了解独立董事制度。
2. 理解独立董事的资格与任免。
3. 懂得独立董事的权利和义务。
4. 掌握独立董事的激励与约束机制。

【引导案例】

"万宝股权之争"中的独立董事

2015年12月17日,万科股权之争正式进入"白热化"阶段。万科在遭遇宝能系增持时,曾求助于大股东,但华润并未介入。因此,万科找到了另一家国有企业——深圳地铁,拟以发行股份的方式购买深圳地铁持有的前海国际100%股权,初步交易价格为456.13亿元。万科将以发行股份的方式支付全部交易对价。但6月17日董事会上,华润系三位董事对重组预案直接投了反对票,表现了鲜明的态度。

在整个股权争夺战中,中间有一个插曲让我们注意到了独立董事这个职务。2016年6月18日,万科董事会发布上市公司公告称,万科重组方案在董事会上获得了通过。然而万科大股东华润公司却坚称重组方案未获通过。问题出在哪里呢?原来是在独立董事张某某的一票究竟是算回避表决,还是弃权票的法律形式上发生了分歧,而这一分歧的最终判定将决定万科高管层提出的深圳地铁增发议案是否获得通过,继而决定万科,这个中国最大的房地产商最终花落谁家的结局。

独立董事张某某认为自身存在潜在的关联与利益冲突,申请不对所有相关议案行使表决权而回避表决。由此华润认为,董事会11名成员到场,结果为7票同意,3票反对,1票回避表决,赞成的比例为7/11,赞成票未达2/3,因此议案并未获通过。但万科认为,排除一名关联关系独立董事回避表决,相关议案由无关联关系的10名董事进行表决,7票赞成,3票反对,赞成的比例为7/10,赞成票已达2/3,有关议案获得通过。

当人们把目光和注意力都集中到选票属性之争时,却忽视了比该张选票属性判定更为重要的投票人独立董事身份所存在重大法律瑕疵的问题。即独立董事张某某本人所认为自身与万科公司存在潜在的关联与利益冲突而回避表决这个被人们忽视的细节，这就是张某某的独立董事身份资格是否合法合规？是否具备？

万科公告表明：独立董事张某某，2010年8月获选为万科独立董事，2015年7月接替梁某某出任美国黑石集团大中华区主席。众所周知，独立董事的前提是必须独立，一个不独立且与任职上市公司有关联交易包括其本人都认为存在潜在关联与利益冲突的人，却担任了独立董事。犯了独董不关联、关联不独董的大忌。

具体到本案例来说，只能有两种解释。其一，张某某任主席的黑石公司与万科存在关联交易，张某某本人不是关联人士。虽出席了董事会，其表决回避无效，只能算作弃权票。其结果是11票中7票赞成、3票反对，未达2/3，该议案不能通过。(当然，在回避无效的前提下，若其投赞成票则除外，但这将激怒华润，并不排除华润方面对其个人关联行为进行法律深究的风险。因为由张某某任大中华区主席的美国黑石公司在2015年6月与万科合作成立了万科物流地产公司。张某某的这一身份使其想证明是万科非关联人士几乎是不可能的。)

其二，张某某本人所认为自身与万科公司存在潜在的关联与利益冲突之说成立，这样他就成了世界首位关联独董。明知自己是独董，不能和上市公司发生关联，却还在未经董事会批准和披露的情况下由已任主席的公司与上市公司发生关联，犯了独董不关联、关联不独董的大忌，二者一旦相交，当事人必有问题。

万科关联独董公开坦言回避表决的奇闻，充分暴露了被监管者和投资人寄予厚望的中国上市公司独立董事制度在执行过程中存在的严重缺陷。即独董不独和独董不懂。难怪中小股东批评独立董事是"花瓶"，甚至是大股东或公司内部人的"帮凶"。由于"一股独大"和内部人控制，中国上市公司治理结构不规范，财富分配不公平，上市公司高管和大股东暴富，中小股东巨亏，中国股市日益沉沦而难以崛起，公司治理结构失衡和独立董事不发挥作用不正是重要原因之一吗？

(资料来源：刘纪鹏. 万科张某某成首位关联独董，凸显独董制度缺陷. 基金买卖网，http://www.jjmmw.com/news/detail/1088346/.)

第一节 独立董事制度概述

一、独立董事及独立董事制度的内涵

(一)独立董事的内涵

独立董事，又称为"独立的外部董事"或"独立非执行董事"，是指不在公司担任除董事以外的其他职务，并与其所受聘的公司及其主要股东不存在可能妨碍其进行独立客观判断关系的董事。也就是说，独立董事除了他们的董事身份和在董事会中的角色之外，既不能是公司的雇员及其亲属，也不能是公司的供货商、经销商、资金提供者，或是为公司提供法律、会计、审计、管理咨询等服务的机构职员或代表。尽管在不同的国家和地区对独立董事的表述存在差异，但在价值取向上都有着共同的特点。独立董事的含义受到许多机构甚至公司法的界定，但总的来说，对独立董事的要求主要集中在两个方面：独立性和专业知识及经验。

我国的独立董事按照中国证监会《关于在上市公司建立独立董事制度的指导意见》(以下简称《指导意见》)(证监发〔2001〕102号)的规定需要满足以下条件：根据法律、行政法规及其有关规定，具备担任上市公司董事的资格；具有《指导意见》所要求的独立性；具备上市公司运作的基本知识，熟悉相关法律、行政法规、规章及规则；具有5年以上法律、经济或者其他履行独立董事职责所需的经验；公司章程规定的其他条件。

(二)独立董事制度的内涵

独立董事制度的内容由包括从独立董事选聘到职业评估等保障制度有效的各个要素组成。为保证独立董事在公司治理活动中发挥最大的作用，各个国家和地区，在设计独立董事制度时，根据自己的实际情况，从独立董事的功能定位、任职资格、评选机制、权利与义务、评价和激励机制选聘到职业评价等安排自己的制度框架。独立性作为独立董事制度的根本特征，是所有国家和地区在设立独立董事制度时都会强调的。

因为每个国家和地区对独立董事的要求不一样，所以世界上也没有出现一个统一的独立董事的概念。但是对独立性的界定清楚了，独立董事的概念也就可以确定了。独立性的范围很广，包括身份独立、思想独立、经济独立等内容。目前，理论界对独立董事独立性的界定主要存在以下五个判断标准。

第一，以"信息说"标准来界定。主要通过独立董事与公司不存在任何雇佣关系、独立董事与公司不存在任何交易关系、独立董事与公司高层之间不存在亲属关系三个方面来界定独立董事是否具有独立性。

第二，以"条件说"标准来界定。通过必须独立于公司股东、必须独立于公司其他董事和经理层、必须能够作出独立的判断等三个标准，确定是否具有独立性。

第三，以"主体说"标准来界定。不同的主体对独立性的识别角度不同，如政府及相关机构、证券交易所、机构投资者、公司董事或管理者协会、律师或学术学会、学术团体、市场中介都可以对独立性进行界定。

第四，以"主体—行为要素说"标准进行界定。从是否为公司雇员、与公司有无任何直接或间接的利益关系来进行界定，强调从主体要素和行为要素两方面加以认定，力求从根本上揭示独立董事独立性的核心所在。

第五，以"关系—利益说"标准来界定。主要从与该公司或该公司关联企业是否有雇佣关系、是否有经济利益关系、与该公司或者该公司关联企业的高级管理人员是否有私人关系或利益关系三大标准来进行界定。

二、独立董事制度的起源与发展

(一)独立董事制度的起源

董事会是公司治理中重要的一个主体。一个被广泛接受的公司治理的原则是，董事会具有信托作用。作为董事会成员的董事被期望利用他的诚信和能力去审视公司的战略计划和重大的决策，并且根据公司长远利益及股东和社会利益去监督和控制公司的管理层。因此，现代公司良好的治理结构的核心都是有一个信息完善而且能够极大地发挥功能的董事会。

然而，从各国的实践来看，公司董事有时并没有发挥其应有的作用，主要原因是董事会受雇于控股股东或"内部人"。这种情况只有董事会存在独立性时才可避免。独立性是指董事会成员在进行监督时，能够独立于公司的管理层和控股股东。这种独立性使董事会能够及早采取措施预防有损股东利益的行为发生，使其在一个相对独立的环境下参与公司治理。在公司治理中引入独立董事制度，目的正在于此。而且近年来，安然、世通等大公司财务舞弊案的发生，使得许多国家纷纷进行公司治理机制改革，而改革的重点是调整董事会结构，增加独立董事。

在美国一系列上市公司董事会丑闻事件后，1977年4月，纽约证券交易所出台了一项新条例，要求本国的每家上市公司"在不迟于1978年6月30日以前设立并维持一个全面由独立董事组成的审计委员会，这些独立董事不得与公司管理层有任何会影响他们作为委员会成员独立判断的关系"。至此，独立董事制度正式产生，成为保护股东权益的一种有效措施。

(二)独立董事制度的发展

因为受到各国的文化传统、法律规定、经济制度、政治利益集团的目标的影响，独立董事制度很难有统一的发展方式。根据现有制度，独立董事制度的发展主要有两种模式。

第一种模式是"单层制"公司治理模式下独立董事制度的发展。

继美国之后，其他采用"单层制"公司治理模式的国家为了保护本国投资者的利益，纷纷效仿美国，在董事会设立独立董事。此类国家大多数为欧美各国。

英国是除美国之外第二个积极倡导并践行独立董事制度的国家之一。20世纪80年代末，英国公司因治理不善而接连倒闭，许多人将存在的问题部分地归因于公司的董事会，因此，提出了对公司董事会进行改革的要求。1992年，由艾德里安·凯德伯瑞爵士的公司管理财务方面的委员会发布了一系列关于上市公司董事会结构和运作的指南——《凯德伯瑞报告》(Cadbury Report)，其中建议上市公司推行独立董事制度，认为董事会中至少需要3名外部董事，其中至少有2名必须是独立的；多数被任命的非执行董事不应从事或具有会实质性影响他们独立判断的生意或其他关系，以确保其独立性，应组成一个提名委员会来完成非执行董事的选择程序；董事会还应该有一个至少由3名外部董事组成的审计委员会；等等。

第二种模式是"双层制"公司治理模式下独立董事制度的发展。

虽然"双层制"公司治理模式的国家实行的是经营管理职能和监督职能的分离，但为了保护投资者的利益，公司亦不同程度地引入了独立董事制度，较为典型的有德日模式和东亚模式。

我国作为"双层制"治理模式国家之一，同样分设董事会和监事会，但上市公司股权集中，控股股东可凭借其股权控制董事会，造成董事会通常从大股东的角度做出决策，损害其他中小股东权益的结果。同样，虽然监事会负责监督公司的财务与运营，但由于监事会来源的内部化、监事会制度设计上的不足，监事会实质上形同虚设，无法起到监督董事会和经理层的作用。董事会失效和监事会监督职能弱化，使得我国存在严重的大股东侵害中小股东利益的现象。所以，为了完善公司治理结构和保护广大中小股东利益，我国证监会于2001年开始正式要求上市公司设立独立董事制度。同时规定，在2002年6月30日前，董事会成员中应当至少包括2名独立董事；在2003年6月30日前，上市公司董事会成员中应当至少包括1/3的独立董事。

中国香港于1993年11月开始引入和推行独立董事制度，在香港联合交易所颁布的《香港联合交易所有限公司证券上市规则》规定，每家上市公司董事会至少有两名独立的非执行董事。

三、独立董事的角色与作用

我国引入独立董事制度要解决的首要问题是合理地对其功能和使命进行定位。在西方国家，独立董事被看作一个站在客观、公正的立场上保护公司利益的重要角色，人们普遍预期独立董事能够承担起发现公司经营的危险信号，并且对公司的违规或不当行为提出警告的责任。因此，如果他们没有事先发现公司的违规或不当行为，就会受到股东和社会的谴责。从这个意义上讲，独立董事在公司中扮演的角色就像体育比赛场上的裁判员，如果比赛正常进行，则独立董事一般不对其进行过多干预。然而，一旦场上出现违规行为，独立董事的责任就是"吹哨叫停"，以纠正违规行为。

(一)独立董事的角色

影响企业表现与行为的因素是复杂多样的，单凭独立董事就能解决公司治理中的所有问题的想法是不现实的。而当在公司董事会中独立董事达到一定比例，并且建立起一套完整的、有利于独立董事发挥作用的机制时，独立董事才有可能发挥一定的作用。根据现有研究，独立董事在公司中主要担任三类角色。

1. 监督角色

独立董事通常有资格来选择、监督、考核奖励和惩罚企业的经理层，其职责是通过减少经理人和股东之间的冲突来提高企业的效益，因而独立董事的主要功能是解决现代企业所面临的代理问题。但由于董事通常不会参与确定企业基本目标、公司策略或董事会总的政策，他们甚至不对提交他们批准的政策提出一些有洞察力的问题。因此，对董事角色的要求更侧重于监督方面。

2. 战略角色

独立董事可以运用他们丰富的商业经验、掌握的技术和市场方面的知识，来帮助企业经理层解决经营上的难题，他们对于企业形成商业战略具有重要的作用。独立董事是从各行各业的精英中选择的，所积累的丰富经验使得他们提出的建议十分中肯、详细、实用。

3. 政治角色

当政治因素对企业(尤其是一些知名的大企业)的影响较大时，即当企业同政府的贸易合作增多、企业向政府销售物资、企业需要向政府游说取得有利的经营政策、企业的出口贸易受到政府贸易政策的影响时，企业中常常就会有很多具备政府背景的独立董事。相反，如果企业由于环境污染或者垄断问题同政府存在较多分歧，企业中具有律师背景的独立董事就会增多，他们可以为企业提供具有洞察力的意见，帮助企业分析和预测政府的相关行为。可见，独立董事扮演了一定的政治角色。

(二)独立董事的作用

积极的独立董事可以增强董事会的独立性和客观性，能够带来外部的知识、经验和关系，使董事会能够独立客观地行使职权，促使知识转移，并接触潜在的客户。独立董事可以提高董事会的透明度，使外部各方更容易了解其决策流程，吸引优秀的合作伙伴和潜在的投资者。具体来说，独立董事可以在上市公司中发挥以下四个主要作用。

1. 公正作用

独立董事在公司没有股份，不会像大股东那样，为了谋求自身的利益而牺牲公司的利益，因而他们会将公司的整体利益作为决策的唯一目标，从而公正地做出决策。

2. 客观作用

设立独立董事最重要的意义就在于因其独立性而派生的客观性。独立董事的客观性使其在公司与执行董事存在利益冲突时能够做出公正、客观的判断。独立董事没有陷入公司日常的繁杂事务中，能够以"旁观者"从不同的角度来分析研究问题，使他们能够帮助公司的管理层识别市场发出的预警信号等。

3. 专家作用

董事会中的独立董事能以其专业知识及独立的判断，为公司发展提供建设性意见，协助管理层推进经营活动，从而有利于公司提高决策水平、公司声誉、公司价值。实践证明，独立董事与较高的公司价值相关，具有积极的独立董事的公司比具有被动的非独立董事的公司运行得更好。

4. 制衡作用

在上市公司中引入独立董事，有利于制衡控股股东，起到监督经营者的作用。独立董事有助于董事会的独立性，维护所有股东利益，增加股东价值；董事会中的独立董事能为董事会提供知识、判断和平衡，能从全体股东利益出发监督和监控公司管理层。

四、独立董事制度的局限

(一)独立董事制度的缺陷

自独立董事制度产生以来，学者对独立董事制度的评价和批判就从未停止过。专家学者对独立董事制度的作用和有效性的评价既有肯定的，也有怀疑、批评的，甚至完全否定的。因为所有的制度设计除了实施的误差之外，其本身必然存在某些缺陷。正如内部董事被人们发现具有某些无法克服或者需要外部力量约束的缺陷一样，独立董事也并不是完美无缺的。独立董事参与董事会是改善公司治理的一项有力的措施，但这并不意味着独立董事越多越好。相反，许多关于公司治理的研究都认为，独立董事本身也有缺点，对独立董事的无效工作给予严厉的批评。怀疑和批评主要集中在以下几个方面。

1. 独立性问题

在美国，有研究表明，独立董事并不真正独立。因为董事虽然通过股东大会来批准，但将哪些人作为候选人提交股东大会批准，则由公司来决定，这可能由首席执行官个人做出，也可能由管理层成员组成的委员会做出，还可能由常设的董事会提名委员会作出。独立董事的提名往往是管理层的意图或是通过管理层对提名委员会施加强烈影响而促成的。其结果是，股东事实上只能在管理层精心挑选出来的范围内决定独立董事人选，股东施加的影响非常有限，这样当选的董事其独立性自然很让人怀疑。

2. 信息问题

独立董事要发挥经营决策和监督作用，就必须及时地获取公司的各种信息，而管理层是董事会和独立董事获取信息的主要渠道。在信息不对称与契约不完全的情况下，管理层的两类行为会影响独立董事的判断：一类行为是不完全或歪曲的信息披露，尤其是有目的的误导歪曲、掩盖和混淆等企图；另一类行为是非欺骗性的信息误导或信息提供的不完全性，即信息披露的重大遗漏，这就使独立董事形成真正独立的判断面临着歪曲真相的极大威胁。

3. 时间问题

独立董事要监督经理层的不当行为，必须获取信息，而这要花费足够的时间与精力。但来自社会的独立董事，不都是上市公司的专有独立董事(可能在几个董事会中任职)，他们常常是另一些公司的主要行政负责人或者因在其他领域颇有造诣而可能供职于众多的董事会，他们往往没有时间和精力来完全了解他们所供职的产业及其公司的情况。

4. 监督问题

在美国，有资料表明，如果独立董事在董事会经营管理决策时发现自己不同意管理层的经营管理行为，他可能采取的行动不是为股东争取权益，而是辞职。对涉及经理层不当行为的诉讼案件的不完全调查显示，多数情况下独立董事没有反对被告后来被质询的行为，也就是说，独立董事没有对经理层的失职或者其侵害股东权益的行为进行事前的监督；同样，人们相信，如果经理层故意隐瞒，独立董事领导下的审计委员会就无法发现真相。如果独立董事无法监控不当行为，那么他就更无法监督经理层对股东利益最大化的勤勉程度和能力。

(二)独立董事制度在我国的现实障碍

中国引入独立董事制度的时间较短，各种配套制度和外部环境还不完善，在一定程度上制约了独立董事作用的充分发挥。其在我国的现实障碍主要有以下几个方面。

1. 独立董事的独立性不强

很多公司都是由大股东或管理层向董事会提出独立董事人选，再以董事会的名义提名。这样的提名机制难以保证独立董事能独立于大股东和管理层。

2. 部分独立董事缺乏企业管理的经验

不少独立董事缺乏企业管理的经验，对企业的运作不熟悉，还难以担负起监督公司规范运作的重任。同时，独立董事本职工作繁忙，社会兼职较多，深入了解企业情况的时间和精力远远不够。

3. 独立董事的知情权难以保障

独立董事知情权难以保障主要有以下两点原因：一是独立董事未投入足够的时间和精力来履行职责，主观上未积极争取获得充足的信息；二是上市公司可能会出于各种考虑，尽量不提供或少提供不利于公司的资料，甚至有意不通知独立董事参加董事会会议，造成独立董事无法获取充足的信息，难以发挥作用。

第二节 独立董事的资格与任免

一、独立董事的任职资格

(一)身份的独立性

独立董事的独立性是一个非常重要的特征。各国基本上都从与公司是否存在雇佣关系、与关联人是否存在亲属关系、与公司是否存在利益关系、与经营者是否存在影响公平判断的关系、与大股东是否存在影响公平判断的关系等方面来对独立性进行界定。《指导意见》提出独立董事必须具有独立性。采用列举排除法提出独立性的要求，如规定下列人员不得担任独立董事的情况：在上市公司或者附属企业任职的人员及其直系亲属、主要社会关系(直系亲属是指配偶、父母、子女等；主要社会关系是指兄弟姐妹、岳父母、儿媳女婿、兄弟姐妹的配偶、配偶的兄弟姐妹等)；直接或间接持有上市公司已发行股份1%以上或者是上市公司前10名股东中的自然人股东及其直系亲属；直接或间接持有上市公司已发行股份5%以上的股东单位或者在上市公司前5名股东单位任职的人员及其直系亲属；最近1年内曾经具有前3项所列举情形的人员；为上市公司或其附属企业提供财务、法律、咨询等服务的人员；公司章程规定的其他人员和中国证监会认定的其他人员。

(二)能力的独立性

任职资格涉及独立董事的功能发挥问题，各国都针对独立董事的功能提出独立董事候选人的任职资格。我国《指导意见》规定了独立董事应具备担任上市公司董事的资格，符合独立性要求的标准，主要从政治条件、阅历、能力、工作时间、团结合作、无利益冲突方面对独立董事的任职资格作了条件限制。如《指导意见》规定：具备上市公司运作的基本知识，熟悉相关法律、行政法规、规章及规则；具有5年以上法律、经济或者其他履行独立董事职责所必需的工作经验；其中至少包括1名会计专业人士(指具有高级职称或注册会计师资格的人士)。实践中，大多数公司都聘请那些知名的注册会计师和律师、具有丰富企业管理经验的权威人士和政府退休官员担任独立董事。此外，独立董事的候选人应当按照中国证监会的要求，参加中国证监会及其授权机构所组织的培训，并取得中国证监会认可的对独立董事的任职资格。

(三)任职的其他条件

上述对独立董事任职资格的规定给出了公司选择独立董事时必须遵守的一些基本条件，具有一定的强制性，但同时也具有一定的弹性，便于上市公司实际操作。不过，从实际来看，公司在选择独立董事时往往还需考虑其他一些因素，对这些条文进行细化，以使其真正符合公司的发展需要。不同的公司由于其自身的发展与面临的挑战不同，对独立董事的具体要求也不一样，这里无法逐一列示，而仅讨论其共同的一些考虑因素。具体包括：第一，独立董事用于公司事务的时间充足；第二，担任独立董事应有适合的年龄与经历；第三，独立董事应具备基本管理知识和能力；第四，独立董事应具有创造性思维和交流、沟通的能力。

二、独立董事的提名和选举

(一)独立董事提名人

独立董事选任程序也会对独立董事的独立性进而对整个制度的有效性产生影响。中国证监会在《指导意见》中提出董事会、监事会、单独或者合并持有上市公司已发行股份 1%以上的股东可以提出独立董事候选人,并经股东大会选举决定(如何产生并没有作详细的规定和说明,依据《公司法》,可以推定多数表决产生),中间环节是要征得被提名人的同意和报送被提名人的相关信息到证监会等有关部门。由此可以看出,在选聘机制上存在含混不清的地方,由股东大会表决,中小股东话语权很少,很难发挥作用,难以推选合适的董事会,不利于中小股东的权益保护。在国外,独立董事的选拔由董事会提名委员会或治理委员会来完成。我国独立董事的运行效果不理想与这种含糊的选聘机制有密切关系。独立董事的提名,都应该是上市公司董事会的权力。上市公司董事会为了做好这项工作,可以成立一个专门的委员会——提名委员会。股东、董事都有向提名委员会推荐新董事候选人的权力,提名委员会负责初选、确定董事候选人名单,由董事会最后决定提交股东大会选举的董事候选人名单,其中包括独立董事人选。

(二)独立董事提名程序

第一,独立董事的提名人在提名前应当征得被提名人的同意。

第二,提名人应当充分了解被提名人职业、学历、职称、详细的工作经历、全部兼职等情况,并对其担任独立董事的资格和独立性发表意见。

第三,被提名人应当就其本人与上市公司之间不存在任何影响其独立客观判断的关系发表公开声明。

第四,在选举独立董事的股东大会召开前,上市公司董事会应当按照规定公布上述内容。对独立董事候选人的知识背景、任职履历加以明示,可以使中小股东清楚地判断这个未来股东"代言人"是否有水平、有能力来担当重任,并了解独立董事是否具有真正的"独立性"。

第五,三级报备。在选举独立董事的股东大会召开前,上市公司应将所有被提名人的有关材料同时报送中国证监会、公司所在地中国证监会派出机构和公司股票挂牌交易的证券交易所。上市公司董事会对被提名人的有关情况有异议的,应同时报送董事会的书面意见。

第六,证监会进行资格审核。中国证监会在 15 个工作日内对独立董事的任职资格和独立性进行审核。对中国证监会持有异议的被提名人,可作为公司董事候选人,但不作为独立董事候选人。在召开股东大会选举独立董事时,上市公司董事会应对独立董事候选人是否被中国证监会提出异议的情况进行说明。

(三)独立董事选举制度

在股东大会上,独立董事的任免主要有普通投票制和累积投票制两种方式。普通投票制依据少数服从多数的原则,由公司股东对每一位独立董事或独立董事候选人单独进行投票表决,得票超过半数的投票对象将有资格出任公司董事或将被免除独立董事职务。根据这种投票方式,拥有公司半数以上股权的股东或联合股东将可以操纵独立董事的当选和免职。

累积投票制是指股东大会选举两名以上的董事时，股东所持的每一股份拥有与当选董事总人数相等的投票权。股东可以将其总票数投给待选董事的一部分，既可以将所有的投票权集中投票选举一人，也可以分散投票选举数人，按得票多少依次决定董事人选的表决权制度。累积投票制着重保护中小股东利益。这样，可以从一定程度上保证由中小股东推荐的独立董事候选人能够在董事会中占有适当的席位；或者中小股东认为不称职的独立董事能够被及时免职，而不致出现由控股或联合控股股东操纵独立董事的任免结果，当选的独立董事也不致沦为控股股东的代言人，或不合格的独立董事继续在公司董事会中滥竽充数。

目前，我国的上市公司在选任董事时几乎全部采用普通投票制。

三、独立董事的聘用

(一) 独立董事的聘用合同

虽然在法律上执行董事与独立董事的职责有所区别，但是独立董事的合同也应该像执行董事那样清楚和详细。在实践中，许多独立董事的任命具有很大的偶然性，很多独立董事都没有与公司签订聘用合同，有的甚至连一纸任命书都没有。即使有合同也大多非常简单，缺乏对独立董事的职责与双方的权利、责任与义务的描述。

一般认为，独立董事合同的价值主要体现在以下几个方面。第一，建立基本的规则，明确说明公司希望独立董事为董事会带来什么，以及基本的合同条件。第二，保护独立董事免受任意解雇。如果独立董事是真正独立的，他就不应该担心直抒己见可能会丧失职位和收入。第三，让独立董事的精力集中于其最能发挥作用的方面，并设定绩效要求。

独立董事的聘用合同应包含以下几个方面。

第一，工作描述。独立董事的工作描述可分为时间、内容与方式三部分。时间通常包括出席董事会例行会议、临时会议及公司特别活动的次数。内容包括独立董事预期的贡献，要求独立董事所担任角色的细节，以及独立董事需要在哪些委员会担任委员。方式包括独立董事履行职责的方式及其绩效评价等。

第二，独立董事报酬。独立董事聘用合同应该明确独立董事报酬的组成、基本费率及确定该费率的理由。合同还应该说明独立董事有权报销的费用，如有关的交通、通信费用等。此外，如果某些特殊的原因和事件导致独立董事投入比一般情况下多得多的时间，公司应该为独立董事的超额劳动支付报酬。

第三，行政支持。如果独立董事担任特殊的职务，如薪酬委员会主席，则他就需要一些行政支持，如办公地点、秘书、独立的外部专业咨询等。

第四，合同期限。目前大多数专家还是倾向于签订可续约的合同，但是对合同的期限存在分歧。有的观点认为采取3年任期、可连任一届的方式比较合适；有的观点主张独立董事的合同应为可无限续约的一年期合同比较合适。

第五，绩效评价。要使独立董事有效地发挥作用，就必须让其了解他们的工作成效。合同应该明确何时对独立董事进行评价，由谁参加评价，绩效评价的标准是什么，还应该说明绩效评价的结果是否与报酬挂钩、怎样挂钩等。

第六，利益冲突。合同应说明在哪些方面存在潜在的和实际的利益冲突，一旦这些冲突发生应该怎样处理。

第七，仲裁。仲裁条款是任何合同都必不可少的。该条款应该明确在什么情况下需要仲裁、怎样选择仲裁人(谁将作为仲裁人)、仲裁之前必须经过哪些步骤等。

(二)独立董事的选任流程

独立董事的选任一般要经过以下几个流程。

第一，确定公司聘请独立董事的目的。

第二，对独立董事进行工作分析和描述，确定其资格要求。

第三，通过合适的途径和方式提名独立董事候选人。

第四，对独立董事候选人进行初步筛选，向初步确定的候选人提供有关公司组织结构、发展计划、战略目标等方面的信息，并征求董事会的意见。

第五，将初选合格的候选人介绍给董事会的其他成员，征询他们的意见，将聘任独立董事的议案提交公司股东大会讨论决定。

第六，与选定的独立董事签订合同。向确定的候选人提供有关公司结构、绩效、计划、目标等方面的信息。

四、独立董事的更换

(一)独立董事的任期

绝大多数国家没有对独立董事的任期作出特殊规定，唯一的例外是美国《密歇根州公司法》规定，独立董事的最长任期为3年，3年后还可以继续担任董事，但不再认为他是独立的。中国证监会的《指导意见》规定："独立董事每届任期与该上市公司其他董事任期相同，任期届满，可以连选连任，但是连任时间不得超过6年。"这与董事任职的届数不加限制，可以多次连选多次连任不同，《公司法》(2018修正)第四十五条规定："董事任期由公司章程规定，但每届任期不得超过三年。董事任期届满，连选可以连任。"对董事这样规定可以保障公司董事会的稳定性，有利于公司的持续经营。但对独立董事来讲，要充分发挥其作用，首先要保障独立董事的独立性，故《指导意见》对独立董事的连任时间作了"不得超过6年"的限制。

(二)独立董事的更换条件

1. 免职

《指导意见》规定，独立董事连续3次未亲自出席董事会会议的，由董事会提请股东大会予以撤换。除出现上述情况及《公司法》中规定的不得担任董事的情形外，独立董事任期届满前不得无故被免职。《公司法》也规定，董事在任期届满前，股东大会不得无故解除其职务。如果出现《公司法》规定的不得担任董事的情形，则其应被免去独立董事的职务。

独立董事丧失其资格的原因主要有以下几种。①独立董事本人系直系亲属或其所在单位与公司发生利益关系时，其独立董事资格自动丧失。②独立董事任期届满。若独立董事任期届满，应由股东大会按照有关规定继续聘任或补选其他独立董事。③独立董事在任期内丧失民事行为能力或者限制民事行为能力，应由股东大会聘任新的独立董事。④独立董事在任期内违反国家法律、法规，情节严重而被判定任何刑事责任的。⑤公司有足够的证据证明独立董事在任职期间，由于受贿索贿、贪污盗窃、泄露公司经营和技术秘密、损害公司声誉等行为，给公司造成损失，或因严重失职、渎职给公司造成损失的。⑥公司章程规定的其他情形。

2. 辞职

独立董事有辞职的自由，在任期届满前可以提出辞职。在我国，《指导意见》规定，如果独立董事提出辞职，应向董事会提交书面辞职报告，对任何与其辞职有关或其认为有必要引起公司股东和债权人注意的情况进行说明。而且，如果独立董事辞职导致公司董事会独立董事所占的比例低于《指导意见》规定的最低要求时，该独立董事的辞职报告应当在下任独立董事填补其缺额后生效，这样就保障了公司董事会独立董事的连续性，有利于对公司的监督。

(三)独立董事的更换程序

(1) 独立董事出现免职事由时，由董事会提请股东大会予以更换。
(2) 独立董事被提前免职的，上市公司应将其作为特别披露事项予以披露。
(3) 被免职的独立董事认为公司的免职理由不当的，可以做出公开的声明。

第三节　独立董事的权利与义务

独立董事制度作为完善我国上市公司法人治理结构的重要一环，越来越受到上市公司的重视，越来越多的上市公司引入独立董事制度，独立董事群体正在迅速崛起。按照中国证监会发布的《指导意见》的要求，所有的上市公司都要建立独立董事制度，然而，独立董事制度的实施，并没有出现人们期待的效应，甚至被称为"聋子的耳朵"。究其原因，在于我国独立董事制度不健全，权利与义务不清晰，责任不明确，一些独立董事不免流于形式，不能发挥其应有功能。同时一部分上市公司引入独立董事更多的是想利用独立董事的"名人效应"来提升公司的知名度。因此，明确独立董事的权利义务与责任，使独立董事名副其实，真正发挥其应有的作用，不但对于完善独立董事制度具有重要的理论意义，而且对改善上市公司治理结构，提升公司竞争力具有重要的实践意义。

一、独立董事的权利

独立董事的权利是指法律、行政法规、公司章程及其他有关规定赋予独立董事执行公司事务的某些权益，表现为享有权利的独立董事有权做出一定行为和要求他人或公司做出相应的行为(义务)，在必要时可以要求有关国家机关(行政机关、法院)以强制手段协助实现其权益。独立董事为履行义务，必须享有一定的权利，否则义务就难以履行。

(一)独立董事的基本权利

因为独立董事是董事会的有机组成部分，作为独立董事应享有以下几方面的权利。

1. 独立董事的基本利益

独立董事从受聘公司获得的货币性收入是其基本利益最有效的物质体现。物质利益应该是独立董事的第一利益,是对独立董事智力劳动可量度的回报形式。聘用独立董事的公司可以根据具体情况和指标,将独立董事的津贴以货币、股票、期权等形式支付。

2. 出席权

出席权即董事享有出席董事会会议之权。这是独立董事行使权利的基础和前提,故可理解为基本权利。从另一种角度看,出席董事会也可以视为独立董事履行义务的主要途径之一。因此,它又是独立董事的法定义务。独立董事的出席权是由董事的性质决定的。众所周知,董事会是《公司法》规定的必设机关,董事则是董事会的组成人员。所以,如果没有董事,就不能构成董事会;若没有董事出席董事会,董事会的经营决策权和业务执行权,也就无法行使。因此,董事享有出席董事会会议权是由董事是董事会构成人员的性质决定的,而不是董事自行取得的。各国的《公司法》为了保证董事可以有效地履行职责,一般都规定,召开董事会会议之前,必须给全体董事发出会议通知,以便各位董事可以出席,行使权利。

3. 表决权

表决权是董事享有董事会会议出席权的必然下位之权。我国《公司法》规定,董事表决权的行使是以人计算而不是以资计算的,即不论董事是否持有任职公司的股份及持股多少,对必须表决的同一事项,每一董事只有一票的表决权,董事长亦然。这是平等、公平原则在董事行使表决权上的体现。对独立董事而言,出席会议与行使表决权,不但是其基本权利,而且作为一种义务,其履行程度还有法定标准,即"独立董事连续三次未亲自出席董事会会议的,由董事会提请股东大会予以撤换"。

4. 工作知情权

独立董事作为非执行董事,与其他董事相比,对公司情况了解和熟悉程度必然存在一定差距;同时,作为独立董事,又必须对公司的一些重大问题发表独立意见。因此,享有必要的工作知情权是其履行职责的基础。

《指导意见》规定,上市公司应当保证独立董事享有与其他董事同等的知情权。凡须经董事会决策的事项,上市公司必须按照法定的时间提前通知独立董事,并同时提供足够的资料。独立董事认为资料不充分的,可以要求补充,"独立董事行使职权时,上市公司有关人员应当积极配合,不得拒绝、阻碍或隐瞒"。

5. 对重大事项发表独立意见权

《指导意见》第六条规定,独立董事对六类重大事项应当向董事会或股东大会发表独立意见。这六类事项包括董事的提名和任免、聘任或解聘高级管理人员、公司高层人员的薪酬标准、关联交易、可能损害中小股东权益的事项及公司章程规定的其他事项等内容,而且在需要披露时,独立董事的相关意见必须予以公告。

6. 提议召开临时股东会的提议权

在我国,有限责任公司的股东大会和股份有限公司股东大会分为定期会议和临时会议。定期会议亦称年会,每年召开1次。临时会议则因特定情况而召开。在公司出现了严重亏损,公司的董事、监事少于法定人数,或者董事、监事有严重违法行为等情况时,董事才能提议召开临时股东大会。反之,不能任意行使上述提议权。《指导意见》规定,在取得全体独立董事的1/2以上同意时,独立董事有权提请召开临时股东大会。

7. 监督权

独立董事享有监督权。这是监督董事正确执行股东会、董事会决议的需要。独立董事的监督权主要体现在以下几个方面：审查公司的重要决策；通过在董事会内设立审计委员会保障公司的财务及其他控制系统的有效运作；保证公司的运作不违反有关的监督要求和标准；对照相应的绩效指标评价和监督管理层的工作；保证广大股东及时充分地了解他们所关注问题的有关信息；判断公司的运作是否达到了其他主要利益相关者(雇员、债权人、供应商、消费者、特别利益集团、社会等)的预期目标。

8. 影响决策权

独立董事拥有的相关的专业技能与丰富的经验及各国的相关法律规定，使得其对上市公司的重大决策具有影响决策权，同时，通过对重大决策的影响为公司增加价值。

9. 维权权

维权权即独立董事维护股东权益的权利。独立董事的重要作用之一就是通过一系列行之有效的方法来维护公司和股东的财产不受侵犯或滥用，进而与管理层共同致力于股东财富最大化的奋斗目标。具体可采取的防范措施包括以下内容：审慎审计公司的投融资决策是否经过客观、详细的论证；慎重考核公司的所有活动是否都是以增加股东价值或避免公司资产贬值为目的；保障公司董事会与管理层之间的信息沟通渠道畅通，以使信息传递准确、及时、完整。

10. 请求赔偿权

在我国，董事行使请求赔偿权的条件是"股东会无故解除董事职务"。《指导意见》规定，独立董事任期届满前不得无故被免职。当然，在有因解除的国家，股东会如无故解除董事而使董事蒙受损失的，董事可请求股东会予以赔偿。股东会不予赔偿的，董事可通过司法程序或者准司法(仲裁)程序，请求公司赔偿因被无故解除而蒙受的损失。请求赔偿的额度为被无故解除期间应得的包括货币的和实物的报酬，直至就任新职为止。

11. 参与行使董事会职权

如前文所述，董事会的职权为集体职权，不是董事个人的职权，因而不能由董事个人行使。然而，独立董事作为董事会组成人员，可以通过行使议决权而影响董事会的决定。可见，参与行使董事会职权也是独立董事享有权利的重要体现。

(二)独立董事对重大事项的独立意见

《指导意见》列举了几种有代表性的独立董事要发表独立意见的重大事项，同时赋予公司可以在章程中规定必须由独立董事发表独立意见的其他事项，由此，各公司可以根据自己的行业及公司经营模式的特点，在股东大会决议中由公司章程规定其他由独立董事发表独立意见的事项。《指导意见》列举的重大事项主要有以下内容。

(1) 提名、任免董事。公司应设立提名委员会负责董事的提名，提名委员会应主要由独立董事组成。独立董事应对提名、任免董事发表自己的独立意见。

(2) 聘任或解聘高级管理人员。

(3) 公司董事、高级管理人员的薪酬。公司薪酬与考核委员会主要决定公司董事、高级管理人员的薪酬,独立董事应该在薪酬委员会中占大多数或全部。

(4) 重要关联人资金往来。上市公司董事会下设薪酬、审计、提名等委员会的,独立董事应当在委员会成员中占有 1/2 以上的比例。

(5) 独立董事认为可能损害中小股东权益的事项。

(6) 公司章程规定的其他事项。

为了更好地发挥独立董事的作用,防止独立董事制度形式化,《指导意见》还特别规定了独立董事发表独立意见的类型。独立董事应基于自己的专业知识和经验,对其应发表独立意见的事项进行审查,提出如下意见。

(1) 同意。

(2) 保留意见及其理由。

(3) 反对意见及其理由。

(4) 无法表示意见及其理由。

鉴于独立董事的作用及社会公众对独立董事制度的预期,独立董事发表的独立意见将是社会投资者进行投资判断的重要参考,因此必须对该独立意见依法予以披露,并保证披露信息的真实、准确和完整。董事会对外发布的公告应有独立董事意见。其包括以下三种情况:如有关事项属于需要披露的事项,上市公司应当将独立董事的意见予以公告;独立董事意见出现分歧无法达成一致时,董事会应将各独立董事的意见分别披露;独立董事意见、提案的公告事项,由董事会秘书办理。

独立董事的主要工作具体包括:参加董事会和股东大会;参加董事会专业委员会会议(薪酬、审计、投资、提名等专业委员会等);审议年报,包括中期报告、关联交易文件、公司重大事项等文件;关注、跟踪掌握公司所有对外信息披露内容。独立董事能以其专业知识及独立的判断,为公司发展提供建设性的意见,协助管理层推进经营活动,从而有利于提高公司的决策水平,改善公司声誉,增加公司价值。

二、独立董事的义务

权利与义务是相辅相成的共生体,作为独立董事,在享有上述权利的同时,也负有相应的义务。独立董事的义务主要分为积极义务和消极义务两大部分。独立董事必须实施一定行为(作为)的义务为积极义务;反之,为消极义务。积极义务主要分为注意义务和忠实义务。

(一)独立董事的注意义务

独立董事的注意义务(duty of care),是各法系《公司法》共同规定的董事必须履行的一项具体的积极义务,但表述不尽相同。英美法系表述为"注意义务",大陆法系则表述为"善良管理人的注意义务",我国则表述为"善管义务"。我国在对独立董事是否履行注意义务进行审查时,只能采用专家标准,而不能采取普通谨慎人的标准。

独立董事注意义务的具体内容,主要可归纳为以下几个方面。

1. 精通规则与文件

精通规则与文件是一般董事应注意的共同事项。《指导意见》第二条第 3 款要求,独立董事应"具备上市公司运作的基本知识,熟悉相关法律、行政法规、规章及规则"。

2. 行使营业报告书请求权与业务财产调查权

独立董事当然应该熟知公司的全体机构，充分了解公司的全部构成、营业内容及职员的构成等，尤其是应该熟知最近公司的经营业绩和财产状况。独立董事应该充分了解公司现行的业务内容。独立董事应该调查公司的产品、出售的商品或者目前实施的事业，尤其是最近的设备投资等记录，且熟知其内容。独立董事作为董事会的组成人员，参与决定公司业务执行的会议。因此，在决定公司执行营业意思所需范围内，应该获得充足的资料和情报。

3. 出席董事会

在举行董事会时，独立董事必须出席董事会。这是独立董事的当然义务。如果为了自己个人的职业而不出席董事会，就是违反独立董事的注意义务。当然，独立董事更应该出席3个月举行一次以上的执行董事在董事会上所作的关于业务执行报告的董事会。同时独立董事有义务将外部客观的观点引入董事会。

4. 研究议案和文件

独立董事在出席董事会时，事前应该了解董事会的议题，对在董事会上提出的议案和文件进行研究。因此，独立董事对董事长拥有这样的权利，即请求董事长对议题及被提出的议案和文件作出事前报告。在董事会做相关决定和研究议题时，如果会议结果对公司是有利的，独立董事应该行使赞成的议决权。反之，就应该反对决议。这也属于独立董事的注意义务。

5. 经营上的判断

独立董事在董事会行使议决权时，应该正确地作出经营上的判断。董事会应该以对公司最有利的方法决定执行业务，因此出席董事会的独立董事应该尽力履行作为独立董事而被要求的注意义务，判断议案是否对公司最为有利。这种判断也应该具有善良管理者的注意。

6. 监督业务的执行

董事会的决议成立后，且由董事长或执行董事执行决议时，独立董事还应该对这个决议的执行是否合法进行监督。而且，这种监督是基于独立董事是董事会的组成人员，因此，不局限于对董事会上提出的事项进行监督，也对董事长执行日常业务进行监督。

7. 进行妥当性的判断

独立董事不仅应该作出合法性的判断，而且应该作出合理性和妥当性的判断，即公司的业务执行，仅仅是合法地进行是不够的，对公司来说，应该采取最为有利的方法来进行。即使是合法的，但采取不合理的方法和效率较低的方法进行时，即缺乏合理性和妥当性时，独立董事应该立刻发表意见加以反对。这也是独立董事的注意义务。

此外，独立董事还有下列义务：挑战公司内部的一致性思维，从而降低公司决策失误的可能性；驾驭公司度过困难或敏感的时期；代替企业家的才能；独立董事不会对管理层构成威胁，因而其能够提供公司所需的远见，使公司的管理层团结合作，减少内耗；为公司建立更广泛的外部联系，帮助公司识别联合与并购的机会；等等。

(二)独立董事的忠实义务

忠实义务是董事对公司负有忠诚尽力、个人利益服从公司利益的义务。董事忠实义务内容主要包括两个方面，即积极作为义务和消极不作为义务。

积极作为义务,即董事必须作为而不能不作为的义务。根据我国《公司法》规定,这方面的内容(义务)主要为三项:遵守章程义务;忠实履行职务义务;维护公司利益义务。

消极不作为义务亦称禁止义务。当然,这种消极不作为(禁止)义务是相对而言的,即只要得到公司有关机关许可,则就可作为。

根据我国《公司法》第一百四十八条规定,董事忠实义务的消极不作为义务主要有下列五个方面:不得收受贿赂和侵占公司财产义务;维护公司财产安全义务;禁止竞业义务;禁止与公司相反利益交易义务;禁止泄露公司秘密义务。

(三)独立董事的特别义务

在我国,独立董事在承担上述义务的同时,还负有若干特别义务。第一,出具独立意见的义务,即必须对上市公司在运营过程中的六类事务独立发表意见,作出"同意、保留意见、反对、无法发表意见"的选择,而不能放弃行使权力。此六类事项事关公司发展的前途和股东的利益,身为独立董事,必须对此表明自己的态度。六类事务的具体内容在《指导意见》中有明确规定,此处不再赘述。第二,说明及报告义务,即自身是否存在与任职资格相悖的情况,特别是《指导意见》中列出的不得担任独立董事的前五种情况,独立董事有义务作出承诺或说明。如果在任职期间出现上述情况,独立董事负有及时报告并进行披露的义务,以便公司及主管机关对其任职资格重新作出审查认定。

第四节 独立董事的考核、激励与约束

一、独立董事的业绩考核

(一)独立董事业绩考核的必要性

独立董事本质上属于公司的代理人,是受全体股东的委托履行"维护公司整体利益,尤其要关注中小股东的合法权益不受损害"的责任。对于委托代理问题,一般都需要建立激励和约束机制。对独立董事的激励制度可以在很大程度上缓解代理人对委托人利益目标的偏离,而建立一个明确的业绩目标也可以从客观上给予独立董事一个奋斗的方向,同时,客观、公正、有效地反映其工作业绩的考核制度能使独立董事的业绩和报酬紧密地联系在一起,也能促进其工作积极性的发挥。如果对独立董事没有任何业绩考核的措施和制度,一方面,独立董事缺乏为之奋斗的目标;另一方面,他的利益获得与其工作业绩无关,是否努力工作完全取决于其个人品德约束和其他一些约束,但显然,这些约束都不如业绩目标约束来得具体和直接;再加上此时的激励机制没有考核机制作为基础保障,对独立董事已起不到应有的激励作用,因此其工作积极性必定会大受影响。

独立董事制度是一种发端于西方成熟资本市场的制度创新,现在已被很多企业采用。但这些企业在对董事包括独立董事的业绩考核和评价方面却没有建立相关的配套措施,不利于对董事的监督和鞭策。因此,我国应利用后发优势在引进独立董事制度的时候,避免西方国家过去所犯的错误,通过对独立董事角色职责的考察和分析提出一套独立董事业绩评价制度,并定期实施。

独立董事的职责不同于公司的日常经营管理,更不同于专业技术领域的研究开发,而各个公司的组织结构、发展战略、发展阶段、所处的外界环境和公司文化等情况又千差万别,因此,独立董事对公司及董事会有个磨合适应的过程。因此,如何在短时间内让独立董事了解公司的状况明确自己应承担的责任,就显得格外重要,独立董事职责的界定和业绩评价标准的制定恰好为此提供了良好的契机。更为重要的是,随着公司的发展,其管理规范、业务复杂程度等都在发生变化,独立董事理所当然应该适应这些变化。为独立董事制定合适的业绩目标并进行业绩考核,就会对其接受培训、履行职责起到指示方向的作用,独立董事也会因此而更快地成长起来,更好地适应董事会的工作。

(二)独立董事考核指标体系

业绩考核在激励和约束方面起着重要的作用,但在企业的实际运行过程中,很少有对独立董事制定业绩考核制度并认真进行考核的。

1. 由谁来制定独立董事考核指标体系

独立董事的职责比较复杂,涉及的关系又比较敏感,他们既要参与公司决策,又要对企业其他经营者的行为进行监督,同时还不能成为大股东的代理人,因此从对独立董事考核的公正性和客观性角度出发,我们可以考虑由独立的社会中介机构来制定独立董事考核指标体系,就像美国公司在与独立董事签订合同时所做的那样。由中介机构来制定独立董事考核指标体系,其专业知识可以保障业绩考核制度的科学性和可行性,其客观独立的立场也可以保障其客观性和公正性。

2. 独立董事考核指标体系的建立

一般来说,在确定独立董事的业绩目标和考核标准之前,首先要对其岗位进行分析和描述,明确其职责,根据独立董事的职责来制定考核标准。对于经营管理监督等层面上的岗位,其考核指标通常可分为以下三类。第一类,指标性指标(也就是可量化的重要指标),如提出政策建议的个数、发表独立意见的次数及其占议题的比例等,也可适当包括一些经营类指标,但独立董事对公司经营管理的参与程度不大,故经营类指标的权重可适当降低。第二类,重要工作指标(重要的定性指标),如对其他经营管理者监督的有效性所提建议和意见的正确性、团队建设和工作态度等。第三类,日常工作指标,如参加会议次数及其出席率、用于独立董事工作的时间等。在这些指标中,第一类和第二类的指标是较为重要的,应赋予其较大的权重,而第三类指标的权重可适当小一些。

二、独立董事的激励机制

(一)激励制度概述

所谓企业激励制度,应是符合现代企业制度要求,遵循市场经济规律,在国家法律规范和职工民主参与下,企业向经营者、劳动者和投入生产要素的个人自主分配报酬的一整套科学的规程、标准和办法。

企业激励制度具有"治理主体明确、基础规范、制度科学、关系合理、激励充分、约束严明"的特征。

具体而言,其应有以下四个特点。

(1) 激励方案决策程序及权利安排与公司治理结构一致。

(2) 激励制度的内容应当包括劳动报酬和其他生产要素报酬及福利待遇等多种组成要素,主要有基本工资、奖金、福利计划、长期激励计划等多种形式,这些多种形式的激励安排共同构建现代企业的激励制度。

(3) 激励方案的确定具有合理的依据,符合管理学和经济学的基本原理,并且紧密结合企业的现实情况。

(4) 激励方案和国家政策(税收、社会保障)紧密结合。这种结合对激励制度的设计和实施产生了重要的影响,并产生了不同的分配手段和机制。

(二)独立董事的激励模式选择

按照现代管理学和激励理论,激励主要分为物质激励和精神激励,也就是所谓的有形资产报酬激励和无形资产报酬激励。

1. 有形资产报酬激励

有形资产报酬激励,有非货币报酬和货币报酬两大类。前者主要指在职消费,后者包括工资、奖金、提成、年薪制等短期激励和股权、股票期权等长期激励。公司股票价值的基础是公司的内在价值和发展前景,股票奖励的现金成本较低,因此,股票奖励成了长期激励的主要方式,股票奖励的方式可分为全值赠予股票和增值赠予股票两种基本形式。

各国对独立董事薪酬安排有以下几种做法。其一,固定薪酬。其二,延期支付计划。有些公司规定参与这一计划的独立董事,其固定津贴的一部分(通常是1/4)会被自动存入延期支付户头,在独立董事退休或离职时以公司普通股票的形式支付。其三,股票期权。专家建议,可以采取固定报酬与其他激励措施(如股份、期权)相结合的方式。独立董事独立性的资格本身就没有限制独立董事持有公司少量股份,如果独立董事持股比例突破独立性的资格要求可以设定其自动丧失独立董事的资格。《指导意见》规定,直接或间接持有上市公司已发行股份 1%以上或者是上市公司前 10 名股东中的自然人股东不得担任独立董事,此 1%即应为适当的比例。也有专家认为,虽然《指导意见》规定的独立董事获酬权中应当包括期权,但是,与美国的相对成熟的证券市场监管相对完善的公司治理结构相比,我国目前还不具备允许向独立董事提供股票期权的条件,提供股票期权只会使独立董事失去其独立性,丧失其独立监督的功能。

有专家提出,不同公司独立董事的薪酬差距应该控制在 5 倍左右,在 5 万元到 25 万元之间浮动,不宜过高或过低。但有专家认为,至于薪酬的具体数额,立法者无权干预,应根据独立董事市场确定。

2. 无形资产报酬激励

无形资产报酬激励,包括表扬、嘉奖、赋予其较高的社会声望和地位等,这是对激励对象能力和业绩的肯定,也是其日后取得更高有形报酬的筹码。

一般而言,货币报酬激励占整体激励的主要部分,其中,短期激励如重奖制、年薪制等能在一定程度上调动激励对象提高当年业绩的积极性,有一定的激励作用。但短期激励容易造成激励对象的短视行为,如企业经营者为追求眼前利益而牺牲企业长期发展的短视行为,会使企业出现潜亏，或者缺乏长期发展的后劲。而企业若能在短期激励的基础上合理实施股权激励、股票期权等长期激励制度，则能促使激励对象努力工作并着眼于企业的长远发展，从而降低代理成本，提升企业业绩。

三、独立董事的约束

与激励相对应的是约束问题。公司董事，包括股东董事都是代理人，而不是最初代理人。独立董事作为代理人，与公司经营者一样，也可能会滥用手中的权力，利用职权之便以权谋私，或者采取偷懒行为等损害公司或股东的利益。因此，对于独立董事而言，激励机制固不可少，但约束机制同样不可或缺。激励机制的安排是为了维护独立董事作为人力资本的利益，那么，对独立董事的约束机制安排就是为了维护公司和股东的利益。

对独立董事的约束可分为独立董事的自我约束和外在约束，自我约束包括职业道德约束、偏好约束、对成就感和荣誉感的需求等，外在约束又可分为公司内部约束和公司外部约束。公司内部约束包括公司章程约束、合同约束、长期激励约束、聘用约束等，公司外部约束则包括法律约束、市场约束、社会舆论约束、社会团体约束等。

本 章 小 结

独立董事制度作为公司治理的重要组成部分，在现代企业的发展中，发挥着越来越大的作用。建立独立董事制度是我国上市公司治理结构的一大制度创新。中国证监会先后于2001年8月、2002年1月颁布《指导意见》和《上市公司治理准则》，应该建立什么样的独立董事制度、如何有效地发挥独立董事的作用、怎样对独立董事进行合理规范和建设等，已经成为经济理论界与证券界讨论的热点与焦点问题。

本章从独立董事制度内涵、发展、角色、作用和局限，独立董事的资格与任免，独立董事的权利与义务和独立董事的考核、激励与约束四个方面讲述了独立董事制度的基本内容。建立独立董事制度是完善我国上市公司治理的重要举措。建立与完善上市公司独立董事制度不仅有助于提高董事会的决策水平，有利于公司的专业化运作和公司战略的科学化，而且有利于减轻内部人控制，完善公司治理，加强内部制衡；不仅有利于维护公司整体利益和保护中小股东利益，而且有利于树立公司形象，增加公司价值。

思 考 题

1. 独立董事有哪些角色和作用？
2. 独立董事有哪些任职要求？
3. 简述独立董事的选任流程。
4. 独立董事有哪些权利与义务？
5. 如何激励独立董事？如何约束独立董事？

实 践 应 用

招商银行的独立董事制度

招商银行股份有限公司于 1987 年在深圳成立,是中国境内第一家完全由企业法人持股的股份制商业银行,并于 2002 年 4 月、2006 年 9 月先后在上海证券交易所和香港证券交易所上市。目前招商银行总股本为 215 亿股,其中 A 股为 176 亿股、H 股为 39 亿股。

招商银行成立 25 年来,其从当初只有 1 亿元资本金、1 家营业网点、30 余名员工的小银行,发展成为资本净额超过 2240 亿元、资产总额超过 3.3 万亿元、机构网点超过 900 家、员工近 5 万人的全国性股份制商业银行,资产总额排名全国第 6,并跻身全球前 100 家大银行之列。2011 年,招商银行实现净利润 361 亿元,同比增加 40%。

独立董事制度作为我国上市公司治理实践的重要特色,从创立伊始就得到了招商银行董事会的高度重视。2002 年上市之前,招商银行董事会成员全部由股权董事和管理层董事组成,没有独立董事。2002 年 4 月,招商银行在上海证券交易所上市,改变了以往完全由企业法人持股的股权结构,增加了大量基金、券商、企业及中小股民等流通股股东。

根据中国证监会 2001 年 8 月发布的《指导意见》,招商银行引进了独立董事制度,在董事会中设立了 2 个独立董事席位,并很快增加至 6 名,独立董事占全部董事成员的 1/3,符合监管要求。6 名独立董事中,有 2 名财会方面的专家,3 名金融、管理方面的专家,1 名具有国际视野的律师。1 名独立董事来自中国香港,他熟悉国际会计准则和香港资本市场规则。多元化的独立董事结构不仅保持了董事会内应有的独立元素,也为招商银行董事会带来了广泛的视野,促进了招商银行董事会在研究和审议重大事项时能够有效地作出独立判断和科学决策。

一、积极参加董事会各类会议,为招商银行发展建言献策

独立董事亲自出席董事会会议的平均出席率为 95.30%,亲自出席董事会专门委员会会议的平均出席率为 97.45%,均保持在较高水平,且呈不断上升的趋势。会议上,独立董事坚持独立、客观发表个人意见,充分发挥专业所长,为公司的发展建言献策。

通过参加董事会会议和专门委员会会议并在会上积极发表意见,独立董事对招商银行决策的影响力不断增强。例如,在招商银行中期发展战略规划(2011—2015 年)制定过程中,独立董事积极参与,发挥了较大作用。中期战略规划初稿形成后,向董事会战略委员会委员和全体独立董事书面征求意见,得到了独立董事的积极反馈。

二、通过多种渠道参与招商银行决策,关注中小股东利益

(1) 参加非执行董事会议,积极发表意见。非执行董事会议为非执行董事,尤其是独立董事提供了更多的发表意见的渠道,进一步加大了独立董事对公司事务发表独立、公正意见的力度,提升了独立董事对公司决策的影响力和制衡力。

(2) 出席股东大会,关注中小股东利益。从 2012 年开始,招商银行独立董事、非执行董事及所有董事会专门委员会主任委员均根据监管要求出席股东大会。通过积极参加股东大会,独立董事能够更多地倾听股东尤其是中小股东意见,加强与股东的沟通,关注股东需求,最大化维护中小股东的利益。

(3) 参与监管机构与招商银行的沟通,独立、客观地评价招商银行。近年来,独立董事每年均参加银监会对招商银行的年度审慎监管会议和并表管理检查情况反馈会议,就银监会

对招商银行的监管意见和建议独立、客观地进行评价和回应；在银监会对招商银行实施新资本协议评审过程中，部分独立董事参加银监会关于新资本协议实施评估意见的访谈，并就银监会对招商银行新协议实施评估意见反馈了书面意见，为监管机构对招商银行进行客观、公正的评价提供了独立和公正的参考意见。

三、参加调研培训，提高履职积极性和决策有效性

独立董事调研考察和培训工作的主要形式有：独立董事不定期考察调研总行部门或分支机构分支行，了解招商银行业务部门及分支机构经营情况、风险管理、合规经营情况，直接体验和感受日常运营、硬件设施、服务质量和业务流程等，获取银行经营的第一手信息；独立董事参加银行和证券监管机构组织的相关培训，及时和深入地了解境内外最新的监管政策动态和董事应履行的职责；利用董事会及专门委员会现场会议机会，银行内部对独立董事进行有针对性的业务专题培训，根据不同时期监管重点和招商银行发展重点，加强独立董事对招商银行重点业务领域的全方位了解。

四、制定独立董事年报工作制度，充分发挥监督作用

根据《招商银行独立董事年报工作制度》，招商银行独立董事每年在会计师事务所进场审计前，与会计师沟通审计工作小组的人员构成、审计计划、风险判断、风险及舞弊的测试和评价方法、审计重点等年度审计的重要问题。独立董事每年召开会议，现场听取管理层就年度经营情况、财务状况、经营成果和投融资活动等重大事项的情况汇报，听取会计师事务所关于年度财务报告审计工作的总结报告，并进行充分讨论，认真发表意见和建议。

五、建立对独立董事履职的评价机制

从2006年开始，招商银行开展了独立董事年度述职和相互评价、监事会对独立董事的年度履职情况评价，主要包括独立董事对招商银行上年度董事任免、高管聘任、高管薪酬、利润分配、重大关联交易、持续关联交易等重大事项发表意见的情况，出席董事会会议情况，出席董事会专门委员会会议情况，独立董事对公司有关事项提出异议的情况等进行述职和相互评价，并向股东大会报告。

(资料来源：深圳上市公司独立董事最佳实践案例——招商银行. 中国证监会网站，http://www.csrc.gov.cn.)

【思考与讨论】

1. 招商银行独立董事在日常工作中行使了哪些权利？
2. 招商银行独立董事发挥了哪些独立董事的优势？

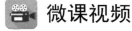 微课视频

扫一扫，获取本章相关微课视频。

独立董事制度（一）.mp4　　　独立董事制度（二）.mp4

第六章 监事会监督机制设计

【学习目标】

1. 了解监事会的特征和作用。
2. 掌握监事会的结构设计和运行机制。
3. 明确监事的权利和义务。
4. 理解我国监事会制度与国外的异同。

【引导案例】

中信银行：做实监事会功能 赋能高质量发展

近年来，中央及监管机构高度重视构建中国特色现代金融企业治理机制，将推动商业银行公司治理改革、发挥监事会职能作用置于前所未有之高度，进一步表明加强治理体系建设、强化和落实监督责任的重要性和迫切性。为全面贯彻落实中央及监管各项要求，中信银行按照"做实监事会功能"的指导思想，在总行党委的领导下，积极适应新形势变化，努力探索富有自身特色的监事会工作体系，在完善公司治理机制、促进银行稳健经营、防范化解金融风险、维护股东权益等方面发挥了积极作用。

1. 顶层设计"体系化"，把党的全面领导落在实处

作为国有金融企业，中信银行始终将加强党的领导与公司治理融合摆在突出位置，在股份制商业银行中率先完成"党建入章"，持续发挥党委把方向、管大局、促落实的领导作用，推动形成"党委全面领导、董事会战略决策、监事会依法监督、管理层执行落实"的公司治理架构。在此架构下，监事会将党的领导贯穿监督工作始终，逐步探索形成"1+2+N"制度规范体系，为监督工作的规范化运行提供了重要保障。

"1"即"一个意见"。由党委会审议通过《关于新形势下进一步做好监事会工作的意见》，旗帜鲜明地提出要把坚持党的全面领导贯穿监督工作的全过程，形成系统性工作谋划，确立监事会工作的发展方向。"2"即"两个重要抓手"。以"自身履职"和"履职评价"为抓手，持续完善议事规则和履职评价制度，有效保障监督工作的开展。"N"即围绕监事会具体工作制定的配套办法或细则。例如，印发《履职访谈办法》《履职评价细则》等，对工作流程和方法作出规范。又如，在《洗钱风险管理政策》中增加监事会洗钱风险监督职责，在《内部审计章程》中明确监事会对内部审计的管理和考评职责等。

2. 监督事项"清单化",把履行法定监督职责落在实处

解决好"监督什么"是做实监事会功能的出发点。为保证监督工作既能全面满足监管要求,又能有的放矢、重点突出,中信银行监事会制定发布了"监事会监督清单"。日常工作中,监事会把监督清单事项有机融入"落实中央和监管要求、加强风险防控、关注市场关切"三大领域,以面带点、逐项落实、压茬推进,保证监督效能与全行转型发展同频共振、协调一致。

一是聚焦落实中央和监管要求开展监督。监事会把贯彻落实中央决策部署和监管要求作为监督工作的核心,定期学习相关政策和法律制度,持续性开展监测、分析、研究,及时提示问题并提出监督改进建议,有效促进相关领域工作进步。二是聚焦风险防控开展监督。为切实打好防范化解重大风险攻坚战,监事会持续加大风险内控领域的关注和监督力度,主动增加听取相关汇报的数量和频次,近3年审议的风险内控议题数量占比近40%,形成了全面风险管理、问题资产处置、反洗钱和案防等重要议题的常态化汇报机制。三是聚焦市场关切开展监督。围绕市值管理、消费者权益保护、股权管理等受到客户、媒体和投资者普遍关心的热点,有针对性地加强监督,持续助力全行践行社会责任、回应市场关切。

3. 履职监督"常态化",把履职评价质效落在实处

督促公司治理各有关主体忠实、勤勉履职,是监事会工作的重要落脚点。近年来,中信银行监事会把履职评价作为一项系统性工作扎实推进,逐步形成了以"日常监督—访谈—测评—审议—沟通反馈—改进"为主要内容的履职评价工作机制,实现履职评价"可追溯、可量化、可考核"。

一是以完善履职档案为抓手加强日常监督。为每位被评价对象建立系统化的履职档案并常态化开展日常履职信息收集,将履职评价有机融入监事会日常监督,多渠道、多方式掌握公司治理各主体的履职情况。二是以科学性为原则完善履职评价标准。根据被评价人职责范围,科学设置评价指标,差异化设置评价内容,评价内容日趋全面、评价维度日趋多样。注重增加量化考核比重,针对重点工作质效合理赋予量化指标,持续提升履职评价的客观性。三是以履职访谈为渠道加强公司治理各主体沟通交流。建立监事会对董事、高管人员履职访谈制度,有效拓宽履职评价手段,进一步加强公司治理主体间的沟通交流。四是以提升各治理主体履职质效为核心加强评价结果应用。率先在同业中探索将监事会评价结果与高管人员综合绩效考核挂钩,与独立董事、外部监事取酬挂钩,拓展履职评价结果影响力,构建"评价差异化、取酬差异化"的履职评价体系,更好地激励相关主体履职尽责。

4. 监督手段"多元化",把持续贡献监督价值落在实处

拓展履职渠道是深化监督影响的重要切入点。近年来,中信银行监事会积极探索创新工作方式、方法,推动监督工作向"主动监督、持续监督"转变。

一是着力提升会议质效。构建全流程、闭环式监督机制,形成环环相扣、层层推进的工作模式。二是持续做深基层调研。探索形成"行前分析+集中座谈+调研总结"三位一体调研模式。三是积极拓展监督手段和载体。创新采用"监督问询""监督提示"等形式,将监督意见及时传达董事会和高管层。定期召开与外部审计机构座谈会,指导外审机构更好地发挥专业职能,提升价值贡献。

5. 自身建设"专业化",把提升履职能力落在实处

监事会自身专业化能力和水平是监督功能有效发挥的关键支撑点。在新形势下,中信银行监事会始终将提升自身专业化能力摆在突出位置,为监事会高效运作持续输出动能。

一是优化监事会人员构成。以"专业化"和"多元化"为原则,持续完善监事会结构。监事的专业背景和工作经历涵盖经济、金融、法律、财务、审计等领域,既有银行业专家、高校学者,也有总行职能部门和分行一线管理者;既富理论专业水平,又具管理实践经验,确保监督作用有效发挥。二是加强监事履职能力建设。建立定期集体学习机制,把中央及监管政策涉及公司治理情况作为监事会会议"第一议题",确保及时掌握国家大政方针和监管政策导向,及时作出工作部署。三是健全履职支持体系。加强监事会履职"三库一队"建设,即构建履职支持"制度库、工具库、信息库",打造专业化支持团队。

中信银行监事会将以习近平新时代中国特色社会主义思想为指导,紧跟监管导向、努力开拓创新,切实将监督职责落全、将监督机制落明、将监督方式落新、将监督能力落强,做实监事会功能,确保监督尽职"不缺位、不越位、不错位",促进公司治理主体各司其职、有效履职,持续为中信银行高质量发展赋能助力。

(资料来源:中信银行监事会办公室. 中信银行:做实监事会功能 赋能高质量发展. 和讯网 http://bank.hexun.com/2021-9-1.)

第一节 监事会概述

一、监事会的概念及特征

(一)监事会制度的起源

监事会最早被提出是在19世纪的德国。1843年,德国在《铁道公司法》的基础上以法国商法典为基础制定了《股份公司法》,在这部法律中提出理事会是最高管理机构。理事会由设立者或主要股东构成,其任务是监督董事会并指导公司的重大决策方针,这也被视为德国监事会制度的雏形。随后经过多年的发展和流传,1899年日本的《新商法典》、1966年法国的《商事公司法》及1993年中国的《公司法》均引入了监事会制度,自此监事会制度逐步被更多的国家接受和使用。

(二)监事会的概念

监事会(supervisory board)是由全体监事组成的、对公司业务活动及会计事务等进行监督的机构。在现代公司制度中,所有权与控制权在实际中的分离使股东一般难以直接管理或控制公司,因此产生了董事会以治理公司。为了避免代表所有者的董事会因追求自身利益而损害公司、股东、债权人及职工的权益,必须通过一定的制度安排对董事会进行制约和监督。《公司法》可以通过规范性条款、股东大会等方式对董事会及董事进行监控,但这难以彻底防止董事和董事会滥用权力。为此,多数国家设置了监事会作为公司专门的监督机构,形成了股东大会、股东、监事会对董事会及董事权力的多层监控结构。

负责监督和检查公司事务或业务活动的公司常设的组织机构一般可称为监事会。与公司其他机构相比,监事会是各国公司法和不同公司中差别最大、变化也最大的组织机构。在不同类型、不同规模的公司中，监事会的性质与规模各不相同。在有限责任公司中，监事会一般是公司的任意机构，公司可设监事或监察人员1人至数人，也可不设。有些国家对资本数额或职工人数较少的小型公司是否设置监事会原则上并不干预，由公司自己决定；对于资本数额、职工人数达到一定规模的公司，规定必须设置监事会。

(三)监事会的特征

监事会作为公司治理结构中非常重要的组成部分，在监督职能上具有法定性、独立性、专门性和权威性的特征。

1. 监督职能的法定性

股份有限公司必须依法设立监事会，这是《公司法》的强制性规定。公司监事会的监督权是一种法定职权，监督权有其权力范围，监事会不能超越其权力范围去决定本来属于决策机构或执行机构权力范围的事项，但监督机构有权提出复议和质询等。监督权的行使不以监督对象同意与否为条件，在符合法律规定的情况下，监事会的行为具有法律的强制性质。监事会的监督作用不在于解决纠纷、确认权利或者指定义务，而是对已经存在的法律行为进行鉴定和矫正。监事会的法定性还表现在监事会有法定的名称，即名称来源有法律依据。

2. 监督职能的独立性

监事会应当按照法律和章程的规定独立行使自己的权力并排除他人的非法干涉。独立性是监事会行使职权的基本保证，它能够保证监事会以超然的第三者的地位实施客观公正的监督。从公司内部的权力关系看，"监督权既不依附于股东大会的决策权，也不从属于指挥权(业务执行权)，而是保持相对的独立，并且由专门的监督机构来行使。如果监督权融于决策权或指挥权(业务执行权)，并且由相同的机构来行使，那么就没有任何实际意义"。从内容上看，监事会的独立性一般包括身份独立、意志独立及财产独立。因此过去在公司企业中设置的类似于董事、监事联席会议的内部机构，是违背监事会独立性特征的，也就不能算真正意义上的监事会。

3. 监督职能的专门性

监督权是为了保证决策的正确性，因此必须由特定的机构来行使。如果监督机构参与决策，导致的结果就是自己监督自己。公司监事会正是对董事和经理的经营行为进行专门监督的特定机构，监督是监事会的专门职责，而监事会的专门性能够从时间和精力上确保监督顺利进行，进一步提高监督的有效性。

4. 监督职能的权威性

监事会应当具有一定的权威性，这是其施行法律监督的重要条件。监事会没有权威，就难以完成法律赋予其对公司经营者的监督任务。因此，地位、职权和素质是构成法律监督主体权威的三个基本要求。顾名思义，权威包括权力和威信。一般来说，有权力就有威信，权力和威信是统一的。但是，在有些情况下也可能发生分离，出现有权力而无威信或者有威信而无权力的情形。如果监事会有权力而无威信，那么监督活动的进行就只能依靠主体的强制和压服，监督很难起到应有的作用；如果监事会有威信而无权力，那么监督活动的进行虽然能得到被监督者的配合和社会的支持与帮助，但是其由于缺乏权力手段，监督效果会受到很大的削弱。当然,监事会的权威还离不开监督者的素质。[1]

二、监事会的职权范围

(一)监事会的一般职权

监事会的职权范围与其结构设计有很大关系,在不同的结构设计和运行体制下,其职权范围存在很大差异,但一般来说,监事会的职权主要包括财务监督、业务监督和管理者监督三个方面。

1. 财务监督

监事会有权随时调阅、检查公司的财务资料,调查公司的业务及财产状况,并将调查结果向股东大会汇报。监事会应当对董事会拟提交股东大会的会计报告、营业报告和利润分配方案等财务资料进行核查,若有疑问可以以公司名义委托会计师、审计师等专业人员帮助复审,确保公司的财务安全。

2. 业务监督

监事会应当监督公司的业务执行情况和财务情况,可以要求董事或经理提交公司的营业报告,并在需要时要求其对业务运行状况进行当面报告,以随时了解公司的业务执行情况和财务状况,实施有效的监督。

3. 管理者监督

管理者监督是监事会的主要职权。监事会的监督权限主要包括以下几点。一是监督董事会或董事、经理履行职务的情况。监事会成员可以列席董事会会议,听取董事会的报告,对董事、经理违反职责的行为进行监督。二是纠正或停止董事和经理违反法律、公司章程的行为。当监事会发现董事或经理超越权限的行为或其他违反法律、公司章程的行为,对公司可能产生显著的损害时,可以要求董事或经理予以纠正,或者请求停止董事、经理的行为。三是代表公司与董事交涉,对董事起诉或者应诉。

此外,有些国家的监事会有一些特定的权力,如赋予监事会特定的经营事项的决定权和独立召集或提议召开临时股东会的权力。为了保证董事会的经营权限与监事会监督职能的相互独立,多数国家公司立法均规定监事会不参与公司的经营,但德国采取了独特的公司权力分配制度。

另外,监事有权列席董事会会议,但不享有在董事会会议上的表决权。《上市公司治理准则》规定,公司监事会应向全体股东负责,对公司财务及公司董事、经理和其他高级管理人员履行职责的合法合规性进行监督,维护公司及股东的合法权益。

(二)我国监事会的职权

除了财务监督、业务监督和管理者监督等一般职权外,各国针对监事会的职权范围规定都有一定的差异。我国《公司法》第五十三条明确规定,监事会、不设监事会的公司的监事行使下列职权。

---

[1] 论监事会制度.https://wenku.baidu.com/view/2bbb3273fab069dc5122015b.html,2015-06-28。

(1) 检查公司财务。
(2) 对董事、高级管理人员执行公司职务的行为进行监督，对违反法律、行政法规、公司章程或者股东会决议的董事、高级管理人员提出罢免的建议。
(3) 当董事、高级管理人员的行为损害公司的利益时，要求董事、高级管理人员予以纠正。
(4) 提议召开临时股东会会议，在董事会不履行本法规定的召集和主持股东会会议职责时召集和主持股东会会议。
(5) 向股东会会议提出提案。
(6) 依照本法第一百五十一条的规定，对董事、高级管理人员提起诉讼。
(7) 公司章程规定的其他职权。

三、监事会的作用

监事会作为公司的监督机构，对于确保公司正常运营有着不可替代的作用。监事会对股东大会负责，对公司财务及公司董事、总裁、副总裁、财务总监和董事会秘书履行职责的合法性进行监督，维护公司及股东的合法权益。

公司应采取措施保障监事会的知情权，及时向监事会提供必要的信息和资料，以便监事会对公司财务状况和经营管理情况进行有效的监督、检查和评价。总裁应当根据监事会的要求，向监事会报告公司重大合同的签订、执行情况、资金运用情况和盈亏情况，且必须保证报告的真实性。

监事会发现董事、经理和其他高级管理人员存在违反法律、法规或公司章程的行为，可以向董事会、股东大会反映，也可以直接向证券监管机构及其他有关部门报告。

第二节　监事会的结构设计

与公司其他机构相比，监事会是各国公司法和不同公司中差别最大、变化也最大的组织机构。在不同国家和不同类型、不同规模的公司中，监事会的结构设计各不相同，目前具有代表性的几种结构设计包括以英美为代表的单层治理模式、以德国为代表的双层治理模式和以日本为代表的平行结构治理模式。

一、以英美为代表的单层治理模式

在以英美为代表的单层制的公司治理结构中，公司内部不设立独立的监事会，相应的监督职能由董事会发挥。

美国董事会的监督职能主要由独立董事构成的审计委员会、提名委员会、报酬委员会及其他委员会等履行(见图6.1)。英国股份有限公司的董事会成员可分为一般董事和执行董事，前者参加董事会会议并监督公司财务，后者与公司订立服务合同并且全力管理公司业务。对公司会计事务的审计核查则交由股东大会或董事会聘请的专业人员如会计师进行，证券市场、董事和经理人市场的竞争与选择机制无形中对公司的董事、经理等人员产生监督和压力。

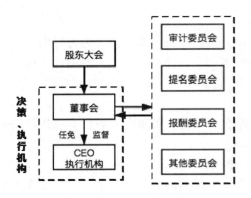

图 6.1　美国的单层治理模式

由此可见，英美法系国家公司立法中尽管未规定设置专门的公司监督机构，但董事会中的外部董事制度或独立董事制度、股东的代表诉讼制度及公司账目的专门审计制度，在相当程度上弥补了这一缺陷。

以英美为代表的单层治理模式的基本理念在于：独立董事或外部董事在董事会中占多数，他们不参与决策的执行，相对于高级管理人员的独立性强，因此能够从制度上保证董事会履行其监督职能。在这种情况下，就没有必要在董事会之外再设立专门的监督机构来对董事会和高级管理人员进行监督，否则会引起机构职能的交叉和重叠。

二、以德国为代表的双层治理模式

德国的监事会制度是在外部环境日渐复杂与不确定性持续增强的情况下产生的。随着公司的经营权逐渐转移到董事会手中，为了在经营中维护投资者的利益，监事会制度作为一种监督制衡机制得以产生。在制度变迁过程中，依存了一定的历史路径，不同的利益主体(如资本家集团和工人集团)通过不断的博弈，最终在国家的主导之下，实现了监事会从机能到结构的创新发展。

在世界各国的治理模式中，德国是少有的采用双层治理模式的国家之一。从结构上来看，监事会是董事会的领导机构，对公司业务和财务状况及董事会执行业务等进行监督(见图 6.2)。但监事会不仅是一个监督机构，而且是一个决策机构。它负责任命和解聘董事，监督董事会是否按公司章程经营；对诸如超量贷款而引起公司资本增减等公司的重要经营事项做出决策；审核公司的账簿，核对公司资产，并在必要时召集股东大会。

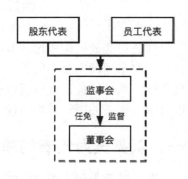

图 6.2　德国的双层治理模式

德国公司监事会成员一般要求有比较突出的专业特长和丰富的管理经验，监事会主席由监事会成员选举，须经 2/3 以上成员投赞成票确定，监事会主席在表决时有两票决定权。而董事会则是执行监事会决议、负责公司日常运营的执行机构。它对内向监事会负责，对外代表公司。从某种意义上讲，德国公司的董事会相当于英美等国家公司中的高级管理层，其主要职责是负责公司日常经营管理，向监事会提供预决算报告，向股东披露有关信息。

从 1965 年的《德国股份公司法》(《德国资合公司法》)开始，对德国的双层董事会进行了较为详细的规定。1976 年，在监事会中引入劳工共决制度，以及 1998 年对公司治理和信息披露进行两次改革都是通过修改《德国资合公司法》实现的。《德国资合公司法》中第 95—116 条规定了有关监事会的具体设置要求，包括了规模和组成，特别是与劳工共决制度的结合。此外，这些条文还规定了监事会成员的任职资质要求、提名、任期及免职的规定。五个最核心的条文包括：第 107 条规定监事会成员的权利与义务；第 113 条制定有关薪酬的限制性规定；第 114 条审议公司与监事会成员的非职位产生的合同；第 115 条批准公司授予监事会成员贷款；而第 116 条则对监事的勤勉义务和责任进行规定。除了和董事会成员适用类似的勤勉义务之外，在 2009 年法律提出了一项新的规定：监事会成员如果对董事会成员设定了不合理薪酬，则需要对由此给公司带来的损失承担个人责任。

根据 2015 年《平等法案》的规定，在上市公司中要推动平等的劳工共决制度，要求在监事会中必须保证女性监事占比超过 30%，同时男性监事比例也不得低于 30%。而在其他需要遵守《平等法案》的非上市公司中，则需要制定相关的女性席位安排。

三、以日本为代表的平行结构治理模式

日本的平行结构治理模式是在股东大会下同时设置监事会和董事会，监事会作为与董事会地位平行或独立于董事会的机构，负责对公司事务及董事会执行业务的监督工作，向股东大会负责并汇报工作。

日本的监督模式类似于德国的双层治理模式和英美的单层治理模式的结合体。开始时主要吸收德国的监督模式，以监事会监督为主，后来在 2002 年商法改革之后又移植了盛行于英美的单层治理模式。因此，自 2002 年以来，日本在公司治理结构上形成了平行结构治理模式(见图 6.3)，即符合条件的公司既可以选择独立董事制度，又可以保持原来的监事会制度。根据改革后的商法，那些大公司或者视为大公司的企业如果满足一定的条件，则可以有监事会设置型治理结构、重要财产委员会设置型治理结构和专业委员会设置型治理结构三种选择，而小公司只能够选择监事会设置型的公司。

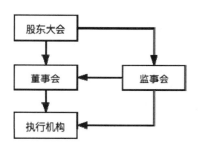

图 6.3　日本的平行结构治理模式

商法修改虽明确了委员会等设置公司的内部控制体系的设置义务，却没有对委员会等设置公司以外的公司进行规定。2002 年以后，日本以公司法制现代化为课题，为对商法中的公司法部分进行大修改做准备。2005 年 6 月 29 日，日本国会通过了公司法案。《公司法》于同年 7 月 26 日颁布，并于 2006 年 5 月 1 日起实施。

新《公司法》将修改前有限公司制度并入了股份公司制度之中。其结果是新《公司法》上的股份公司能够采用商法修改前的有限公司才能采用的机关构成。由此，新《公司法》在股份公司机关设计上变得更加灵活，能够根据业务的内容、规模及资本构成等实际情况进行相应的设计。当然，在新《公司法》下，公司机关的职责与权限基本上与修改前相同。而且，修改前商法上承认的机关构成，新《公司法》也同样承认。

首先，在新《公司法》下最简单的机关构成只需要设置股东大会与 1 名董事即可，而不需要设置监事，但只要不违反新《公司法》第 327 条与第 328 条的规定，通过在公司章程上进行相关的规定，也可以设置监事或监事会(《公司法》第 326 条第 2 项)。而董事会设置公

司(委员会设置公司除外)与修改前一样,原则上必须要设置监事(《公司法》第 327 条第 2 项)。这是因为在这样的公司中,由董事会决定业务执行,而股东大会的权限受到了限制(《公司法》第 295 条第 2 项),所以需要用监事代替股东对董事进行监督与检查。但是如果该公司同时还是全股份让渡限制公司(会计检查人或监事会设置公司除外)的话,则因为股东很少会发生变动,股东有可能直接对董事进行密切、持续的监督,所以通过在公司章程上进行相关的规定,可以将监事的监督与检查权限定在会计检查方面,而不需要该类监事对董事的业务执行进行监督与检查(《公司法》第 389 条第 1 项)。

其次,新《公司法》上的会计检查人设置公司(《公司法》第 2 条第 11 号、第 328 条)必须设置监事(《公司法》第 327 条第 3 项,委员会设置公司除外),即使该公司同时是全股份让渡限制公司,其监事的权限也不能只限定于会计检查(《公司法》第 389 条第 1 项)。

再次,既是大公司(《公司法》第 2 条第 6 号)又是公开公司(《公司法》第 2 条第 7 号)的,必须设置监事会(《公司法》第 328 条第 1 项,委员会设置公司除外)。相对于修改前,新《公司法》下的强制设置监事会的公司范围有所缩小。因为修改前的商法特例法上的大公司必须设置监事会(《商法特例法》第 18 条之 2 第 1 项),但新《公司法》上的大公司(《公司法》第 2 条第 6 号)如果同时是全股份让渡限制公司时,可以选择不设置监事会(《公司法》第 328 条第 2 项)。

最后,股份公司通过在公司章程上设置相关的规定,可以成为委员会设置公司(《公司法》第 326 条第 2 项),但是委员会设置公司必须要设置董事会及会计检查人(《公司法》第 327 条第 1 项第 3 号、第 5 号),同时不能设置监事(《公司法》第 327 条第 1 项第 4 号),而对董事监督和检查的职责主要由三个委员会(提名委员会、审计委员会、报酬委员会)中的审计委员会来担当(《公司法》第 404 条第 2 项第 1 号)。

新《公司法》虽然在监事、监事会的设置义务及选择成为委员会设置公司等方面有所变化,但在监事及审计委员(《公司法》第 400 条第 4 号)的人数、任期、选任,以及监事、监事会和审计委员会的权利、义务等方面,比之修改前并没有发生本质上的变化。与此相反,新《公司法》对内部控制体系制度进行了大规模的修改,并将监事融入了该体系,而且还将董事会决定的内部控制体系的决议内容作为监事的检查对象。当监事认定该体系的内容不妥当的时候,可以将此判断及其理由记载于检查报告中(《公司法施行规则》第 129 条)。

第三节　监事会的运行机制

一、监事会的成员结构

设立监事会是建立健全公司内部约束机制的一项重要措施。监事会是公司的一个重要机构,是依照法律和公司章程规定,代表公司股东和职工对公司董事会、执行董事和经理依法履职情况进行监督的机关。

(一)监事会的组成

《公司法》第五十一条规定:"有限责任公司设监事会,其成员不得少于三人。股东人数较少或者规模较小的有限责任公司,可以设一至二名监事,不设监事会。监事会应当包括股东代表和适当比例的公司职工代表，其中职工代表的比例不得低于三分之一，具体比例由公司章程规定。监事会中的职工代表由公司职工通过职工代表大会、职工大会或者其他形式民主选举产生。监事会设主席一人，由全体监事过半数选举产生。监事会主席召集和主持监事会会议；监事会主席不能履行职务或者不履行职务的，由半数以上监事共同推举一名监事召集和主持监事会会议。董事、高级管理人员不得兼任监事。"

《公司法》第一百一十七条规定："股份有限公司设监事会，其成员不得少于三人。监事会应当包括股东代表和适当比例的公司职工代表，其中职工代表的比例不得低于三分之一，具体比例由公司章程规定。监事会中的职工代表由公司职工通过职工代表大会、职工大会或者其他形式民主选举产生。监事会设主席一人，可以设副主席。监事会主席和副主席由全体监事过半数选举产生。监事会主席召集和主持监事会会议；监事会主席不能履行职务或者不履行职务的，由监事会副主席召集和主持监事会会议；监事会副主席不能履行职务或者不履行职务的，由半数以上监事共同推举一名监事召集和主持监事会会议。董事、高级管理人员不得兼任监事。本法第五十二条关于有限责任公司监事任期的规定，适用于股份有限公司监事。"

《公司法》第七十条规定："国有独资公司监事会成员不得少于五人，其中职工代表的比例不得低于三分之一，具体比例由公司章程规定。监事会成员由国有资产监督管理机构委派；但是，监事会成员中的职工代表由公司职工代表大会选举产生。监事会主席由国有资产监督管理机构从监事会成员中指定。"

(二)监事的任免机制

根据《公司法》第五十二条规定："监事的任期每届为3年。监事任期届满，连选可以连任。监事任期届满未及时改选，或者监事在任期内辞职导致监事会成员低于法定人数的，在改选出的监事就任前，原监事仍应当依照法律、行政法规和公司章程的规定，履行监事职务。"

(三)监事的任职资格

1. 积极条件

(1) 根据《上市公司章程指引》，监事由股东代表和公司职工代表担任，公司职工代表担任的监事不得少于监事人数的1/3。

(2) 监事应具有法律、会计等方面的专业知识或工作经验。监事会的人员和结构应当确保监事会能够独立有效地行使对董事、经理和其他高级管理人员及公司财务的监督和检查。

2. 消极条件

(1) 根据《公司法》第一百四十六条的规定，有下列情形之一的，不得担任公司的监事：无民事行为能力或者限制民事行为能力；因贪污、贿赂、侵占财产、挪用财产或者破坏社会主义市场经济秩序，被判处刑罚，执行期满未逾五年，或者因犯罪被剥夺政治权利，执行期满未逾五年；担任因经营不善破产清算的公司、企业的董事或者厂长、经理，并对该公司、企业的破产负有个人责任的，自该公司、企业破产清算完结之日起未逾三年；担任因违法被吊销营业执照的公司、企业的法定代表人，并负有个人责任的，自该公司、企业被吊销营业执照之日起未逾三年；个人所负数额较大的债务到期未清偿。

(2) 根据《公司法》第五十八条规定，一个自然人只能投资设立一个一人有限责任公司。
(3) 被中国证监会确定为市场禁入者，并且禁入尚未解除者，不得担任公司的监事。
(4) 董事、经理和其他高级管理人员不得兼任监事。

二、监事会监督的方式和工作原则

(一)监事会监督的方式

监事会能有效地履行监督职能的前提是了解公司的情况，这就需要监事会有畅通、全面的信息渠道。监事会的监督方式可以分为日常运行监督和重大事项监督(即异常运行的监督)两种。

1. 日常运行监督

日常运行监督是指监事会通过列席董事会、查阅董事会报送的有关材料，包括工作类材料、决策类材料、财务类材料、统计类材料等，向有关部门或人员了解情况等方式，对公司日常运作行为进行的监督。

监事会的日常运行监督是监事会工作的基础，监督内容包括公司资产和财务运行的全过程。也就是说，公司日常经济活动的所有内容都是监事会日常运行监督的内容。当然，监事会由于力量有限，不可能对所有环节进行监督。因此，监事会应在充分调研的基础上，有选择地对公司的一些重点环节进行监督。

公司运行的重点环节因各自行业和企业的特点而异。通常而言，监事会应在日常运行监督工作中重点对董事会的决策程序、公司预算的制定和实施、公司重大经营活动的组织和实施、公司财务会计活动的情况等进行日常监督。其中，对公司财务会计活动的监督，要求监事会能熟练掌握财务会计基本原理，能结合财务报告对公司的经营活动进行分析，能结合不同时期的会计报表分析公司会计信息情况的变动。

在日常运行监督的基础上，监事会一年召开 2～3 次监事会会议，通过会议综合各方面监督情况，并做出必要的决定，使监事会的日常运行监督工作落到实处。

2. 重大事项监督

重大事项监督一般是指对异常情况的监督。监事会在发现企业有异常情况时，应及时召开监事会会议，必要时应提议召开临时股东大会。而所谓重大监督事项是指各类造成资产损失的行为，公司(包括公司高级管理人员)违法、违规和严重违纪行为等。

(二)监事会的工作原则

监事会应遵循的主要工作原则有：维护出资者权益，确保资产的安全、完整；不干预企业日常的生产经营活动；对监督中发现的问题要及时向股东会或出资方报告。维护所有者的利益是监事会的使命，是出资者委派监事会的根本目的，监事会的一切活动必须以此为出发点。

不干预企业的日常经营活动是因为企业中的决策权、执行权和监督权三者是一个有机的组成。按照公司治理的理论，公司中的权力运作是一种不完整权力的合理配置，主要是指公司决策权、执行权和监督权的分设。企业的决策层(一般是董事会)只有决策权而没有执行权和监督权，企业的执行层(一般是指企业的总经理班子)只有执行权而没有决策权和监督权，而企业的监事会只有监督权而没有决策权和执行权。监事会如果干预了企业的日常经营活动，必然影响企业的决策权、执行权的正常行使，从而造成企业三种权力行使的混乱。监事会进行监督一定要有正确的定位，做到有所为有所不为，如此才能保障监事会准确履行有关职责。

三、监事会的议事规则

从公司立法上看，有的国家规定监事会的召集与议事规则由公司章程规定，也有的国家采用董事会的有关规定。德国基于监事会的特殊地位，在《股份公司法》中对监事会的召集、议事及表决均做了较为详尽的规定。

我国《公司法》对监事会的议事方式和表决程序未予以规定，由公司章程自行确定。按照《上市公司章程指引》和《上市公司治理准则》的规定，公司应在公司章程中规定监事会的议事方式、议事规则和表决方式，监事会会议应严格按规定程序进行。

(一)监事会会议召开

监事会每年至少召开一次会议，监事可以提议召开临时监事会会议。

监事会会议有两种：一是定期会议；二是临时会议。监事会的定期会议是指依照法律规定，每年至少召开一次的会议。监事会的定期会议，应当由公司章程作出规定，按时召开。这就要求公司章程对定期会议的召开要有具体的规定，如明确规定一年召开一次会议或召开两次会议等，并明确每次会议的召开时间，如每年年中或者年底等。监事会的临时会议是指公司章程中没有明确规定什么时间召开的一种不定期的会议。临时会议相对于定期会议是在正常召开的定期会议之外的会议，如监事可以提议召开临时监事会会议。监事提议召开临时监事会会议的，监事会主席应当及时召集和主持监事会会议；监事会主席不能履行职务或者不履行职务的，由半数以上监事共同推举一名监事召集和主持监事会会议。

(二)监事会的议事方式和表决程序

监事会的议事方式和表决程序，除法律另有规定的以外，由公司章程规定。监事会作为公司内部的监督机关，在进行监督工作的过程中，需要依照职权做出决议。监事会不实行主席负责制而是实行民主决策，作出决议应当经半数以上监事通过方为有效。监事会决议的表决应遵循两个原则：一是一人一票原则，即每个监事享有一票表决权；二是多数通过原则，即监事会决议须经半数以上监事表决通过。监事作为由股东和职工选举产生、参加监事会决议的成员，对维护公司和股东利益、保障职工合法权益负有重要责任，并对选举他的股东大会、职代会等负责。监事应当认真履行职责，出席监事会会议，对监督事项发表意见。

(三)监事会会议记录及签名

为了备案查询，明确监事责任，应当将所议事项的决定做成会议记录，出席会议的监事应当在会议记录上签名。监事在会议记录上签名，是监事的一项法定义务，监事必须履行。同时，监事作为监事会的组成人员，出席监事会会议并在会议记录上签名，也是监事的一项权利，任何人不得剥夺其签名的权利，监事会会议的召集人、主持人应当保障监事的签名权。会议记录应当包括监事会会议所议事项及讨论后得出的结论，具体包括会议召开的时间、地点、出席人员、议题、监事讨论意见、决议通过情况等。

四、保障监事会监督的有效性

关于监事会监督是否有效的问题,众多学者通过各种方式进行过论证。有的学者通过对中国石油监事会案例的分析证明了其有效性;有的学者则通过数理模型推断出在大股东相对集中、投资者保护偏弱的股权条件和法律环境下,监事会可以有效制衡大股东董事会;更多的学者则通过实证分析的方法验证了监事会治理效率对公司经营业绩的促进作用。然而,也有学者运用案例和实证方法论证了监事会监督的无效性。

尽管监事会监督是否有效在学术界还没有统一定论,但大多数学者都认可治理效率高的监事会有设立的必要。要保障监事会监督的有效性需要在以下几个方面下功夫。

(一)监事会监督的独立性

独立性是监督有效性的前提。监事会工作的特殊性要求监事会在工作中必须保持独立性,即必须明确监事会和董事会的职能界限,确立监督和管理的分界线,监事会在工作中不能受董事会的影响和控制,从而作出客观、公正的评价。具体而言,应该从以下三个方面考虑:一是监事会相对于董事会、经理层的独立性;二是监事会主席的独立性;三是监事身份独立、行为独立,可以设置外部监事。

(二)监事会监督的过程性

过程性是指监事会的监督贯穿企业运作的全过程,对企业运作全过程持续性地进行监督,不仅仅是看财务报表、查账目的事后监督。过程性监督既有生产经营活动的内容,又有资本运作的内容;既对资产运作进行监督,又对负责资产运作的人进行监督。如果监事会不涉入企业运作的全过程,就很难主动、及时地发现企业运作中存在的问题和风险,维护出资人的利益也就无从谈起。正因如此,对监事会的设计应充分考虑这一点。

此外,监事会工作要贯穿企业运作的全过程,掌握全面的运作信息,从动态的信息中掌握企业运作的实际情况和发展趋势。在强调监事会监督过程性的同时,切忌干预企业的日常生产经营活动。

(三)监事会监督的有效性

监事会工作的关键是监督的有效性,衡量监事会工作是否有效的标准在于监事会的监督工作是否有利于企业的长远发展,是否有利于出资人的利益。

一是监督工作的有效性要看监督方式的运用是否合理。监督方式是多样的,对于不同的企业,监事会应根据实际情况采取不同的方式,在企业运作的关键环节有所突破,从而使监督工作积极、有效。

二是可以采取日常运行监督与重大事项监督相结合的监督方式。日常运行监督是指监事会通过列席董事会、查阅董事会报送的有关材料等,对公司的日常运作行为进行监督。通常而言,监事会在日常运行监督工作中重点对董事会的决策程序、公司预算决算的制定和实施、公司重大经营活动的组织和实施、公司财务会计活动情况等进行监督。重大事项监督一般是指对一些异常情况的监督,如各类造成资产损失的行为及公司高级管理人员违法、违规和严重违纪行为等。监事会在发现企业有异常情况时，应及时召开监事会会议，必要时要提议召开临时股东大会。

三是为了实现监事会工作的有效性，应该把事后监督转换为当期监督(类似于救火员转换为防火员)，这对监督事项的实现设计极为重要。建立事先的评价机制也是提升监事会工作有效性的重要内容，可以建立企业负责人评价体系、董事会及董事评价体系、经理人胜任能力评价指标等。

第四节 我国的监事会制度

一、监事会制度在我国的起源和发展

监事会制度在我国的出现，可以追溯到1904年1月清政府所颁布的《公司律》。其中，第五节规定了"查账人"的选举和任期等制度，其职权类似于现代《公司法》的监事。此后的1914年中华民国的公司条例、1929年南京国民政府的《公司法》及1946年修改后的《公司法》均是在清末《大清商律草案》及北洋政府《中华民国商律》的基础上，"博采他邦成规，广征本国习惯"而制定的，因此，相应的监事制度也随之保存下来，并不断完善。

1949年新中国成立后，国民党政府时期的法律被废止。但此时国内尚存上万家私营企业，为了维护企业的合法权益，国家于1950年12月颁布了《私营企业暂行条例》。该条例共计32条，其中关于有限公司和股份有限公司的相关规定依然保留了监事(当时称为监察人)的相关内容。

1956年，对私营经济的社会主义改造完成后，传统的公司企业在我国消失，我国的经济结构变成单一的以公有制为基础的国有企业，自此监事会制度中断。

20世纪90年代，党的十四大明确提出建立社会主义市场经济体制目标之后，制定公司法就成了迫在眉睫的事。1992年，国家经济体制改革委员会发布了《有限责任公司规范意见》和《股份有限公司规范意见》，其中，自新中国成立以来，首次正式使用了"监事"和"监事会"的字眼，并对其相应权力进行了规定。

1993年12月29日，《公司法》的颁布正式确立了监事会在公司的法律地位，形成了董事会、监事会与高级管理人员相互制衡的公司治理结构。

此外，为了强化国有大企业的监督，1998年5月7日，国务院印发了《国务院向国有重点大型企业派出稽查特派员的方案》。鉴于稽查特派员制度所取得的现实效果，1999年9月，中共十五届四中全会通过的《中共中央关于国有企业改革和发展若干重大问题的决定》确定，继续试行稽查特派员制度，同时要积极贯彻中共十五大精神，健全规范监事会制度，过渡到从体制上、机制上加强对国有企业的监督，确保国有资产不受侵犯。

基于此，在1999年12月25日对《公司法》进行修订的时候，增加了国有独资公司监事会设置问题。2000年3月15日发布施行的《国有企业监事会暂行条例》及2002年1月9日由证监会和国家经贸委联合公布的《上市公司治理准则》进一步扩大了监事会监督的范围，明确了相应的权责。2005年10月27日，新修订的《公司法》在第十届全国人民代表大会常务委员会第十八次会议上获得了通过，并于2006年1月1日起正式实施。

新《公司法》正式引入了争论已久的独立董事制度，并且对监事会的职权划分在原来权

力的基础上，新增加了 "罢免权" "提案权" "股东会的召集权和主持权" "诉讼权"，这些权力的增加进一步强化了监事会的职责。

二、我国监事会的设置与运作

我国的监事会设置与日本较为相似，同时兼备了德国监事会中"职工参与"这一理念(但两国对职工参与的权限是不同的)。2002 年我国的监事会又借鉴英美等发达国家的经验，在原来治理机制的基础上，将独立董事制度移植到上市公司治理结构中来，形成兼具监事会制度和独立董事制度的治理结构(见图 6.4)。

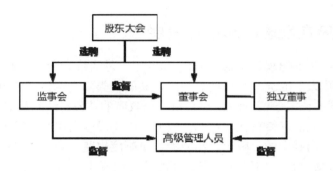

图 6.4 中国的治理模式

三、我国监事会制度的不足与发展

(一)我国监事会制度现存的不足

经过数十年的发展，我国的监事会制度已经进入了稳定运行的阶段。但市场环境不断变化，监事会制度仍存在一些不足。

1. 监事会地位缺乏独立性

监事的选任受到董事的影响过大，往往是导致监事会无法有效行使监督权的原因之一。我国《公司法》未规定董事会对监事人选的提名权，但事实上，多数股份公司的监事都由董事会指定，股东大会象征性地通过。在董事会操纵下产生的监事会常常是董、监一体，难以收到真正的监督制衡实效。

在我国二元制的公司治理结构下，监事会虽然名义上与董事会平级，实际上只是董事会和经理层的附庸，其地位较低，作用更是难以有效发挥。

2. 监事会成员构成不合理

监事会的人员和组成，应当保证监事会具有足够的经验、能力、专业背景，以独立有效地行使对公司财务的监督权和对董事、经理人员履行职务进行监督。监事必须具有财务、会计、审计、法律等方面的专业知识和工作经验，具有与股东、职工和其他利益相关者进行交流的能力。

目前，我国监事会的组成人员中，大多来自公司内部且多数由控股股东委派。监事会成员身份和行政关系不能保持独立，其工薪、职位基本都由管理层决定，并且其教育背景和业务素质普遍较低，所以监事会无法履行好监督董事会和管理层的职责。

3. 监事会职权不足

董事会执行的经营管理职能具有活跃性、日常性和综合性，即使是在监事会权力比较大的德国，董事会也比监事会更有实权。与董事会相比，监事会的弱势地位极大地限制了其监督作用的发挥。因此，许多国家近年来都致力于强化监事会的权力，以有效制衡董事会。

我国《公司法》对监事会职权的规定也较为滞后，且缺乏监督的必要手段。首先，《公司法》对于监事会监督董事、经理的行为没有提供法律保障，这样不利于发挥监事会的监督作用。其次，《公司法》规定的监事会的具体监督行为主要强调的是对公司经营管理的监督，缺少对人事的监督，这样监督力度明显不足。

4. 有关监事资格的规定存在法律上的缺陷

首先，《公司法》未对自然人兼任监事的最高数量作出限制，由于个人精力有限，兼职过多势必不利于监事监督权的充分和有效行使；其次，《公司法》未对关联公司董事兼任监事的问题作出调整，不利于保障监事独立行使职权；再次，《公司法》未对与公司董事具有其他特殊关系的人员担任公司监事予以限制，难以保障监事地位的独立；最后，缺乏监事的激励与约束机制。

(二)我国监事会制度的发展

观念和体制属于历史根源的问题，很难在较短时间内促使体制转变和人们观念更新，因此应当从公司立法上弥补监事会的缺陷，逐步加强监事会的监督权。又因为监事会制度在我国确立和发展的时间有限，所以可以借鉴国外的相关经验，进一步完善我国的监事会制度。

1. 完善监事会成员的组成

首先，引入外部监事，提高监事整体素质。《公司法》规定，我国公司监事会成员由股东代表和职工代表组成。这样的规定容易出现利益趋同和共谋等问题。此外，监事履行监督职责需要相应的专业知识，而现实中监事会存在一批不懂企业管理和财务会计制度的监事，因此，建议我国监事会适当引入一定的银行家、律师、会计师、审计师等专业人员作为外部监事，内部监事由股东代表和职工代表组成，由内部监事和外部监事共同组成监事会。设立外部监事不仅可以提高监事会的整体素质，而且能增强监事会决策的客观性和独立性。同时，对于内部监事也应加强财务、经营和管理方面的培训，以便使监事的监督职能得到真正的发挥。

其次，对监事会的任职资格严加限制。我国《公司法》既没有对同时担任监事职务数量的限制，也没有考虑到关联公司中监事与董事的任职情况。可以借鉴德国的法律规定，包括一个人不能同时担任 10 个以上监事职务；被控股公司不得向控股公司派出监事；两个公司不得相互派遣自己的监事出任对方的监事。这些规定的目的在于避免监事会成员与董事会成员有身份上的重合，防止损害第三方利益，保障监事集中精力行使职权。

2. 强化监事会的职权

我国《公司法》虽然赋予监事会一些新增加的职权，但有关规定过于简单，缺乏可操作性。为此，应进一步明确并加强监事会的职权。

首先，完善财务监督权。我国《公司法》对监事会财务监督权的规定不具有可操作性，可以参照国外公司立法进行完善，例如，监事会有权随时调查公司的业务和财务状况并要求董事、经理报告营业情况；有权调查董事会准备向股东大会提交的议案和文件的合法性和正当性，如果认为有违反法令、规章和显然有不正当的事项时，应当将其意见报告股东大会；有关人员阻挠、妨碍监事会行使财务监督权时的处置方法都应当有明确规定。

其次，完善监事会代表公司诉讼的权力。监事会代表公司诉讼是许多国家《公司法》普遍规定的权力。我国《公司法》规定了在特定情况下监事会可代表公司向董事、高级管理人员提起诉讼，但没有赋予监事会在董事向公司提起诉讼时代表公司的权力，这一点应该予以明确。

最后，完善监事会召集股东大会的权力。《公司法》规定了监事会有提议召开临时股东大会、在董事不履行《公司法》规定的召集和主持股东大会职责时召集和主持股东大会的权力。这一规定只赋予了监事会提议的权力。笔者认为，公司立法应进一步规定，监事会可以拥有为了公司利益而在特殊情况下直接召集临时股东大会的权力。

3. 增加关于行使职权的程序性规定

监事会会议是监事会行使职权最重要也是最主要的方式。公司应在公司章程中规定监事会的议事方式、议事规则和表决方式，监事会会议应严格按规定程序进行。我国《公司法》对监事会的议事方式、议事规则和表决方式等程序性内容的规定较为简略粗疏。实践证明，法律赋予的权力如果没有必要的行使程序，就很难实现。监事会权力主要是通过会议决议的方式实现的，因此，我国公司立法应借鉴国外《公司法》对监事会的议事方式、议事规则和表决方式等程序性内容作出较为详细的规定，以保障监事会权力的实现。

4. 明确监事的义务和责任

现行《公司法》对监事义务和责任的规定不够全面和明确。为了督促监事会能更好地行使监事职能，我国《公司法》应当对之加以完善。

首先，明确监事的注意义务。监事与公司董事、经理一样，与股东和公司之间是一种信托关系，但二者受信托的事务不一样，对于监事，它与公司是一种基于信任的经营监督之法定代表关系。笔者认为，可以借鉴日本的做法，明确监事的注意义务，该注意义务要求监事像普通谨慎之人在相似的情况下给予合理的注意一样，理智慎重地、克尽厥职地行使其监督职责。

其次，健全监事的责任。这包括健全监事对公司和第三人的责任，主要体现在以下两点。一是监事对公司的责任。在一定条件下，监事可与董事、经理承担连带责任。公司董事、经理的决策或行为被证明违法或严重损害公司利益，且该决策或行为已向监事报告，而监事未予以劝阻也没提出反对意见，甚至包庇董事、经理，由此造成的损失，监事应与董事、经理承担连带赔偿责任。二是监事对第三人的责任。与董事对第三人承担责任的依据相同，若监事会以及监事在履行义务时直接或间接致使第三人受损害，那么基于保护第三人权益的必要性，公司立法需要加强监事的责任。

5. 明确界定监事会与独立董事的监督职权

独立董事属于董事会的内部控制机构，侧重于事前、事中监督；监事会则是与董事会平行的独立监督机构，侧重于事后监督。我国《公司法》规定了上市公司设立独立董事，但没有明确划分独立董事与监事会的职权，可能会导致独立董事和监事发生角色和职能冲突。因此，应该在立法中明确两者的职责，使两者共同发挥作用。

此外，我国《公司法》还应建立监事行使职权的激励机制，完善监事的任期、解任制度，为监事会设置固定的办公地点和独立的经费。

本 章 小 结

首先，本章介绍了监事会的概念和特征。监事会是由全体监事组成的、对公司业务活动及会计事务等进行监督的机构。监事会的特征包括监督职能的法定性、监督职能的独立性、监督职能的专门性和监督职能的权威性。

其次，介绍了监事会的职权范围和作用。监事会的职权范围一般包括财务监督、业务监督和管理者监督。监事会的作用主要是确保公司财务状况和经营管理情况，维护公司及各利益相关者的合法权益。

与公司其他机构相比，监事会是各国公司法和不同公司中差别最大、变化也最大的组织机构。在不同国家和不同类型、不同规模的公司中，监事会的结构设计各不相同，目前，具有代表性的几种结构设计包括以英美为代表的单层治理模式、以德国为代表的双层治理模式和以日本为代表的平行结构治理模式。

设立监事会是建立健全公司内部约束机制的一项重要措施。法律和公司章程针对监事的任职资格、任免机制及监事会的议事规则都做了比较详尽的规定。监事会监督的方式主要包括日常运行监督和重大事项监督。为了保障监事会监督的有效性，就必须保障监事会在监督过程中的独立性、过程性和有效性。

最后，介绍了我国的监事会制度。我国的监事会制度同时吸收了日本和德国的治理方法，形成了兼具监事会制度和独立董事制度的治理结构。目前，我国的监事会制度仍然存在一些不足，包括监事会地位缺乏独立性、成员构成不合理、职权不足和监事资格的规定上存在法律的缺陷等。为了更好地促进我国监事会制度发展，应该从以下几个层面努力：完善监事会成员的组成、强化监事会的职权、增加关于行使职权的程序性规定、明确监事的义务和责任、明确界定监事会与独立董事的监督职权。

思 考 题

1. 监事会的职权范围包括哪些内容？
2. 独立董事制度和监事会制度存在哪些异同？
3. 试着比较德国、日本和我国监事会制度的异同。
4. 我国监事会应如何提升治理效率？

实 践 应 用

青岛啤酒：监事会架构科学独立，助力完善监督体系

青岛啤酒股份有限公司(以下简称"青岛啤酒")是我国历史悠久的啤酒制造厂。它是我国第一家海外上市的国有企业，于 1993 年分别在香港和上海上市。青岛啤酒上市后，致力

于建设一个股权结构合理、权责明确、相互制衡的公司治理结构，按照两地监管规则的从严原则，突出了董事会、监事会的建设并不断完善，努力规范运作，取得了显著成效。目前，本届监事会共有监事7人，其中股东监事2人、外部独立监事2人、职工监事3人。公司设立了监事会工作日常服务机构，并配备了工作人员6名。公司以"建设一个独立高效的监事会"为目标，开展了一系列特色实践活动。

一、监事会创新实践特色

(一)科学独立的监事会架构

1. 公司率先在国内上市公司中建立了外部监事占半数以上的监事会组织架构，从体制上为监事会履职的独立性奠定了坚实基础。目前，公司监事会由2名股东监事、2名外部独立监事和3名职工监事组成。

2. 监事会主席李某某由公司实际控制人青岛市国资委提名推荐，李某某为税务专家且不在公司领取薪酬，保证了其能够独立而有效地代表广大股东行使监督职权。李某某有权列席公司党委会、总裁办公会等所有重要会议，对公司所有重大事项有清晰、完整的了解，以便对相关事项进行独立监督。

3. 持有公司19.99%股份的第二大股东日本朝日啤酒，提名一名股东代表监事北川亮一先生。北川先生依据其丰富的啤酒专业知识和管理运作经验，能够以国际化的视角为监事会决策提供辅助和支持。

4. 公司在国内上市公司中率先引入外部独立监事制度，外部独立监事由股东大会选举，对股东负责。在公司本届监事会的两名外部独立监事中，李某某为国内财税专家，王某某为法律专家，他们分别用各自财税、法律方面的专业知识保障监事会决议的合法合规性及科学性，同时兼具独立性，对董事会和高级管理层形成专业又独立的制衡，进而有效维护广大中小投资者的合法权益。

5. 公司监事会的3位职工监事能够积极发挥职工民主监督作用，建言献策，维护了公司和职工的合法权益。

(二)畅通的沟通和信息传递渠道

1. 公司每月向每位监事分别提报公司主要经营情况数据，每周发送董秘办编制的《证券市场动态》，内容涵盖最新监管法规、公司信息披露情况、股价走势、国内外证券机构对公司的研判、公司舆情信息、啤酒行业及行业各公司情况、上市公司违规受监管机构处罚案例等，确保监事及时了解公司的经营状况、行业情况及最新的监管要求。

2. 作为制度性安排，监事会主席代表监事会列席总裁办公会、公司党委会等重要会议，并对相关议题提出意见和建议；监事会成员列席董事会现场会议，听取相关议案的审议，并提出意见和建议。

(三)严格的会议制度和良好的治理机制

1. 《公司监事会议事规则》第十六条明确规定，"公司监事会定期会议每年至少召开4次，临时会议根据临时需要临时确定"。公司的重大投资项目在董事会审议之前，监事会专门召开会议，听取管理层汇报，对其可行性进行深入研究和论证，并在列席公司董事会会议时将监事会意见和建议传达给公司董事会。

2. 通过召开定期会议，审议公司财务预算、季度、半年度和年度财务报告、财务决算，听取公司经营状况和财务汇报等，有效实施财务监督，并给公司管理层提出积极的改进建议和意见，推动公司经营和财务管理水平不断提升。

3. 通过审议并听取公司内部控制及风险管理工作的开展情况工作汇报，审议内部控制自我评价报告等，了解公司内控缺陷及经营风险，并有针对性地实施监督，促进公司依法合规经营，加强风险防范。

(四)不定期的现场调研

监事会成员每年就公司生产经营情况、关联交易、内部控制及风险管理等进行不定期现场调研考察，深入公司下属工厂、外地子公司和营销分支机构听取基层意见，了解第一手资料，为监事会决策的科学性及履行监督职能的有效性提供支持。

二、存在的问题和相关建议

(一)A+H 上市公司面临监管规则不同

根据香港上市规则，不设监事会，特别强调独立董事的作用，由其监督执行董事和高级管理层。而内地法规和上市规则规定，公司既要有监事会又要有独立董事，独立董事和监事会职能出现部分交叉和重叠，使其履职受到权责不清等问题的困扰。

(二)职工监事的作用发挥不足

《公司法》规定职工监事占比 1/3 以上，并明确不能是高管。但在很多国内上市公司中，职工监事由高级管理层提名，因而受到管理层的各种制约，很难有效发挥监事对董事、高管的监督作用。

(三)法律法规对监事会监督事项规定较少

《公司法》赋予监事会重要的监督责任，但上市规则中明确规定必须由监事会单独审核的事项较少，导致监事会监督制约作用发挥受限。

(四)理顺监事会与独立董事的分工，强化职工监事的作用

鉴于上述情况，公司建议相关监管机构明确规定必须由监事会单独审核的事项，推动理顺监事会与独立董事的职能分工，强化职工监事作用的发挥等，以促进上市公司的治理结构不断完善，保障公司及股东的合法权益不受侵害。

(资料来源：中国上市公司协会. 上市公司监事会最佳实践案例[M]. 北京：中国财政经济出版社，2017.)

【思考与讨论】

1. 讨论青岛啤酒的监事会发挥了哪些重要作用？
2. 青岛啤酒还能从哪些方面提升监事会治理效率？

微课视频

扫一扫，获取本章相关微课视频。

监事会的特征、职权和作用.mp4

监事会的结构设计.mp4

第七章 高管层的激励与约束

【学习目标】

1. 了解高管层的含义、特点及选任机制。
2. 理解高管层的作用及如何构建高管层的评估机制。
3. 掌握高管层的激励机制与约束机制的内容。

【引导案例】

特斯拉的高管激励机制

特斯拉(Tesla)是一家创新的电动汽车制造商。2003 年，由一群希望证明电动车比燃油车更好、更快并拥有更多驾驶乐趣的工程师所创立。今天，特斯拉不仅制造纯电动汽车，还生产能够无限扩容的清洁能源收集及储存产品。2008 年，特斯拉推出了 Roadster 车型。由此，特斯拉从零开始设计了世界上第一款纯电动豪华轿车——Model S。2015 年，特斯拉扩大了产品线，推出了 Model X。这是一款安全性、速度和功能性俱佳的 SUV，在美国国家公路交通安全管理局的所有类别测试中均获得五星级安全评级。

特斯拉 2016 年发布了价格更亲民的量产型纯电动汽车——Model 3，并于 2017 年开始量产。不久，特斯拉又推出了深受用户喜爱的半挂卡车——TeslaSemi。单单燃油成本一项，每百万英里能为车主节省至少 20 万美元。2019 年，中型 SUV Model Y 问世，可容纳 7 人乘坐；同年还推出了比传统卡车更实用，比跑车性能更高的 Cybertruck。

为了打造可持续发展的完整能源系统，特斯拉还设计了由 Powerwall、Powerpack 和 Solar Roof 等组成的独特的能源解决方案，使居民、企业和公共事业单位能够管理环保能源发电、存储和消耗。Gigafactory 1 支持了特斯拉汽车和能源产品的发展，这座工厂旨在显著降低电池电芯成本。目前，特斯拉汽车拥有位于加州的弗里蒙特工厂和上海超级工厂两个生产基地。

1. 2012 年 CEO 激励计划

为了完成特斯拉的超级目标，公司为其高管人员制定了一系列激励措施。其 CEO 埃隆·马斯克(Elon Musk)等高管的薪酬是以基本工资和期权为主。特斯拉 2012 年年报显示，马斯克工资只有 33280 美元，但是特斯拉为其制订了一项有效期 10 年的绩效考核和激励计划。其中有两个考核要求：第一个考核要求是，是否能达到以下 10 项生产运营目标，第一个目标是完成 Model X 工程原型(Alpha)，第二个目标是完成 Model X 验证原型(Beta)，第三个目标是第一辆 Model X 的正式生产，第四个目标是完成 Model 3 工程原型(Alpha)，第五个目标是完成 Model 3 验证原型(Beta)，第六个目标是第一辆 Model 3 正式生产，第七个目标是连续四个季度毛利率高于 30%，第八个至第十个目标是汽车年总产量分别达到 10 万辆、20 万辆和 30 万辆。第二个考核要求是年市值是否能够增加 40 亿美元。

2. 2014 年高管激励计划

2014 年，为了在 S 型车计划之外创造持续长期成功的激励机制，并将高管薪酬与股东利益紧密结合，特斯拉制定了新的高管层股票期权奖励，以购买总计 1 073 000 只普通股。每个奖励分 4 期解锁，授予时间表完全基于未来绩效里程碑的实现情况，比如，第一个目标是完成第一个 Model X 的生产；第二个目标是过去 12 个月的期间，实现生产 100000 辆汽车；第三个目标是完成第一个 Model 3 的生产；第四个目标是任何 3 年内的年毛利率超过 30%。每达成一个目标，将获得 1/4 的奖金。

3. 2018 年 CEO 激励计划

2018 年，特斯拉董事会再次为马斯克制订了一份 10 年期的绩效考核和激励计划。从 2018 年开始，马斯克的薪酬只会按照公司的市值和运营业绩来支付。他的薪酬包括了近 2027 万股期权(行权价 350 美元)，分 12 期逐级解锁，每期解锁需要达到既定的市值和运营业绩指标。每一项期权授予都对应着特斯拉市值的 12 个上升基准。它们的起点为 1000 亿美元，增量为 500 亿美元，因此，要想赢得第 12 项也是最后一项奖励，特斯拉的估值需要在很长一段时间内达到 6500 亿美元。只有特斯拉的市值(基于其平均价格)至少在 6 个月内保持或高于要求的水平，并在达到 6 个月目标前的 30 天达到这一水平，马斯克才有资格获得 12 项补贴中的一项。运营业绩指标是逐级完成 8 个销售目标或相应的 8 个利润目标。这 8 个目标如表 7.1 所示。

表 7.1　运营业绩指标(8 个)

单位：10 亿美元

年度总收入	年化调整后 EBITDA
20.0	1.5
35.0	3.0
55.0	4.5
75.0	6.0
100.0	8.0
125.0	10.0
150.0	12.0
175.0	14.0

2021 年，在该计划实施的短短 3 年多时间里，马斯克已经将特斯拉市值翻了 12 倍，在 3 月 9 日市场收盘时达到 6470 亿美元。特斯拉一次又一次地超越了市值目标，马斯克比董事会预期的时间更早地实现了解锁期权奖项的阶梯级目标。可以预见的是，他所获得的奖励将会是资本市场历史上在短时间内获得的最大股票期权奖励：自 2020 年 5 月以来，已经达到了 317 亿美元，其中仅 2021 年第一季度就超过 100 亿美元。而根据 2018 年计划，马斯克有

权购买 12 份等额的期权，每份 845 万股。2017 年底该计划实施时，每一份股份占特斯拉股份的 1.0%；如今，向员工发放奖金和发行新股已将每笔奖金导致的股权稀释率降至 0.88%。马斯克的执行价格是 70 美元，这是该项目启动时特斯拉的销售价格。自 2021 年 3 月 12 日该公司股价收于 693.73 美元以来，除去 70 美元的收购价，一份奖励的价值高达 52.71 亿美元。2021 年 9 月 7 日，特斯拉股价已经达到了 733.57 美元，马斯克的收入又将达到新高。

特斯拉的高管激励计划把公司利益与企业高管利益直接绑定在一起。然而这种方式真的是最优方式吗？思腾思特咨询公司(Stern Stewart)的创始人贝内特·斯图尔特(Bennett Stewart)却认为这种激励策略最终会影响公司的价值。"因为它类似于杠杆股票期权，当马斯克提高特斯拉的市值时就能解锁。但现在他已经达到了所有的市值指标，剩下的就只是销售和利润目标，而这些都可以在不增加公司价值的情况下实现。"

(资源来源：特斯拉中国官网，https://www.tesla.cn.)

第一节 高管层的选任机制

人类正在经历前所未有之大变局，经济的全球化、移动互联网的发展、大数据和人工智能等技术不断冲击着原来的市场，组织所面临的环境越来越复杂。在这个瞬息万变的时代，企业想要更好地生存与发展，就需要优秀的人才。正如管理控制论奠基人斯塔福德·比尔所言："人是什么样的，企业就是什么样的；人是怎么做事的，企业就是怎么做事的。"[①]在现代组织中，人力资本已然与财富资本一样，受到了同等的重视，而管理者，又在组织的各个层面起到了重要作用。因此，高管层的选任对任何一个组织来说都是至关重要的。想要"选对人，选好人"，就必须首先了解和认识高管层的基本概念特征、管理制度及选任机制等基本内容。

一、高管层的界定与特征

(一)高管层的界定

广义的管理者(managers)是指通过他人来完成工作。他们做出决策、分配资源、指导他人，从而完成工作目标。高级管理者(senior executives，简称高管层、高管人员、高管)是指在现代企业中，对法人的财产拥有经营管理权，承担法人财产保值增值责任的企业高级经营管理者。这类管理者由企业聘任，以自身的人力资本出资，以经营管理企业为职业，并以此获得报酬和剩余索取权。

一般而言，公司高管由董事会决定聘任或解聘，经董事会授权对外执行企业的日常经营管理事务。根据我国《公司法》第四十九条、第二百一十六条的规定，高管层主要包括经理、副经理、财务负责人，上市公司董秘及公司章程规定的其他人员。经理对董事会负责，列席董事会会议；经理可决定聘任或者解聘中层管理人员；经理可提请聘任或解聘公司副经理、财务负责人。

---

① 弗雷德蒙德·马利克. 公司策略与公司治理. 北京：机械工业出版社，2018：243.

(二)高管层的特征

1. 高管层的个人特征

1984年,哈姆布里克(Hambrick)和梅森(Mason)提出了高管梯队理论(Upper Echelons Theory),认为管理者的个人特质会影响企业行为。他们将高层管理团队个人特征分为心理特征和人口统计学特征。

(1) 心理特征。

心理特征是指认知能力、感知能力和价值观等。比如,认知能力包括对未来事件的了解,对企业变化的认识及相关结果的预测能力;感知能力是指一种连续的观点,因为管理层无法对内外环境进行全面、客观的认识,他们必须通过自身的判断做决策;高管层的价值观同样会影响企业的战略选择。

(2) 人口统计学特征。

人口统计学特征是指性别、年龄、任职期限、教育背景、从业经历等。从人口统计特征上看,高管层呈现男性较多、年龄偏大、从业经历丰富等特征。这些特征都会影响高管层的管理模式、组织行为及战略选择。

2. 高管层的职业特征

随着组织文化的不断发展,高管层的职业特征也受到越来越多的关注。高管层的职业特征主要包括市场化、职业化、高度专业化、职业合约化及具有品牌效应等五个方面。

(1) 市场化。

市场化是指企业经营者主要依靠市场机制来配置,在市场竞争中实现优胜劣汰。在市场变化迅速的背景下,高管层需要打破固有的专业与行业限制,依据市场的需求而改变。

(2) 职业化。

职业化是指高管层以企业经营和管理为职业,遵守高管职业道德,遵从企业发展规律。现代化的企业有着不同的企业追求,比如,有以盈利为目的的商业企业,有以公益为目的的非营利组织,还有结合经济利益和社会价值的社会企业等。高管层应该以企业的目标为导向,来管理自己的行为。

(3) 高度专业化。

高度专业化是指高管层要对所做工作具有较高知识和技能。高度专业化主要包括对自己工作内容有着明确的认识,知道自己应该做些什么;对自己的工作所需要的知识有着较精深的掌握,而不是泛泛了解;对自己的工作流程清楚,懂得以身作则带领其他员工提高工作效率;对自己的工作边界有所认识,明白自己的局限性,把专业的事交给专业的人做;对自己的工作任务清楚,善于统筹规划,安排部署。

(4) 职业合约化

职业合约化是指以合约为职业基础,遵守职业规范,运用合约进行管理。高管层作为企业的高级管理人员应当具有"控权"意识,在企业中,控制权力的最好方法就是"依约办事"。高管层应当认识到,权力的滥用会给企业造成无法弥补的损失,比如人才的流失等。高管层只有先管好自己,才能更好地管理企业。

(5) 具有品牌效应。

高管层具有的品牌效应是指高管层的职业行为受到品牌声誉的约束。从某种程度上来说，高管层与企业不但是利益捆绑，也是声誉捆绑。当一个企业在高管层的管理下发展迅速时，高级管理人员自身的价值也得到了相应的提升；当一个企业在高管层的管理下经营不当时，高级管理人员自身的职业生涯也会受到相应的影响。因此，不但企业对高管层的选聘是一个复杂的过程，高管层对企业的选择也是一个职业生涯重要的转折点。

二、职业经理人制度

公司高管属于职业经理人，是企业的重要人力资源，一方面，他们需要对企业内部经营进行管理，比如人力资源管理、生产运营管理、财务管理等，是推动企业正常运营的有效执行者；另一方面，公司高管还承担着维持企业外部形象与声誉的职责，如果高管本身有道德甚至是违法犯罪行为，对企业的形象也有很大的不利影响。因此，职业经理人制度不仅是保护企业利益的重要制度，也是企业人力资源管理的核心部分。

职业经理人制度是将一种社会职业与一种社会职位相联系的制度设计，包括市场配置制度、业绩评价制度和监督约束制度三个方面。

(一)市场配置制度

职业经理人的重要特征包括市场化，市场配置制度主要就是对这方面的考察。因此，职业经理人的竞争、选拔与聘用是该制度的精髓所在。公司高管人员的招聘是一个复杂的过程，原因就是高管人才是稀缺的人力资源，他们通常是经过多年的工作历练和良好的职业修养打造出来的。因此，打开各类招聘网站，我们很少看到企业公开招聘高管层。

相较于基层员工，高管的口碑对企业来说尤为重要。如果一个公司高管可以给企业带来良好的经济效益和社会影响力，那么他在市场上的价值就很高，会受到多方抛来的橄榄枝；相反地，如果一个公司高管导致企业的盈利下降，那么他在市场上的价值就很低，就难以获得行业的青睐。因此，职业经理人的市场配置制度在上市公司高管人员的竞争、选拔与聘用方面的作用尤为突出，因为上市公司要为广大股东负责，高管层的能力与行为则直接影响上市公司的价值。

(二)业绩评价制度

业绩评价制度考察的主要是职业经理人的专业化水平，目的是提高高管层的工作效率。该制度主要是采用科学的评估体系，通过一系列的评估方法，运用先进的评估标准对公司高管人员在有效任期内的绩效进行评价。业绩评价制度既是企业的重要考核制度，也是一切晋升和退出的基础。因此，该制度必须遵循客观、公正的原则，采用公开、透明的方式进行高管层的评估。同时，业绩评价制度也是企业内部沟通的一种有效工具。通过这种工具，董事会与高管层可以进行有效的沟通，找出企业所面临的问题，然后寻找解决方法。

(三)监督约束制度

监督约束制度考察的主要是职业经理人的职业化与合约化，即对职业道德规范的遵守及对职业合约的执行。我国《公司法》从法律层面对职业经理人的行为有着明确的规定，比如，《公司法》第一百四十六条明确规定了5种不能任职职业经理人的情形；第四十九条和第一百一十三条对经理人员的职权作出了具体的规定等；第一百四十七条至第一百五十条明确规定了经理人员的义务等。国家法律等各种社会规范准则是对高管层的外部约束机制，董事会与高管层通过合同契约等方式形成的约束则是内部约束，其目的同样是监督高管层的权责是否统一。

三、选拔任用制度

如何选择一个优秀的职业经理人是每一个企业都需要考虑的问题，高管的选任机制就是为了解决这个问题而提出的。该制度的核心是由谁通过什么样的方法去寻找适合企业当前发展路径的高级管理者。就如同为一艘在海上航行的船寻找舵手一样，失之毫厘，则谬以千里。

(一) 选任标准

1. 职业能力

每个人的能力、经历、工作风格各有不同，任何人都只有在适合自己的岗位上才能发挥出最大的价值，公司高管人员也是如此。因此，对于公司高管人员的选任，其职业能力，包括经营管理能力、资源分配能力及人员调配能力等都是重要的考察标准。杰克·韦尔奇认为，高级管理人员必须具备真诚、对变化来临的敏感性、爱才及坚韧的弹性四种能力。因此，在选任高管层的时候，优秀的职业能力是首要标准。

2. 职业素养

公司高管作为企业的主要经营者，不仅需要具有良好的专业知识、丰富的工作经验及良好的管理能力，还需要具有相应的职业素养，包括职业意识与职业道德。职业意识是指公司高管应当知道自己的工作目标，即以企业的目标为导向去开展工作。这就要求高管人员对基本政策有所了解，对企业的发展阶段与目的十分清楚。职业道德是指高管人员应当遵守的一些行业准则，如财会人员待业准则，以及与职业相应的责任，如保密责任等。

(二) 选任来源

高级管理者选任主要有四个来源，即竞争选拔、指派选任、内部提拔及外部聘任。

1. 竞争选拔

竞争选拔，是指通过竞争上岗的方式挑选高级管理人员，这种选拔方式既可以在企业内部进行，也可以在企业外部进行，通过一定的考核方法择优聘用。竞争选拔的好处是公开透明，能者居之；其弊端是不能考察短期内无法发现的问题，如职业素养问题。

2. 指派选任

指派选任，是指企业的上级主管部门直接选定高级管理人员，这种选任方式长期以来为我国国有企业所采用。其好处是高级管理人员与上级领导的沟通成本极大减少，有利于工作的迅速展开；不利之处则是容易导致经营理念及方式老化，企业很难进行创新突破，并且还有可能形成小团体，导致权力的滥用，成为滋生腐败的温床。

3. 内部提拔

内部提拔，是指企业通过内部选拔的方式任命高级管理人员。这种选任方式的好处是高级管理人员对公司文化、制度及商业模式都有较深的了解，有利于保障公司整体运营的连续性。同时，其也是一种良好的人才激励方式，对企业员工的忠诚度有所助益。缺点与指派选任的方式相似，不利于企业创新，并且容易形成内部小团体。

4．外部聘任

外部聘任，是指企业通过外部竞选的方式任命高级管理人员。这种选任方式往往出现在企业需要进行大的转型，或者是董事会对现任经营管理者不满意时。通过引入外部的高级管理人员，达到改善企业经营状况的目的。就像"鲶鱼效应"一样，通过一条鲶鱼的引入，激发鱼群的整体活力。但其弊端也是显而易见的，如果外聘的高级管理者无法很好地适应新环境，那么，对企业经营的各个方面都会产生负面影响。

第二节　高管层的绩效评价

"绩效"（performance）一词源自西方，原是指表现和成绩。但这种思想并不只是为西方所有，我国很早就开始了对官员的考核。比如，《尚书·舜典》记载，"帝曰：'咨！汝二十有二人，钦哉！惟时亮天功。'三载考绩，三考，黜陟幽明，庶绩咸熙。"也就是说，对这些官员每三年进行考核，有功之人则提拔奖励，有过之人则废黜惩罚。从广泛的意义上来说，绩效管理会伴随每个人的大半生，从学生时代的考试成绩，到职场的绩效考核。而且，绩效考核的评价体系对组织行为有重要影响。正如本章开头的引例，特斯拉集团对马斯克的考核有市值与运营两个标准。试想一下，如果考核标准只有市值或者只有运营，对特斯拉集团的成绩又会有什么样的影响呢？在本节，我们将探讨高管层的绩效评估的选择及该选择如何影响组织行为与结果。

一、绩效评价指标体系

（一）绩效的相关概念

1．绩效的含义

广义管理学中的绩效包括组织绩效和个人绩效，是指组织与个人所做出的工作成绩。事实上，组织绩效是建立在个人绩效基础上的。如果每一个员工都完成了个人绩效，组织绩效也就达成了。绩效评价是一种人力资源管理活动，是指组织为实现其目标，对员工所提出的工作要求。

2．绩效的层次

对于高级管理人员，仅仅有个人层面的绩效评价是不够的，还应当进行多层次考察，包括个人绩效、团队绩效和组织绩效。高管绩效层级构成如图7.1所示。

（1）个人绩效。

高管层的个人绩效包括作业绩效与关系绩效。作业绩效就是与岗位内容相匹配的绩效，就是高级管理人员的分内工作。比如，需要达到的生产目标、需要完成的招聘指标等。关系绩效是指为了构成良好的人际关系而在工作过程中做出的一些亲社会行为。比如，是否对员工有足够的尊重、是否关心员工的身心健康等。目前的许多企业，也会将高管层的绩效考核纳入下级员工的评价意见。

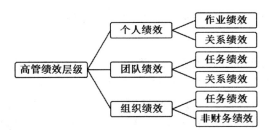

图 7.1 高管绩效层级构成

(2) 团队绩效。

高管层的团队绩效包括任务绩效与关系绩效。任务绩效是指有助于管理活动的工作和职责，与作业绩效相似。不过，在一个团队中，有些任务是需要很多人共同完成的，每个成员都有自己的分工。因此，团队当中的任务绩效旨在加强团队成员之间的合作关系，着重在于任务是否可以按时完成，而不是凸显个人的工作能力。此外，团队的关系绩效也很重要，因为团队成员可能需要长期地共同合作，同事之间的关系会影响任务的完成。如果在一个团队里面，大家关系都很好，拧成一股绳地通力合作，工作效率会很高；相反，如果在一个团队里面，大家都互相排斥，长此以往，工作效率会很低。

(3) 组织绩效。

高管层的组织绩效包括任务绩效与非财务绩效。在多数企业，财务指标的增长是重要的企业目标，比如经营利润、资产收益率、股票价值等。高级管理人员的主要任务之一也是提升企业的盈利能力。此外，越来越多的企业开始重视一些非财务绩效，比如，市场占有率，一些互联网公司为了获得更多的客户，甚至不惜亏本补贴新用户。又如，研发水平，华为每年的研发支出费用都保持在总收入的10%以上，这些研发支出在短期内是无法转换成实际收益的。近年来，企业的社会责任也成为重要的非财务指标，对提升企业的声誉和影响力有良好的推动作用。

(二)绩效评价的原则

1. 与企业目标一致

绩效管理的主要目标就是实现企业的生产和战略目标。因此，建立绩效评价体系首要原则就是明确企业目前的主要任务和战略目标。以此为基础，从上至下逐层分解制定绩效考核标准。对于高管层而言，战略决策的准确把握也是管理水平的体现。如果一个高级管理人员无法以企业目标为自己的导向，那么他最终的绩效考核肯定是不理想的。因此，企业在评价高管层的绩效时，首先把企业当前主要发展目标考虑进去。当企业的战略目标发生变化时，绩效评价体系也要随之调整。

2. 指标的内容合理

企业的目标一旦确定，就要开始设计绩效评价的内容。每一个岗位的工作内容是不一样的，所以评价指标就要与之相应。比如，对于财务负责人，就不能用销售总监的指标去要求，因为两者的工作性质不一样，工作内容不一样，所需要的技能也不一样。绩效指标的合理性同时还体现在公平性上。在组织当中，虽然不同的角色承担的责任不一样，但是对企业的贡献同样重要。一旦员工感觉到不公平，就会产生负面情绪，从而影响工作，甚至会离开。公平感是建立良好企业氛围的基础，良好的企业氛围可以提升员工忠诚度和工作满意度。

3. 指标的度量明确

如果一个绩效指标无法被准确地度量，就表明这个指标的主观性太强，很难达到公平、公正的效果。因为，当员工进行年度考核时，对于无法被准确度量的一个指标很可能会与上级主管无法达成一致，这样就容易产生人际冲突。绩效评价的目的本来是简化考核中的矛盾，达成企业目标。如果考核指标都无法被测量，那么员工对工作的把握度也就很难保障。当然，并不是说所有的指标都应当用量化的方法进行计算。定义清晰、可以识别的行为指标也可以当作考核员工的指标。

4. 与企业实际相结合

随着市场的快速发展，企业的数量、规模及商业模式等也出现了变化。比如，改革开放以前，我国都是以大型央企、国企为主；改革开放以后，外企、民企逐渐发展起来。目前，更多的中小型企业开始进入市场。在这样的大背景下，每个企业都应当认清自己的现状，不能盲目跟风。比如，劳动密集型企业引进大量高科技人才，使用研发绩效指标进行考核。对于企业而言，绩效评价体系的建立要与企业的实际情况相结合，这样才能完成企业战略目标。

(三) 绩效评价的内容

高管层的绩效评价内容有微观与宏观两个层面。

1. 微观层面的绩效

高管层微观层面的绩效是指其人力资本的发挥程度与效能，包括其个人乃至团队的工作态度、工作行为及努力程度。特质方面，包括其工作是否认真，是否会主动地寻求解决方法，工作态度是否端正等。行为方面，包括高级管理人员的领导风格，是否愿意帮助下属成长，是否自愿承担相应的工作责任等。

2. 宏观层面的绩效

高管层宏观层面的绩效是指高级管理人员对企业所产生的影响，主要集中在工作任务的完成度上。其主要内容包括团队创新力、员工凝聚力、科技开发力、资金增值力、市场适应力及产品竞争力六个方面。我们通常认为，高管层在企业的日常运营中，是通过人员、技术、资金及产品等作为主要的管理流程。因此，这些方面的绩效评价内容也是考核高管层绩效指标的重要内容。当然，根据企业的不同情况，对于一些特定的高级管理人员可以弱化甚至删除某些内容。

事实上，高管层的微观绩效与宏观绩效相辅相成、缺一不可。现实生活中，我们往往发现优秀的管理者都出现在优秀的企业当中，两者往往是相辅相成的。

二、绩效评价管理方法

综上所述，我们已经知道了什么是绩效评价及绩效评价的内容，接下来，就要学习怎样进行绩效评价。绩效评价的形式主要有书面报告法、关键事件法和评级量表法。其中，书面报告法是指根据员工的绩效结果，形成一个书面的报告，内容包括绩效成绩及改进的建议；

关键事件法是指仅仅将绩效评价集中在一些关键行为上，这些行为是员工完成工作的关键；评级量表法则是将一系列想要考察的指标，如出勤情况、工作完成质量、团队合作精神等罗列出来，然后使用量表进行评估。常用的具体管理方法有目标管理法、360°反馈法、平衡计分卡及关键绩效指标法。

(一)目标管理法

目标管理法，就是给员工设立一个或多个目标，作为绩效评价的具体指标。该绩效管理方法起源于"目标设置理论"(Goal Setting Theory)，该理论指出目标可以把人的需求变成动机，进而去影响人的行为，让个体为了完成这个目标去努力。工作当中，使用目标管理法可以很好地激励员工努力工作。目标管理法的优点是简单可行，公平性强，具有普遍适用性；缺点是不适用长远的目标。以下是目标管理法的具体实施步骤。

(1) 制定组织总体目标。
(2) 分解建立各层级的绩效目标。
(3) 对目标完成情况定期评估。
(4) 根据目标完成情况进行奖惩。
(5) 目标完成后制定新的目标。

(二)360°反馈法

360°反馈法的主要目标是综合员工服务的所有人的反馈，不仅包括企业内部的同事、上下级，也包括企业外部的客户、供应商，还包括员工自己的自我评价等。该方法强调的是某一个利益相关者的反馈可能是不准确的，比如，一位高级管理人员与上级领导的私人关系很好，那么上级领导的工作反馈有可能是带有强烈情感的积极评价，反之亦然。

为了避免这些偏见，管理学家提出了360°反馈法(见图 7.2)。该绩效评价法的优点是能够公正、全面、客观地了解员工的能力及工作情况；缺点是耗时长，涉及人数众多，所付出的成本也比较大。

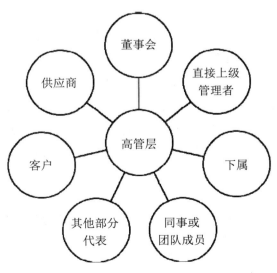

图 7.2　360°反馈法

(三)平衡计分卡

与目标管理法看重结果评价、360°反馈法看重全面评价不同,平衡计分卡旨在将战略与绩效结合,将企业发展的四个重要元素放在一起作为评价指标,分别是财务、客户、内部流程及学习与创新,平衡计分卡示例,如表 7.2 所示。[①]

表 7.2 平衡计分卡示例

财务维度	
目标	衡量指标
1.	1.
2.	2.
客户维度	
目标	衡量指标
1.	1.
2.	2.
内部流程	
目标	衡量指标
1.	1.
2.	2.
学习与创新	
目标	衡量指标
1.	1.
2.	2.

1. 财务维度

财务维度要了解的问题是企业如何满足股东。企业是以盈利为目的的主体,创造价值是企业经营的最终目的。在平衡计分卡绩效管理体系中,财务方面的指标主要有利润率、投资收益率、资金周转率、负债比率等。

2. 客户维度

客户维度想要了解的问题是客户如何看我们。客户是企业获利的重要对象,如何获得客户的长期支持是每个企业需要思考的问题。企业应该建立客户导向的理念,了解客户需求,及时关注客户的变化,提高客户满意度,从而提升在市场中的竞争力。在平衡计分卡绩效管理体系中,客户方面的指标主要有新客户开发、用户满意度等。

3. 内部流程

内部流程解决的是企业擅长什么的问题,反映的是企业内部运营效率。比如,企业的内

---

① Kaplan, R.S. and D.P. Norton, the balanced scorecard: measures that drive performance. Harvard business review, 2005,83(7): p. 172.

部运营流程是否以满足客户和股东的要求为主,是否建立起有效的组织及管理机制等。在平衡计分卡绩效管理体系中,内部流程的指标主要有质量管理、流程管理等。

4. 学习与创新

学习与创新旨在了解企业是否能持续提高并创造价值。首先,企业员工能力是否得到了提升,信息系统是否足够完备,规章制度是否满足当前发展阶段等。其次,企业的发展离不开学习,只有营造不断学习的良好氛围,才能持续不断地实现创新发展。学习与创新指标主要有员工培训计划、团队建设等。

(四)关键绩效指标法

关键绩效指标(KPI)是一种衡量企业的关键指标,通过明确员工的绩效指标,达到完成企业战略的目标。关键绩效指标通过绩效指标的分解下放,明确各个部门的主要责任和主要工作任务,并以此为依据考核员工绩效。关键绩效指标主要有三个层级,分别是公司层面、部门层面及个人层面,从上往下逐层分解。通常有定量和定性两类指标类型,定量指标是可以准确度量的,比如销售额、产量、增长率等;定性指标则是那些无法量化考察的指标,如工作态度、服务精神、合作意识等。

三、绩效评价结果应用

绩效评价的主要目的是完成企业目标,帮助员工成长,而不是仅仅打一个分数,写一份报告,然后做出奖罚。高管层需要通过绩效反馈来解决问题。比如,建立良好的沟通渠道,改良薪酬方案或者发现优秀的人才。

(一)内部沟通反馈

长期以来,高管层与基层员工缺乏有效沟通,一方面,两者很少有共事的机会;另一方面,基层员工缺乏有效的向高管层提建议的渠道。绩效评价系统则是一个很好的平台。在大部分企业,绩效考核都要与员工进行面谈,首先是基层员工与部门领导的面谈,其次是部门领导与高管层的面谈,最后则是高管层对董事会的汇报。在这样一个流程里,每一位员工都有机会同直管上级,乃至更高的领导面对面沟通,可以提出一些日常工作的问题与建议。比如,在腾讯的内部论坛上,马某某就时常会通过邮件亲自回复员工的建议与意见。

(二)更改绩效薪酬方案

绩效沟通可以使管理者及时了解员工所遇到的困难,以便可以在必要时更改绩效薪酬方案。在组织中,员工所获得的薪酬通常包括基本工资、绩效工资、奖金与福利,其中的绩效工资就与绩效薪酬方案息息相关。该工资与员工个人、团队或整个企业的绩效指标挂钩,并随之波动。绩效好的时候,绩效工资就高;当绩效不好时,绩效工资就低。但是,各个岗位的性质、职责不同,绩效薪酬方案很难一次性就制定得全面,需要不断地调整才能达到最优。绩效评价的结果就是帮助调整绩效薪酬方案的有效工具之一。通过绩效评价,高管层可以更好地了解哪些绩效薪酬方案合理,哪些绩效薪酬方案需要调整。

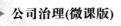

(三) 人力资本优化

如前文所述，绩效的微观指标可以考察人力资本的发挥程度与效能，也就是员工的胜任力。胜任力是驱动员工做出优秀工作绩效的各种个性特征的集合。一个员工的个人特质与岗位能力是相互关联的，比如，一个性格外向的人是难以胜任枯燥的研发类工作的，他可能更加适合销售类工作。绩效的评价结果就可以帮助企业找到某个岗位最适合的人选，从而有针对性地进行人员的选拔、培训和调动。反过来，人力资本的优化，不但让个体获得了最适合的岗位，而且使群体达到结构优化和最佳配置，最终的结果就是实现企业的最大绩效，完成战略目标。

案例7-1　KPI太low，我们去做机器人了

近日，小米召开名为"2016 小米闹天宫"的年会，雷军在会上发表了开场讲话，表示2016年将继续坚持"去KPI"的战略，并筹建小米探索实验室，进军机器人和VR等前沿领域。

"我们决定继续坚持'去KPI'的战略，放下包袱，解掉绳索，开开心心做事。我们相信，只有开心了才有激情动力，只有开心了才有创造的灵感，我们每一个同事开心了，用户就一定能开心，成绩就一定会有，股东也就一定能开心。"

雷军认为，2015年的小米被"出货量八千万台"的心魔所累，过得一点都不开心，所以小米2016年将保持初心，坚持做最酷的产品，享受创业过程，开开心心做事情。小米也相信，只要每一个员工开心了，客户一定能开心，股东也就一定能开心，成绩也就一定会有。

雷军同时宣布，为了不断地给小米用户带来新的乐趣，一方面，小米将聚焦现有核心业务，组建特别的团队，突破关键技术。另一方面，小米决定筹建小米探索实验室，首先进军机器人和VR领域。

可以看出，雷军在2016年开年在给自己、员工减压的同时，也着手激发员工的创新力，小米未来如何引领世界科技潮流并给用户创造哪些惊喜，非常令人期待。

(资料来源：雷军. KPI太low，我们去做机器人了. 中关村，2016(2): 52-53.)

第三节　高管层的激励机制

企业发展最终靠的还是人，因此，想要让企业健康可持续地发展，就必须对高管层进行有效的激励。通过适合的奖惩方式，来激发高管层的工作热情，从而实现企业目标。高管层的薪酬管理体系是企业根据其绩效考核结果制定的一系列奖惩制度，目的是达到企业的战略目标与绩效。对高管层的激励主要有物质激励与非物质激励两大类，具体包括物质与利益激励、权力与地位激励和企业文化激励等。

一、物质与利益激励

高管层所获得的薪酬通常包括基本工资、绩效工资、利润分成、奖金、福利、股票期权、年金等。每一种报酬都有其利弊，比如，基本工资较为稳定，但缺乏强激励作用；绩效工资、利润分成、奖金、福利与当年的绩效挂钩，缺乏可持续性；股票期权、年金虽然收益大，但高管层承担的风险也大。

(一)薪酬福利

年薪制(annual salary system)是最基本的高管层报酬制度,是企业根据自身规模、风险责任等因素,以年度为单位向经营管理者支付工资的一种分配制度。年薪制被各企业广泛采用,其薪酬以最直观的方式体现高管层的商业价值。然而,这种薪酬制度有着明显的优点和缺点。

1. 年薪制的优点

(1) 体现高管层的经营能力。

年薪制由基本收入和风险收入组成。基本收入以企业的职工平均工资为基础,具有很好的稳定性;风险收入则以高管层的绩效为基础。如果高级管理人员提高了企业业绩,超额完成任务,则会获得较高的风险收入;如果年度业绩不甚理想,风险收入则会相应地降低。因此,年薪制可以直观地体现高管层的经营管理水平。

(2) 具有抑制"管理腐败"作用。

一般来说,年薪制的报酬较高,不仅可以让高管层获得满意的收入,也给予高管层心理上的稳定感。此外,年薪制中的风险收入部分也增强了高管层的风险意识、责任意识。这样,极大地降低了他们的权力腐败风险。

(3) 为其他激励方式创造条件。

年薪制作为最基本的报酬方式,给予高管层最重要的货币支持。货币具有良好的流通性,能够满足个体的日常生活需要。人的基本需求只有得到了保障,才会去追求更好的生活。因此,年薪制可以为股权激励等提供基础条件。

2. 年薪制的缺点

(1) 缺乏长期的激励作用。

年薪制是以年度或任期作为考核期限的,这就导致高管层的管理行为只注重短期利益。但是高管层本身的职责也包括企业的战略选择,比如合并重组、上市计划、员工激励等,这些决策对企业发展来说是具有长期影响的。因此,高管层为了获得良好的年度绩效,有可能会做出损害企业长期发展的组织行为和战略决策。

(2) 天价薪酬的负面影响。

年薪制中的风险收入具有很大的波动性,也就是说,如果高级管理人员的表现特别好,就可以获得巨额报酬。在这种巨大的利益诱惑下,高管层可能会做出损害企业或是股东利益的行为,比如,财务报表造假。此外,天价薪酬还会损害企业的收入公平性,引起基层员工甚至是社会公众的不满,给企业带来负面的影响。

(二)股权激励

1. 股票期权

股票期权是一种以股票为标的物的合约。股票期权激励是企业与高管层约定的在未来某一个期限内以固定价格购买一定数量的公司股票的权利。该制度将股票期权这一金融衍生品纳入激励体系,形成了一种长期的报酬制度。简单来说,在达到约定的业绩时,高级管理人员就可以获得相应的股票期权。在行权期内,如果公司的股票市价高于行权价,高管层就可以通过买卖交易赚取差价;如果公司的股票市价低于行权价,高管层也可以放弃行权。

(1) 股票期权的优点。

股票期权是一种典型的延期支付方式,高管层只能通过自己的努力工作,使企业股价上涨以获得最大的报酬。这种将企业效益与个人利益深度捆绑的方式,实现了企业、股东和高管层的目标一致,有利于企业的长期发展。同时,这种方式也可以降低高管层的风险,就算股价下跌,只要不行权,高管层就没有实质上的财富损失。另外,股票期权作为一种金融衍生品,帮助企业减少了现金支出,更好地保障了现金流。

(2) 股票期权的缺点。

股票期权激励方式高度依赖于股票市场。然而,一方面,股票市场本身具有巨大的不确定性,并不以个人努力为转移。比如,受到国家政策的影响,股票的价格与企业的实际价值并不一致。这就导致高管层虽然很努力地工作,公司价值增加了,但股票价格却下降了,无法获得相应的报酬。另一方面,高管层为了获得股价的上涨,可能会放弃长期利益而选择短期行为,不利于企业的长期发展。

2. 业绩股票

业绩股票,是将普通股票的授予与管理层业绩相关联。具体操作是,企业在年初为高管层设定一个较为合理的业绩目标。年底时,如果这个目标达成了,高管层就可以获得相应数额的股票或用以购买相应数额股票的基金。业绩股票的期限一般为3~5年。

(1) 业绩股票的优点。

业绩股票是一种变相的延迟发放的奖金,是一般奖金的补充,具有长期的激励效果。此外,业绩股票将高管层与股东利益捆绑,激励高管层更加努力地工作。业绩股票的设计和实施比较简单,易于操作。

(2) 业绩股票的缺点。

业绩股票的期限有一定的限制,导致其流通变现受到一定的影响。如果高管层的业绩没有达标,或者是做出了有损企业形象和股东利益的行为,尚未兑现的业绩股票将会作废。业绩股票的适用范围有限,而且业绩股票的兑现会影响企业的现金流,增加经营成本。因此,业绩股票只适用于大型上市公司或现金充足的企业。

3. 虚拟股票

虚拟股票,顾名思义,其不是真正意义上的股票,是指企业授予高管层的一种"发起人股""递延股""分红股"。实际上,获得虚拟股票的高管层只是享有一定数量的分红权和股价增值收益,并不享有股票的所有权和表决权,也不能将虚拟股票进行转让和出售。虚拟股票持有人只有在优先股或普通股持有人的权利行使后才享有相应的权利,虚拟股票在持有人离职后自动失效。

(1) 虚拟股票的优点。

虚拟股票不是真正的股票,它对企业的总资本影响小,也不涉及对企业运营的控制,便于增加激励对象,使虚拟股票持有人的权益得到了保障。同时虚拟股票受到股价的影响较小,就算股价跌了还可以享受分红收益。另外,虚拟股票的支付方式较为灵活,可以采用现金、股票,或者现金和股票相结合的方式。

(2) 虚拟股票的缺点。

首先,虚拟股票容易导致高管层的短期投机行为,因为虚拟股票并没有企业的控制权,高管层只会更关心自己的利益,而不是企业的成长。其次,虚拟股票需要分红和兑现增值收益,对企业的现金流影响较大,适合资金充足的企业。

4. 限制性股票

限制性股票也是一种股权激励模式。该模式适用于上市公司,指上市公司为了实现某一个特定的计划,规定如果完成了相应的目标,就将一定数量的股票赠予高级管理人员。一般来说,限制性条件有服务年限和业绩目标。限制性股票很重要的一个目的就是留住人才。如果高管层在禁售期内离职,限制性股票也会作废。当然,如果高管层在规定期限内没有达到相应的业绩目标,也无法获得限制性股票。

5. 管理层收购

管理层收购(MBO),是指企业的管理层借助金融杠杆工具,购买本企业的股份,以实现资产重组,所有权、控制权变更等目的。通过管理层收购计划,高管层从管理者变成了所有者、出资方,这种双重身份不仅有利于企业的长期发展,也有助于增加高级管理者的工作动力。不过在实践当中,高级管理人员通常会倾向于选择一种主要身份。比如,如果是自己选择作为所有者,就会通过外聘其他职业经理人的方式完成身份的转变。

二、权力与地位激励

权力与地位激励也就是对高管层的权力与地位进行重新界定,其结果是提高了高管层对企业经营的管理控制权,或者是使高管人员拥有更高的职位,提升高管人员在行业内的声誉等。

(一)内部晋升

高管层常常面对一些尴尬的身份,比如,很多人对"高管"的理解就仅仅是C字头的职位,比如首席执行官(CEO)、首席财务官(CFO)等,事实上,总经理也是高管层人员。因此,良好的晋升通道对于高管层来说也是一种有效的激励工具。"人往高处走"是一种本能,如果一位高级管理人员在企业中看不见上升的机会,那么其对企业的忠诚度及工作热情就会减少,甚至会选择离开企业,导致企业人才的流失。

(二)经营控制

给予高管层一定的企业控制权也是一种重要的非物质激励方式。也就是说,高管层在保障货币资本增值、保值的条件下,在日常经营活动之外,可以独立经营企业,拥有更多的权力,也有人将这种行为称为内部人控制。经营控制权对高管层会产生激励作用。经营控制权还会给予高级管理人员一些职位特权。比如,可以享受一些额外的消费补贴、豪华办公室、专用停车位、子女教育津贴等。

(三)职业声誉

对于高管层而言,职业声誉是一种最高的激励手段。高管层的职业声誉结合了个人荣誉和企业利益,也就是说,一个好的企业需要一个好名声的高级管理人员来提升企业的影响力,而企业的发展水平本身也是高管层个人能力的体现。此外,职业声誉结合了物质和精神的双重满足,高管层获得荣誉就会得到满足感,而这些荣誉反过来也会给个人带来丰厚的经济回报。可以说，职业声誉是一种长期的、终极的激励手段。不论高级管理人员身在什么行业、就职于什么企业，个人声誉都将伴随其整个职业生涯。

三、企业文化激励

企业文化激励是人力资本激励的重要内容。企业文化是一种价值理念，和道德是一个范畴。企业制度是有形的，但是企业文化是无形的，它可能在许多看不见的地方影响着企业的发展。比如，倡导"狼性文化"的企业，强调的是顽强的拼搏精神和优胜劣汰的价值理念。这样的企业，喜欢的是具有冒险意识和危机意识的高管层，以及具有强执行力和奉献精神的团队。可以说，不同的企业文化造就不同的企业氛围，进而对整个企业的发展方向有举足轻重的影响。事实上，高管层本身的个人特质、领导风格也是企业文化的重要组成部分。

(一)公平理念

在一个高度公平、公正的环境当中，企业的员工会有更积极的工作体验。公平理论指出，公平的企业文化主要包括分配公平、程序公平和互动公平(见图 7.3)。分配公平是员工对结果公平的感知，比如合理的薪酬制度和公平的晋升渠道；程序公平是指员工对结果判定过程的公平的感知，比如公开透明的绩效评价流程；互动公平，是指员工对尊敬和尊严的感知，比如一视同仁的领导者。在组织当中，个体会把自己的投入和产出进行分析、比较。如果感到不公平，就会有减少投入、改变产出、歪曲认知和离职等行为。公平理念让高管层看到了晋升的希望，能够激发其工作热情。

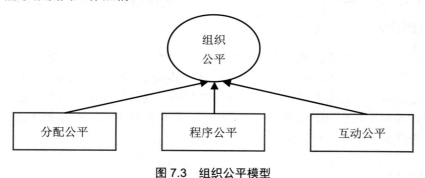

图 7.3　组织公平模型

(二)情感归属

根据著名的马斯洛需求层次理论(Hierarchy of needs theory)，个体对工资、奖金、股权等需要是一种较低级的需求，而情感归属则是较高级的需要。因此，对于高管层而言，企业所提供的安全感与归属感也是一种积极的激励。当高级管理人员从情感上热爱这个企业时，他就会投入更多的时间与精力工作，会感受到更高的工作满意度，对企业的忠诚度也会提高。

第四节　高管层的约束机制

作为公司决策的主要制定者和执行者，高管层的权力如果不受一定的制约，可能会出现损害股东及企业利益的行为。任何一个好的制度都应当奖罚分明，因此，除了制定高管层的激励机制，还应当建立高管层的约束机制。约束机制是指公司对高级管理人员的决策、行为或经营成果所进行的一系列客观而及时的检查、评价、监察、控制、督导和惩罚的行动，包括公司内部监控机制和公司外部监控机制。高管层的约束机制包括自我约束、内部约束和外部约束三个方面。

一、自我约束

(一)职业道德约束

公司的高级管理人员需要参与企业的高层决策和管理，所以，其道德约束应包括两个方面：一是在受聘期间，要有对企业的忠诚、奉献精神和团队合作精神，不能危害和损害企业及同事的利益；二是在解聘后不能泄露公司的商业秘密，不能以任何方式损害原受聘企业的利益，维护自身利益应通过法律等正当手段进行，不应不正当手段。

(二)偏好约束

每个人的性格、年龄、职业、所处的地位等各不相同，对金钱、知识、经验、荣誉等的偏好也不一样。比如，有人会把对自我经营价值观念的实现作为追求，有人会把人格受尊重放在第一位。如果担任某一企业的高管，就能获得自己渴望的东西，则高管就要约束自己滥用职权的行为，这就是偏好约束。

(三)对成就感和荣誉感的需求

担任企业高管的人，一般来说，在事业上较有成就，生活上也较为优裕。按照马斯洛的需求层次理论，这个时候，他们对于成就感和荣誉感的需求往往会超过其对薪酬的关注；成功担任公司高管这样一个备受瞩目的角色所能带来的成就感和荣誉感会进一步促使高管保持较强的责任感和进取心。

二、内部约束

内部约束是指组织内部对高管层的监督与控制，包括章程约束、合同约束、机构约束、内审约束和长期激励约束。

(一)章程约束

我国《公司法》第二十三条明确将规定公司章程是公司设立的条件之一，并且规定了公司章程对高级管理人员有约束力，要求高管层人员的任命、商业行为必须符合章程的要求。公司章程就是"企业的宪法"，所有人都应当遵守章程的约定。公司章程是由企业股东共同制定的，在以后的经营活动中，经代表 2/3 以上表决权的股东通过也可以进行修改。

(二)合同约束

合同约束是针对个人的最直接的约束。高管层在签订合同时，必须要明确双方的权利义务、职责范围、薪酬制度、保密协调等。合同约束具有双向约束效力，即企业对高管层有考察监督的权力，同样地，高管层也有要求企业履行合同约定的权力。

(三)机构约束

机构约束是指来自董事会、监事会和股东(大)会的约束。作为企业最高决策机构,董事会有权决定高级管理人员的选任、聘用、奖惩和罢免,是对高管层的直接约束机构。监事会和股东(大)会对高管层的约束是间接约束,两者对高管层负有监督责任。只有当董事会拒绝履行对高管层的管理时,监事会和股东(大)会才可以对高管层的失职行为进行直接干预,比如提请法院诉讼。

(四)内审约束

内部审计是企业内部的独立审计部门,基本职能是对企业内部管理进行监督。因此,内审制度对高管层也具有约束力。内部审计的作用就是对企业的日常运营、财务状况、经营管理等进行审查和评价。对公司进行全面的监督,从而对董事会、监事会及高级管理人员的商业活动进行管理。

(五)长期激励约束

长期激励制度对于激励对象而言,是激励也是约束。对于高管层来说,公司业绩上升,其预期报酬增加是一种激励;公司业绩下滑,其预期报酬减少,则是一种约束。

三、外部约束

外部约束是指组织之外机构对高管层的监督,包括法律约束、市场约束、团体约束、舆论约束和文化约束。

(一)法律约束

法律约束是最强的约束。所有人都必须遵守法律,高管层也不例外。我国现行法律明确规定,高管层要遵守相关法律法规,比如,必须遵守公司章程;不得收受贿赂;不得侵占公司财产;不得泄露公司秘密;不得利用职权谋取私利。同时也规定了相应的违法行为,比如,挪用公司资金;公款私存;私自为公款借贷或为他人担保;私下交易;将公司佣金据为己有等。可以说,法律约束是最有效的约束机制,也是最终的约束机制。

(二)市场约束

市场约束是指相关行业对从业人员的约定俗成的规定。如果一个高级管理人员不遵守市场的规则,那么他将很难在行业中自由流动。一般来说,市场约束包括人力资本市场和资本市场两个方面的约束。人力资本市场是有相应的准入规则和流动规则的,比如,对于高技术型的企业,高级管理人员可能需要相关的资质证书。公司的经营状况可以直观地在资本市场体现。如果在某个高级管理人员的任期,企业的市值得到了大幅提升,该高管的职业声誉也将随之提高,有利于其职业生涯的发展。相反,如果企业的经营状况陷入困境,该高管的职业声誉不但会受到影响,还有可能因此失业。

(三)团体约束

公司管理层作为一个重要的社会阶层登上历史舞台,有他们自己的民间团体,一般称为职业经理人协会。民间团体是政府管理社会,实现软着陆的重要途径。职业经理人协会一般建立公认的职业经理人的职业准则和评价体系,帮助公司管理层明确职业责任,遵循职业伦理,规范约束职业行为,提高企业经营与管理水平,促进职业经理人市场健康发展。

(四)舆论约束

舆论约束是一种无形的软约束,对约束对象不具有强制约束力。社会舆论约束中,新闻媒体约束的作用较为明显。新闻媒体可充分发挥其公开、公正、真实的特点,对管理层的行为进行监督,保护弱势群体,并促使企业规范发展。随着互联网的普及,很多个人或是(自)媒体都可以对组织和高管进行监督。互联网具有高传播率、覆盖面广和及时性等特点,已经成为有效的管理层约束之一。

(五)文化约束

从广义上讲,文化约束是指社会文化对个体行为的影响。比如,在西方文化当中,商业谈判只能在谈判桌上进行,而我国的很多交易都是在办公室外面达成的,比如酒店里。这种文化差异会影响高管层的个人行为。狭义的文化约束是指企业文化的影响,比如在拥有"加班文化"的企业,员工都会自觉地加班。可以说,对于高管层而言,文化约束是一种隐性的约束,虽然没有明文规定,却潜移默化地影响着他们的个人行为和组织行为。

案例7-2 媒体监督与高管薪酬

高管薪酬问题与公平、反腐等一系列社会热点存在诸多关系,是典型的资本市场热点新闻。过高的薪酬极易引起广大读者的不满,而特别低的薪酬则极易引起广大读者的好奇,因此,高管不合理薪酬容易导致媒体的关注。传统媒体与网络媒体的信息传播各具特点。传统媒体对所传播内容进行严格的事前筛选,尽管提高了可靠性,但也丧失了信息的时效性,并放大了主观性。而互联网可以将自身的态度和观点及时地沟通和大范围地发布,并迅速形成网络舆论压力,但更可能存在造谣、诽谤等负面因素。

通过逐条阅读 WIND 数据库中的中国证券报、上海证券报、证券时报、证券日报等 100 多家媒体报道的各家上市公司 2009 年度新闻实证研究发现,"天价薪酬"与"零薪酬"等薪酬乱象极易吸引读者眼球,具有很高的新闻价值,媒体愿意投入大量人力、物力、财力去发掘相关公司的负面新闻,这使媒体的监督职能得以发挥。然而,媒体通常并不能直接影响上市公司,这就决定了媒体作为一种外部治理机制,往往只能间接地、利用媒体之外的监督机制或声誉机制去影响、帮助公司改进。当媒体之外的监督机制或声誉机制并不能充分发挥作用时,媒体监督职能的发挥并不能必然地转化为治理功能。在我国资本市场特殊的制度背景下,媒体借助政府这个路径,最易达成治理功能。

研究 2013—2017 年我国 A 股上市公司数据发现:我国上市公司高管薪酬水平与代理成本显著正相关,高管薪酬工具在解决委托代理问题方面并未发挥应有的作用,存在较为突出的高管薪酬代理问题。而新兴的网络媒体不仅能够积极监督上市公司高管不合理薪酬,而且对高管薪酬代理问题具有显著的外部治理效应,能够有效促进高管薪酬在降低公司代理成本中的作用。

通过以上两个对媒体如何影响高管薪酬研究的结果对比,可以看出,在互联网时代,媒

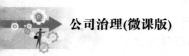

体对高管层的监督作用越来越直接，造成的影响也越来越大。

[资料来源：段升森等，网络媒体、高管薪酬与代理成本.财经论丛，2019.244(03).]

本 章 小 结

  本章主要探讨了高管层对企业的重要作用，以及企业如何寻找并管理优秀的高级管理人员。首先，对高管层的概念进行了界定，即对法人的财产拥有经营管理权，承担法人财产保值增值责任的企业高级经营管理者。对高管层的主要特征进行了描述，包括个人特征和职业特征。并且对高级管理人员的三种主要制度以及高管层的选任、聘用方式及其利弊进行了详细介绍。

  其次，介绍了高管层的绩效评价制度。通过对绩效概念、评价原则和评价内容三个方面的分析，重点探讨了如何建立一个良好的绩效评价体系，微观层面要发挥高管层的人力资本效能，宏观层面要强调高级管理人员对企业产生的积极影响。与此同时，介绍了四种常见的绩效管理方法，分别是目标管理法、360度反馈法、平衡计分卡及关键绩效指标法，并且还强调了绩效评价结果的应用与企业应当采取的行为。

  最后，着重介绍了本章的重点内容：高管层的激励机制与约束机制。高管层的激励机制主要包括物质激励和非物质激励。其中，物质激励是基础，包括年薪制和股权激励，并且分别阐述了每一种激励方式的优点和缺点；非物质激励是补充，但对高管层来说可能更具有吸引力，比如，职业声誉激励不但会产生个人成就感和荣誉感，还会带来相应的物质收益，达到了物质和精神的双重满足，是一种最高的激励手段。高管层的约束机制包括自我约束、内部约束和外部约束三方面。自我约束包括职业道德约束、偏好约束、对成就感与荣誉感的需求等方面；内部约束主要有章程约束、合同约束、机构约束、内审约束和长期激励约束；外部约束有法律约束、市场约束、团体约束、舆论约束和文化约束等。

思 考 题

1. 高管层的内涵是什么？高级管理人员具有哪些特征？
2. 高管层的选任机制是什么？
3. 高管层的激励机制有什么作用？简述几种经典的股权激励机制。
4. 高管层约束机制的内涵是什么？高管层约束机制有哪些？

实 践 应 用

海正药业高管违规事件

  2020年9月1日，海正药业披露《关于与北京天广实生物技术股份有限公司相关历史问题及整改结果的公告》显示，2008—2012年，海正药业时任董事、高管、党委领导涉及违规投资，通过股权代持、与引进人才签订劳动合同等方式投资项目研发公司，从事抗体药物的前期研发工作，再将项目转让给海正药业进行产业化，并最终将项目研发公司权益转让。经审计，上述董事、高管、党委领导违规收益及利息合计1.11亿元。同日，海正药业披露，收到上海证券交易所对公司有关问题监管工作函，要求海正药业落实加强对董事、监事、高管及员工管理，完善内控；核实相关项目合作是否损害上市公司利益；核实相关关联交易是否合理、公允；核实是否存在未披露的重大信息等。海正药业究竟发生了什么？

1. 高管违规投资

2008年8月，海正药业时任董事长白某及部分董事、监事、高管、部分员工及其亲属与其他社会投资人自筹资金共同设立了杭州兴海投资股份有限公司(以下简称"杭州兴海")，并于同月收购了北京天广实生物技术股份有限公司(以下简称"天广实")100%的股权。天广实原为北京四环医药科技股份有限公司作为主要股东于2003年设立的企业，主要从事生物药研发。杭州兴海成立3年后，在美国几家知名药企工作过多年的李某经人介绍结识了白某，双方达成共识，决定合作。双方同意由海正药业与李某等技术人员签订劳动合同并支付薪酬，相关人员在天广实建设研发平台进行抗体生物药的前期研发工作，海正药业对这些研发成果享有优先受让的权利。

从2012年4月开始，李某出现在天广实股东名单中，并担任董事和总经理。其后，李峰等四人的研发团队与海正药业、天广实补充签署了《人员借调协议》，该协议明确，天广实从海正药业借调李某等四人，利用天广实提供的工作条件从事抗体药物的前期研发工作。之后由海正与天广实签订研发成果转让协议，研发成果转移至海正药业继续进行产业化开发，这些技术成果和相关技术专利以天广实名义申请，所有权归属天广实。

2015年7月，海正药业时任董事、监事、高管以及部分杭州兴海股东及实际投资人委托罗某某、徐某某作为其代持人，与李某、王某一起，共同设立了山南华泰君实投资有限公司(以下简称"华泰君实")。自设立时起，华泰君实即系李某控股的公司。同年12月，杭州兴海将其持有的天广实全部股份转让给了华泰君实，后杭州兴海注销。

2011年9月至2018年1月，海正药业陆续向李某等4人合计支付薪酬2069.6万元。

2018年3月，李某开始担任天广实董事长和法定代表人。

2018年7月和2020年2月，海正药业相关董事、监事、高管代持人罗某某和徐某某相继通过减资方式处置了其持有的华泰君实股权，从而实现了从华泰君实的退出。至此，上述相关海正药业高管不再享有天广实任何权益。

2. 海正药业进一步约束高管

2020年9月5日，海正药业现任管理层对上述高管违规投资问题高度重视，决定采取一系列措施加强对高级管理人员的管理。

第一，加强培训和学习，强化规则意识。一方面，组织公司管理层认真学习了《公司法》《国有企业领导人员廉洁从业若干规定》等法律法规，提升和强化公司管理人员的合规意识；另一方面，鼓励管理人员多参加证监会和交易所组织的学习，并将学习情况纳入考核体系。

第二，定期对董事、监事、高管等关键人员对外投资情况进行跟踪、核查，并将核查结果与绩效考核挂钩。同时，公司将匹配相应的绩效考核及关键人员重大事项违规处理机制，针对违反公司要求的人员，按规定进行处罚。

第三，进一步完善内部审计部门的职能，加强专职内部审计人员的力量及专业性，在董事会的领导下行使监督权，并完善内部控制监督的运行程序，制订详细的内部日常审计及专项审计计划，全面开展内部审计工作。

第四，与关键管理人员签署竞业禁止协议，对其对外投资及任职进行约束。公司也将对关键管理人员的竞业禁止执行情况进行跟踪。在关键管理人员聘任前，公司人力资源中心做好审查工作，董事会提名委员会亦会按照要求对董事、监事、高管人选进行严格审核；在关键管理人员任职期间，公司证券管理部会定期对董事、监事及高管对外投资、任职情况进行核查，并要求其提交自查报告；在关键管理人员离任后，公司审计部将做好离任审查工作。

(资料来源：阎俏如. 高管违规获利上亿元. 海正药业涉嫌隐瞒关联交易[J]. 中国经营报, 2020-09-12.)

【思考与讨论】
1. 海正药业高管违反了哪些规定？应该承担什么责任？
2. 从公司治理角度，应如何加大这类违规事件的监管和惩处力度？

微课视频

扫一扫，获取本章相关微课视频。

高管层的激励与约束（一）.mp4

高管层的激励与约束（二）.mp4

第八章　公司股权激励设计

【学习目标】
1. 了解股权激励的基本概念与内容。
2. 掌握股权激励计划的目的与作用。
3. 把握股权激励设计的基本原则与要点。
4. 把握几种典型的股权激励模式的设计与应用。

【引导案例】

华为股权激励历程

2021年2月4日，华为轮值董事长胡厚崑宣布：华为2020年股票分红，预计每股1.86元！今年，华为在饱受美国打压的情况下，还能为"奋斗者们"分发如此的奖励，真是令人钦佩！

从华为成立开始，其股权激励机制也在不断变化，前后共发生5次改变。

1. 创业期股票激励

创业期的华为一方面由于市场拓展和规模扩大需要大量资金，另一方面为了打压竞争者需要大量科研投入，加上当时民营企业的性质，出现了融资困难。

华为优先选择内部融资，内部融资不需要支付利息，存在较低的财务困境风险，不需要向外部股东支付较高的回报率，同时可以激发员工努力工作。

1990年，华为第一次提出内部融资、员工持股的概念。当时参股的价格为每股10元，以税后利润的15%作为股权分红。

那时，华为员工的薪酬由工资、奖金和股票分红组成，这三部分数量几乎相当。其中股票是在员工进入公司一年以后，依据员工的职位、季度绩效、任职资格状况等因素进行派发，一般用员工的年度奖金购买。如果新员工的年度奖金不够派发的股票额，公司会帮助员工获得银行贷款购买股权。

华为采取这种方式融资，一方面减少了公司现金流风险，另一方面增强了员工的归属感，稳住了创业团队。

也就是在这个阶段，华为完成了"农村包围城市"的战略任务。1995年销售收益达到

15亿元，1998年将市场拓展到中国主要城市，2000年在瑞典首都斯德哥尔摩设立研发中心，海外市场销售额达1亿美元。

2. 网络"泡沫"时期的股权激励

2000年网络经济"泡沫"时期，IT业受到毁灭性影响，融资出现空前困难。

2001年底，华为受到网络经济"泡沫"的影响，其迎来发展历史上的"第一个冬天"，此时，华为开始实行名为"虚拟受限股"的期权改革。

虚拟股票是指公司授予激励对象一种虚拟的股票，激励对象可以据此享受一定数量的分红权和股价升值权，但是没有所有权，没有表决权，不能转让和出售，离开企业时自动失效。虚拟股票的发行维护了华为公司管理层对企业的控制权，不至于出现一系列的管理问题。

华为公司还实施了一系列新的股权激励政策：新员工不再派发长期不变1元1股的股票；老员工的股票也逐渐转化为期股；以后员工从期权中获得收益的大部分不再是固定的分红，而是期股所对应的公司净资产的增值部分。

期权比股票的方式更为合理，华为规定根据公司的评价体系，员工获得一定额度的期权，期权的行使期限为4年，每年兑现额度为1/4。

从固定股票分红向"虚拟受限股"的改革，是华为激励机制从"普惠"原则向"重点激励"的转变。下调应届毕业生底薪，拉开员工之间的收入差距即是此种转变的反映。

3. "非典"时期的自愿降薪运动

2003年，尚未挺过"泡沫"经济的华为又遭受非典型性肺炎的重创，出口市场受到影响，同时和思科之间存在的产权官司直接影响华为的全球市场。华为内部以运动的形式号召公司中层以上员工自愿提交"降薪申请"，同时进一步实施管理层收购，稳住员工队伍，共同渡过难关。

2003年这次配股与华为以前每年例行的配股方式有三个明显不同：配股额度很大，平均接近员工已有股票的总和；兑现方式不同，往年积累的配股即使不离开公司也可以选择每年按一定比例兑现，一般员工每年兑现的比例最大不超过个人总股本的1/4，对于持股股份较多的核心员工每年可以兑现的比例则不超过1/10；股权向核心层倾斜，即骨干员工获得配股额度大大超过普通员工。

此次配股规定了一个3年的锁定期，3年内不允许兑现，如果员工在3年之内离开公司，则所配的股票无效。华为同时也为员工购买虚拟股权采取了一些配套的措施：员工本人只需要拿出所需资金的15%，其余部分由公司出面，以银行贷款的方式解决。

自此改革之后，华为实现了销售业绩和净利润的突飞猛进。

4. 新一轮经济危机时期的激励措施

2008年，美国次贷危机引发的国际经济危机给世界经济造成重大损失。面对经济危机冲击和经济形势恶化，华为又推出新一轮的股权激励措施。

2008年12月，华为推出"配股"公告，此次配股的股票价格为每股4.04元，年利率逾6%，涉及范围几乎包括了所有在华为工作1年以上的员工。这次配股由于属于"饱和配股"，即不同工作级别匹配不同的持股量。大部分在华为总部的老员工，持股已达到其级别持股量上限，因此并未参与这次配股。

有业内人士估计，华为内部股2006年时约有20亿股。按照上述规模预计，此次配股规模在 16 亿～17 亿股，因此是对华为内部员工持股结构的一次大规模改革。这次配股方式与以往类似，如果员工没有足够的资金实力直接用现金向公司购买股票，华为以公司名义向银行提供担保，帮助员工购买公司股份。

5. 进一步完善现有的长期分配制度

为了进一步完善现有的长期分配制度，同时解决现有虚拟受限股的弊端，华为于 2013 年推出"时间单位计划"(Time Unit Plan)，并于 2014 年在中国区全面推广，实现全球覆盖。

时间单位计划，即每年根据不同员工的岗位及级别、绩效，配送一定比例的期权。这种期权不需要花钱购买，周期一般是 5 年。购买当年没有分红，前 3 年每年分红 1/3，第 4 年获得全部分红，同时最后一年获得股票增值结算，最后股票数额清零。

华为公司的股权激励历程说明，股权激励可以将员工的人力资本与企业的未来发展紧密联系起来，形成一个良性的循环。

(资料来源：https://www.sohu.com/a/449382196_809231，略有改动)

第一节　股权激励概述

股权激励作为企业经营者或员工的经济权利，是公司以股权的形式向员工提供的一种长期有效的激励工具。该种激励方式使员工成为利益共同体，能够使其以股东的身份适当参与公司的重要决策与日常管理活动，共同分享利益与承担风险等。

一、股权激励的相关概念

(一)股权

"股权"是股东权利的简称，是构成财产所有权的一个重要部分，是公司股东通过出资或者受让等合法途径拥有股份或出资份额，并借以享有参与公司决策、享有公司利润分红的可转让的权利。

1. 股权的分类

(1) 自益权与共益权。

根据股权的行使目的不同，可以将其分为自益权和共益权。

自益权：股东为了自身利益行使的合法权利，如利润分红和股息分配的请求权、剩余财产的分配请求权、股份转让的权利及新发行股票的优先认购权等。

共益权：股东为了公司或者全部股东的利益，同时为自身利益而行使的合法权利，包括对公司活动的参与权和行为的监督权等。比如出席股东大会的权力、表决权、查阅公司账簿等资料的请求权、股东大会召开的请求权及股东会议无效的请求权等。

(2) 单独股东权与少数股东权。

根据是否需要达到一定的股权份额才可行使的权利，可以将股权划分为单独股东权和少数股东权两类。

单独股东权顾名思义，是只需要一个股东就可以行使的权利，没有股权份额的限制，大部分的股东权利均为单独股东权。

少数股东权：与单独股东权不同，此种权利的行使必须达到一定的股份数额，否则是无法行使的。少数股东权是《公司法》为了限制滥用股东权利的行为而设定的，对于维持公司活动的有序进行具有重要意义。

(3) 普通股东权与特别股东权。

根据股权主体是否具有特殊性，可以将股权划分为普通股东权和特别股东权。

普通股东权：仅能享有一般股东所享有的权利，所以称为普通股东权。

特别股东权：只有某些股东才能享有的权利。比如，《公司法》规定，有限责任公司股东之间可以互相转让部分或者全部股权。但是，股东向股东以外的人进行股权转让时，需要经过剩余股东超过 1/2 的人同意。

2. 股权的基本特征

股权具有以下基本特征(见图 8.1)。

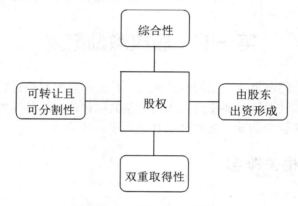

图 8.1 股权的基本特征

(1) 综合性。

股权是一种同时具有财产性和非财产性的综合权利。即其不仅包含利润分红的索取权的财产性权利，还包含表决权、质询权等非财产性权利。

(2) 可转让且可分割性。

股东可以合法地转让其部分或者全部的股权，当为第一种情况时，其股权就是可分割的，因为股权的原股东和继受取得公司股权的新股东的权利是相互独立的，分别拥有的股权都有自由支配的权利。

(3) 由股东出资形成。

股东股权的获得必须由其出资形成，以丧失对资产的所有权为代价。

(4) 双重取得性。

股东股权的取得包括原始取得和继受取得两种。既可以通过原始出资取得，根据出资的数额分配给其相应的股权；也可以通过继承或受让取得，仅对继受部分享有权利。

(二)股份

股份是衡量公司拥有资本的基本单位，股东出资数额表示在公司中占有的股份，代表股东对公司的部分拥有权。

股份具有以下主要特征。

1. 价值性

对于公司而言，所发行的股份即为其资本总额，是公司资本的重要体现，反映公司的价值，能够用货币衡量。

2. 平等性

同一类型的每一股份的价值是相同的，即无论是谁，只要拥有该类型相同数量的股份，那么其获得的权利就是相同的，没有差别。

3. 不可分割性

股份是公司资本最基本的测度单位，每一份股份不可以进行细化和分割，也是股东拥有股权数的最小计量单位。

4. 可转让性

同股权类似，在合法范围内，股东拥有的股份可以部分或全部转让。

(三)股票

股票是股东拥有公司权利的体现，是其股份可量化的表现形式，是公司向其发行的证明其所有权的有价凭证，股东可以按照股数分得股息和经营红利。

对于股东来说，股票既可以买卖，也可以进行转让。同种类型的股票，每份股票所代表的价值是均等的；股东对公司所有权的大小取决于其所拥有该公司股票数量的多少。

总的来讲，股权、股份和股票既有显著的区别又有密切的联系。首先，股权是建立在股份基础上的，没有股份，股权也就无从谈起；其次，股东股权的大小取决于其所占股份数量的多少；最后股票是股份的表现形式，股份是股票的价值体现。举例来讲，某人拥有公司 A 的股票，说明他具有该公司的股份，是该公司的股东之一，对该公司享有分享利润和参与管理等的权利；他拥有的股票越多，占有公司的股份就越多，股权就越大。

二、股权激励的目的

股权激励是通过经营者获得公司股权，让企业经营者获得一定经济权利，使他们能够以股东身份参与企业决策、分享利润、承担风险，从而勤勉尽责地为公司的长远发展服务。

股权激励是员工通过合法途径拥有股份或者出资额的激励工具，其目的是改善公司的经营现状，使员工利益与股东利益相一致。

在现有薪酬制度下，员工个人利益与公司利益是不一致的。因为员工的薪酬收入是公司成本支出的重要部分，员工通常希望获得高报酬，而公司则希望以较低的成本获得更大的利润。但是，通过提高经理人高薪就能从根本上解决这一矛盾吗？答案显然是否定的。通常经理人会为了提高自己的薪酬而做出有损公司的短期获利行为，因此只有采取股权激励这一措施，才能使经理人与公司的行为目标一致，使个人利益与公司利益相一致，完善公司治理。

股权激励解决了公司治理层面的问题，而不仅是管理层面的问题。股权激励要求公司与激励对象形成利益共同体，做到"劲往一处使"，而不是将股权激励看作提升组织绩效的手段，否则会导致激励对象有短视行为，有损企业的长远发展。

三、股权激励的基本原则

(一)差异化原则

公司由于外界环境不同、性质及规模不同，公司发展状况也各不相同，即便采取相同的股权激励方式，产生的激励效果也会有所差异。因此，企业在实行股权激励时要"因地制宜"，根据公司不同的外界环境和内部特征，采取适用于本公司发展的激励内容(激励期限、激励范围、激励对象等)。

(二)适度原则

在实施股权激励时，一方面，要考虑到底采用哪种激励模式能够事半功倍；另一方面，要把握激励的力度。无论是哪种股权激励模式，都可能存在利与弊。要保证股权激励达到理想效果，就必须分析激励对象的整体薪酬水平和薪酬结构，确定何种水平的股权激励既能够激发员工的工作热情，又能够保障公司的利润。

如果激励水平过低，显然无法激发员工的工作热情，甚至会造成人才流失，股权激励也就没有意义；如果激励水平过高，又会增加公司成本。同样地，激励周期过长，激励对象面对这种"遥遥无期"的利益失去兴趣，也起不到激励作用；激励周期过短，激励对象又会采取利己的短视行为，不利于企业长远发展。

(三)约束的激励原则

通常情况下，制定股权激励措施时，有可能过度重视激励作用，而忽视了股权激励的约束作用。没有约束的激励会导致激励对象做出极端利己行为，而没有激励的约束，会影响员工的工作热情。制定股权激励措施时，应明确激励对象受到的约束条件，否则经理人会为了达到目标不择手段，甚至做出违法行为，不利于公司发展，例如，股权激励中的竞业禁止、信息保密、服务期限等约束条件。

(四)公平原则

确定激励对象应当具有公平性，不能因性别、种族、外貌等区别对待，也不能根据管理层的个人喜好评判员工的好坏，应一视同仁。只有激励对象感受到公平，才能真正起到激励作用。

(五)灵活原则

灵活原则又称动态原则。公司在不同的发展阶段会面临不同的外部环境，其管理水平、战略决策、组织架构都会不同，因此，不同时期要对激励模式或者激励内容进行相应的调整，以适应公司发展现状。

(六)分层原则

公司的组织架构通常分为股东会、董事会、经理层和其他部门等，股权激励也应该建立这种层级式的机制，使有能力的员工看到自己上升的希望，如此才会更有干劲，提升工作效率。

四、股权激励的作用

(一)形成利益共同体

1. 利益捆绑

为了获取短期绩效的提升和发展的稳定，经理人会采取短视行为，甚至不作为。薪酬制度下的激励方式只能使得他为了获取更多的绩效工资，加重其利己的短视行为，不会考虑公司的长远发展。因此，只有股权激励才可以将个人利益与公司利益相结合，保证真正意义上的一致。这种利益捆绑使经理人具有双重身份，既是公司的所有者，又是公司的管理者，有了"主人翁"的责任感，既可以打工赚钱，又可以通过股权获取利润分红。只要预期的股东收益满足他，便会避免不作为和短视行为的出现。

2. 风险与利益共存

对于公司的发展成果，经理人既要享受利益的权利，也要承担可能发生的风险。也就是说，如果企业的未来发展前景较好，经理人自然就能获得可观的利益，但是当公司未来发展堪忧时，任何股东都要承受相应的损失。

在现有薪酬制度下，员工个人不必对公司的损失负责，通常高收益就意味着高风险，经理人一般不愿意做虽然能够为公司带来巨大收益，但同时又要承担有很大风险的事情，原因在于高收益属于股东，而如果决策失败的话，责任就属于经理人。因此，他们通常是采用更加稳妥、收益较低的行动方案。然而，通过实施股权激励，激励对象成为股东，其成为公司风险决策的直接受益人，风险也是由所有股东共同承担。这样形成"一荣俱荣，一损俱损"的利益共同体，经理人就会做出最有利于股东的决策。

(二)激励与约束并重

经理人获得公司的股权后能够分得相应的利润红利，并参与公司的运营及管理工作，激励其工作积极性。但是，好的激励方式在起到激励作用的同时，对其也要有相应的约束力，避免出现权利"滥用"的现象。比如，激励对象的绩效只有达到约定的某种标准才可获得相应股权；违反既定约定要承担相应的责任等。

单纯的激励或者约束方式不能使公司运转取得好的结果。因为单纯的激励会使经理人采取对自己最有益而不顾公司利益的行为；而单纯的约束或者惩罚机制，不但会打击员工的工作积极性，也会使他不作为或采取激进的短视行为。因此，股权激励方式同时产生激励与约束作用，是"胡萝卜加大棒"式的激励方式，有利于企业的长足发展。

(三)留住并吸引人才

公司通常会通过支付高薪从外部聘请人才，但是当他们在公司工作一段时间后，便会为自己"找下家"，获取更高的薪酬。这样，公司成了员工个人发展的跳板，进而给公司带来很高的招聘、时间及培训成本等，对公司可谓"百害而无一利"。但是，如果采取股权激励方式，基于股权实现对员工存在一定的约束(如取得股权三年内不得买卖或者转让等)，他们就不会轻易放弃现有的股权，因此能留住人才。

股权激励比高薪更具吸引力，因为股权可以为员工带来因企业成长获得的额外收益，也更易使其产生归属感。尤其是对处于初创期的企业来说，现金流较少，不能通过给予高薪吸引人才，而股权激励的方式就能很好地解决这一问题。股权激励使企业形成开放的股权结构，不仅可以留住优秀人才，而且可以吸引外部人才的流入，为企业注入新鲜"血液"，从而提升公司的整体竞争力。

(四)降低企业人力成本

无论是何种类型的公司，随着规模的不断扩大，人力成本也不断增加，导致"用不起人"的情况发生，不利于公司的发展。而股权激励措施能代替一部分固定的薪酬和奖金，能降低用人成本，增加企业的整体利润。

第二节　股权激励计划设计要点

在股权激励措施实施前，还有很多准备工作需要做。其中，首先要关注股权激励的基本设计要点，如果不能明确有效的股权激励计划的关注点，就会导致方案存在偏差或错误，为管理工作带来负面影响。这样不仅要花费更多的人力、物力和财力进行纠偏，还会影响员工的工作热情。因此，股权激励计划的实施需要计划周全、考虑长远，如此才能保障其有效实施与执行。

一、明确有效股权激励的标准

前文提及的股权激励的基本原则也是实施股权激励时的基本标准。此外，还要保障剩余索取权与剩余控制权相统一、风险与利益相统一、激励与约束相统一、公平不公开，保障股权激励的有效性。

二、确定股权激励的对象

(一)激励对象的选择范围

马斯洛需求层次理论认为，人的需求从低层次到高层次依次为生理需求、安全需求、社交需求、尊重需求和自我实现需求。一般认为，人只有在满足较低层次的需求时，才会追求更高层次的需求。虽然股权激励基本能够满足以上五种需求，但是一定时期内某一层次的需求是占主导地位的。因此，激励员工主要应考虑他当时的需求层次。

如果一个员工的工资水平较低，甚至不能满足基本的生理需求，即使给他很高的股权激励份额，他还要缴纳很高的购买股权的资本，反而增加了负担，更不要说什么激励作用了。因此，股权激励实施的对象通常是有高薪酬的公司董事、高层管理人员或者核心技术人员。

除此之外，股权激励措施的实施还要满足以下两个基本条件：一是员工对公司的发展前景是看好的；二是高管层的信用资产和规则意识要好。

(二)激励对象选择的参考因素

激励对象不是针对所有的高管和核心技术人员的，需要参考以下因素。

(1) 激励对象与公司是否有相同的目标和是否认同公司文化。共同的目标可以降低公司的监督成本，认同公司文化可以更快融入，降低沟通成本。

(2) 员工对公司历史贡献大小。基于股权激励公平原则，公司的老员工为公司做出的贡献是有目共睹的，一般以他对公司的历史贡献为考核标准。

(3) 员工的工作能力强弱。员工的历史贡献，很大程度上取决于员工的工作能力，对于工作能力强的员工应给予更大的股权激励，如此才能使得企业的整体效益提升。

(4) 对公司潜在价值的大小。新进员工的引入能够为企业注入新鲜"血液"，对公司未来发展具有很重要的作用，因此要对他们进行潜在价值的评估，确定是否对其实施股权激励措施。

三、确定股权激励的模式

(一)不同发展阶段的模式选择

随着公司的资源积累，公司会经历初创期、发展期、成熟期和衰退期四个不同的发展时期。在不同发展时期，公司具有不同的特征并面临不同的外部环境，因此在激励模式选择上会有差异。通常来讲，处于初创期和发展期的公司股权激励的比例可以相对高一些，而成熟期就可以相对低一些。

初创期和发展期的公司股权激励的比例可以相对高的原因有以下两点。

(1) 初创期和发展期的公司资本积累较少，甚至会出现资金紧缺，支付不起高薪酬，因此就可以通过提高股权激励的比例来留住与吸引人才。

(2) 处于初创期和发展期的企业，需要将绝大部分的资金用于研发、销售和生产，运营成本很高，但知名度较低，对人才的吸引力自然也就较低，在没有很多资金的情况下，采取股权激励是较为稳妥的激励方式。

成熟期的公司股权激励比例可以低一些，原因在于：当公司发展到成熟期时，一般都拥有较大的规模，知名度和市场占有率都有所提升，员工也相对稳定，对股权激励的需求也就相对较低。

(二)不同竞争程度的模式选择

当企业处于竞争很激烈的行业中，必然要提高股权激励在不同激励方式中的比例。企业的竞争归根到底就是人才的竞争，公司很难获得在另一个公司任职并拥有其他公司股份的员工，原因在于该公司的股权激励将员工的个人利益与公司利益结合，他们是一个利益共同体。因此，处于竞争很激烈的行业，不仅要实施股权激励措施，还要提高股权激励的比例，避免人才的流失。

四、确定股权激励对象的报酬构成

(一)报酬总量的确定

股权激励的对象是公司的高层管理人员或者核心技术人员，给予激励对象报酬的最低标准应该是他们的机会成本,也就是他们在其他公司任职能够获得的最高工资。高层管理人员无论是社会资源还是个人素质都较高,对人才市场也比较熟悉,对竞争对手的薪酬水平也有一定的了解,也更容易掌握索取高薪酬的主动权。因此,给予激励对象足够高的薪酬是必需的。

当薪酬确定后,下一步需要确定的就是薪酬的三个组成部分:月薪、年终奖和股权激励的比例。

(二)年薪与股权激励的确定

1. 年薪的确定

年薪由月薪与年终奖两部分组成。月薪,对于高层管理人员可以保持月薪的固定,而不是普通员工的"固定工资+浮动工资(绩效奖金)"的方式,同时也应该适当延长考核周期,发放绩效奖励而非每月考核,应根据年度考核采取年终奖的形式为宜。

对于月薪与年终奖的比例也需要经过细致的考虑之后再确定。根据马斯洛的需求层次理论,首先要满足的是生理需求,如衣、食、住、行方面的基本需要。而月薪是满足他们这些基本需求的保障,因为这部分薪资是激励对象能够预见的较为稳定的收入,而年终奖具有不稳定性,月薪能够支付他们日常生活开支,如房供的按揭、子女的上学费用和食品支出等。因此,从为公司本身考虑而言,无论如何都要支付高薪酬,支付较高的月薪,可以使这些激励对象感受到生活有保障,起到激励作用。其实,这种做法也是许多公司忽视的。因此,一般而言,年终奖应当低于月薪总额。

2. 年薪与股权激励份额的确定

不同公司由于发展状况不同,年薪与股权激励份额的确定,没有完全量化的比例份额,但是都需要考虑以下两个因素。

(1) 激励对象对公司承担的责任。激励对象承担的责任越大,股权激励的份额就越高。比如,某家公司的总经理,他们对公司的盈利和损失承担着更大的责任,因此他们的股份收入在总收入中的比例就应该更高。

(2) 激励对象承担风险的能力。假如激励对象是风险厌恶型的高层管理者,那他承担风险的能力就较低。所以应该给予他较高的年薪、较低的股权份额,更有保障。因为如果股权份额高的话,他承担的风险就高,届时公司又要给他更多的补偿,不仅没起到激励作用,而且给公司造成额外损失,得不偿失。

五、确定股权激励的调整原则

(一)期权失效

期权失效包括主动离职、被动离职、丧失劳动能力及死亡。当激励对象因个人因素主动离职时,其尚未行权的部分自动失效。

(1) 当激励对象因违反公司规定,做出公司禁止的行为时,尚未行权的部分做失效处理。

(2) 员工提前退休,无法对其继续进行业绩的考核,视其为主动放弃行权,尚未行权的部分即自动失效。

(3) 对于因疾病、意外事故等丧失劳动能力的员工,会终止其与公司的雇佣关系,如果股权激励协议事先约定这一情况发生，正常行权或者未行权部分失效，就按照协议规定执行，但是如果协议未规定，则未行权部分做失效处理。

(4) 当在期权有效期内死亡，已行权部分可以由其继承人继承，未行权部分进行失效处理，或者约定继承人在规定时间内自由行权。

(二)加速行权

公司因战略调整辞退员工时，激励对象尚未行权的部分应当做加速行权处理；正常退休的员工，可以在协商后加速行权。

第三节　股权激励的业绩基础条件

实施股权激励时，对于如何选择激励对象、选择何种激励对象，需要明确激励对象处于主导地位的需求是什么，激励对象应具备的基本条件或标准是什么。股权激励的考核标准很多，其中，绩效、能力和服务期限是非常重要的几个标准。这些标准是选择激励对象时关注的重点，只有符合这些条件的员工才有可能成为公司激励的对象。

一、股权激励与主导需求结合

激励的实质是满足不同员工的不同需求，股权激励也是员工的需求之一，但是股权的需求是否为员工当前的主要需求呢？这是一个值得分析的问题，下面来具体阐述。

马斯洛需求层次理论认为，人的需求从低层次到高层次依次为生理需求、安全需求、社交需求、尊重需求和自我实现需求。但是，并不是所有的需求都会在同一时间内产生，在某一时间内某一层次的需求是占主导地位的。较高层次的需求出现后，较低层次的需求已经不占主导地位，不再是主要的激励来源。股权激励能够满足以下五种需求。

(1) 生理需求。当员工的需求处于第一层次时，可以通过股权获得利润分红，或者将股权转让、买卖获得收益，从而满足基本的生活需求。

(2) 安全需求。股权激励能够增加员工的安全感，获得股权成为公司股东，对公司具有一定的管理权和决策权，无论是职业安全感，还是薪酬安全感都会增加。

(3) 社交需求。对于大部分员工而言，都是有一定的社交需求的，作为激励对象，他的身份将从普通员工升格为公司股东，社交范围也将扩大到股东之间的交往，对公司的归属感也更加强烈。

(4) 尊重需求。能够成为公司股东，说明公司认可了他对公司的贡献，是对其业绩、能力、品格的一种尊重，能够激发其工作热情。

(5) 自我实现需求。公司发展到一定阶段，员工有了对升职等自我实现行为的需求，股权激励能够促使员工将努力的工作行为转化为投身事业、完成自我实现的重要行为。

既然股权激励能够满足以上五种需求，那是不是所有的公司都应该采用？答案当然是否定的。那忽视了员工在一定时间内只有某一层次的需求是占主导地位的因素。对不占主导地位的需求做出的股权激励，是起不到激励作用的。比如，对于一个低工资水平的员工，股权激励并非一种好的方式，因为他的主导需求为生理需求，股权并不能及时满足其对衣、食、住、行的需要；而对于公司的高层管理者，其主导需求是自我实现需求，股权激励可能就是非常适用的。

因此，股权激励实施前，要充分了解员工当前的主导需求是什么，如此才能"事半功倍"，充分发挥激励作用。

二、股权激励与绩效结合

股权激励并不是针对所有员工实行的。公司明确什么样的员工(谁)可以进行股权激励，才能真正起到激励的作用，同时又能够彰显公平与公正的基本原则，首要关注点就是员工的绩效水平，绩效水平是比较容易量化，衡量员工对企业贡献的重要标准。

如果公司的股权激励不考虑员工绩效水平，就会使很大一部分人过多地瓜分"蛋糕"，造成"德不配位"，而那些为公司做出巨大贡献的高绩效员工反而没能成为股权激励的受益者。如此一来，优秀员工的工作积极性被打击，股权激励起不到应有的作用，会以失败而告终。

设计股权激励时应注意以下几点。

(1) 以绩效考核为基本标准。股权激励的初衷就是激励员工，它是激励员工的重要途径。也就是说，在实施股权激励前，要对员工的绩效进行定期考核，做到按劳分配、效率优先而又不失公平。只有绩效考核符合标准的员工，才可进行股权激励。

(2) 以以人为本为基本原则。股权激励对象是员工，新时代的员工已不是追求资本利益的"经济人"，而是具有多样需求的"社会人"，在追求经济利益的基础上，他们还有社会尊重需求及人际交往需求。因此，股权激励应当关注员工当前的需求，做到设身处地为员工考虑，从而调动其工作积极性，提升其工作满意度。

(3) 以福利体系完善为补充。除了基本薪资之外，员工也很关注额外的补偿，也就是公司福利，这是维持与吸引人才的重要途径。比如一定时间的带薪休假(年假、探亲假等)、突出贡献的奖励、等级证书奖励等。

三、股权激励与能力结合

股权激励的目的在于通过激励措施将对员工的"酬劳"转化为动力，促进其对企业做出贡献。股权激励不仅关注工作的数量，更要重视质量。因此，股权激励的设计要与员工能力挂钩。员工的能力又有现有能力与潜在能力，员工通过现有能力能够做出超出其他人更突出的业绩，而潜在能力则会在公司未来的发展中做出贡献。

员工拥有的能力必须是公司在发展中欠缺的，能够补充其他人的短板，能够提升公司的整体能力，这样才能弥补这种激励方式带来的成本。一般对某方面能力(如管理能力、技术创新能力)较强的员工实行股权激励。因此，员工能力的测度也是实施股权激励的重要标准。

四、股权激励与服务期限结合

在服务公司工作很长时间的老员工，他们为公司做出的贡献更大，即使为他们提供更高薪酬，也不能避免他们"跳槽"现象。原因在于，他们更关注付出与所得的对等性，更关注自身长期的发展。

激励对象的服务年限是股权授予份额的重要指标,因为这一指标能够从一定程度上反映员工对公司发展做出的贡献。通常企业在实施股权激励后,都会得到良好的效果与反馈:员工离职率下降,尤其工作年限较长的员工;同时,员工的工作积极性也大大提高。但是,过于宽松或者过于严苛的服务期限,或者没有明确的服务期限都是不合理的,应当根据企业实际发展来确定。

第四节 典型的股权激励模式

随着公司实施股权激励,管理技术在不断完善,激励方式也各式各样,可以采取不同模式的股权激励。本节主要介绍股票期权、业绩股票、虚拟股票、股票增值权、限制性股票、员工持股计划和延期支付的设计与实施。

一、股票期权

(一)概念介绍

股票期权是指公司基于激励对象在一定时间内购买公司股票的权利。激励对象既可以在规定的时间内以既定价格(行权价)购买股票,也可以放弃购买的权利,但这种权利是不能转让给他人的。当股票交易的价格高于行权价时,激励对象可以通过兑现获得高出行权价的收益。股票期权的形式会使公司的所有者权益增加,原因在于激励对象购买的股票并没有对外发行,是直接从公司购买的,而不是从二级市场购买的。

(二)优点与缺点

股票期权是一种长期的激励方式,具有优于其他模式的优点,同时也存在着一定的缺点。表8.1为股票期权的优点与缺点。

因此,在实施股票期权这一激励方式时,要综合考虑其优势与劣势,达到理想的激励效果。

表 8.1 股票期权的优点与缺点

类别	概括	内容解释
优点	灵活性	激励对象股票期权的行权比较灵活,既可以选择购买股权,也可以选择放弃购买的权利
	成本低	该种激励模式是公司给予员工的选择权,使其能够在不确定市场中享有获取收益的权利,公司不必支付现金,因此以较低的成本实现激励的作用
	保障性	股票期权是一种选择权,如果激励对象不行权,就不会遭受任何损失,对于激励对象的保障作用更大
	力度大	市场具有不确定性,二级市场股价波动幅度也较大,所以激励力度也会比较大
	公正性	股票期权受到法律保护,在证券市场的监督下进行交易,因此不易出现违法违规行为,具有较高的公正性

续表

类别	概括	内容解释
缺点	分散股权	激励对象一旦行权，公司股权就会被分散，会影响所有者权益，产生经济纠纷的概率就会提高
	风险大	资本市场的不确定性使得股价波动较大的一个后果就是，当股价下跌至行权价之下时，如果激励对象没有及时兑现，就会承受较大的损失
	促使激进行为	当股价大幅上升时，激励对象往往会采用对自身有利的短视行为，如果其将持有的股权卖出，就会影响公司的长远发展

(三)设计与实施

遵循股权激励设计的基本要点，结合股票期权自身的优点与缺点，这一模式的设计需要遵循一定的原则，一般采用"五步连贯法"(见图8.2)。

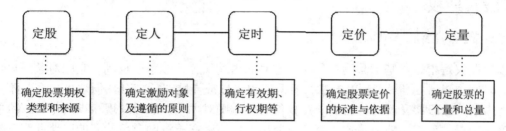

图8.2 股票期权实施的"五步连贯法"

1. 定股

定股是股票期权实施的第一个，也是最为重要的环节，是其他步骤有效实施的基础。这一环节不仅要确定实行的股票期权类型和股票来源，还要初步确定股票期权的激励对象。实施股票期权的公司必须是上市公司，必须具有合法的发行股票和采取股票期权的来源。

定股的具体内容是通过股东大会的同意，将公司预留的按照约定价格授予股权激励对象的、可以选择在规定时间内行权或者放弃的权利。一般这种激励模式的激励对象是公司高管或者掌握核心技术的员工。对股票期权的实施是有严格规定的，股票必须反映其股价的真实价值、符合运作规范等。

2. 定人

股票期权实施的第二步是选择该模式的激励对象，需要遵循以下三个原则。

(1) 价值性。激励对象要是对公司现在或未来具有价值的技术人员，能够为公司带来收益；同时最好是尚未得到公司开发的员工，这样激励作用会更大。

(2) 保密性。这类员工通常不会对外提及自己的具体工作情况，因此也会对公司的核心技术或比较机密的资料、信息等进行保密。

(3) 专用性。一般是公司高层管理者、董事会秘书或公司章程中规定的其他重要人员，他们对公司的管理、决策、运营具有重要作用，具有较低的可替代性。

3. 定时

在实施股票期权时要明确规定实施时间与期限。通常股票期权计划的有效期是从股东大会通过这一方案的日期算起,其有效期一般不能超过 10 年,即有效期满,不得继续按照该方案授予其任何形式的股权。

4. 定价

股票定价也是股票期权激励模式的重要一环,如果价格过高,意味着公司负担的成本就过高,带来较大的财务压力;而当价格过低时,又没有吸引力,起不到理想的激励作用。因此,定价时既不能过高也不能过低,应当按照市场公平、公正的原则,确定能够反映其真实价值的行权价格,不得弄虚作假,违背市场原则。

5. 定量

在确定以上几个基本步骤后,对于发放多少数量的股票进行激励也是至关重要的,包括定总量和定个量,必须按照《国有控股上市公司(境内)实施股权激励试行办法》对总量和个量进行规定。

基于公司发展情况的不同考虑,每个公司在实施股票期权激励时会有所不同,但基本都是在以上五个步骤的基础上进行调整,以达到更理想的激励效果。

二、业绩股票

(一)概念介绍

业绩股票是最早被运用于上市公司的股权激励模式。业绩股票是公司在年初为激励对象制定的合理的年度业绩考核标准,如果年末达到预先确定的考核标准,激励对象就可以获得公司一定数量的股票或者给予其一定金额的奖励用以购买公司股票;如果没能通过业绩考核或者做出了违法、违规行为,又或者做出了损害公司利益的行为,尚未兑现的业绩股票就会做无效处理。这种激励模式实现的前提是激励对象达到规定的业绩标准。

业绩股票既适用于上市公司,也适用于非上市公司。对上市公司而言,股份一般由大股东提供;对非上市公司而言,通过给予激励对象一定金额的奖励购买股票。其实质就是延迟发放员工的奖金,用股份代替现金奖励,起到长期的激励作用。

(二)优点与缺点

公司在实施业绩股票激励时,首先需要了解这种激励模式的基本特征,才能有针对性地实行和调整。表 8.2 为对业绩股票的优点与缺点做的分析。

表 8-2 业绩股票的优点与缺点

类 别	概 括	内容解释
优点	约束性大	业绩股票的实施前提是业绩的实现,需要在未来逐步实现,而非一次性的,是奖励的延期支付。当没有达到约定业绩时,或者中途退出,都意味着权利的失效,退出成本较高,因此约束作用更大
	可操作性强	业绩股票能约束激励对象的业绩,使股东与员工共赢,这样更容易使股东大会通过和接受,降低操作困难
	激励性强	与其他模式不同的是,业绩股票是每年进行绩效考核,激励作用更强
	加速目标实现	激励对象每年都会为了业绩目标努力,自然就会促进公司整体目标的实现

续表

类别	概括	内容解释
缺点	考核标准难定	每个员工的工作情况不同，业绩的考核标准的制定需要综合考虑多个因素，科学性难以保障；同时一些员工可能会为了获得高绩效弄虚作假；而且业绩目标的制定比较容易受经济政治环境的影响，具有很大的不确定性
	成本高	采取一定金额的现金奖励会使公司成本提高，造成运营压力

(三)设计与实施

除股权激励设计通用原则外，还应根据业绩股票特征制定针对性设计原则。

1. 确定适用与否

根据业绩股票的概念可知，该模式的激励方式实施的前提条件是完成既定业绩，激励对象业绩的合理与准确测度是极其重要的。因此，业绩股票通常适用于业绩稳定、发展比较成熟、现金流充足的公司。不同企业应根据自身发展实际，确定是否选择此种类型的激励方式，这是股权激励计划成功实施的前提。

2. 定期限

计划实施前要确定业绩股票在多长时间内完成，而不是激励对象可以无限期地收益，一般3~5年内逐步完成。每年年末按规定完成或超额完成既定目标的员工，如果是上市公司，应当授予其这一年度的股份；如果是非上市公司，可以等到员工完成全部的业绩考核、获得其全部的股份后，办理股东的工商登记变更手续。

3. 定禁售期

如果该计划对激励对象实施后，在其获得奖励后就进行售卖，便不会起到长期的激励作用，不仅违背激励计划的初衷，也会导致管理成本的提高。因此，在被授予业绩股份后，应事先规定在一定时间内不得售卖，规定禁售期，一般为1~3年。禁售期后，激励对象可以对股票逐渐解锁，每年售出一部分股份。

4. 定条件

激励对象业绩股票通过奖励获得，而非无条件获得。对于上市公司，业绩股票的获得在完成业绩后免费获得；对于非上市公司，一般采用买送结合形式。买的部分相当于交给公司的风险抵押金。比如，实施激励计划前合约规定，若发生违反合约规定的因个人原因离职、违反公司规定或者做出有损公司利益的行为，公司有权收回已经授予的业绩股票，同时其投入的资金(买的部分)也不予归还。

三、虚拟股票

(一)概念介绍

与股票期权不同，虚拟股票是公司授予员工的一种"虚拟"股票，当激励对象达到约定业绩目标时，公司会履约给予分红和价值增值的收益，这与股票期权相同。分红和价值增值收益的形式也是多元化的，可能是现金，也可能是等值的股票。

但是，激励对象对虚拟股票并没有所有权和表决权，没有参与公司决策和管理的权力，也没有转让或出售的权力，离职时即自动失效，这样就将管理权和收益权成功进行了分离。其实质是一种年度分红，激励对象没有实际的股权。

(二)优点与缺点

虽然虚拟股票这种激励模式具有特殊性，但其与其他模式相比，也有其无可比拟的优势，当然也会有一定的缺点。公司在选择这种激励模式前应对其优点和缺点进行分析(见表8.3)。

表8.3 虚拟股票的优点和缺点

类别	概括	内容解释
优点	稳定公司资本	虚拟股票相当于一种分红凭证，而没有参与管理等其他权力，这样就不会影响公司的资本和股本结构，易于管理
	内在激励性	虚拟股票不需要激励对象付出现金成本，通常是无偿赠与或奖励，无须出资，有内在激励性
	约束性	该模式获得分红的前提是完成既定业绩，因此激励对象需要完成约定的业绩目标，具有长期约束作用
	易操作	虚拟股票模式只需制定内部协议，无须工商登记，操作简单
	稳定性	该模式不以波动幅度较大的股票价值测度企业业绩和激励员工，从而降低外部不可控因素对公司股价造成的影响，更具稳定性
缺点	促使短期行为	激励对象的所有权与收益权是分离的，他们会考虑分红而不重视企业的资本积累和经营状况，采取极端的短期行为
	激励作用小	激励对象获得的是虚拟的股票，且没有股权，因此激励力度会相对减小，可能达不到留住和吸引人才的作用
	高成本性	该激励方式员工分红意愿强烈，导致企业现金压力增加

(三)设计与实施

除了确定行权价格、考核标准外，公司还应当考虑如下内容。

1. 定范围

虚拟股票很像股票，但又不同于股票。虚拟股票并不是真正的股票，不影响公司资本和股权结构，不会分散股东的控制权和所有权，所以虚拟股票可以在较大范围内应用。如果一些公司没有股权激励计划的经验，担心股权激励带来一些负面影响，这类公司可以采取虚拟股票激励员工。一方面不仅能够使员工感受到公司对其的重视；另一方面也可通过这种模式的股权激励为股票期权的实行奠定基础。

2. 定来源

公司性质不同，虚拟股票的来源也有所不同。上市公司，虚拟股票作为对员工的奖金，来源于公司的利润。非上市公司，一般有两个来源，一种是在总股本的基础上增加新的虚拟股票，这样公司的股本总量也会增加；另一种是从总股本中提取一定数量作为虚拟股份奖励给激励对象，总股本不发生变化。

3. 定权利

虚拟股票是虚拟形式，与传统意义上的股票存在较大差异。虚拟股票的收益权与所有权是分离的，激励对象不能享有完整的股东权益，而是享有获得利润分红和股份增值的权利，但是没有所有权、表决权及处置权等。

4. 定价格

虚拟股票不需要激励对象出资，是公司对激励对象的无偿赠与。

四、股票增值权

(一)概念介绍

股票增值权是公司为完成既定业绩指标的员工授予的特殊权利，在既定时间内达到业绩指标时，可获一定数量的股票价格上涨的收益。其特殊性表现在以下几点。

(1) 激励对象对实际股票既没有所有权，也没有表决权、利润分红权及处置权等。
(2) 激励对象对股票没有转让权，也不能抵押担保等。
(3) 股票增值权等于股票市价与授予价格的差额，与股价直接相关。

(二)优点与缺点

股票增值权除了具有自身的特殊性，还存在以下优点和缺点。股票增值权的优点包括：易于操作，激励对象对股票不拥有所有权，股票增值权不会分散股东的股权，所以比较容易获得股东大会的通过，实行程序也较简单；一般而言，激励对象行权期会长于聘任期，所以比较容易避免员工的短视行为，能够起到长期激励作用；激励对象无须出资，因此比较容易激发员工的积极性与信心。

其缺点在于：股票增值权会给企业带来较大的现金支付压力，因此该方案一般适用于现金流较为充裕的企业；激励对象并没有得到真正的股票，激励力度是有限的；股票价格的波动与公司的业绩关联性较低，并没有做到真正的公正与公平。

(三)设计与实施

1. 定人

对于激励对象的选择，与其他模式基本一致，通常选择对公司贡献更为突出的员工，如公司高管、核心技术人员或在公司工作年限较长的老员工。

2. 定价

公司实行股票增值权时，可以设定股价等于每股净资产，使得股票增值权等于账面价值的增值权，有利于资产的保值与增值。

3. 定量

实施股票增值权时，公司应明确总股本，然后按照公司的现状和对未来发展的预测，选择一定比例的总股本授予。如果公司发展状况较好且现金流充裕，则可以将比例适当调高；否则，降低比例。

4. 定时

股票增值权是每年都授予奖励的形式，因此是一种滚动式的股票增值权；同时要确定增值权的有效期，如 3 年等，即增值权授予满一年就可获得第一年的行权权利，该权利将会分 3 年完成授予。股票增值权是公司对激励对象发放奖金的一种形式，激励对象为了获得及时的奖励，通常会做出短视行为，因此可以适当设计更长的增值权等待期，避免这种情况的出现。

五、限制性股票

(一)概念介绍

限制性股票是公司广泛应用的另一种典型的股权激励模式。公司按照既定条件，免费赠予或低价授予员工一定数量的股票，这些既定条件包括股票来源、出售条件及规定的既定业绩目标是否完成等，这也是限制性股票限制性的体现，是这种激励模式的特点。

(二)优点与缺点

限制性股票也存在一定的优点与缺点。其优点有：对于激励对象来说，限制性股票一般是免费获得或低价购买，无须高成本的出资，因此激励作用较大；通过约束性条件，约束激励对象的行为，从而达到留住人才的目的；限制性条件有助于员工关注公司中长期目标，避免短视行为，完成既定业绩目标。

其缺点有：由于激励力度大，企业的现金压力增大；与虚拟股票不同，激励对象拥有所有权，可以参与公司管理与决策，这样就会增加公司管理的难度。

(三)设计与实施

1. 定范围

限制性股票在上市公司和非上市公司都适用，一般是根据员工服务期限的长短或者完成业绩目标的多少，确定获得某种奖励。

但并不是说这种模式适用于任何企业，在业绩不是很理想，处于初创期或者处于产业调整期的企业更加适用。

2. 定对象

限制性股票一般用于公司的关键性人才，除单独使用外，还可与其他模式的股权激励结合使用，激励对象一般为公司董事、高管及核心技术人员等。

3. 定时间

计划实施前，应明确限制性股票的三个重要日期，即有效期、锁定期和解锁期，这样才能保障股权激励的顺利实现，在锁定期内的股票不得转让。

4. 计划调整

对于业绩考核不合格未达解锁条件，或者违反法律法规操作等的激励对象，公司可以对限制性股票进行回购；当公司发生特定情形下的变化或者激励对象发生特定变化时，股权激励计划变更终止。其中，限制性股权中对终止变更情形的规定尤为重要，否则或导致股权的纠纷，影响企业运营。

此外，合理的股票定价及股票来源也是限制性股票实施过程中需要考虑的重要内容。

六、员工持股计划

(一)概念介绍

员工持股计划(ESOP)是公司为长期激励员工实行的激励计划，通过无偿赠与或者允许员工低价购买公司的部分股票或期权，强化员工的"主人翁"精神，从而使员工对公司有一定的管理权，并通过员工持股平台参与决策和分红。

1. 类型

员工持股计划划分为杠杆型和非杠杆型两类。非杠杆型员工持股计划，需要通过信托基金会，公司将资金(一般为激励对象工资总额的 25%)赠送给信托基金会，然后由信托基金购买公司股票，完成股票认购后，再由信托基金会将所购股票分配给激励对象。

杠杆型激励计划通过信贷杠杆实现。先设立员工持股计划的信托基金会，公司作为担保，通过信托基金会以实行员工持股计划为名向银行进行贷款，用以购买公司的部分股票；购入股票也是由基金会管理，因此而获得的利润及员工的其他福利也由基金会管理，用以归还银行本金和利息，并按照既定比例将资金逐步转入激励对象的账户；本金结清后，股票也全部归属激励对象。

2. 特点

与其他股权激励模式相比，员工持股计划的特点有：需设立员工持股平台，由持股平台集中持股，员工不直接参与股东大会，由持股平台代为行使权利，利润分配也是由平台代为执行；员工的股份不能直接转让给他人，而只能通过持股平台，再进行重新分配，否则会导致股权结构混乱。

(二)优点与缺点

员工持股计划允许员工无偿或者低价获得公司股票或者股权，一定程度上能够起到长期激励的作用，但其优、缺点并存，实施过程中应综合考虑，具体如表 8.4 所示。

表 8.4 员工持股计划的优点与缺点

类 型	概 括	内容解释
优点	利于监督	公司将一部分股权转让给员工通过持股平台集中持股，有助于弱化内部人员控制严重的问题，同时起到一定的增强监督的作用
	提高生产率	员工通过持股计划收益，提高工作积极性和公司生产率
	积累资本	员工需要出资购买公司股份，一定程度上起到为公司筹资的作用，利于缓解资金压力
缺点	激励作用小	员工不直接拥有股份，也不能直接转让股份给他人，因此感受不到激励模式带来的"主人翁"的使命感与责任感，激励作用小
	风险大	员工的持股收益受股价波动的影响极大，同时购入股份需要出资，因此也承担着很大的风险

(三)设计与实施

员工持股计划要遵循一定的实施步骤,具体包括以下几点。

1. 前期调查

前期调查主要内容包括:政策是否允许实施员工持股计划,想要达到怎样的激励效果和股东对实施该方案的想法如何,这些都是方案实施前要做的重要准备工作。

2. 价值评估

员工持股计划会改变公司的股权结构,在实施计划前应对公司价值进行估值。如果估值过高,员工购买意愿就低;如果估值过低,又会损害股东权益。因此,在估值过程中要保障真实性和合理性。

3. 制订方案

为制订合理的实施方案,公司可以聘请部分专业的咨询人员参与方案的制定,确定合理的份额和不同员工的分配比例,在公正、公平的基础上,使其既能起到激励作用,又能保护现有股东的权益。

4. 制订实施程序

制订具体的实施程序,主要针对方案实施的激励对象选择、持股平台的设立、分配方式、股份回购等内容进行确定。

5. 筹集资本

资本主要包括两部分,一部分源于员工出资,另一部分是公司的低息借款。

6. 审核

员工持股计划一般要通过总公司、国有资产管理部门的审批。除了以上流程,还需要上报相关部门审批,确保方案合理合法。

七、延期支付

(一)概念介绍

延期支付是指公司将员工的一部分薪酬(如年终奖、股权激励收益等)留下来,按照当日股价转换成股份,锁定期满后,按照期满日的股价给予现金或者直接授予股票。

延期支付与业绩股票有相似之处,都是在完成一定的业绩后才可获得权利。但是二者又有不同之处,业绩股票是在完成既定业绩后,公司无偿赠与或允许员工低价购买公司股票;而延期支付是将奖金转换成股份。

(二)优点与缺点

与其他股权激励模式一样,延期支付的优点与缺点,如表8.5所示。

表 8.5　延期支付的优点与缺点

类　型	概　括	内容解释
优点	约束性	将现金奖励转化成公司股票,在获得股价上涨收益的同时,也相应承担了股价下跌带来的损失
	长期激励	延期支付使得激励对象更加注重公司的长期发展,减少了激励对象的短视行为,有助于留住和吸引人才
	易于操作	延期支付无须通过证监会审批,操作相对简单
缺点	激励力度小	一般激励对象通过延期支付获得的股票数量较少,不能产生很好的激励效果
	风险大	延期支付意味着激励收入不会在当年发放,同时收益的多少与股价息息相关,所以对于激励对象而言是存在较大风险的

(三)设计与实施

在实施时,延期支付模式需要特别注意以下几点。

1. 定范围

延期支付的适用范围较为广泛,但更适用于成熟期、业绩更为稳定的公司。延期支付能够避免激励对象的短视行为,适用于大部分的企业。购买股票的资金来源于员工自己的奖金,而且这种股票并不是即时兑现的,员工承担的风险很大,容易产生不安全感,因此发展成熟、稳定的企业更加适用。

2. 定锁定期

不同公司定的锁定期长短不同,一般为3~5年,也有的公司把锁定期定在退休日。

3. 定形式

延期支付实际是将员工的奖励进行了延期,他们要面对动荡的市场环境为公司带来的不确定的风险,如果他们看不到公司好的发展前景,这种方案是很难实施的。因此,公司一般采取"买送结合"的方式进行激励。

4. 定价格

对于非上市公司,公司股份的定价尤为重要,最简单的定价方式为按照每股净资产定价,也就是以公司的资产增值来测度激励对象收益的增加。

除了这些典型的股权激励模式,还有账面价值增值权、岗位分红权模式,在公司激励中也起到了重要作用。通过以上分析可知,不同模式下的股权激励不仅具有自身独特的优势,而且存在一定的缺点。因此在计划实施过程中,公司应当根据自身发展状况选择最适合的模式,从而达到理想的激励效果。

本 章 小 结

本章从理论联系实际出发,由浅入深、循序渐进,通过对公司股权激励的基本概念、股权激励典型模式及股权激励模式计划前期基础与设计要点的概括与阐述,深化了对股权激励计划的理解，有助于公司管理人员掌握核心的股权激励技巧，根据自身特性选择合适的激励模式，合理配置公司的股权结构，从而最大限度地激发人才的工作潜能，以达到理想的激励效果。

股权激励是公司为了达到长期激励员工的目的而实行的一种激励，股权激励能够将员工与公司捆绑为一个利益共同体，既享有相应权利又要承担风险，不仅使员工感受到自己是公司的主人，主动提高其工作积极性与工作热情，而且可以帮助公司提高整体效率，留住企业的核心人才和吸引外部优秀人才。

当然，实施股权激励计划前的准备工作必不可少，把握股权激励计划的设计要点，明确一个好的股权激励方案有哪些必备的标准，如激励对象的选择、激励模式的选择等。同时激励对象的选择也是极其重要的一环，要与其主导需求、绩效、工作能力及服务期限密切联系。只有在此基础上进行方案的设计与实施，才能起到事半功倍的作用。

不同类型或者处于不同发展阶段的企业，其所适用的激励方式是不一样的，因此股票期权、业绩股票、虚拟股票、股票增值权、限制性股票、员工持股计划和延期支付等典型的股权激励模式的特点及实施过程也有不同的差异。公司可以单独使用一种股权激励模式，也可以根据实际需求将不同的激励模式结合使用，使得不同企业能找到适合自身发展所需的激励模式。

思 考 题

1. 公司为何要实施股权激励计划？
2. 股权激励有几种模式？简要阐述不同模式的基本特征有哪些。
3. 实施股权激励计划的一般步骤有哪些。
4. 业绩股票实施的基本原则是什么？

实 践 应 用

阿里巴巴的股权激励

阿里巴巴原为一家名不见经传的小公司，在其发展过程中，经历了运营与战略的不断调整以适应不断变化的市场环境与激烈的外部竞争，逐渐发展成电子商务帝国。阿里巴巴的成功不是偶然，其中一个重要的原因就是其能够采取有效的激励方式，来维持和吸引人才。

2007年，阿里巴巴B2B业务在香港成功上市，开始实行受限制股份单位计划，它是阿里巴巴留住人才的重要手段。公司授予员工受限制股份单位后，入职年限满一年就可以行权。但是，并非一次性行权，每一份受限制股份单位每年授予员工25%，奖金发放分4年完成。在奖金发放的同时，会在每年发放新的受限制股份单位，员工持有的受限制股份单位的数量会滚动式增加。这种滚动式增加的获得收益的权利实质上是股票期权，这种股票期权的形式使得员工手中总是会持有一定份额的尚未行权的期权，从而达到长期激励员工的目的，留住公司核心人才。

2012年，阿里巴巴网络有限公司在宣布私有化后，新授予的受限制股份单位形式发生变化，改为集团股认购权的形式。但是，无论是受限制股份单位，还是认购股权形式的激励方式，其本质都是股票期权激励。当然，二者也并非完全一致，其不同之处在于，受限制股份单位的行权价格比股票期权的行权价格更低，仅0.01港元。持有受限制股份单位的员工就会存在一定的在行权时因市场价格低于行权价格而亏损的风险。但是，这一风险只有在股价跌至0.01港元以下时才会出现，并且对于所有员工，都是只有在行权时才能够得知公允价格，是公平、公正的。为了方便管理，阿里巴巴在集团内部成立专门负责受限制股份单位的授予、转让、行权等事项的部门小组，受限制股份单位允许在集团内部和外部转让，但都要通过小组申请通过。

与发放现金奖励相比，股权激励更加具有吸引力，因为在行权时可以带来更高的收益，而不是现金分红。比如，一名员工2014年入职阿里巴巴集团，获5000股认购权，每股当时的认购价格为6美元，2017年行权时的公允价格为16美元，那么其因行权带来的收入就为3万美元。

总的来看，股权激励在阿里巴巴的发展中起到了重要的作用。一方面，阿里巴巴作为一家大型企业，只有留住并吸引大量的核心人才，才能保障企业的顺利发展，但同时也要保证股权不被员工分离，这种滚动式的股权激励方式就能很好地实现这一管理目的；另一方面，阿里巴巴设立了专门管理受限制股份单位各项事项的部门小组，保障了这一激励方案的有效实施。对于初创期资金不太充裕或者发展迅速的大型企业来说，滚动式股权激励方式是比较适用的。

(资料来源：徐芳. 股权激励——让员工为自己打工[M]. 北京：中国铁道出版社，2018.)

【思考与讨论】

1. 阿里巴巴的股权激励有何特点？
2. 阿里巴巴的股权激励存在哪些局限性？

 微课视频

扫一扫，获取本章相关微课视频。

股权激励概述.mp4

股权激励业绩的基础选择.mp4

第九章　公司信息披露

【学习目标】
1. 了解信息披露的发展和我国的信息披露制度。
2. 理解信息披露对公司治理的作用。
3. 掌握信息披露的原则和内容。
4. 理解信息披露的方式和特点。

【引导案例】

涉嫌信披违法，*ST 金刚实控人被终生市场禁入

2021 年 8 月 15 日，郑州华晶金刚石股份有限公司(以下简称豫金刚石，证券简称：*ST 金刚)公告，收到行政处罚及市场禁入事先告知书，因涉嫌信息披露违法，公司实际控制人、时任董事长、董事会秘书郭某某被采取终生市场禁入措施，罚款 1500 万元。

据公告，*ST 金刚于 2021 年 8 月 13 日收到中国证监会下发的《行政处罚及市场禁入事先告知书》(处罚字〔2021〕65 号)(以下简称《告知书》)。

《告知书》显示，豫金刚石涉嫌信息披露违法一案，已由证监会调查完毕，依法拟对豫金刚石、郭某某、刘某某、张某某、刘某某、张某、李某某、杨某某、王某某、张某某、赵某、张某、李某某、刘某某等作出行政处罚及采取市场禁入措施。

经查明，豫金刚石涉嫌违法的事实包括，涉嫌通过虚构销售交易及股权转让交易，虚增营业收入、利润总额，导致 2017 年至 2019 年年度报告存在虚假记载；涉嫌通过虚构采购交易等方式，虚增存货、固定资产、非流动资产，导致 2016 年至 2019 年年度报告存在虚假记载；通过虚构采购业务、支付采购款、账外借款及开具商业汇票等形式向实际控制人及其关联方提供资金，涉嫌未按规定披露非经营性占用资金关联交易，导致 2016 年至 2019 年年度报告存在重大遗漏；涉嫌未按规定披露关联担保及对外担保，导致未及时披露担保事项，2016 年至 2019 年年度报告存在重大遗漏；涉嫌未按规定披露预计负债和或有负债，导致 2018 年年度报告存在虚假记载和重大遗漏，2019 年年度报告存在虚假记载；披露的《2019 年度业绩预告》《2019 年度业绩快报》涉嫌虚假记载。

根据当事人违法行为的事实、性质、情节与社会危害程度，证监会拟决定：责令豫金刚

石改正,给予警告,并处以500万元的罚款;对郭某某予以警告,并处以1500万元的罚款,其中作为直接负责的主管人员罚款500万元,作为实际控制人罚款1000万元;对刘某1、刘某2给予警告,并分别处以300万元的罚款;对李某某、张某某、赵某、张某给予警告,并分别处以200万元的罚款;对李某某、刘某某给予警告,并分别处以50万元的罚款;对张某某、杨某某、张某给予警告,并分别处以30万元的罚款;对王某某给予警告,并处以5万元的罚款。

证监会同时拟决定对多人采取市场禁入措施。

对豫金刚石实际控制人、时任董事长、董事会秘书郭某某采取终生市场禁入措施。自宣布决定之日起,在禁入期间内,除不得继续在原机构从事证券业务或者担任原上市公司、非上市公众公司董事、监事、高级管理人员职务外,也不得在其他任何机构从事证券业务或者担任其他上市公司、非上市公众公司董事、监事、高级管理人员职务。

对时任董事、总经理刘某1采取10年市场禁入措施。自宣布决定之日起,在禁入期间内,除不得继续在原机构从事证券业务或者担任原上市公司、非上市公众公司董事、监事、高级管理人员职务外,也不得在其他任何机构中从事证券业务或者担任其他上市公司、非上市公众公司董事、监事、高级管理人员职务。

对时任副总经理、财务总监、会计机构负责人刘某2采取10年市场禁入措施。自宣布决定之日起,在禁入期间内,除不得继续在原机构从事证券业务或者担任原上市公司、非上市公众公司董事、监事、高级管理人员职务外,也不得在其他任何机构中从事证券业务或者担任其他上市公司、非上市公众公司董事、监事、高级管理人员职务。

对时任董事、副总经理、财务总监张某某采取10年市场禁入措施。自宣布决定之日起,在禁入期间内,除不得继续在原机构从事证券业务或者担任原上市公司、非上市公众公司董事、监事、高级管理人员职务外,也不得在其他任何机构中从事证券业务或者担任其他上市公司、非上市公众公司董事、监事、高级管理人员职务。

*ST金刚表示,根据《告知书》查明涉嫌违法的事实,2019年底豫金刚石虚增净资产18.56亿元,年报显示2019年12月31日的净资产为17.21亿元,2020年亏损12.36亿元,2019年12月31日、2020年12月31日追溯调整后的净资产可能为负,可能触及《深圳证券交易所上市公司重大违法强制退市实施办法》第四条第(三)项规定的重大违法强制退市情形,豫金刚石股票可能被实施重大违法强制退市。

*ST金刚称,目前,豫金刚石正在对《告知书》涉嫌违法的事实和财务数据予以核实,豫金刚石是否对以前年度财务报表进行调整不以此《告知书》为依据,最终结果以中国证监会出具正式决定书为准。豫金刚石将持续关注并在收到正式的处罚决定后及时披露相关信息。敬请投资者注意投资风险。

豫金刚石2020年度财务报表及财务报表附注被出具了无法表示意见的《审计报告》,豫金刚石股票于2021年4月28日起被实施退市风险警示。如豫金刚石2021年度财务报表及其披露情况触及交易所规定的强制退市情形,豫金刚石股票将被终止上市。

*ST金刚还表示,根据《深圳证券交易所创业板股票上市规则》(以下简称《上市规则》)第10.1.5条的规定,上市公司出现两项及以上退市风险警示、终止上市情形的,股票按照先触及先适用的原则实施退市风险警示、终止上市。如豫金刚石的违法行为触及重大违法强制退市情形,在2021年年度报告披露前收到正式的处罚决定时,豫金刚石股票将被终止上市。

根据《上市规则》的规定，豫金刚石因为可能触及《深圳证券交易所上市公司重大违法强制退市实施办法》第四条第(三)项规定的重大违法强制退市情形，公司股票及其衍生品种于公告披露后停牌一天，自复牌之日起，深圳证券交易所对公司股票实施退市风险警示，但是豫金刚石2020年度财务报表及财务报表附注被出具了无法表示意见的《审计报告》，豫金刚石股票已于2021年4月28日开市起被实施退市风险警示，因此豫金刚石股票自本公告披露后继续被实施"退市风险警示"，无须停牌，豫金刚石股票简称仍为"*ST金刚"，证券代码不变，仍为300064，豫金刚石股票交易的日涨跌幅限制为20%。

(资料来源：北京商报，2021-08-16.)

第一节　信息披露与公司治理

一、信息披露制度

信息披露主要指上市公司把与公司相关的信息向投资者和社会公众公布，主要包括招股说明书、上市公告书、各类定期报告和临时报告等。之所以有信息披露制度，主要是公司治理中普遍存在信息不对称和道德风险，严重损害公司股东和其他利益相关者的利益，通过信息披露制度，将公司的相关信息公之于众，能够减少上述不利情况的发生。

(一)世界各国的信息披露发展

国外对信息披露的重视可以追溯到20世纪90年代。最初关注的信息披露主要是财务信息的披露，如1978年美国财务会计准则委员会认为公司制定财务报告的目的是对决策有作用。两年后该委员会在此基础上指出信息质量必须具有可靠性和相关性，可靠性是指公司发布的信息要如实反映公司的信息，并且是能够核实的、客观的；相关性是指公司发布的信息是即时的，并且能够帮助公司利益相关者预测价值和反馈价值。

1989年国际会计准则委员会在《关于编制和提供财务报表的框架》中指出，财务信息要具备相关性、可理解性、可靠性和可比性，其中，相关性是指公司公布的信息是重要信息，而非不能影响证券价格的其他信息；可靠性是指公司发布的信息是中立的、如实反映的、完整的。

随着资本市场的不断发展和完善，信息披露的内容也在不断发展，由原有的财务信息披露演变为财务信息披露和非财务信息披露。非财务信息披露主要指公司经营状况、公司治理情况、公共政策和风险预测等，其中公司治理情况披露是重要的非财务信息披露，它与投资者利益关系密切，逐渐引起市场监管机构的重视。例如，LENS投资管理公司不仅关注公司的财务信息，而且关注公司的治理情况，并通过提升公司治理水平而提升价值的公司进行投资。

美国注册会计师协会认为关注一家公司需要知道其五类信息，分别是财务信息和非财务信息、公司相关部门对财务信息和非财务信息的分析、预测信息、股东和管理部分的相关信息、公司背景信息。蓝带委员会(美国证券交易所和全美证券交易协商会资助成立)在1999年发布的研究报告称，信息披露的内容应具有真实性、完整性、清晰性等。

作为全球最大的资本市场之一，美国纳斯达克具有一套较为有效的信息披露制度，该信息披露制度较为全面完整，包含三个层面：首先是法律层面，主要指美国发布的相关法律，如《证券法》(1933 年)、《证券交易法》(1934 年)；其次是美国证监会发布的证券市场信息披露规则，如财务报告编制制度、会计资料编制公告、财务信息和非财务信息披露的内容、格式等；最后是美国全国证券交易商协会发布的相关市场规则。

(二)我国的信息披露

我国对证券市场的信息披露，主要是对公司信息披露的内容和方式有强制性的规定，以保障公司信息披露活动的顺利开展。我国信息披露相关的法律法规有：《公司法》《证券法》《上市公司信息披露管理办法》《上市公司证券发行管理办法》《首次公开发行股票并上市管理办法》《公开发行股票公司信息披露实施细则》《企业会计准则》等。其中，《上市公司信息披露管理办法》对我国上市公司信息披露的要求和规定最为权威和全面；《企业会计准则》指出，公司发布的会计信息需要符合以下八项要求：相关性、可理解性、重要性、可靠性、可比性、及时性、实质重于形式、谨慎性。

我国上市公司信息披露基本内容主要包括三部分：首先是上市信息披露，即初次信息披露，包含招股说明书(面向一级市场)和上市公告书(面向二级市场)；其次是定期信息披露，即各项定期报告，如年度报告、中期报告和季度报告等；最后是临时信息披露，即各项临时报告，主要是不定期发生的对公司股票价格可能会产生重大影响的事件，如会议决议(公司的股东大会决议、董事会决议、监事会决议等)、公司收购公告(关联交易、公司资产的收购与出售等)、其他重大事件公告(重大投资行为、重大诉讼、重大行政处罚、经营方针和范围重大变化等)。

我国的《上市公司治理准则》规定，上市公司应该按照法律法规和公司章程对利益相关者进行持续的信息披露，信息披露的内容必须真实、及时、准确、完整。同时，上市公司除了需要披露强制性的信息，对公司经营有重大影响的事件也必须及时主动披露，尤其是保障中小股东能够和大股东一样平等地获取信息。除此之外，公司披露的信息要易于被各个利益相关者理解。上市公司的信息披露工作由董事会秘书负责，如信息披露制度的制定、回答咨询及提供信息披露资料给投资者。

二、信息披露与公司治理

(一)信息披露在内部治理结构中的作用

1. 保护投资者利益

根据委托代理理论，公司股东和管理者效用不一致，管理者可能会为了追求自身效用最大化基于信息优势而损害股东利益，获取私人收益。公司治理重要内容之一就是对高管进行监督和约束。对公司高管进行有效的监督需要完善的信息披露制度，向利益相关者提供各项公司经营信息，尤其是财务信息。财务信息能够很好地反映公司的经营状况、经营成果，缓解股东和高管间的信息不对称，减少高管的机会主义动机，抑制高管攫取公司价值和股东价值的行为，同时信息披露还能减少公司内部交易和管理交易。可见，完善的信息披露制度能够监督、约束公司高管的行为，促使高管努力实现股东价值最大化，保护投资者利益。

2. 加强对管理者的激励

除了对高管监督，股东也可以通过激励机制抑制高管的机会主义行为。激励机制的有效运行离不开信息披露制度，尤其是财务信息披露。财务信息能够反映高管的努力和经营成果，这些都是制定高管薪酬契约的依据，很大程度上能够决定高管薪酬。公司良好的财务信息反映了高管的良好经营能力和人力资本，公司就会支付给高管更高的薪酬。同时，高管的股票期权与公司股价直接相关，有利于高管为了增加公司价值勤勉工作。值得一提的是，高管有可能为了自身收益对财务造假，操纵信息披露。

3. 减少契约成本

企业是一系列契约关系的集合，制定、签订、执行契约需要以各项信息尤其是财务信息为依据。完善的信息披露能够大大降低契约成本。同时，企业制定一份完备的契约成本高昂，现实中的契约往往是不完备的，因此缔约方不可能约定好契约的方方面面，在这种情况下，公司的股东、董事和高管就会对信息的获取展开博弈。同时，有效的公司内部治理，如股东的控制权和投票权、董事会的决策权，以及高管激励机制，同样以公司的信息披露为基础。良好的信息披露能够降低公司内部的交易成本和代理成本。

(二)信息披露在外部治理结构中的作用

1. 有利于债权监督

公司的股东不止一个，在监督成本不可分摊的情况下，监督的收益却按股权分配，这大大降低了股东监督的热情，股东"搭便车"的情况普遍，久而久之，造成了股东监督的缺失，高管机会主义盛行，最终造成股东利益受损。在这种情况下，债务的预算硬约束和破产制能够让高管在压力下勤勉工作，缓解股权监督不力给公司带来的损失，对公司治理有一定的正向影响。有效的债权监督离不开公司的财务信息，良好的信息披露尤其是财务信息披露能够提高市场交易的透明度，促进外部利益相关者对公司的债权监督。

2. 有利于市场监督

公司治理的外部市场监督主要指资本市场的中立机构发布的公司信息对公司高管的监督作用。中立机构主要有审计师、会计师、税务师事务所和证券公司、基金公司、投资银行等投资咨询机构。审计师、会计师、税务师事务所在对客户公司进行研究时，需要以良好的信息披露制度为依托，良好的信息披露能够提供事务所所需的财务信息和公司其他相关资料，有利于事务所出具客户公司客观、全面、有效的评价，从而发挥监督客户公司高管的作用，减少公司的代理成本，提高公司价值和公司治理效率。

证券公司等投资咨询机构中的证券分析师由于需要提升投资业绩，也需要对公司信息等资料进行分析，这种情况也能起到对公司高管的监督作用。可见，这种监督作用的发挥也依赖于公司发布的各项信息，即公司对信息披露的执行情况。总而言之，良好的信息披露能够让市场监督的中立组织拥有充分、准确的信息，发挥外部市场的监督作用。

3. 有利于机构投资者参与治理

对于一般公司而言，金融机构往往是治理者。虽然在美国禁止商业银行直接持有公司股份，但在日本，主银行持有公司的大量股份并能在公司经营困难时对公司进行深度干预，发挥类似于美国控制权市场的作用。德国的全能银行持有的公司股份低于日本主银行持有的股份，但是在德国特殊的委托投票制度下，德国全能银行同样拥有对公司较大的控制权。

其他的非银行的金融机构，虽然各国对其有一些限制，但基本上都能作为机构投资者参与公司治理。随着机构投资者的发展，其对公司治理的作用越来越大。可靠、充分的信息尤其是财务信息有利于准确衡量企业价值，有利于机构投资者改进决策，促进机构投资者参与公司治理，提高外部治理机制的效率。

延伸阅读 1

证监会就精选层挂牌公司持续监管指引公开征求意见

2020年4月30日证监会宣布，为切实提高精选层公司质量，有效控制市场风险，保护投资者合法权益，根据《证券法》《非上市公众公司监督管理办法》(以下简称《公众公司办法》)《非上市公众公司信息披露管理办法》(以下简称《信息披露办法》)等有关规定，证监会起草了《非上市公众公司监管指引第X号——精选层挂牌公司股票发行特别规定(试行)》(以下简称《监管指引》)，现向社会公开征求意见。

证监会指出，制定《监管指引》，主要有三个方面的考虑：一是从新三板市场实际情况出发，建立适合精选层公司特点的持续监管制度；二是以行政规范性文件的形式对精选层公司的监管要求进行强化，为加强精选层公司行政监管、结合市场分层实施分类监管奠定制度基础；三是借鉴上市公司监管经验，针对精选层公司构建证监会、派出机构和全国股转公司"三点一线"的工作机制，提高监管效能。

具体而言，《监管指引》共七部分，包括信息披露，公司治理，控股股东和实际控制人行为规范，关联交易、对外担保及其他管理制度，股份减持，监督管理和附则，具体内容如下。

(一)信息披露

精选层公司应当按照《公众公司办法》《信息披露办法》的规定，严格遵守信息披露事务管理制度，明确相关人员职责，按照相应的内容与格式准则编制定期报告，及时、公平地披露重大事件，加强内幕信息管理，防范信息泄露及内幕交易。其他信息披露义务人应当按照规定进行信息披露，并配合公司履行信息披露义务。

精选层公司拟实施送股或者以资本公积转增股本的，所依据的中期报告或者季度报告的财务报告应当经符合《证券法》规定的会计师事务所审计。

(二)公司治理

《监管指引》在《公众公司办法》对公司治理原则要求的基础上，明确精选层公司召开股东大会时应当提供网络投票便利；审议可能影响中小股东利益的重大事项时，对中小股东的表决应当单独计票；鼓励精选层公司在董事、监事选举中采用累积投票制；设立董事会专门委员会。

精选层公司建立独立董事制度的，独立董事的选任、履职应当符合中国证监会和全国股转公司的有关规定。

此外，借鉴科创板制度经验，要求存在特别表决权股份的精选层公司建立健全特别表决权的运行与管理机制，防范特别表决权的滥用。

(三)控股股东和实际控制人行为规范

《监管指引》进一步强化精选层公司独立地位和控股股东、实际控制人诚信义务。强调控股股东、实际控制人及其控制的其他企业不得违规占用或者转移公司的资金、资产或其他资源。

为规范精选层公司有关各方承诺及履行承诺的行为,防止相关主体滥用承诺损害中小投资者合法权益,《监管指引》对承诺内容、披露要求及承诺变更做出明确规定。

(四)关联交易、对外担保及其他管理制度

精选层公司应当加强对关联交易、对外担保行为管理,采取有效措施防止关联方通过关联交易损害公司利益。对外提供担保的,应当提交董事会或者股东大会进行审议并按照《信息披露办法》的规定履行信息披露义务。

精选层公司应当真实、准确、完整地披露募集资金的实际使用情况,董事会应当每半年度出具募集资金存放与使用情况专项报告。改变募集资金用途的,应当严格按照《证券法》的规定履行相关程序。

(五)股份减持

为规范精选层公司股东、实际控制人、董监高的减持行为,维护公平交易秩序,《监管指引》明确了股份减持的基本要求和信息披露义务:精选层公司股东、实际控制人、董监高减持本公司股份,应当符合相关法律法规、中国证监会和全国股转公司有关股份转让的规定;持股5%以上股东、实际控制人、董监高应当提前15个交易日预先披露减持计划并按要求披露减持进展及实施情况。

(六)监督管理

《监管指引》明确中国证监会、派出机构、全国股转公司在精选层公司监管中的职责分工,中国证监会统筹各项监管工作;派出机构加强监管执法,强化责任追究,严厉打击违法违规行为;全国股转公司履行自律管理职责,制定精选层公司持续监管具体实施规则,实施自律管理,强化监管问询。同时建立精选层公司监管信息共享、重大事项会商、联合检查等工作机制,强化监管协作配合,形成监管合力。

证监会表示,将依照《证券法》《公众公司办法》《信息披露办法》以及《监管指引》的有关规定,严格加强对精选层公司的监督管理,及时查处违法违规行为,依法采取监管措施,给予行政处罚。

主办券商应切实发挥持续督导的作用,促进精选层公司规范履行信息披露义务,不断完善公司治理机制,合法合规经营。

证监会表示,欢迎社会各界对《监管指引》提出宝贵意见,证监会将根据公开征求意见的情况,对《监管指引》作进一步修改,履行程序后发布实施。意见反馈截止时间为2020年6月1日。

(七)附则

略。

(资料来源:王砚丹. 每日经济新闻,2020-04-30.)

第二节　信息披露的原则和内容

一、信息披露的原则

信息披露原则是指上市公司履行披露信息义务时必须遵守的各项准则,包括真实性原则、全面性原则、及时性原则、公开性原则、重要性原则和公平性原则。其具体内容如下。

(一)真实性原则

真实性指上市公司对外披露的信息必须是真实的,符合客观实际情况的,禁止编造、伪造虚假信息误导和欺骗投资者。真实性是信息披露最重要的原则,丧失真实性的信息不仅不能起到信息披露应有的作用,反而可能给投资者造成重大损失。真实性原则不仅要求信息披露中的强制性信息披露内容是真实的,而且要求自愿性信息披露内容也必须是真实的。其不仅要求上市公司对已经发生的客观事实要如实描述,还要求公司对既定事实的影响、性质的分析要准确,以及对公司未来的经营情况的预测要合理。一般情况下,作为上市公司的外部人仅根据上市公司公开发布的资料信息很难判断其是否真实,但是可以参考上市公司以往的违规历史记录,评价和判断上市公司信息披露的真实性。

(二)全面性原则

全面性是指上市公司披露的资料信息必须是全面的,相关证券的风险和收益评估信息应该全部披露,公司的治理结构、经营状况、风险程度等不能遗漏和隐藏,以供投资者判断证券的价值。所有法定项目的信息,公司必须公开,使投资者对公司的全貌和事项能够充分了解。之所以强调信息披露的全面性,是因为对证券投资价值进行评估需要综合多方的信息,任何相关信息的遗漏都会使证券价值评估结果不准确,给投资者造成经济损失。其中相关信息的合理界定需要依据各项法律法规的规定,如《证券法》明确信息披露的具体范围,证券监管机构设定信息披露的具体细则,以及证券交易所出具信息披露的具体规则等。上市公司发布的信息若有隐瞒和遗漏,则不具有法律效力。

(三)及时性原则

及时性指上市公司在规定的时间内及时向外界公众披露最新的信息,在信息能够影响决策者的决策时,例如,发生某项重大事件可能影响证券价值时,公司应该迅速作出反应,将信息发布出去,这样有利于公众投资者做出明确理智的决策。投资者、监管机构由于与公司内部人员在获取公司内部信息的时间上存在差异,为了减少信息不对称的弊端,公司相关资料信息往往被要求在规定的时间内披露,避免内部人员内幕交易的现象,规范公司经营管理,保护投资者利益。及时地信息披露也有利于公司股价的及时调整,保障证券交易的连续性和有效性,避免不必要的市场盲动。《证券法》中对应的信息披露及时性是指要求公司进行持续的信息披露,如公司的年度报告、中期报告和季度报告要及时更新,公开上市公司最新的经营状况。

(四)公开性原则

公开性是指证券发行人必须依照法律法规向所有投资者和债权人进行信息披露,不得将信息透露给部分投资者和债权人,以免造成选择性信息导致内幕交易和投机行为。证券发行人不得以任何理由掩盖公司的财务状况、现金流量、风险程度等,尤其是公司内部运行、股权结构变更等重大事项不得仅对特定人员公开。上市公司要按法律法规对影响证券价值的相关信息资料进行公开。

(五)重要性原则

信息披露中的信息是指重要信息,而非上市公司的所有信息,重要信息是指能够影响股价的信息。我国2017年修订的《公开发行证券的公司信息披露内容与格式准则第2号——年度报告的内容与形式》第三条规定,"对投资者投资决策有重大影响的信息,不论本准则是否有明确规定,公司均应当披露"。上市公司不能隐瞒、忽略重要信息,如公司战略、公司治理结构、经营风险、财务风险、竞争环境、产品和服务市场特征、公司社会责任、对外投资项目、关联交易、控股公司及参股公司经营情况、资产负债表日后事项等。

(六)公平性原则

公平性是指上市公司披露的信息是一般投资者能够平等获取的,不会发生信息披露方式不当使一般投资者获取信息滞后的情况,导致一般投资者在信息披露中处于不公平的地位,保障证券市场的公平竞争。信息披露的公平性要求上市公司不得提前私下将待披露信息透露给特定对象。上市公司违背信息披露公平性原则主要体现在以下两个方面:一是提前将公司年报透露给控股股东、实际控制人(沪深交易所允许的特殊情况除外);二是上市公司相关人员在召开年报业绩说明会或接待投资者调研时介绍的信息超过了信息披露的范围。

延伸阅读 2

涉嫌信息披露违法违规 蓝山科技被证监会立案调查

2020年12月2日,证监会发布消息表示,对北京蓝山科技股份有限公司(以下简称"蓝山科技")申请向不特定合格投资者公开发行并在精选层挂牌过程中涉嫌信息披露违法违规行为立案调查。

2020年4月29日,蓝山科技公告公开发行并在精选层挂牌的申请文件;9月22日,蓝山科技向全国股转公司提交了终止公开发行并在精选层挂牌的申请;9月25日,全国股转公司决定终止对其申请材料的审查。

《上海证券报》记者了解到,蓝山科技提交公开发行并在精选层挂牌申请后,全国股转公司在自律审查过程中,关注到该公司财务数据和商业模式存在异常。全国股转公司对在审查中发现的问题,与公开发行审查统筹合并问询,并根据公开发行审查工作的总体部署,配合证监会对蓝山科技及相关中介机构执业情况进行了现场检查。

蓝山科技终止公开发行审查后,全国股转公司密切关注其后续动态。10月底以来,蓝山科技陆续披露了董监高辞职、主要业务陷入停顿、银行账户被冻结等公告,全国股转公司立即进行了公开问询。11月初,全国股转公司对蓝山科技回复不充分的问题及时进行了二次问询,要求公司结合对外借款、董监高履职等情况充分披露重要信息。

近期，全国股转公司约谈蓝山科技董事、监事、高级管理人员，要求其履职尽责，规范履行信息披露义务，充分揭示重大风险，尽快拟定风险应对措施，配合主办券商做好相关工作。

证监会强调，挂牌公司作为公众公司是信息披露第一责任人，应当确保信息披露真实、准确、完整；证券公司、证券服务机构应当切实勤勉尽责，做好资本市场"看门人"。证监会始终按照"敬畏市场""敬畏法治"的要求，严格履行监管职责，以信息披露为中心，把"该管的"管住、管好，督促各方归位尽责，建立健康的新三板市场生态。

(资料来源：上海证券报，2020-12-03.)

二、信息披露的内容

(一)初次信息披露

初次信息披露，又称为首次信息披露、证券发行信息公开，是公司上市前的信息披露，是指证券发行人根据法律法规，在证券公开发行前，在国务院证券监督管理机构指定的场所公开发行募集文件，以供社会公众查阅。初次信息披露的文件主要包括：招股说明书及附录和备查文件、招股说明书摘要、招股说明书申报稿、发行公告、上市公告书等。初次信息披露的作用有：有利于投资者做出理性的投资判断；减少证券欺诈，保护投资者的合法权益；预防企业不法行为，有助于上市公司业务开展；有利于市场监管和证券市场发展。

(二)定期报告

初次信息披露可以使投资者获得对证券投资价值的原始判断信息，但是上市公司的经营发展永远在不断地变化，初次的信息披露并不能满足投资者后续的信息需求，因此需要对上市公司进行持续的信息披露。持续信息披露是指上市公司在初次信息披露后，根据法律法规向证券监管机构和投资者持续公布公司的经营状况、资产财务状况等，持续信息披露包括定期报告和临时报告。

定期报告是上市公司将自身的经营管理、财务状况、重大事项在报告期内进行披露，目的在于将公司的经营业绩进行公示，包括年度报告、中期报告和季度报告。

1. 年度报告

年度报告简称年报，是最重要的定期报告，也是持续信息披露最重要的公告之一。上市公司通过制定年度报告，可以系统全面地了解过去一年的公司治理、内部控制、生产经营、投资状况、融资状况，并在此基础上制订未来计划，向外界展现公司价值并向投资者提示风险。年报有助于上市公司股东全面知晓公司信息，并在此基础上进行后续的投资决策，保障股东权益；年报也有助于其他投资者探索上市公司的价值"洼地"，预防投资风险。上市公司的年度报告必须在每个会计年度结束的4个月内披露。

2. 中期报告

中期报告也是定期报告的一类，是指上市公司对每个会计年度前6个月的经营状况和其他重要事项进行的信息披露，用于反映上市公司前半年度的财务状况和经营状况等。中期报告应该在会计年度前6个月结束后的2个月内完成并进行公开披露。

3. 季度报告

季度报告包含第一季度报告和第三季度报告,其中,第一季度(春季度)报告在每个会计年度第三个月结束后的一个月内完成并进行披露,第三季度(秋季度)报告在每个会计年度第九个月结束后的一个月内完成并进行披露。季度报告能够及时地让投资者获取上市公司最新的经营状况信息,有利于投资者规避投资风险。

(三)临时报告

临时报告是上市公司依据法律法规对重大事项进行临时披露的文件。定期报告只能在每个会计年度的固定日期披露,存在一定的滞后性,尤其对于一些公司的重大突发事件,定期报告存在明显的延期缺陷,不能满足信息披露的迅速性与最新性要求,因此《证券法》要求上市公司对于发生的重大事件以临时报告的形式进行披露。临时报告能够对影响公司股价及其衍生品价格的事件进行公示,具有即时通报、内容聚焦的特点。临时报告的内容包括:重要会议公告(如董事会决议公告)、关联交易公告、资产重组公告、收购出售资产公告等重大事件公告,一般为上市公司对刚发生或即将发生的重大事项进行公示。

延伸阅读3

信披违规首次获刑,上海严惩上市公司财务造假

2020年6月,由上海证监局查办并向司法机关移送的*ST 毅达违规披露重要信息案,经上海市第三中级人民法院一审判决,4名责任人员分别被判处拘役至有期徒刑,成为上海市首例获宣判的上市公司违规披露重要信息罪案件。

据悉,*ST 毅达主营园林工程施工、市政工程施工及销售苗木业务,近年来,信息披露违规行为频发。上海证监局调查发现,*ST 毅达子公司厦门中毅达在未实施任何工程的情况下,以完工百分比法确认了井冈山国际山地自行车赛道景观配套项目的工程收入和成本,导致*ST 毅达 2015 年第三季度报告信息披露虚假陈述,其中虚增营业收入 7267 万元,占当期披露营业收入的 50.24%;虚增利润总额 1064 万元,占当期披露利润总额的 81.35%;虚增净利润 798 万元,将亏损披露为盈利。上海证监局发现上述涉嫌犯罪行为后,在追究行政法律责任的同时,依法将该案移送司法机关,并积极支持、配合上海公安、检察和法院的侦查、起诉及审判工作,最终成功追究相关违法犯罪人员的刑事法律责任。

上海证监局有关负责人表示,国家正在积极推进建设上海国际金融中心,有关上市公司财务信息披露应当自觉遵循更高标准、更严要求,努力向国际一流市场上市公司信息披露水平看齐。对于上市公司财务造假等违规信披行为,要依法从严惩治、从重打击,除了加大行政执法力度、从严行政处罚之外,还要将涉嫌犯罪行为及时移送司法机关,依法从重追究刑事责任。行政与刑事双管齐下,切实提高上市公司财务造假违法成本。上海证监局将认真总结此案办理的经验与做法,按照新《证券法》精神,在证监会的统一安排部署下,会同有关部门,综合运用各种法律手段,进一步加大对证券期货违法犯罪行为的打击力度,维护市场秩序和投资者合法权益,为支持上海国际金融中心建设营造良好的法治环境。

(资料来源:澎湃新闻,2020-06-14.)

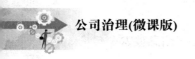

第三节 信息披露的方式

信息披露的途径有多种，如上市公司在交易网站上发布公告、在公司官网上发布公司相关信息、通过媒体发布公告、邀请投资者和证券分析师参加现场会议、电话会议等。信息披露的方式有两种：强制性信息披露和自愿性信息披露。

强制性信息披露可以通过年报、公告和股东大会完成，自愿性信息披露可以通过网站、一对一沟通、公司调研、说明会或分析师会议、路演等完成。

一、强制性信息披露

(一)强制性信息披露的形式

强制性信息披露的形式有三种：公告、置备和网上推介。公告是指必须在中国证监会指定的网站上公示，且必须在中国证监会指定的专项出版公告或报刊上刊登，这种披露的公告层次较高，社会扩散效应强。置备是指上市公司将披露的信息置于指定场所供社会公众查阅，虽然持续时间长，但只有主动查阅的投资者才能知晓相关信息，因此影响范围和影响力度都较小。网上推介是指上市公司发行证券之前通过互联网宣传发行信息，帮助证券发行人发行证券。

(二)强制性信息披露的内容

强制性信息披露的具体内容包括：①公司目标；②公司主要股份的所有权和投票权；③公司治理结构和政策；④公司的财务和经营状况；⑤公司董事会成员和主要执行人的薪酬政策；⑥股东、高管及员工信息；⑦关联交易情况；⑧公司可预见的风险因素；⑨公司未来发展的相关信息；⑩内部控制情况等。

信披违规、夸大业绩销售产品 中建投信托被处罚 45 万元

2020 年 9 月 17 日，中国银保监会浙江监管局公布一张罚单，中建投信托股份有限公司被罚 45 万元。罚单显示，中建投信托的主要违法违规事实为未按监管规定及时进行信息披露；推介信托计划时存在对公司过去的经营业绩作夸大介绍的情况。根据《信托公司集合资金信托计划管理办法》(银监会令 2009 年第 1 号)第四十八条及第五十条规定其被罚款人民币 45 万元。

值得一提的是，2017 年，中建投信托因"违规以信托财产为自己谋利；利用受托人地位赚取不当利益"收到罚单 70 万元。

2020 年 9 月初，中建投信托公告，经中建投信托 2020 年第四次临时股东大会和第一届董事会第二十四次会议审议通过，公司董事长由王某某变更为刘某某，浙江省银保监复〔2020〕568 号，已对该任命完成核准。公开资料显示，刘某某同时还担任中建投信托二股东建投控股董事职务，他并无明显信托从业经验。

作为一名信托行业的"小白",刘某某上任后面临的是中建投信托利润率不断下降和不良率的飙升。年报显示,2017年到2019年,中建投信托净利润分别为9.9亿元、9.16亿元、8.8亿元,2019年净利润同比下降3.93%。但是不良率由2018年底的4.14%上升为15.06%。根据中建投信托2019年年报,在合并口径下,中建投信托营业收入为24.23亿元,同比增长24.06%;实现净利润8.80亿元,同比减少3.68%。

另外,在某微信公众号后台,有多名自称是中建投信托的员工反映公司治理混乱,体制外收取非法财务顾问费用,拖欠去年四季度绩效、年终奖等情况。

公开资料显示,中建投信托前身是浙江省国际信托投资公司,创建于1979年8月。1983年12月经中国人民银行批准成为非银行金融机构,是国内最早经营信托投资业务的公司之一。2002年6月,更名为"浙江省国际信托投资有限责任公司",成为浙江省首家获准重新登记的信托公司。中建投信托的股东中国建银投资有限责任公司持股90.05%、建投控股有限责任公司持股9.95%,同时,建投控股有限责任公司为中建投信托大股东——中国建银投资有限责任公司的子公司。

天眼查信息显示,2017年至2019年,中建投信托分别实现净利润9.9亿元、9.16亿元和8.8亿元。不过,在信托投向方面,中建投信托和大多数信托公司一样,地产和政信项目占据前两位,分别为46.71%和12.61%,二者相加近60%。事实上,对于信托行业来说,过于集中的资产投向往往意味着面临风险的可能。

《投资快报》记者注意到,2019年营业支出一项,中建投信托资产减值损失为5.32亿元,而2018年仅为1.47亿元。信托资产方面,2019年信托赔偿准备金数额更是增加了4440.01万元,期末数约为3.4亿元。

但中建投信托方面表示,2019年未发生因本公司自身责任而导致的信托资产损失情况。与此同时,2020年以来,中建投信托的部分信托项目也引发了市场关注。

2020年2月,中建投信托发布了一则关于"中建投信托安泉404号(杭州美好)集合资金信托计划"的重大事项报告。中建投信托表示,因新型冠状病毒肺炎疫情在全国暴发,借款人杭州美生置业有限公司和保证人美好置业集团股份有限公司受到一定程度影响,信托计划可能出现延期分配。

2020年4月,中建投信托控股股东中国建银投资有限责任公司公布了多则牵涉中建投信托的金融借款合同纠纷。被告包括贵州新蒲经济开发投资有限责任公司、黔南东升发展有限公司和六盘水市钟山区城建投资公司等。据悉,此前中建投信托均与上述三方签订了信托贷款合同。

(资料来源:投资快报,2020-09-18.)

二、自愿性信息披露

(一)自愿性信息披露的动机

1. 契约动机

上市公司内部人(管理层或大股东)可能为了追求自身利益而损害全体股东的利益,这种情况下,自愿性信息披露可以使信息透明化,减少信息不对称和交易成本,有利于公司相关契约的制定和执行。另外,公司新的控制人可能会进行资产重组和债务重组并更换管理人员,与外部债权人和管理人员签订契约，在这种控制权转移情况下，自愿性信息披露度可能比未发生控制权转移的信息披露度高。

2. 资本市场交易动机

当公司的管理者想在市场上发行股票、债券时，常常需要接受外部投资者的考察和审视，但是投资者对公司前景信息的掌握比管理者少得多，这种天然的信息不对称导致公司承担较高的发行股票成本。因此，想在资本市场筹资和交易的公司具有自愿性信息披露的动机，以降低资本市场的筹资成本。可见，信息披露一方面能够降低公司和投资者之间的信息不对称性，帮助投资者挖掘价值"洼地"，预防投资风险；另一方面有利于增加公司的股票流动性和需求量，进而提升股价，降低同等条件下的资本成本，同时公司股价的上升也提升了管理者的市场价值。对于控制权转移的公司，新上任的管理者往往受到外界的关注，此时新的管理者面临展现经营能力、市场价值和自身声誉的情况，会选择通过自愿性信息披露体现个人能力和公司价值。

3. 信号传递动机

一方面，优质的公司对自己的财务状况、经营状况等充满信心，不愿公司股价被低估，会通过信息披露向外界表明自己的实力，与经营能力差的公司形成对比，以影响投资者决策。通常情况下，业绩好的公司会进行充分的信息披露，而业绩差的公司则相反。同时，虚构伪造财务信息的公司也会受到监管部门的惩罚，因此，运营良好的公司往往有充分自愿性信息披露的动机。另一方面，公司对于管理层的股权激励也有助于公司的自愿性信息披露。持有股权激励的管理层为了维持股票的流动性和股价，也会自愿进行信息披露。与此同时，投资者一般认为公司的市场价值与管理者的经营情况密切相关，有才能的管理者有动机自愿披露信息，并向市场展现自身的经营能力和市场价值，向市场传达价值信号。

(二)自愿性信息披露的内容

公司自愿性信息披露包括以下内容：①公司目标；②公司盈利预测信息；③公司战略资源信息；④公司相关的行业政策披露情况；⑤公司治理改进的具体措施；⑥公司拟开发的新产品和新业务；⑦公司前五名的供应商和采购金额；⑧公司承担的社会责任等。

(三)自愿性信息披露的特点

1. 自主性

强制性信息披露的内容和规范是国家统一的，即使信息公开的成本很高，企业也必须执行；而自愿性信息披露则相反，是企业的自主性行为，企业根据自身情况和投资者的需要自行决定披露的具体内容和方式。企业管理部门在进行自愿性信息披露前往往先对信息的重要性和成本效益进行比较，再决定重要的信息是否披露及采用何种方式披露。对于自愿性信息披露，企业掌握自由决策权。

2. 内容多样性

企业经营状况、财务状况及现金流的所有影响因素都是企业自愿性信息披露的内容。这些影响因素的信息既包括外部环境信息，也包括内部环境信息；既有既定的历史信息，也有预测信息；既有货币计量信息，也有非货币计量信息；既有定量信息，也有定性信息。自愿性信息披露的内容和形式具有多元性。

3. 形式灵活性

自愿性信息披露中与披露内容多样性对应的是披露形式灵活性，上市公司除了用文字和表格进行信息披露外，还会用柱状图和坐标图阐释项目事件的发展趋势。自愿性信息往往通过年度报告、中期报告、临时报告和新闻发布会披露。自愿性信息披露的内容多样性在很大程度上决定了信息披露形式的多样性和灵活性。

4. 不确定性

企业自愿性信息披露的内容制度上没有明确的要求，并且自愿性信息披露的内容取决于事项是否发生及事项与企业运营的相关程度，因此，自愿性信息披露内容有很强的不确定性。而自愿性信息披露内容上的不确定性又决定了自愿性信息披露形式的不确定性，企业可以根据披露的内容自主选择披露载体、格式、指标等方式，也可以根据企业的实际情况自行决定披露方式。

延伸阅读 5

别在交易时段互动！科创板自愿信披指引来了

2020年9月25日，《上海证券交易所科创板上市公司自律监管规则适用指引第2号——自愿信息披露》(以下简称《指引》)正式发布。本次《指引》除了规定自愿信息披露的要求和内容外，还专门对科创公司自愿信息披露的内部决策程序作出规定，重点强调了董事长作为第一责任人的决策责任。对于某些利用自愿信息披露"蹭热点"的不当行为，《指引》明确要求科创公司审慎评估相关公告披露的必要性，并应对市场传闻作出及时澄清。同时，鼓励科创公司通过上证e互动平台与投资者沟通交流，但不应通过平台发布依法应当披露的信息，也不得通过上证e互动平台开展自愿性信息披露。同时建议，科创公司在非交易时段回复投资者提问，避免因盘中误读误传信息引发股票交易异常波动。

《证券法》明确规定，除依法需要披露的信息之外，信息披露义务人可以自愿披露与投资者作出价值判断和投资决策有关的信息，但不得与依法披露的信息相冲突，不得误导投资者。与之相衔接，中国证监会部门规章和交易所业务规则，明确了自愿信息披露的原则性规定。上交所本次《指引》结合市场实践给出范例和说明，为科创公司实践自愿信息披露提供针对性的指导和规范建议。

1. 自愿性信息披露须落实关键人责任

开市以来，一批代表新经济发展方向、拥有"硬科技"的企业登录科创板，自愿信息披露得到了更为普遍的运用。科创公司自愿披露的公告数量，已经占公告总数的20%左右。除以往常见自愿性信息披露类型外，科创公司还主动披露行业变化、研发进展、运营数据、业务合作等信息。

《指引》遵循《证券法》确定的原则，一是要求科创公司准确把握自愿信息披露的范围，从内容上、类型上服务于投资者决策需要。二是保证所披露的信息真实、准确、完整，不能有虚假记载和误导性陈述。三是专门列出了信息披露事项和公告要点，既涵盖战略规划、盈利预测、社会责任等内容，也涉及行业信息、研发进展、运营数据、非会计准则下的财务数据、董事长的投资者沟通信函等符合科创公司特点的内容。四是要求科创公司采用临时公告方式自愿披露信息时，应当在所披露的公告标题中标注"自愿披露"字样，以方便投资者识别、理解。

健全、高效、清晰的内部决策程序，是自愿信息披露规范实施的基本保障。《指引》合理配置责任归属，将自愿信息披露的责任落实到人，重点强调了科创公司董事长作为第一责任人的决策责任，以及董事会秘书作为具体负责人的执行责任。同时，明确其他高管人员应当在各自职责范围内承担相应的职责。强调建立统一的标准。例如，生物医药类企业，可以将药品研发的阶段性进展，列入自愿披露信息的范围；实施股权激励的企业，可以明确在年报中披露非会计准则核算的财务信息；等等。此外，强调了必要的保密要求。

2. 严防"蹭热点"内幕交易

上交所介绍，防范自愿披露中的不当行为，是出台《指引》的一个重要考虑。个别与市场热点不当关联的自愿披露，即市场俗称的"蹭热点"公告，容易干扰投资者理性决策，引起股票交易异常波动，甚至滋生内幕交易、市场操纵等违法违规行为。

基于此，《指引》要求，科创公司应审慎评估相关公告披露的必要性，避免披露仅与市场热点有关，但对公司不具有重大影响的信息。尤其不得利用自愿披露，与市场热点进行不当关联，故意夸大所披露事项对公司生产、经营、研发、销售、未来发展等方面的影响，误导投资者过度评估公司股票的投资价值。对于确有必要披露的涉及市场热点的信息，《指引》尤其强调不能误导投资者，并按照所披露事项涉及市场热点的不同类型，进一步细化披露要求。例如，披露事项涉及热点技术的，科创公司在公告中说明，所掌握的技术与热点技术是否相同，与主营业务的关联度，相关技术是否已经成熟，研发是否存在不确定性，公司是否实际拥有相关技术，等等。

《指引》要求科创公司密切关注公共媒体关于科创公司的报道和市场传闻，如果出现不恰当地将热点概念与公司相关联的情形，可能对投资者决策或者公司股票交易产生较大不利影响的，需要及时澄清。上交所表示，对于主动迎合市场热点的"蹭热点"行为，特别是滥用自愿性信息披露实施信息型市场操纵的违法违规行为，监管部门将继续从严监管，露头就打，坚决维护好科创板信息披露市场秩序。

《证券时报》记者注意到，除法定信息披露和自愿性信息披露以外，科创公司也可以通过新闻发布会、媒体专访、公司网站、网络自媒体等渠道发布其他信息。例如，《指引》鼓励科创公司通过上证e互动平台与投资者沟通交流，但不应通过平台发布依法应当披露的信息，也不得通过上证e互动平台开展自愿性信息披露。同时建议，科创公司在非交易时段回复投资者提问，避免因盘中误读误传信息引发股票交易异常波动。此外，科创公司可以定期接受分析师和机构调研，可以通过公司网站或者其他媒体自行发布不属于持续信息披露范围的宣传类、广告类信息，但应当避免误导投资者。科创公司可在非交易时段通过新闻发布会、媒体专访、公司网站、网络自媒体等方式对外发布应披露的信息，但应当于下一交易时段开始前披露相关公告。

(资料来源：金融界.2020-09-26.)

本 章 小 结

　　首先，本章介绍了信息披露制度，梳理了国外和我国信息披露的发展情况，并在此基础上分析了信息披露对公司治理的作用。公司能够通过信息披露与外部投资者进行各项信息沟通，信息披露也能通过公司与各利益相关者间的信息流动实现财富分配。最初关注的信息披露主要是财务信息的披露，随着资本市场的不断发展和完善，信息披露增加了非财务信息内容。我国对证券市场的信息披露，主要是对公司信息披露的内容和方式有强制性的规定，保障公司信息披露活动的顺利开展。信息披露在公司治理中的作用主要有以下两方面。一方面，信息披露在公司内部治理中能够保护投资者利益、加强对管理者的激励、减少契约成本；另一方面，信息披露在公司外部治理中有利于债权监督、市场监督及机构投资者参与治理。

　　其次，本章对信息披露的原则和内容进行了介绍。信息披露原则是指上市公司履行披露信息义务时必须遵守的各项准则，包括真实性原则、全面性原则、及时性原则、公开性原则、重要性原则和公平性原则，其中真实性原则、全面性原则、及时性原则比较重要。信息披露的内容包括初次信息披露、定期报告和临时报告。初次信息披露是证券发行人根据法律法规，在证券公开发行前，在国务院证券监督管理机构指定的场所公开发行募集文件。定期报告是上市公司将自身的经营管理、财务状况、重大事项在报告期内进行披露，目的在于将公司的经营业绩进行公示，包括年度报告、中期报告和季度报告。临时报告是上市公司依据法律法规对重大突发事件进行迅速披露，具有即时通报、内容聚焦的特点。

　　最后，本章介绍了信息披露的方式，信息披露的方式有两种：强制性信息披露和自愿性信息披露。强制性信息披露的形式有三种，包括公告、置备和网上推介；强制性信息披露内容包括：公司目标、公司主要股份的所有权和投票权、公司治理结构和政策、公司的财务和经营状况等。自愿性信息披露的动机有契约动机、资本市场交易动机和信号传递动机；自愿性信息披露内容有：公司目标、公司盈利预测信息、公司战略资源信息等。自愿性信息披露的特点有自主性、内容多样性、形式灵活性和不确定性。

思 考 题

1. 如何完善我国强制性信息披露制度？
2. 强制性信息披露的内容有哪些？
3. 自愿性信息披露的内容有哪些？
4. 信息披露制度对上市公司有哪些影响？

实 践 应 用

因涉嫌信披违规或信披违规　五粮液、贵州茅台等四家酒企遭监管点名

　　继贵州茅台、山西汾酒信披违规遭监管后，酒鬼酒也因信披违规收到深圳证券交易所(以下简称深交所)监管函，五粮液则因涉嫌信披违规收到深交所关注函。

　　与贵州茅台等3家白酒企业信披违规主体是上市公司不同，五粮液涉及主体是公司控股

股东五粮液集团,披露信息为五粮液集团的业绩情况。截至 2021 年 1 月 5 日,五粮液收涨 7.36%,报收 319.98 元,创历史新高,市值达 1.24 万亿元。

1. 涉嫌信披违规,五粮液收关注函

2021 年 1 月 4 日,深交所对五粮液(000858)下发关注函,要求公司就媒体所报道的"五粮液集团 2020 年 1—11 月收入突破 1100 亿元、收入与利润均实现两位数增长"一事做出说明。关注函表示,近日多家媒体报道称,2020 年 12 月 28 日"五粮液第二十四届 1218 共建共享大会"透露,持有五粮液 20.4%股份的四川宜宾五粮液集团有限公司 2020 年 1—11 月收入突破 1100 亿元、收入与利润均实现两位数的增长。

针对上述会议,深交所要求,五粮液结合历年营业收入、净利润占五粮液集团营业收入、净利润的比重情况及五粮液集团对公司投资收益的会计处理方法等,说明五粮液集团的经营业绩与公司经营业绩的管理情况,在此基础上说明上述会议所透露信息是否属于对公司股票交易价格有重大影响的信息。

深交所关注函要求,五粮液结合公司信披内部控制制度及程序、内幕信息管理相关情况等,说明公司向五粮液集团提供相关财务数据须履行的程序及内幕信息知情人登记情况。并核查说明上市公司董事、监事、高级管理人员及其他内幕信息知情人是否存在泄露内幕消息或利用内幕消息进行证券交易的情形,并进一步说明公司为保障内幕信息安全所采取的有效措施。

五粮液此次被监管涉及的主体是公司控股股东五粮液集团,披露信息为五粮液集团的业绩情况。深交所提醒董事、监事、高级管理人员严格遵守《证券法》、《公司法》、《上海证券交易所股票上市规则》(以下简称《股票上市规则》)等的规定,真实、准确、及时、公平地履行信息披露义务。

2. 贵州茅台等 3 家酒企信披违规被点名

贵州茅台、山西汾酒、酒鬼酒信披违规的主体是上市公司,信息披露也是上市公司业绩。2021 年 1 月 4 日,深交所向酒鬼酒公司董事、监事、高级管理人员发监管函,指出公司通过非法定信息披露渠道自行对外发布涉及公司经营重要信息,违反了相关规定。监管函指出,2020 年 12 月 28 日上午,酒鬼酒公司分别在上市公司官方网站和微信公众号发布了题为"2020 年酒鬼酒创造历史,2021 年酒鬼酒馥郁腾飞!"的报道,称公司于 2020 年 12 月 26 日下午召开了年度经销商大会,来自全国各地的 1000 多名经销商、新闻媒体及行业嘉宾出席,公司董事、副总经理(主持工作)、财务总监程某在经销商大会上表示,公司销售目标是"突破 30 亿元,跨越 50 亿元,争取迈向 100 亿元"。当日,公司股价跌停,此后公司股价持续上涨。

深交所指出,根据酒鬼酒前期披露的历年年度报告,上市公司 2017—2019 年实现营业收入分别为 8.78 亿元、11.87 亿元、15.12 亿元;根据酒鬼酒披露的 2020 年第三季度报告,上市公司 2020 年前三季度实现营业收入 11.27 亿元。

深交所表示,酒鬼酒通过非法定信息披露渠道自行对外发布涉及公司经营的重要信息,违反了深交所《股票上市规则(2018 年 11 月修订)》第 2.1 条、第 2.15 条及深交所《上市公司规范运作指引(2020 年修订)》第 5.2.6 条、第 5.2.11 条的规定。程某的上述行为违反了深交所《股票上市规则(2018 年 11 月修订)》第 1.4 条及深交所《上市公司规范运作指引(2020 年修订)》第 5.2.13 条的规定。深交所要求,酒鬼酒全体董事、监事、高级管理人员吸取教训,严格遵守《证券法》《公司法》及《股票上市规则》等的规定,杜绝此类事件再次发生。

上交所于 2021 年元旦前对贵州茅台和山西汾酒下发了公监函。上交所发布消息称，2020 年 12 月 16 日，贵州茅台召开2020年度贵州茅台酱香系列酒全国经销商联谊会。会上，公司董事长高某某表示，公司 2020 年预计可完成酱香系列酒销量2.95 万吨，实现含税经销额 106 亿元，同比增长 4%。同时，多家媒体对会议内容进行报道，引发了市场和投资者的广泛关注。

公监函指出，近期，白酒板块上市公司受到投资者及媒体的广泛关注，相关公司的产销情况及业绩信息是市场高度关注的热点信息，可能对公司股票交易及投资者决策产生较大影响。高某某作为公司时任董事长，通过非法定信息披露渠道自行对外发布涉及公司经营的重要信息，上述行为违反了《股票上市规则》第 2.2 条、第 2.4 条、第 2.6 条、第 2.14 条、第 2.15 条、第 3.1.4 条、第 3.1.5 条等有关规定，以及其在《董事(监事、高级管理人员)声明及承诺书》中作出的承诺。鉴于上述事实，根据《股票上市规则》第 17.1 条和《上海证券交易所纪律处分和监管措施实施办法》有关规定，上交所对贵州茅台酒股份有限公司时任董事长高某某予以监管关注。

2020 年 12 月 31 日，上交所发布对山西汾酒董事长李某某予以监管关注决定。

公监函显示，李某某在 2020 年末召开的山西杏花村汾酒集团有限责任公司全球经销商会议上提到了年度应收利润增长数据，相关数据直接涉及上市公司尚未披露的 2020 年度经营业绩，属于对公司股票交易价格和投资者决策可能产生较大影响的信息。公监函表示，李某某作为公司时任董事长，通过非法定信息披露渠道自行对外发布涉及公司经营的重要信息，上述行为违反了《股票上市规则》第 2.2 条、第 2.4 条、第 2.6 条、第 2.14 条、第 2.15 条、第 3.1.4 条、第 3.1.5 条等有关规定，以及其在《董事(监事、高级管理人员)声明及承诺书》中做出的承诺。公监函显示，鉴于上述违规事实和情节，根据《股票上市规则》第 17.1 条和《上海证券交易所纪律处分和监管措施实施办法》有关规定，上交所对山西杏花村汾酒集团有限责任公司时任董事长李某某予以监管关注。同时，提醒公司董事、监事、高级管理人员应当引以为戒，认真履行忠实、勤勉义务，严格按照法律、法规和《股票上市规则》的规定，认真配合上市公司履行信息披露义务，保证公司及时、公平、真实、准确和完整地披露所有重大信息。

(资料来源：央广网，2021-01-05.)

【思考与讨论】

1. 上述白酒公司违反了信息披露的哪些原则？
2. 如何提升上市公司的信息披露水平？

微课视频

扫一扫，获取本章相关微课视频。

信息披露与公司治理.mp4

信息披露原则和内容.mp4

第十章 利益相关者与机构投资者

【学习目标】
1. 掌握利益相关者与机构投资者的定义、特点与作用。
2. 理解机构投资者参与公司治理的动机与机制。
3. 理解产品市场竞争与公司治理的关系。
4. 掌握债权人、信用中介机构参与公司治理的作用。
5. 认识政府监管参与公司治理的途径及媒体监督参与公司治理的作用。

【引导案例】

ofo 的一票否决权

创立于 2014 年的 ofo 致力于"以共享经济+智能硬件,解决'最后一公里'出行问题"。1991 年毕业于北京大学光华管理学院的戴某,乘上了共享单车的浪潮。ofo 从北京大学校园起步,很快走向全国,成为行业领先者,甚至进军海外——美国西雅图、英国牛津。ofo 是备受资本市场头部机构追捧的明星项目,ofo 前后三年共有 12 轮融资,融资金额高达 150 亿元,最高估值达 30 亿美元。

但 2018 年以来,ofo 遭遇很大的现金流问题。戴某说:"从 2017 年底到 2018 年初公司由于没能够对外部环境的变化作出正确的判断,其一整年都背负着巨大的现金流压力。退还用户押金、支付对供应商的欠款、维持公司的运营,1 块钱要掰成 3 块花。近半年来,来自现金流和媒体的压力,让我们力不从心,尤其是公司全力寻找融资无果后,我无数次想过把运营资金全砍掉,用来退还部分用户押金和支付对供应商的欠款,甚至是解散公司、申请破产,这样大家就不用继续承担这么大的压力了。"ofo 负面消息很多,戴某的日子难过,声誉大降。2018 年 12 月,他被北京市海淀区人民法院限制消费。

关于 ofo 快速陷入困境的原因说法很多,如监管、行业因素等。相比较而言,腾讯 CEO 马某某道出的 ofo 溃败的原因——一票否决权,可谓更重要,对创业者也更有警示意义。据报道,在 ofo 董事会中,戴某、朱某某、经纬创投均拥有一票否决权。2017 年 12 月,撮合摩拜与 ofo 合并无望后,朱某某退出董事会,将 ofo 的股份卖给阿里巴巴与滴滴出行,此后双方共享一票否决权。一家企业拥有 3 个一票否决权。据报道,在摩拜与 ofo 的合并中,戴某使用了一票否决权,这被认为是 ofo 丧失关键发展机遇的事件;阿里巴巴欲进一步入股 ofo,因其他股东的原因未能成功,意味着 ofo 少了一笔巨资入账;滴滴出行欲收购 ofo,也因内部多方的复杂博弈未能实现。

滴滴出行 2017 年成为 ofo 重要股东后,滴滴高级副总裁付某加入 ofo,担任执行总裁,直接向戴某汇报;市场负责人南某进入 ofo 负责市场;财务总监 Leslie Liu 分管 ofo 财务部门。这批职业经理人直接接管了市场、财务等数个关键部门,ofo 的"底牌"一览无余。对于这批职业经理人,戴某本来是欢迎的,但在磨合过程中,他们一些反客为主的举措,让原有高管团队大为光火。戴某想收购小蓝单车,付某不同意。最终,2017 年 11 月,滴滴出行派驻的高管均从 ofo "被"离职,滴滴出行事先并未获知这一情况,"被架空"的戴某突然决策,令滴滴措手不及。

此前,在程某的撮合下,软银创始人孙某某和戴某曾就投资一事进行了面谈,并当场签下了 20 亿美元的投资意向书。随着滴滴出行管理团队的出走,这笔钱最终成为空头支票。为了制衡滴滴出行在 ofo 的话语权,戴某接纳了阿里巴巴进入董事会,但阿里巴巴并不满意与滴滴出行分享这一胜利果实。为此,阿里巴巴拿出一份方案,希望对滴滴出行的股份进行回购,同时,再砍掉戴某的一票否决权,提高自身在 ofo 的控制力。程某看到滴滴出行要被边缘化后否决了这项决议。最终,ofo 通过抵押动产才从阿里巴巴拿到资金,金额也从 10 亿美元缩水为 17.7 亿元人民币。

戴某团队之所以能与众多资本长期博弈,秘诀来自偶然因素:ofo 创业初期,一位律师在审核投资条款时发现,投资方持有一票否决权,为了公平,戴某团队增加了一票否决权。而在随后 ofo 连续快速多轮融资,引入包括经纬创投、金沙江创投、元璟资本在内的多家财务基金及包括阿里巴巴、滴滴出行在内的战略投资后,多方机构投资者持股使公司在重大战略决策中的利益博弈越发复杂,难以形成统一的决策意见,尤其在面临收购、合并等重大关键事项时,创始人戴某及机构投资者对一票否决权的使用,使狂奔的 ofo 在关键的命运转折点丧失了自救或引入新资金的时机,最终走入困局,一代共享单车明星企业沦为一地鸡毛。

(资料来源:赵晶. 公司治理:原理与案例[M]. 北京:中国人民大学出版社,2021.)

第一节 利益相关者与机构投资者

利益相关者是指公司外部环境中受公司决策和行为影响的任何相关者。它既包括企业的股东(个体投资者和机构投资者)、员工、消费者、债权人、供应商等具体的个体,也包括政府部门、社会公众、媒体、自然环境等直接或间接受到企业经营影响的对象。利益相关者问题是目前公司治理的一个前沿研究领域,研究的焦点包括利益相关者与企业战略的关系、利益相关者与董事会决策的关系、利益相关者与经理层业绩评价的关系等。在利益相关者中,从公司治理来说,机构投资者、政府部门、媒体都是关键的影响因素,直接对公司治理成效产生影响。产品市场竞争会对经理人产生激励与监督作用,并对公司代理成本产生影响,对公司治理也会产生直接或间接的影响。故本章内容主要围绕机构投资者、政府部门、媒体及市场竞争对公司治理的影响而开展。

一、机构投资者的概念与种类

(一)机构投资者的定义

从狭义角度看,机构投资者是指把自有资金或者从分散的公众中收集的资金用于进行投资活动的专业金融机构。这类机构一般具有雄厚的资金实力、拥有专业的投资管理人才,它们收集和分析信息的能力强。从广义角度看,有别于个人投资者的投资机构都属于机构投资者,例如资产管理公司、证券投资公司、信托公司、保险公司等。狭义的机构投资者更强调投资过程中的委托代理关系、专业化的投资管理,以及公开信息等内容。换句话说,狭义的机构投资者突出了大量资金持有人通过委托代理关系将资金汇集,交由专业的投资人员进行管理,进而获得收益。广义的机构投资者更强调投资过程中专门化的投资行为,也就是说,专门从事证券金融市场投资的金融机构都属于机构投资者。

(二)机构投资者的种类

狭义的机构投资者主要包括各种证券中介机构、证券投资基金、养老基金、社会保障基金及保险公司。广义的机构投资者除了包括狭义的投资者外,还包括各种私人捐款的基金会、社会慈善机构甚至宗教组织等。目前,我国资本市场的机构投资者主要包括基金公司、证券公司、信托投资公司、财务公司、社保基金、保险公司、合格的境外机构投资者等;可以直接进入证券市场的机构投资者主要有证券投资基金、证券公司、国有企业、国有控股企业、上市公司和合格的境外机构投资者等。

二、机构投资者的特点

机构投资者与个人投资者比较,具有投资管理专业化、投资结构组合化和投资行为规范化的特点。

(1) 投资管理专业化。机构投资者一般资金实力雄厚,并配备专业的投资人才进行投资决策运作、信息搜集分析、上市公司研究、投资理财等方面的管理工作。个人投资者由于资金有限且高度分散,并且大部分个人投资者都是小户投资者,与机构投资者相比,在信息收集、行情分析、走势判断等方面处于劣势。

(2) 投资结构组合化。投资是一种高风险的行为。机构投资者向投资市场注入的资金越多,它们承担的风险就越大。机构投资者为了降低投资风险,会进行合理的投资组合。而个人投资者由于自身条件的局限,进行投资组合的可能性较低,因此,相比较而言,个人投资者抵抗风险的能力较弱,承担的投资风险较高。

(3) 投资行为规范化。机构投资者以一个独立法人的身份进入投资市场,投资行为受到政府与媒体等多方面的监管与监督,一般来说,其行为较为规范。为了拥有一个公开、公平、公正的投资市场,以及保障社会稳定和市场资金的安全,国家和政府制定了一系列的法律、法规来规范和监督机构投资者的投资行为。此外,机构投资者也有规范自身投资行为的动机,它们希望在社会上获得更好的信誉,以及保护客户的利益,从而获得更长远的收益。

此外,机构投资者作为资本市场的一个重要的市场主体,还具有以下特点。

(1) 机构投资者更加关注中长期的投资形式。具体地,它们尤其关注目标公司的经营稳定性和上市公司的未来业绩，更加重视上市公司基本面和长期发展情况，以及这些公司所涉及的行业在未来的发展前景。

(2) 机构投资者具有人才优势。机构投资者资金实力雄厚，它们通常聘用行业内的专业人士担任分析专家、财务顾问等，这些专业人士对投资市场的情况和发展前景进行深入分析研究，为公司的投资行为提供决策支持，有助于公司选择发展前景好的公司作为投资对象。

(3) 机构投资者参与公司治理。机构投资者是所持股票公司的股东之一，可以履行股东的权利和义务，利用其股东的身份，参与公司治理，加强对该公司的影响。

三、机构投资者的作用

(一)上市筹集资金

机构投资者在降低股权融资成本方面有重要的作用。一方面，机构投资者在信息收集与分析方面的优势及自身的行为模式能够有效地降低投资者与公司管理层、控股股东之间的信息不对称性，进而降低融资成本。另一方面，机构投资者作为股东积极地参与公司治理、影响企业的经营决策，有利于抑制控股股东和管理层的代理问题，起到降低股权融资成本的作用。换句话说，机构投资者的投资行为在资本市场上具有信息传递效应，其在信息收集与分析研究方面的优势，有利于提高上市公司的信息披露质量，降低公司内部与外部的信息不对称性，进而降低融资的成本。

(二)优化资源配置

中国上市公司存在明显的"一股独大"问题，这个问题导致了中国证券市场和上市公司治理出现一系列问题，如中小股东权益受损、公司违规操作、过度股权融资、公司长期经营绩效不稳定、公司高管激励错位、董事会和监事会结构混乱等问题。

面对这些问题，引入机构投资者对优化股权结构有举足轻重的作用。首先，机构投资者作为重要的金融机构，可以通过专家的理财方法吸引社会资金有序地进入投资市场。其次，机构投资者凭借自身优势(如信息优势)保障中小投资者权益及提升公司的治理水平。再次，机构投资者的行为可以起到明显的示范效应。例如，中小投资者可能会根据机构投资者的投资情况，参考选择目标公司进行投资。最后，机构投资者可以通过扩大投资规模，提高在公司的持股比例，然后运用合理有效的方法维护其和中小投资者的权益，推动中国投资市场长期健康地发展。

(三)参与公司治理

首先，机构投资者参与公司治理可以推进公司治理方面的法律法规的改进与完善。在上市公司股权高度分散的情况下，股东参与公司治理会出现"搭便车"的现象。同时，投资者在行使其股东权利和履行义务的时候，还可能会受到不适当的限制。为了解决这些问题，机构投资者可以积极地修改现行的法律法规，消除股东行使权利受到的不适当的法律法规的限制。

其次，机构投资者参与公司治理有助于限制管理层薪酬的不合理增长。20世纪90年代之后，美国等发达国家的管理层薪酬迅速增长，甚至在一些美国大公司，管理层的薪酬是员工工资的 160 倍。公司管理层薪酬如此不合理地增长，使大公司管理层薪酬成为公司治理的焦点性问题，并被视为"经理资本主义"条件下管理者控制的典型弊端。因而，机构投资者在参与公司治理时，限制管理层薪酬不合理增长是其重要的任务之一。

实现公司管理层薪酬的限制可以采取以下两种措施：第一，采取实质性的管理办法直接限制管理层的薪酬最高数额；第二，通过披露管理层薪酬具体、全面的信息，以此间接限制管理层的高额薪酬现象。

再次，机构投资者参与公司治理有助于维护"一股一权"原则。投票权是机构投资者参与公司治理最重要的手段，因此，机构投资者非常关注其在持股公司的投票权地位是否受到影响。为了维护自身的权益，机构投资者一致坚持"一股一权"原则，并将其视为公司治理的基本标准。

最后，机构投资者参与公司治理，制定并推行上市公司治理准则。推行上市公司治理准则，一方面可以规范上市公司治理结构的设置，减少制度设计的成本；另一方面也能够削弱管理层的控制权，减小企业内部权力配置失衡产生的不利影响。

(四)维护市场稳定

机构投资者一般具有雄厚的资金实力和全面的信息优势，这些优势使得机构投资者可以通过自身的研究力量和信息优势，对各类信息进行真伪辨别，使机构投资者在投资决策、对上市公司的研究及投资理财方式等处于有利态势，有助于他们选择真正有投资价值的公司，实施中长期投资行为，这不仅对市场短期波动幅度过大有抑制作用，同时也有利于传递理性、成熟的投资理念，引导广大中小投资者理性投资、遏制投机，促进证券市场规范、稳健、高效地运作，维护市场的稳定性。

(五)金融产品创新

金融市场的发展进一步壮大了机构投资者的规模，机构投资者的发展又反过来促进金融市场的发展和创新。在 20 世纪 70 年代全球金融市场创新浪潮中，机构投资者发挥了极大的推动作用。即一系列新型金融衍生产品在机构投资者的推动下诞生了，如零息票债券、资产抵押担保债券、指数期货、指数期权、期货合约、指数基金、个人股票计划、个人储蓄账户、分割资产信托、风险投资信托等。各种新型金融市场的创新反过来也推动了机构投资者的发展。新型金融市场的出现为社会资金提供了大量的投资平台。机构投资者利用自身的优势，通过新型的金融工具和金融衍生产品吸纳更多的社会资本，使得机构投资者进一步强大自身的资金实力，为新一轮金融市场的创新奠定基础。

机构投资者金融市场的创新促进金融交易体系的创新。随着金融市场的发展，机构投资者持有资金的规模扩大，资金账户的数量也激增。传统的金融市场交易规则和交易方式已经不能满足新市场的需求。为了满足金融市场的新需求，各国股票交易系统均进行了信息化和现代化更新，大量网络信息技术被应用到金融交易中心，交易系统不断升级和完善，得以满足机构投资者对大量证券和资金交易信息的及时管理，为现代化高效金融交易构建了良好的平台。

第二节 机构投资者与公司治理

一、机构投资者参与公司治理的动机

机构投资者参与公司治理的行为,既存在追求自身利益的动机,也有承担社会责任的原因。具体来说,机构投资者参与公司治理的动机有以下三个方面。

(一)追求利益

资本的本质属性就是追求利益,这是机构投资者参与上市公司治理的基本动机。理性的机构投资者在决定是否参与公司治理时会评估其行动产生的收益和成本。如果收益大于成本,机构投资者则有动力参与公司治理;相反,如果收益小于投入的成本,机构投资者则会失去参与公司治理的兴趣。

不过,机构投资者积极参与公司治理的行动并不总是立竿见影地产生经济收益。机构投资者积极参与公司治理,不仅能提升公司的业绩和市场价值,也间接地提高了机构投资者的投资业绩。在这种情况下,机构投资者更可能吸纳广大分散的资金进入投资市场,扩大资产的经营规模,通过参与公司治理来提升公司绩效,以实现自身和中小投资者的资本增值。

(二)监督的成本效益

个人投资者由于持股比例低,对公司的各种决策几乎没有任何影响。在信息不对称的情况下,作为外部人的个人投资者要想获取关于公司的全面信息,需要付出很高的成本。因此,个人投资者参与公司治理的动机较低,出现"用脚投票"和"搭便车"的现象。但机构投资者与个人投资者不同,前者持有公司股票的比例较高。因此,如果公司经营不善,机构投资者承担的损失巨大,如果转换投资对象,则需要承担高额的转换成本,巨大的沉淀成本促使机构投资者有强烈的意愿参与公司治理,通过提升公司业绩来维护自身的利益。此外,机构投资者的大股东身份、资金实力雄厚,信息收集、分析方面的优势,使其更易获得公司内部、外部信息,对管理层进行监督的成本相对较低,从而获得较高的收益。这促使机构投资者更愿意参与公司治理。

(三)社会责任

企业社会责任是指企业在创造利润、对股东和员工承担法律责任的同时,还要承担对消费者、社区和环境的责任,企业的社会责任要求企业必须摒弃把利润作为唯一目标的传统理念,强调在生产过程中对人的价值的关注,强调对员工、消费者、债权人、环境、社会等的责任。

机构投资者应以积极股东的角色参与公司治理,承担自己的社会责任,保护中小投资者和其他利益相关者的利益,维护市场稳定,不要辜负政府对机构投资者的期望,要实现政府倡导的"价值投资",促进投资市场健康、稳定地发展。

二、机构投资者参与公司治理的机制

(一)内部机制

机构投资者参与公司治理的内部机制主要是通过股东大会和董事会来进行。

(1) 股东大会。机构投资者作为持股比例较高的股东,当对公司现状(如绩效等)不满时,不仅可以通过召集或参加股东大会,就公司的重大经营决策和治理状况提出建议;也可以通过递交股东提案和代理投票权方式在股东大会上给公司管理层和控股股东施压,以达到改变现状的目的。

(2) 董事会。一方面,机构投资者可以通过推举董事会成员,参与公司的重大决策;另一方面,推举出的董事会成员对管理层进行监督,有助于提高监督效率,降低代理成本。此外,机构投资者还可以通过董事会监督其他大股东,抑制大股东与管理层的不当行为。

(二)外部机制

机构投资者参与公司治理的外部机制主要有股票机制和公司控制权市场机制。

(1) 股票机制。机构投资者首先理性分析所持股票的公司的股价,做出理性判断;然后采取有利于自己的行为,如更换公司管理层、出售股票等。这些行为会对公司的管理层产生威胁,约束其机会主义行为。

(2) 公司控制权市场机制。当公司经营情况不好时,机构投资者可能会抛售持有股票。这时,市场潜在的收购者收购其抛售的股票,如果收购的股票达到控股额度,收购者收购该家公司的可能性增大,这会让现有的公司管理层有被替换的可能。除此之外,机构投资者可以争夺委托投票权,通过获得足够多的投票权来争取董事会的控制权,从而替换公司管理者或者调整公司的发展战略决策。

三、机构投资者参与公司治理的途径

机构投资者主要通过以下四种途径参与公司治理,提升公司治理的水平。

(一)行为干预

机构投资者的行为干预是指机构投资者作为投资人有参与被投资公司管理的权力。首先,机构投资者发现价值被低估的公司则会增持该公司的股票,当持股达到一定比例后,他们可以提出对公司的董事会进行改组,替换失职的管理层人员,通过公司治理来提升公司业绩,使其自身获利。其次,当公司的价值被低估而不被市场认可时,会影响公司的长远发展,阻碍公司的价值升值,这时机构投资者可以通过行为干预,促使公司实行积极的红利政策来调动市场的积极性,疏通公司与市场之间的沟通渠道,改善公司的经营现状。

(二)外界干预

机构投资者还可以直接对公司董事会或管理层施加影响,使其意见受到重视。例如,机构投资者可以通过其代表对公司重大决策发表意见;可以针对信息披露的情况提出自己的要求或意见，从而向管理层施加压力，督促其工作。此外，公司业绩的变化也促使管理层对股东等利益相关者的要求做出回应，这就督促管理层更加尽心尽责地运营管理公司，为公司的未来发展着想，减少逆向选择和道德风险。机构投资者也可以把公司业绩与管理层对公司所有权的分享相结合，以此促使管理层更加努力工作，为公司的发展谋划。机构投资者可以在公司的成长中获得自身利益的增值，同时也能帮助公司其他利益相关者增加收益。当公司面临严重危机时，机构投资者可以联合其他股东要求更换现在的管理层，甚至寻找适合的收购者，或者进行破产清算以降低自身所遭受的损失。

(三)非公开方式

机构投资者也会以非公开的方式与经营者讨论、协商，通过媒体联合其他投资者共同关注目标公司的治理。与直接参与股东大会等公开参与公司治理的方式相比，非公开的方式更加低调，同时在节约成本、争取时间和避免股价波动等方面作用更加显著，并且这种方式不用说服其他机构采取共同的投票战略，因而很受机构投资者的青睐。换句话说，机构投资者通常首选私下协商，在这一方式无效后，他们才采取其他的积极干预方式。

(四)征集委托投票权

委托投票制度是现代公司制度的基本形式之一，其作用是保障不能出席股东大会的股东也能够行使自己的权利。然而，委托投票制度帮助股东达成自身的真实意愿存在不确定性，因为股东只有征集到足够多的股票，才可能对投票结果产生决定性影响。因此，在实行委托投票制度的情况下，股东要想决定投票结果，并进一步影响公司治理，只有争取尽可能多的股票成为大股东，然后才能获得话语权，影响公司决策和治理。

机构投资者通过征集委托投票权参与公司治理主要有以下几个目的：谋求公司合并；实现公司重组；改变公司经营方针；派遣董事；改组董事会。这些目的既体现了机构投资者参与公司治理的强烈意愿，也呈现了机构投资者介入公司治理的不同途径和方式。

第三节 市场竞争与公司治理

一、市场竞争对公司治理的影响

(一)市场竞争对经理人激励的影响

通常，经理人都看重自身在行业内的声誉，当遭遇市场的竞争压力和企业破产清算的威胁时，他们的职业生涯可能也要受到影响。这促使经理人必须勤勉、敬业，努力实现公司效益最大化，帮助企业在竞争激烈的市场中生存下来。

此外，在面临与股东的代理冲突时，经理人会采取"帝国扩张"等策略实现个人的经济利益最大化。但盲目扩张会导致经营成本、管理成本增加，致使公司的产品在市场上因销售价格不具有竞争性而滞销，这样容易导致公司陷入财务危机，面临被迫退出市场的险境。如果公司倒闭，经理人将面临被辞退甚至退出经理人市场的威胁。

所以，市场竞争越激烈，经理人消极怠工、产生机会主义及道德风险行为的空间越小，市场环境迫使他们必须严格履行职业经理人的职责。可见，市场竞争对经理人有激励作用，使其更加努力工作、提升公司业绩，保障其所在公司的经营状况良好，以维护自己的职业声誉、政治生涯。

(二)市场竞争对经理人监督的影响

市场竞争对经理人有监督作用。市场的竞争可以通过标尺竞争的形式向公司股东及利益相关者传递现有经理人的业绩信息，降低股东与管理层之间的信息不对称性，为股东评估管理层的工作绩效提供信息依据。

所谓标尺竞争，是指在相同的经营环境中，两个企业在各方面(如企业规模、产品类型等)都较为相似，若A企业的业绩不如B企业，则意味着A企业的现有经理人不如B企业的现有经理人的能力强。在产品市场竞争环境中，标尺竞争可以在一定程度上让企业了解管理者的努力程度和管理能力，便于对经理人进行监督，抑制经理人的道德风险行为。

(三)市场竞争对企业代理成本的影响

市场竞争对企业代理成本有一定的影响。目前，不少企业的所有权和经营权处于分离状态，经理人作为企业的经营者往往会追求自身的利益最大化而忽视所有权人的利益最大化。这会导致所有者与经营者出现利益冲突，由此产生高额的代理成本。研究发现，市场竞争对企业代理成本会产生积极影响。

具体而言，当市场竞争加剧，公司可能陷入破产清算的困境时，管理者为了避免公司破产而受到责罚，往往会付出更大的努力以减少企业经营成本及提高企业的绩效。市场竞争越激烈，管理者投入的努力就越大，企业成本也就越低；适度的市场竞争和恰当的公司治理结构可以约束管理层的在职消费、无效率投资等，从而降低企业的代理成本。

(四)市场竞争与大股东侵占行为之间的关系

市场竞争越激烈，大股东持股比例越高。市场竞争产生的清算威胁会对公司的股东财富产生很大的负面影响，同时，损害企业价值的过度投资也会增大企业被清算的可能性。

为了尽可能地降低市场竞争产生的投资损失，大股东有以下两种选择。

第一种选择是，通过吸纳新的股东与其分担企业风险。但我国上市公司中的许多公司的大股东所持的股份为非流通的国有股，且国家对减少其股份非常谨慎，执行起来阻力较大。因此，这种方法执行起来比较困难。

第二种选择是，面对激烈的市场竞争，在不能减持股份的情况下，大股东可以采取增持股份的同时加强对管理层的监督来降低投资的风险，因为持股比例越大，积极监督的收益超过其成本的可能性越大。

同时需要注意的是，大股东增加持股后可能会增加监督管理层的机会主义行为，也可能忙于"掏空"上市公司。但如果大股东实施"掏空"行为，那么"产品市场竞争""大股东'掏空'"与"管理层'懈怠'"三方面产生的效应将会让公司面临巨大的退市风险，而大股东会是这项风险的主要承受者。

为了保障自身利益，面临激烈的产品市场竞争时，大股东可能会约束其"掏空"行为，同时加强对管理层的监督。产品市场竞争越激烈,大股东越可能会增持股份,并加强对管理层的监督,以此降低投资风险,保障自身的利益。

二、市场竞争与公司治理有效性

(一)公司治理有效性的衡量

公司治理有效性的衡量主要有以下两种方法。第一种是评估高层人员变更与公司绩效的关系。称职的管理人员可以提高公司的绩效,增加股东的收益;不称职的管理者可能会降低公司的绩效,使股东权益受损,甚至把公司带入险境。因此,良好的公司治理应该及时更换业绩低劣的管理人员,保护投资者与利益相关者的权益。第二种是检验公司治理变量与公司绩效的关系。引入合适的公司治理变量会对提升公司绩效起到积极的作用;反之,则可能有损公司绩效。此外,在公司治理中,也存在引入了无效的治理变量,它的存在对公司绩效不会产生明显的积极作用或消极作用。因此,可以通过公司治理中引入变量产生的绩效变化来衡量公司治理的有效性。

(二)市场竞争的估计方法

市场竞争的程度可以用市场竞争强度来体现,市场竞争强度又可以用市场占有率与主营业务利润率这两项指标来表示。

1. 市场占有率

市场占有率也称市场份额,是反映市场集中度的综合指数。市场占有率是指某企业某一产品(或品类)的销售量(或销售额)在市场同类产品(或品类)中所占的比重。市场占有率有三种测算方法。①总体市场份额,指某企业销售量(额)在整个行业中所占的比重。②目标市场份额,指某企业销售量(额)在其目标市场中所占的比重。③相对市场份额,指某企业销售量与市场上最大竞争者的销售量之比,若大于 1,则意味着该企业为这一市场的领导者。通常市场占有率越高,说明企业在市场上的竞争力越强。

当某个产业可容纳的企业数量一定时,一个企业的市场占有率越低,这个产业内相同规模的企业数量就越多,意味着该产业内企业的竞争越激烈,也意味着企业的相互影响越大。因此,在产业内企业数量一定时,企业的市场占有率越低,说明该行业的市场竞争强度越大;反之,说明市场竞争强度越小。

2. 主营业务利润率

主营业务利润率是从企业主营业务的盈利能力和获利水平两个方面对资本收益率指标进行了补充,体现了企业主营业务利润对利润总额的贡献,以及对企业总收益的影响程度。该指标体现了企业经营活动最基本的获利能力,因为没有足够高的主营业务利润率就无法保障企业的最终利润。该指标越高,表明企业的主营业务在市场上的竞争力越强,也意味着产品市场竞争程度越低;反之,产品市场竞争程度越高。

第四节 债权人、信用中介机构与公司治理

一、债权人与公司治理

(一)债权人的定义

债权人是指与公司产生债权债务关系的自然人或法人,是请求公司为或者不为特定行为的主体。公司债权人有自愿债权人和非自愿债权人。自愿债权人是指自愿与公司发生交易关系或达成契约的债权人,如合同债权人与证券债权人。非自愿债权人是指并非其自愿成为公司的债权人,如因公司的侵权行为而被迫成为公司的债权人。

(二)债权人参与公司治理的作用与途径

债权治理是指债权人作为利益相关者取得并行使公司的控制权。与股东治理不同,债权人的控制权通常是在特殊的情况下发生作用。例如,当公司经营不善、出现财务危机时,债权人将取代股东获得企业的剩余控制权;当企业未能遵守债务契约的条款时,债权人也会站出来参与公司治理,对企业的重大决策提出自己的想法,并对管理者施加影响。

负债融资在资本结构中的地位,决定了债权人在公司治理中的重要作用。债权人可以通过两种途径来实现公司治理:其一,通过激励机制增强经营管理者的努力程度,提升他们的工作能力,进而间接地提升公司绩效;其二,通过控制权机制参与公司治理,完善公司的管理,提升经营绩效,保障债权人的利益。通过债权人对公司进行治理,可以减少公司内部人控制问题,降低代理成本,提高公司治理效率,增强公司绩效,平衡相关者的利益,推动公司的长远发展。

二、信用中介机构与公司治理

(一)信用中介机构的种类

信用中介机构主要包括会计师事务所、投资银行和律师事务所。

(1) 会计师事务所。会计师事务所是指依法独立承担注册会计师业务的中介服务机构,由具有会计专业水平并取得相关专业证书的专业人才组成,承办有关审计、会计、咨询、税务等业务。会计师事务所在参与公司治理过程中,既要为公司起草和审查财务报告,还要核查公司的账目,防止虚假账目,确保真实、准确地描述公司的财务情况。在这个过程中,会计师的独立性是非常重要的,如果他们受到外界因素的干扰,涉及违反会计师职业道德的事务,例如,抵不住利益诱惑而失去会计师的独立性,出具不真实的审计意见,在虚假或者有问题的财务报告上签字,都会面临承担相应法律责任的风险。

(2) 投资银行。投资银行是主要从事证券发行、承销、交易,企业重组、兼并与收购,投资分析、风险投资及项目融资等业务的非银行金融机构,是资本市场上的主要金融中介。专业的金融投资分析师是投资银行的主要成员,他们主要对潜在的投资公司进行深度分析,评估该公司的投资价值,这些工作往往是一般投资者无法胜任的。因此,金融投资分析师的

投资分析结论会对广大投资者的投资决策产生重大影响。此外，投资银行也可能涉及企业兼并、收购和重组等大型业务。在这个过程中，投资银行参与公司治理的作用得以充分体现。

(3) 律师事务所。在我国，律师事务所在组织上受司法行政机关和律师协会的监督和管理。虽然律师事务所并不像会计师事务所和投资银行那样受投资者的重视，但它们在证券市场中的作用也不容忽视。比如，它们会从法律的角度协助发行公司开展工作，确保其行为合法合规，有效规避法律风险。

(二)信用中介机构的作用

信用中介机构的作用是保障公司披露信息的真实性和可靠性，降低公司利益相关者的信息不对称性。信用中介机构需要保持独立性，对公司披露的信息出具客观、公正的评估报告，为公司的利益相关者负责，避免其利益受损。

一般而言，信用中介机构在担保公司信息披露质量方面很守信用，因为如果它们认可公司披露的虚假信息，可能会严重侵害利益相关者的利益，增加投资风险，它们也可能承担严重的法律后果。所以，它们在工作中一般会严格遵守工作准则和职业道德。但从2001年安信达伙同安然公司的财务欺诈案被发现以后，大家对信用中介机构的诚信产生了怀疑，高度关注它们的诚信。

信用中介机构参与公司治理的关键是保持机构自身的独立性，这样能保障其发挥有效作用。换句话说，信用中介机构能否客观、真实地评价公司披露的信息直接关系到它们参与公司治理的效应。

为了提高信用中介机构的独立性，一方面，可以通过制定法律法规，促使信用中介机构对投资者承担责任，提高它们的违法违规成本。另一方面，可以通过建立二级信用中介机构，来保障一级信用中介机构的质量，如一些业内自律组织就可以发挥这个作用。相比较，第一种方法更加可行，能够在一定程度上减少"既当裁判员，又当运动员"的情形。

第五节 政府监管、媒体监督与公司治理

一、政府监管与公司治理

(一)政府监管的理论基础

良好的公司治理不仅需要完备的公司治理结构，更需要监督机制才能保障公司治理的有效运行。其中，借助政治力量、引进政府这一权威机构参与公司治理，有助于解决委托代理产生的一系列问题。

福利经济学认为个人经济福利的总和构成了社会经济总福利，经济政策的目标应该是实现社会经济总福利的最大化，而不是某一市场组合体利益的最大化。然而，在社会经济活动中，个人的福利与社会的总福利并不总是一致的，可能存在冲突与矛盾，这为引入政府监管提供了基本的理论基础。

信息不对称和不完备导致的市场失灵普遍存在于经济的各个领域。市场失灵使政府干预、监管市场成为必要。首先，从效率角度分析，政府是现成的能集合公众意志的机构，较

之组织新的机构解决市场失灵更节约时间、节约成本。其次，市场上信息不完善、不对称的情况容易引发"道德风险"和"逆向选择"，从而降低市场效率，而政府对市场的干预可以大大降低信息不对称性，同时可以通过对"代理人"的强制行为来避免"逆向选择"问题，因此，政府的监管是十分必要的。

另外，市场信息不完备导致的"道德风险"和"逆向选择"问题普遍存在，所以需要对市场实施监管、监督，但一些投资者不愿为解决这些问题而额外支付成本来监管扰乱市场秩序的"代理人"。在这种情况下，政府就成为中小投资者的公共代表，而政府监管就是为了保护中小投资者的共同利益来解决"搭便车"的问题，同时也是节约委托代理成本的一种机制。

投资者在投资和获得收益之间存在时间差，这给手持投资者资金的使用者从事不利于投资者的行动提供了机会，产生道德风险，并且投资者人数通常多且分散，容易产生"搭便车"现象，所以，引入政府监管是必要的。

从法律角度看，法律具有一般性、持久性、可测性等要求，一般性是指法律具有普遍适用对象；持久性是指法律应该长久不变地适用众多对象；可测性是指人们根据法律条文能够准确地预测到自己每一种行为的法律后果。但法律在表述时可能出现语言的歧义，以及社会经济和技术变化等原因，难以完全满足上述三个要求，这就需要在市场活动中引入政府监管，弥补法律的不足。

总之，市场引入政府监管主要有两方面的原因：一是信息不完善和外部性问题导致了市场失灵；二是法律的不完备性，需要通过政府监管加以弥补。

(二)政府监管参与公司治理的途径

公司治理是通过设计一套组织结构和运行机制来保护公司利益相关者的利益。有效的公司治理离不开政府监管，在进行公司治理时，政府主要从以下四个方面对公司进行监管。

1. 法律监管

法律具有权威性与强制性，对公司治理中各主体和客体的行为具有最高权威的强制性约束，是其他监督形式的依据和基础。法律监管主要表现为制定法律规章(即立法监管)和法院执行(即司法介入监管)两种形式。国家通过法律规范治理主体所应遵循的基本行为和职业道德，规定主体的权利范围和相应的处罚原则。法律最终要由法院来有效执行，法院通过司法介入对公司治理中的违规行为执行裁决和惩罚，对公司治理各主体和客体的行为起到很好的威慑作用。

2. 行政监管

行政监管是指各级行政机关依法律的授权和规定对公司治理中各主体和客体的行为所进行的监督。行政监管具有执法的主动性和强制性，这对提高法律执行的效率和加强对各治理主体与客体的保护具有决定性意义。此外，行政监管还具有立法和执法的职能。当行政机关在参与公司治理过程中发现有关法律不完善时，可以通过制定行政法规或立法建议来弥补。行政监管的主体有证监会及其派出机构、财政部、国资委、银保监会、审计署、税务部门、市场监督管理部门等行政机关。

3. 市场环境监管

市场环境监管是指政府通过市场环境的建设来达到公司治理的目的。林毅夫提出，充分竞争的外部市场环境对公司治理结构的影响是根本性的，需要依靠充分竞争和完备的市场体系来实现良好的公司治理，如竞争的产品市场、资本市场、经理人市场、劳动力市场、健康的破产机制等组成了有效的公司治理体系，而良好的市场体系需要依靠政府去培育和营造，并对其进行监管，共建一个良性发展的市场环境。

4. 信息披露监管

上市公司信息披露的管理制度是一个国家或地区对上市公司信息披露行为所采取的管理体系、管理结构和管理手段的总和，是上市公司监管制度的重要组成部分。上市公司信息披露的管理制度包括信息披露的管理机构组成及其监管职责划分，以及规范上市公司信息披露活动的法律制度体系。上市公司信息披露监管工作中，证券交易所开展日常的第一线监管工作，证券主管机关一般就重大事项或违规行为进行监管，两个管理机构不是各自为政，而是相互协调、相互依存，全方位地对公司治理进行监管。

二、媒体监督与公司治理

(一)媒体监督的定义

媒体监督是指媒体通过信息采集、传播、影响、协调来影响公司治理中各个利益相关者及其相互关系的作用，是公司重要的外部治理机制之一。媒体在公司治理中主要起降低信息不对称性、监管和协调的作用，不仅是公众舆论监督的实现途径和输出途径，而且是舆论监督话题的发现者与供应者。

(二)媒体参与公司治理的"第四权力理论"

"第四权力"，是西方社会关于新闻传播媒体在社会中的地位的比喻。它使新闻传播媒体成了与"行政权、立法权、司法权"并立的一种社会力量，起到制衡这三种政治权力的作用。有学者把它称为"第四权力理论"，或称为"监督功能理论"。媒体监督在公司治理过程中主要解决投资者、上市公司和证券机构之间的信息不对称问题，具体表现为以下三个方面。

1. 信息披露

媒体通过及时、准确、公正地报道、披露经济活动中的信息，使得市场交易双方处于公平的地位，减少交易者信息不完善而判断失误的情况，避免做出错误决策影响市场秩序。当今传统媒体和新型媒体都高度发达，人们处于信息爆炸的时代，信息及时地发布与传播在一定程度上得到了保障，同时，信息披露也对市场参与者收集、分析、判断信息的能力提出了挑战。

2. 监督职能

市场中经常发生违规行为，需要借助媒体的力量对这类行为进行披露，对违规者施加舆论压力，增加违规者的风险，使其惧于严重违法违规的后果而不敢涉险。美国的"安然事件"已俨然说明违规行为一旦被发现，就导致严重的后果。此外，媒体舆论还可以促使金融监管机构依法行使监督权,防止滋生腐败,从而达到改进市场外部监督机制和执行机制的目的。

3. 引导舆论

媒体监督可以通过舆论传递正确的投资理念,当发现市场规则出现漏洞时,可引导市场完善规则,完善市场制度,改善市场环境。媒体监督在公司治理中既有积极作用,也有消极作用。例如,媒体可以积极地影响公众的注意力和思考方式,也可以成为股票市场投机性价格变动的主要宣传者,误导市场参与者。

(三)媒体参与公司治理的机制

企业声誉是公众认知的心理转变过程,是企业行为取得社会认可,从而取得资源、机会和支持,进而完成价值创造的能力的总和。企业声誉包括企业形象、自我认同和期望认同三项内容。

企业形象是指他人如何评价企业,表现为消费者、合作伙伴、政府和公益组织等企业之外的利益相关者对企业的认知、评价和情感联系。

自我认同是指企业如何评价自己,属于组织层面的认同。换句话说,企业的自我认同要从组织的角度回答"我们是谁"和"我们如何看待自己",表现为企业的股东、董事、员工对企业的认知、评价和情感联系。

期望认同或称企业认同,是指企业希望他人如何看待自己。媒体可以通过"声誉机制"影响公司治理,使公司的管理层强化自我监督,达到公司治理的目的。因为媒体的关注可能使相关法律变革或是效力改变,影响企业管理层和董事会在社会公众心目中的形象,通过社会舆论等渠道影响管理者与公司的声誉。

本 章 小 结

利益相关者是指公司外部环境中受公司决策和行为影响的任何相关者。它既包括企业的股东(个体投资者和机构投资者)、员工、消费者、债权人、供应商等具体的个体,也包括政府部门、社会公众、媒体、自然环境等直接或间接受到企业经营影响的对象。

从狭义角度看,机构投资者是指把自有资金或者从分散的公众中收集的资金用于投资活动的专业化金融机构。这类机构一般具有雄厚的资金实力,拥有专业的投资管理人才,他们收集和分析信息的能力强。狭义的机构投资者主要包括各种证券中介机构、证券投资基金、养老基金、社会保障基金及保险公司。

从广义角度看,有别于个人投资者的投资机构都属于机构投资者,例如资产管理公司、证券投资公司、信托公司、保险公司等。狭义的机构投资者更强调投资过程中的委托代理关系、专业化的投资管理,以及公开信息等内容。广义的机构投资者除了包括狭义的机构投资者外,还包括各种私人捐款的基金会、社会慈善机构甚至宗教组织等。

机构投资者具有投资管理专业化、投资结构组合化和投资行为规范化的特点。机构投资者的作用包括上市筹集资金,优化资源配置,参与公司治理,维护市场稳定,金融产品创新。

机构投资者参与公司治理的动机有三方面:追求利益;监督的成本效益;社会责任。机构投资者参与公司治理的机制有内部机制和外部机制。机构投资者参与公司治理的内部机制主要是通过股东大会和董事会进行；机构投资者参与公司治理的外部机制主要包括股票机制与公司控制权市场机制。

机构投资者参与公司治理的途径有四个：行为干预；外界干预；非公开方式；征集委托投票权。公司治理有效性的衡量主要有两种方法：一种方法是评估高层人员变更与公司绩效的关系；另一种方法是检验公司治理变量与公司绩效的关系。市场竞争的程度可以用市场竞争强度来体现，市场竞争强度又可以用市场占有率与主营业务利润率这两项指标来表示。

债权人是指与公司产生债权债务关系的自然人或法人，是请求公司为或者不为特定行为的主体。债权人通过两种途径来实现公司治理：其一，通过激励机制增强经营管理者的努力程度，提升他们的工作能力，进而间接提升公司绩效；其二，通过控制权机制来参与公司治理，完善公司的管理，提升经营绩效，保障债权人的利益。

主要的信用中介机构包括会计师事务所、投资银行和律师事务所。政府主要通过以下四方面对公司进行监管：法律监管；行政监管；市场环境监管；信息披露监管。媒体监督是指媒体通过信息采集、传播、影响、协调来影响公司治理中各个利益相关者及其相互关系的作用，是公司重要的外部治理机制之一。

思 考 题

1. 机构投资者的定义是什么？利益相关者的定义是什么？机构投资者的种类有哪些？机构投资者的作用是什么？
2. 机构投资者参与公司治理的动机是什么？其参与公司治理的途径有哪些？
3. 债权人的定义是什么？信用中介机构参与公司治理的作用是什么？
4. 政府监管参与公司治理的途径有哪些？媒体监督参与公司治理的作用是什么？

实 践 应 用

康美药业财务造假案的公司治理启示

一、康美药业财务造假事件曝光

康美药业股份有限公司(以下简称"康美药业")位于广东省普宁市，于1997年成立，主要生产和销售医疗方面的产品，除了经营医疗相关的业务外，还涉及房地产和建材的相关业务。2001年康美药业在上海证券交易所上市，股票代码为600518。经过20多年的发展，康美药业在中国的医疗行业中处于领先位置。到2018年，康美药业力压上海莱士、白云山、复星医药等知名药企，稳坐医药板块的第二把交椅，被誉为"中国民族医药健康产业的一面大旗"。

2018年12月，因涉嫌信息披露违法违规，康美药业被证监会立案调查。在此背景下，康美药业于2019年4月29日发布了《关于前期会计差错更正的公告》，公告称由于财务数据出现会计差错，造成2017年营业收入多计88.98亿元、营业成本多计76.62亿元等。其中最为惊人的是，2017年财报竟然虚增货币资金达299.44亿元。没有人能想象一家行业龙头企业，一家白马上市公司竟制造了如此巨额的财务造假，导致投资人对上市公司披露信息的真实性，乃至整个资本市场都持怀疑态度，对我国证券市场的发展产生了严重的负面影响。

2019年5月17日，证监会发布公告，康美药业披露的2016—2018年财务报告存在重大虚假行为。证监会调查核实，2016年至2018年，康美药业累计虚增营业收入291.28亿元，累计虚增营业利润41.01亿元，累计多计利息收入5.1亿元。同期，康美药业还累计虚增货币资金886.8亿元。康美药业如此大的造假力度成为A股史上最大规模的财务造假案。2019年8月16日，证监会表示，康美药业预谋有组织长期系统实施财务造假行为，恶意欺骗投资者，影响极为恶劣，后果极为严重。

基于康美药业财务造假事实，中国证监会于2020年5月14日公布了对康美药业的行政处罚及市场禁入决定。对康美药业责令改正，给予警告，并处以60万元的罚款，对21名责任人员处以90万元至100万元不等的罚款，对6名主要责任人采取10年至终生禁入证券市场措施。同时，证监会已将康美药业及相关人员涉嫌犯罪行为移送司法机关。

二、分析康美药业造假成因

1. 董事会结构不合理，董事长、总经理两职合一

作为公司治理结构的重要组成部分，董事会对经理层的日常经营活动进行监督。康美药业董事长马兴田兼任总经理，两职合一，导致董事会的独立性和监督力度降低。经理层权力膨胀，可以自由地进行财务活动，最终导致公司的会计工作很难在诚信的基础上开展。出于对自身利益的追求，经营者更加重视短期效益，经营者通过财务造假、虚增利润，制造经济快速增长的假象来加速短期利益的实现，加速了财务造假问题的发生。

2. 股权过于集中，缺乏对实际控制人的权力制衡

康美药业实际控制人的股权过于强大，截至2019年度第一季度末，康美实业投资、许某1、普宁金信典当行、普宁国际信息咨询和许某2分别持股32.83%、1.97%、1.87%、1.87%和1.4%。资料显示，康美实业投资实控人为马某某、许某1夫妇，同时二者分别实控金信典当行和普宁国际信息咨询，而康美药业以往财报显示，许某2与马某某夫妇也存在关联关系。马某某家族合计持有康美药业38.07%的股权。在康美药业公司，马某某任董事长兼总经理，其妻子许某1任副董事长和副总经理。马某某夫妇均兼任互相制衡的职务，使其在公司的决策和控制上具有绝对的权力，导致公司的战略决策具有个人色彩，使决策过于盲目和武断，不能充分体现公司管理层整体意见。综上所述，马某某夫妇的主导地位(股权过于强大)导致公司的治理结构出现漏洞，无法体现制衡和调控的核心作用。实际控制人的权力未能得到有效限制，使得公司的内控中弊端不断显现，为后来康美药业的财务造假埋下伏笔。

3. 独立董事独立性不强，实际地位低下

独立董事制度的产生是希望独立董事能够利用自身的独立性，对经理层的行为、决策做出公正、客观的评价，在董事会决策中始终保持客观、公正，有效履行董事会的监督职能，从而避免董事会被大股东控制，或是和大股东合谋侵害中小股东的利益。马某某作为董事长，拥有对康美药业的绝对控制权，在选用独立董事时为了保障自身利益的实现，能利用职权选举出对其有益的独立董事。

在2019年4月30日发出的康美药业独立董事的述职报告中我们可以看到，公司2018年举行了14次董事会会议，三位独立董事全部出席，却从没有发表过任何否定意见，没有及时发现公司内部控制执行存在的重大缺陷。由此可以看出，独立董事并没有起到监督作用，

反而有可能为掩饰公司的舞弊而视而不见，使得董事会机能失效。

4. 监事会功能弱化

按照我国相关法律规定，上市公司必须设立监事会。监事会是股东大会领导下公司的常设监察机构，其主要职责是监督并保障公司董事会、经理层的经营管理决策、行为符合法律法规，检查公司的财务状况。现实情况是法律只赋予了监事会有限的监督权，没有任免权和决策权，从而使得监事会无法有效地制约董事会，无法发挥其应有的作用。

三、上市公司财务造假的防控策略

1. 完善上市公司内部治理结构

改善董事会结构，强化董事责任。上市公司应改善"一股独大"的股权结构，建立合理的股权制衡机制。通过引入机构投资者和增加其持股数，可以有效地解决实际控制人操纵公司造成的财务造假问题。

第一，改善董事会结构，使董事长与总经理两职分离。

第二，为了防止大股东实际操纵董事或董事的任命，股东应规范董事选拔任命机制，严格遵循《公司法》和公司章程，消除内部控制的现象。

第三，应强制性地提高独立董事在董事会中的权力与地位，设立独立董事准入市场与声誉机制，切实履行独立董事的职责。

在公司的经营中明确主体责任十分关键，建立有效的问责机制，使得每个人都在规则的约束之下，对相关的履职情况进行严格考核，对违反规定的行为严格问责并进行相应处罚，防止"人治"凌驾于规则之上。

有效问责的前提是责任的明确，对于内控，若不能明确各事项的负责人，内控机制就很难起到应有的作用，并且评价内部控制时，也应该从公司的内部治理环境着手，考察相关责任是否落实到位，只有这样，才能够及时发现并纠正违反内部控制的行为，并及时改进，避免出现不良后果。

健全内部监督及反馈体系。内部监督主要的作用在于及时发现财务造假的苗头，并将其扼杀在萌芽状态，建设内部监督及反馈体系是让其更好发挥作用的重要一环，它需要董事会、监事会以及审计委员会三方合理安排和规划。

首先，应规范与强化监事会职能，保障其在参与公司相关事务时的话语权和独立性，能够主动发挥其应有的监督和反馈作用，也可以学习其他国家的先进经验，引入外部监察人员，从而使公司监事会能够更加独立。

其次，完善董事会、监事会以及审计委员会三者的沟通机制也十分关键，确保发现的缺陷和异常现象能够得到及时沟通和传达，从而规范公司经营。

最后，提升内审部门的整体实力，增强内审人员的专业能力，加强相关职业培训也十分关键。只有多方配合，才能有效发挥监督和反馈体系的作用，在根源上预防财务造假，确保相关方的权益不受损害。

2. 加大处罚力度，提升违法成本

如今上市公司财务造假问题层出不穷，其中一个原因就是上市公司财务造假所获利益远远大于其违规的成本，导致一些公司为了达到特定目的铤而走险。在康美药业造假一案中，证监会对公司的顶格处罚仅仅只有60万元的行政处罚和6名主要责任人禁入证券市场的处罚。对于造假带来的利益，这种处罚只能说"九牛一毛"，很难对其他公司起到威慑的作用。

所以，加大对违规公司的处罚力度十分关键，应通过行政执法、刑事追责、民事赔偿体系，切实提升市场违法成本。

中国证券监督管理委员会作为证券市场的监管主体，应该加强对上市公司财务信息的监管，进一步健全和完善相关的法律制度，对市场秩序和投资者利益给予更好的保障。上市公司造假行为一经查证，就要严格对其公司进行处罚。处罚机制还需进一步完善监管部门，明确责任范围和适用于每一种欺诈的处罚，相关责任人应移送司法机关。同时，应加大民事赔偿额度，尽快启动代表人诉讼制度，尽可能多地保护投资者的利益。

[资料来源：华琦. 从公司治理角度分析康美药业财务造假案[J]. 经营管理者，2020(11). 有删减]

【思考与讨论】
1. 从公司治理角度思考康美药业财务造假的成因。
2. 从康美药业案例思考防范上市公司财务造假的措施。

微课视频

扫一扫，获取本章相关微课视频。

机构投资者.mp4

政府监管、媒体监督与公司治理.mp4

第十一章 公司治理模式的演进

【学习目标】

1. 理解英美型公司治理模式的起源、特点及优势和劣势。
2. 理解德日型公司治理模式的起源、特点及优势和劣势。
3. 理解家族型公司治理模式的起源、特点及优势和劣势。
4. 了解公司治理模式趋同化的表现。

【引导案例】

丰田高层重新洗牌，董事会成员多元化创历史之最

"在深刻变革的时代，保持速度和开放是生存之本。不管他们是来自公司内部还是外部，我们可以以一种开放的心态与大家商议讨论；并且摒弃过去做事的方式，迅速地实施大胆新颖的想法。这正是董事会成员结构改变的最终目的。"日本最大汽车制造商——丰田汽车在一项声明中如此说道。随着前通用汽车高管马克·霍根离开丰田汽车公司董事会，丰田总裁丰田章男对公司董事会成员进行了重新洗牌，宣布了第一位女性董事会成员任命，同时任命了一位英国残奥会奖牌得主，理由是在被变化裹挟着的行业中，需要保持快速和灵活。

当新董事会成员走上履职岗位时，这将成为丰田汽车历史上，董事会成员最多元化的一届，这对于一家保守、谨慎的日本车企而言，是一次较大的突破。至此，丰田汽车董事会成员将包括一位日本籍女性和两位非日本籍人士——一位是轮椅篮球队运动员，另外一位是丰田首席竞争官法国人迪迪尔·勒罗伊。在此次广泛的管理变革中，共有4名新成员进入丰田的9人董事会。同时，被晋升为董事会成员的还有现任执行副总裁Koji Kobayashi，以及日本经济贸易产业省一位前任副部长。来自日本三井住友银行的管理执行官工藤贞子，将成为这家日本最大汽车制造商的第一位女性董事会成员。现年53岁的工藤1987年加入日本一流的超大型银行三井住友银行，也曾经在新兴产业和结构融资领域工作。英国运动员菲利普·克雷文现年67岁，在1972年至1988年，曾5次参加残奥会轮椅篮球运动，并获得了世界锦标赛的金牌、银牌和铜牌。他曾是国际残奥会主席，还曾作为委员会成员参与统筹了2008年北京奥运会。2005年，因其对残奥会事业的奉献，克雷文被伊丽莎白二世封为爵士。丰田章男从2015年开始对残奥会产生强烈的个人兴趣，到2024年，丰田公司都已签约作为奥林匹克和残奥会的顶级赞助商。丰田管理层经常在公共场合谈论如何从残奥会运动员的坚韧和果

断上找灵感。

董事会重新洗牌后，前通用汽车高管，现年 66 岁的马克·霍根宣告离开。2013 年，他被吸纳为丰田公司董事会成员，那也是丰田公司第一次让外部人士进入公司董事会，曾试图为这家庞大的日本汽车制造商注入新动力。不难发现，丰田汽车在新董事会任命上有着比较明显的意图，一方面，有意在未来新兴产业和融资领域展开手脚，这可能是由于最近中国汽车业在新兴产业快速布局，在海外合纵连横入股世界主流车企给其带来压力；另一方面，这家日本汽车制造商希望借助冠名奥运会，从其身上挖掘更高的商业价值。

(资料来源：https://www.sohu.com，2018-03-07.)

第一节 英美型公司治理模式

一、英美型公司治理模式的起源

英美型公司治理模式也称为外部控制主导型公司治理模式、市场导向型公司治理模式，是指英美等国资本市场发展时间久，发达程度高，具有发达的金融市场和公司控制权市场，并且公司股权高度分化，外部市场在公司治理中占主导地位。其产生背景包括以下三点。

一是英、美两国市场经济发展成熟，高流通性的资本市场和发达的经理人市场在企业发展过程中发挥重要作用，表现为公司控制权很大程度上掌握在管理人手中(两权分离明显)、外部市场发挥主要监督作用，两种合力的作用下使经理人一方面具有较大的自主性，另一方面当面对较大的股票市场压力时，股东意志能够较好实现，最终体现为外部市场对公司治理具有重要的作用。

二是公司资产负债率低，股权资本占比大。借贷资本和股权资本是企业资本的主要来源。以美国为例，企业的负债率一般低于 40%，企业资本主要来源于股本。之所以有较低的负债率，在于美国限制商业银行的经营范围，限制其投资产业和中长期贷款发放。

三是具有反对垄断、热爱竞争的文化。英美国家具有厌倦垄断、追求公平竞争的传统。美国针对大型企业的垄断经营出台了一系列限制政策，例如，美国政府 1957 年最高法院判决通用公司的最大股东杜邦公司出售其在通用公司的股份，最终使得公司的股份由开始的股权集中逐渐转变为分散的股权结构；美国的商业银行被限制在州内经营，并分别设立商业银行和投资银行，对银行参与公司治理进行限制。

二、英美型公司治理模式的特点

(一)股权结构分散化

一方面，美国的国民对垄断主义和集中主义较为抵触，喜欢公平竞争，对于大型集团的垄断行为导致的财富集中很反感，政府针对大企业的竞争经营相继出台一系列的法律法规，限制公司持股人的持股比例，从政治上对企业垄断行为进行约束和抑制。另一方面，为了使得限制垄断的政策不对企业融资产生负面效应，美国建立和发展了证券市场，使得公司能够通过股权融资筹集资本，也有利于中小投资者以合适的价格购买股票，进行投资理财，这些最终导致美国企业股权结构的分散化。与此同时，对于机构投资者如养老金、保险公司、信托公司等，美国也颁布了很多政策鼓励其发展，充分发挥机构投资者的专业化管理优势和庞大资金优势。

(二)独立董事在董事会中占多数

英美等国家采用单层治理结构，即股东大会之下设置董事会，不设监事会，董事会之下设置经理层，公司内部治理结构包括股东大会、董事会和经理层三部分。由于英美公司治理模式内部治理结构不设监事会，所以董事会既有决策权又有监督权，这种决策权和监督权集于一身的制度存在明显的弊端，也因此出现了很多董事会收受贿赂的丑闻。在这种情况下，美国证券交易委员会颁布一系列关于独立董事的条例，独立董事规模日益发展壮大，并且独立的非执行董事在英美国家的企业中承担了大部分的监督职责。

在英美等国家的公司中，独立董事往往在董事会占一半以上的比例，美国《财富》1000强公司的独立董事占到80%以上。公司的股东在追求自身利益时有可能损害他人利益，尤其是公司的大股东有可能损害中小股东的利益，而独立董事在董事会中占多数能够约束大股东的自利行为。与此同时，独立董事占比高的公司，经理层面临的压力往往较大，这就使得经理层的管理更加科学、有效，最大限度地维护了利益相关者的利益。

(三)高管报酬中股票期权比重较大

高管的股票期权激励起源于20世纪60年代的美国，并在20世纪70—80年代发展成熟，如今广泛被西方国家的企业采用。股票期权是指上市公司给予高管或技术骨干一定时期内以事先约定好的价格购买公司普通股的权利。对于持有一定数量股票的管理者而言，公司股价越高，股票期权带来的收益就越多。股票期权对于管理层来说是一项长期收益，并且牢牢将经理层个人收益与公司价值联系在一起，促使管理层注重公司的长期发展，让管理者更有动力努力工作。

(四)公司控制权市场发达

公司控制权市场是指通过收购、兼并等方式获取目标公司控制权，实现对目标公司的资产重组或股东、经理层的更换，是公司外部对经营者约束和激励的核心。当目标公司被收购或兼并之后，原有的控制主体发生变化，股东、董事和高管的地位随之下降，尤其是经理层可能面临失业的风险，因此，经理层为了规避失业风险或者自身声誉在经理人市场中有所降低，也会努力经营，降低公司股价下跌导致敌意收购的可能性。

公司的控制权市场也在一定程度上保护了小股东的利益。小股东由于持股比例低，无法对公司的日常经营活动产生实质性影响，但当公司经营不善导致股价下跌时，小股东便会抛售股票，大量小股东抛售股票时可能会引来其他公司进行并购，而兼并收购对管理层有很强的威慑力，会对管理层形成约束。

三、英美型公司治理模式的优势和劣势

(一)英美型公司治理模式的优势

一是公司控制权的高流动性容易使投资者卖掉手中的股票，投资者对公司经营状况不满

时能够通过"用脚投票"减少投资风险,保护自身利益。与此同时,股权的强流动性有利于公司筹集资金,提升了市场的资源配置效率。高度分散化的股权很大程度上避免了因一家公司经营不善或环境变化带来的连锁反应。

二是职业经理人市场成熟,经理人也面临市场的激烈竞争并受到约束、监督。同时,公司的经理层掌握了主要的经营决策权,保障了经理人的经营理念可以顺畅实施,有助于发挥经理人的管理才能和创造力。

三是在英美等国家的企业中,收购、兼并活动频繁,很多企业通过兼并、收购的方式迅速增加实力,实现快速扩张。美国 20 世纪 90 年代进入兼并高峰期,产生了一大批实力强大的大型企业。

(二)英美型公司治理模式的劣势

一是公司股权分散于众多股东手中,每个股票持有者仅占公司发行股票非常小的份额,股东力量分散,难以有效影响和控制经营者,股东大会"空壳化"严重,导致很多股东权力有名无实,两权分离导致的代理问题严重,经营者浪费公司资源为自身攫取利益的情况时有发生。

二是公司股权的高度分散使股东缺乏聚焦公司长期发展的能力,众多的股东往往仅通过股价和盈利率评估公司价值。当公司开展不能立刻产生收益的战略投资或扩张活动占用大量资金、造成对股东延期支付收益时,股东常常抛售股票,这种金融市场的短视压力使经营者从事一些短视的经营活动,不利于企业的长期发展,最终减少了公司能够创造的潜在财富。

亚马逊 CEO 换将

1. 创始人贝索斯正式卸任亚马逊 CEO

亚马逊在成就科技巨头的同时,也成就了创始人贝索斯的首富地位。如今贝索斯提前卸任,留给亚马逊的难题不少。

2021 年 7 月 5 日,亚马逊创始人贝索斯在公司年度股东大会上宣布,他将正式卸任亚马逊 CEO 一职,由安迪·贾西继任,他将担任亚马逊的执行董事长,继续参与亚马逊的重要活动。

贝索斯卸任亚马逊 CEO 一职已经不是什么新鲜事了,只不过卸任时间一直没有公布。那么贝索斯卸任以后,对亚马逊会有什么影响呢?

2. 新 CEO 接任获 2 亿美元股权激励

贝索斯在此前发布声明中称,卸任亚马逊后,他将有更多的时间和精力专注航天和慈善事业。贝索斯选择在 7 月 5 日卸任,是因为这一天是亚马逊成立 27 周年的日子。贝索斯虽卸任 CEO,不过依然是亚马逊最大的股东,持有亚马逊 10.6%的股份。

彭博亿万富翁指数显示,截至贝索斯卸任亚马逊,其持有的净资产合计 1970 亿美元(约合人民币 1.28 万亿元),主要包括贝索斯持有的亚马逊股票和其他资产。2020 年,贝索斯的基本年薪只有 8.184 万美元,其他补偿 160 万美元。

美联储数据显示,以美国 65 岁的平均退休年龄为界限,65 岁以上的美国人的净资产中值为 26.64 万美元，而贝索斯的财富是该数据的 73.9 万倍。

尤其在 2020 年新冠肺炎疫情大流行期间，亚马逊股票大涨，贝索斯的净资产直接暴增 750 亿美元。不过，近期马萨诸塞大学阿姆赫斯特分校一位经济学教授提交的一份经济调查显示，2020 年 3 月至 12 月，全球亿万富翁的财富总额为 11.95 万亿美元，增加了 3.9 万亿美元。因此，研究人员认为，疫情导致互联网巨头的收入陡增，呼吁增加对这些超级富豪和巨头的税收。

此次接棒的安迪·贾西也非凡类。1997 年，安迪·贾西从哈佛商学院毕业，就到刚刚成立 3 年的亚马逊工作，迄今已 24 年，也是安迪·贾西将亚马逊的业务从电子商务转型为一家高利润的科技企业。

Gartner 的数据显示，2019 年亚马逊网络服务占据了云服务市场份额的 45%。而这一服务的开创者便是安迪·贾西，且目前营业收入已超过 500 亿美元，为亚马逊的总营业收入立下赫赫战功。

公开资料显示，截至 2020 年 11 月，安迪·贾西的身价已达到 3.94 亿美元。7 月 2 日，亚马逊还向美国证监会提交文件显示，亚马逊将向新任 CEO 安迪·贾西授予 6.1 万股亚马逊的股票，并在未来 10 年内兑现。按照亚马逊目前的股价来计算，该股票激励的总金额高达 2 亿美元。

(资料来源：东方财富网，https://www.eastmoney.com. 2021-07-06.)

第二节　德日型公司治理模式

一、德日型公司治理模式的起源

德日型公司治理模式根植于德日等国家的政治、法律、文化、经济等环境中，形成了法人股东、银行和内部经理人在公司治理中发挥主要作用的内部控制主导型公司治理模式，德日型公司治理模式又称为网络导向型公司治理、内部控制主导型公司治理。这种治理模式形成的原因有以下几点。

一是企业以向银行融资为主，资产负债率较高。第二次世界大战后，德国和日本经济受到重创，证券市场不发达，民众也无大量的资金投入市场，在这种情况下，企业无法获得经营发展所需的资金，只能转向金融机构寻求帮助，而政府为了促进经济快速发展会在政策上鼓励银行等金融机构向企业投资，由此形成了德日企业资产负债率较高的特点。

二是政策和法律法规对金融机构持有企业股权有较高的自由度。例如，德国的银行可以为企业提供商业银行和投资银行服务，银行可以持有非金融企业的无限量股份；日本的银行投资有价证券的活动不被政府限制，这样银行就能掌握企业的所有权。

三是德国、日本等在政治、文化、历史等方面具有集中管理体制的特点，逐渐形成了独特的文化价值，比如强烈的群体意识和共同主义。德国被称为"合作的经理资本主义"，日本的文化强调国家主义和集体主义。

二、德日型公司治理模式的特点

(一)银行深度参与公司治理

与美、英两国的融资结构不同,德国和日本主要向银行融资,且债权比例与股权比例相比,债权占比较高。银行对企业来说,具有债权人和股东双重身份,因此,其在德、日两国公司治理中占有核心地位,银行深入涉足企业的日常经营,形成了银行与企业的特殊关系——主银行关系。

主银行关系内涵包括:一是企业通过选定一家银行作为主银行,获取的贷款作为企业筹资的主要来源,同时接受主银行的金融信托和财务监管;二是企业和银行互相持股,银行参与企业的治理,如主银行可以通过向企业派遣董事参与公司治理,可以通过各种监督方式对企业进行治理;三是企业经营不善时,银行提供救助,并且在企业破产时作为牵头银行。这种银企结合制度不利于银行之外的股东和外部市场对企业进行监督。

(二)公司间交叉持股

德国和日本在法律上对法人相互持股没有限制,因此在德、日两国的企业集团中,公司交叉持股非常普遍,尤其在日本公司中,这一特征更为显著。法人相互持股有两种,一种是垂直持股,即建立母子公司,达到在技术、生产和服务等方面协作经营的目的,如住友公司和丰田公司;另一种是通过环状持股使公司建立稳定的资产关系和经营关系,如三菱公司、第一劝银财团。

交叉持股不仅可以增强现有的大额所有权的力量,而且可以形成表决"卡特尔"。即如果一方在另一方的股东大会上不配合协作,那么另一方也会在这一方的股东大会上不合作,最终将损害持股双方的信任。在这种情况下,持股方会选择相互合作,且不随意干涉持股公司的经营活动。因此在德国和日本的公司,法人股东不将目光聚焦于股票的投资收益,而是更看重公司稳定的业务往来带来的利润,更加注重企业长期合作带来的收益。可见,公司间相互持股使得企业更加地集团化和系列化,加强了企业间的依赖性,使得企业相互渗透、相互制约。

(三)分立董事会和监事会

德国和日本采用大陆法系,在公司法的制定也仿照政治上的立法、行政和司法三权分立,在公司内部建立决策机构、执行机构和监督机构,即股东大会、董事会和监事会,这些机构设置体现了制衡分权的原则,也称为大陆模式。这种模式与英美国家的股东大会之下设置单独的董事会不同,在股东大会之下增设了监事会,因此,也称为双层董事会或公司组织体系的双层制。

在德国的公司中,股东大会选举出监事会,由其行使监督职能,并且监事会由非执行董事构成;董事会行使执行功能,由执行董事构成。监事会决定董事会成员的选任、罢免和薪酬,并且决定董事会的政策目标。这种将股东大会、董事会和监事会分立的治理结构,使公司的决策者和经营者相互分开,有利于监事会对公司经营者进行监督。在日本的公司中,股东大会选出董事会和监事会,董事会和监事会相互独立,没有隶属关系,董事会和高管组成的执行机构合二为一，即决策者和经营者合二为一。

三、德日型公司治理模式的优势和劣势

(一)德日型公司治理模式的优势

一是德、日企业的主要股东是商业银行，股东持股比例较高，同时作为企业的主要放款人，银行有必要获取企业经营活动相关信息，保障贷款的安全性和有效性。与此同时，银行具有一般股东不具有的精力和时间直接介入公司的经营决策，能够对经营者的活动进行有效监督，减少"内部人控制"造成的公司损失。可见，与其他股东相比，银行有获取公司经营信息的天然优势，从而对企业经营活动的监督更容易。

二是银行相较于一般股东，更加注重对企业的长期投资，较少对其持有的股票进行交易，有助于抑制收购、兼并等活动。银行股东对经理层的监督也更加注重企业的长期发展，减少了管理层为谋取私利的短视行为。除此之外，法人之间的相互持股使公司相互扶持、相互控制，当某一企业经营遇到困难时，集团内的主银行便会给予资金援助，有利于整个集团企业长期发展。

三是法人的相互持股将分散的企业打造成集团企业，有利于集团内部的企业建立稳定的交易关系，增加交易量，减少交易成本。例如，银行作为企业的债权人和所有者，能够有效地获取企业内部的经营信息，极大地减少了债务融资产生的代理成本。

(二)德日型公司治理模式的劣势

一是银行持有公司的股份较高，抑制了股票的流动性，加上公司的外部控制权市场难以对公司发挥治理作用，以及信息披露制度相对较弱，当公司大股东做出损害小股东的经营决策时，小股东难以通过发达的股票市场维护自身利益。

二是法人间的相互持股一定程度上导致了资本金在形式上的扩大和虚增，实际上并没有让企业筹到资金，形成了"账面游戏"，违反了资本充实原则，最终导致股权增值"泡沫"。与此同时，银行作为控股股东的公司常常具有较高的负债率，容易出现"泡沫经济"，不利于国家经济的发展。

三是相互持股的公司为了自身利益相互支持，而不是相互监督，造成了股东大会的"空壳化"和形式化，股东大会丧失监督职能，最终导致企业的"无责任"经营或"相互放任型"经营。

延伸阅读2

宝马集团监事会将"换血"，以安抚投资者

宝马集团在2021年3月11日公布的2020年财务业绩报告中表示，将提名新监事会成员。在2020年的年会上，宝马监事会主席雷瑟夫(Norbert Reithofer)曾承诺要改组监事会，以回应股东对改进监事会的要求。

从2005年到2015年，雷瑟夫曾经任职宝马集团董事长一职，这10年是宝马有史以来盈利增长最快的时期。他也是汽车界第一批预见汽车业"排放革命"的高管之一，在其任期内，宝马集团在2013年就推出了具有变革性的i3电动车型，仅落后于特斯拉

一年。

但是在2020年股东大会上，股东对雷瑟夫的支持度并不高，并敦促他改革监事会。在宝马集团的企业制度下，其监事会相当于国内的董事会，并不负责企业日常事务，主要批准企业战略和高管任命，代表了股东的利益。

宝马的大股东——匡特家族已经退居二线，两兄妹掌握着公司近一半的股份，但是光有大股东的支持不足以岁月静好，其他股东和投资基金者有自己的权益诉求和不同意见，认为监事会权力过于集中。

目前股东选举的10名监事会成员，其中有3位因为参与事务太多，大权独揽，被认为缺乏独立性。他们是雷瑟夫、斯蒂芬·匡特和柯禄唯，后者是汉莎航空和E.On的主席，2020年5月，他辞去了审计委员会的职务，此前他在监事会4个委员会任职。

而其余几位监事会成员被外媒认为形同虚设，"只不过为了满足法定人数而凑数，定期出席会议和领取报酬"。行业专家对于他们能否真正代表投资者立场，能否对监事会决策施加影响表示怀疑。为此，大权在握的3位监事会成员同意不寻求连任，因为他们中的两位已经任职超过10年。所以2021年5月12日的股东会将投票选举新成员，注入新鲜血液安抚投资者。

候选人有：惠而浦首席执行官Marc Bitzer、德国医疗保健集团费森尤斯CFO雷切尔·恩佩(Rachel Empey)、莱布尼茨经济研究院院长克里斯托夫·施密特。

2020年年中，宝马集团升级了可持续发展战略，订立了未来十年可持续发展目标，将可持续发展和高效率资源管理作为企业发展战略的核心。2020年财报显示，尽管新冠肺炎疫情造成巨大影响，但宝马集团仍然在全年向客户交付了2 325 179辆新车。在欧洲的车辆平均碳排放远低于104克/公里的既定目标。2020年，全球电动车销量增长31.8%。

(资料来源：凤凰网汽车，2021-03-16.)

第三节　家族型公司治理模式

一、家族型公司治理模式的起源

家族型公司治理模式也称为"东亚及东南亚家族治理模式"，是指家族成员占有公司相对多的股权，公司的所有权集中于一人或一个家族，因此，公司的所有权与经营权并未分离，很大程度上减少了两权分离导致的代理问题。家族型公司治理模式广泛存在于东亚的韩国及东南亚的新加坡、马来西亚、泰国等国家。形成家族型公司治理模式的原因主要有以下几种。

一是第二次世界大战之前东南亚各国的华人企业在外国资本的巨大压力下创办企业，第二次世界大战之后东南亚各国独立，华人家族企业通过控股、参股、兼并等方式接手西方资本控制的产业，加上国家复苏经济的战略，家族企业迅速发展、壮大。东南亚和东亚家族企业经营的产业层次不断提高，企业实现跨越式发展，企业的所有权形式逐渐多元化，但企业的多数股权仍由家族成员控制，经营权也被牢牢掌握在家族成员手中。

二是传统的儒家思想、家长作风等文化也在家族企业的发展中发挥重要作用。东南亚国家和东亚国家信奉儒家思想，儒家思想倡导"家和万事兴""以和为贵"，这些思想观念长期影响家族企业的成员，久而久之，使企业具有家族性、大家长制特点，注重家族权力的传承，发展出家族型公司治理模式。

三是东南亚国家、东亚国家与西方国家相比，市场体制不完善，资本市场、经理人市场相对来说不发达，在这种情况下，家族企业能够有效地对公司进行经营管理，成为企业快速发展的有效选择。

二、家族型公司治理模式的特点

(一)所有权和控制权由家族成员掌握

家族企业的所有权和控制权往往掌握在家族成员手中，家族企业通过以下方式控制公司的所有权或股权。一是公司的创始人单独或共同拥有公司所有权，在创始人退休后，所有权传递给子女、第三代人或其他的家族成员。二是企业所有权由家族成员或家族成员外的其他成员共同拥有，但由家族成员控股，在第一代的控股人退休后，股权传至第二代、第三代时，由家族成员联合控股。三是部分家族企业迫于社会化或公开化的压力，将企业进行改造上市，家族企业产权日益多元化，但企业的控制权仍由家族成员掌握。

(二)企业决策家长化

东南亚国家和东亚国家深受儒家伦理道德影响，在家族企业中，经营决策被纳入家族内部，企业的重大决策如创办新企业、开拓新业务、人事任免、决定企业的接班人都是由家族中的家长(同时也是企业的创办人)一人作出，家族中其他成员作出的决策也必须得到家长的首肯。即使这些家长退居二线，家族其他成员作出的决策也必须向家长汇报并得到家族家长的支持。当家族的领导权传递给第二代或第三代成员时，前一代家长的决策权威也同样赋予第二代或第三代接班人，由他们作出的决策，其他家族成员也必须遵从或服从。但与前一代的家族家长相比，第二代或第三代家族家长的绝对决策权威已有所下降，这也是家族企业在第二代或第三代出现矛盾和冲突的根本原因。

(三)经营者激励约束双重化

在家族企业中，经营者受到来自家族利益和亲情的双重激励与约束。对于第一代创业者而言，其经营行为往往是为了光宗耀祖或使自己的家人更好地生活，以及为自己的后代留下一份产业。对于家族继任者来说，发扬光大父辈留下的产业、实现家族资产的保值、维持家族成员的亲情，是对他们经营行为进行激励和约束的主要机制。因此，与非家族企业经营者相比，家族企业经营者的道德风险、利己的个人主义倾向比较少。但这种建立在家族利益和亲情基础上的激励约束机制，使家族企业经营者承受的压力较大，并为家族企业的解体埋下了隐患。

三、家族型公司治理模式的优势和劣势

(一)家族型公司治理模式的优势

一是不同于公司由于委托人与代理人不一致存在委托代理问题，家族企业所有权清晰，

家族成员拥有全部或大部分股权，家族企业中委托人和代理人都是家族成员，企业的所有权和控制权具有两权合一性，减少了代理问题，降低了代理成本。家族成员将家族企业视为家族财产，抑制了管理者为了自身利益损害企业利益的行为，同时家族成员强大的凝聚力和影响力也使企业的发展更具有长期性和稳定性。

二是家族企业的亲缘关系有助于企业获取物质资本和人力资本。企业创业初期需要筹资时，能够借助家庭积累或亲友资助；企业扩大生产经营需要更多资金投入时，除了企业自身积累，也可以让家庭成员投入，这种融资方式相对银行贷款或社会融资更容易，成本也更低。企业在创业初期或后续的发展中，注重亲缘的用人制度也能降低企业的成本。与此同时，企业的经营人员多为家族成员，彼此之间较为了解，在进行管理时能够减少无效沟通产生的资源、时间成本。

三是家族企业往往都是在资金较少的情况下建立起来的，经过几十年的发展，许多家族企业发展成世界性的大企业，这很大程度上与管理者的才能息息相关。家族企业治理模式中突出的家长制决策机制使管理者的才能得到充分发挥，当企业面临重大经营决策时，管理者能够凭借经验和才智快速做出反应，并使决策快速顺利实施，进而把握商机。

(二)家族型公司治理模式的劣势

一是家族企业存在任人唯亲的问题。在家族企业中，血缘关系、亲缘关系是家族企业的纽带，其作用超过正式组织制度，导致重要的职务不是通过公开招聘选择有能力的专业人员，而是由家族成员担任，这种用人方式虽然在企业发展早期能够降低企业的人力成本，但随着企业的做大做强，任人唯亲的做法也阻碍了家族企业吸纳有才能的专业人员，不利于企业的长久发展。同时企业内部的家族关系压迫了基于正式制度的关系，不利于企业内科学管理体制的建立，影响家族企业管理水平的提升。另外，在家族企业的继承问题上，很多家族企业接班人选择的不当，引发家族内财产继承和人际关系争端，导致家族企业分裂，甚至解体。

二是家族企业较为封闭，社会化和公开程度低，获得外部投资者的投资难度大，企业融资渠道狭窄。企业发展早期能够通过自身积累和原始股东增资筹集资金，然而随着企业迅猛发展，企业只能通过银行贷款获取资金，较高的资产负债率不利于企业的发展。部分家族企业为了保护自身，拒绝向外界透露实际经营状况和股东状况，进而在银行拒绝融资时，企业马上陷入困境，甚至破产。

三是家族企业由于被家族成员控股，存在更为严重的"一股独大"问题，控股股东既是所有者又是经营者，操纵企业的情况时有发生。与此同时，家族企业相对较为封闭，透明度低，信息披露程度也较低，小股东获取的信息往往不真实、全面，其利益容易受到大股东损害。家族企业内部的家族关系往往居于正式组织结构之上，导致公司的治理结构虚化，股东大会、董事会、监事会的职能被弱化，小股东的权利难以得到有效保障。而且家族企业注重血缘关系和亲缘关系，也不利于公司治理结构有效发挥作用。

> **延伸阅读3**
>
> 继承者们的"畏难"与"诱惑"：内地家族企业接班化比例缘何低于全球
>
> 如何让企二代顺利接班家族企业，日益成为创一代的"心头大事"。

近日，普华永道发布的最新报告显示，相比全球，中国内地家族企业继续由家族持有和传承基业的比例略低，占比分别为59%和57%(全球为65%和64%)，且仅有约1/5的内地家族企业表示，已制订强有力的接班人继承计划。

此外，内地家族企业新生代在家族企业的参与度也低于全球平均水平——在调研样本中，约51%的内地受访家族企业表示，企二代已参与企业运营，低于中国香港(58%)与全球(62%)。

普华永道中国科创与民营企业服务北方区主管合伙人孙进表示，这背后，一是中国内地家族企业子女更愿自立门户创业，或从事金融、投资和科技等新兴行业。二是越来越多家族企业家也想通了，在将企业决策权交给外部职业经理人的同时，将企业股权作为资产财富传承给下一代。

"对于引入外部职业经理人，不少企业家显得不甘心。"一位私人银行家族信托业务部门主管赵强(化名)向记者直言，近日多位企业家设立家族信托时，特别看重私人银行所提供的家族企业接班人培养计划，希望这个计划能激励子女乐于继承家族企业，免除他们寻找职业经理人的烦恼。

"对此我们不得不再三澄清，家族信托与接班人培养计划未必能让子女变成创一代想象的模样(继承家族企业)，但可以让子女变成他们不想看到的样子(好吃懒做或过度挥霍)。"他强调。

记者注意到，为了激励企二代乐于继承家族企业，不少私人银行也在另辟蹊径，包括说服创一代不要操之过急，先允许子女自主创业，等到合适时机再引导他们回归，对家族企业开展智能化、数字化优化，最终顺利接班家族企业。

1. 企二代接盘乏力心理探因

在赵强看来，目前中国内地家族企业继续由家族持有和传承基业的比例均低于全球水平，主要有以下三大原因：一是中国经济快速转型发展与智能化时代来临，令越来越多的家族企业企二代更热衷参与科技、金融、投资等领域的创业；二是多数内地家族企业仍以传统行业为主，在企二代眼里缺乏"足够的成长空间"，影响了他们的接班意愿；三是家族企业往往聚集众多老员工与家族长辈，让企二代觉得接班需要处理极其复杂的人际关系，因此不大愿意"自寻烦恼"。

然而，多数企二代的自主创业，大都得到家族企业的鼎力支持。多数家族企业都会拿出一笔资金，作为子女自主创业(或发起股权投资基金)的启动资金，甚至当他们创业遭遇波折时，家族企业不惜通过担保融资，帮助他们渡过难关。

这导致家族企业无形间承担了额外的还款违约连带责任风险。因此，不少私人银行人士建议家族企业创一代应尽早设立家族信托，做好"风险隔离"，避免子女创业失败给家族企业财富造成不小的损失。

在实际操作过程中，要将家族企业股权纳入家族信托、实现"风险隔离"，难度不小。

具体而言，家族企业主需先向家族企业注入一笔资金，再用这笔资金收购家族企业相应股权，从而将家族企业股权纳入家族信托。但这种自买自卖的操作涉及较高的交易税负，令不少企业家"打了退堂鼓"。

记者获悉，在这种情况下，多数私人银行建议家族企业创一代需使用个人资产支持子女创业，从而做好家族企业财富与子女创业风险的"隔离"。但此番告诫说来容易做来难,毕竟众多家族企业创一代没有严格区分个人财富与家族企业资产,导致子女创业资金看似来自个人资产,但追溯到底又变成"家族企业财富"。

"其实,我们也能理解创一代的良苦用心。"赵强表示,不少家族企业创一代之所以动用家族企业资金支持子女创业,最终目的是希望他们创业成功后能"知恩图报",回归家族企业承担继承家业的重任。但他们与多位企二代沟通后发现,他们在创业成功后回归家族企业的意愿不高,甚至不少人认为家族企业管理机制相对落伍后,数字化变革难度不小,与其花费精力艰难改革,不如将家族企业出售转化成资本,作为他们继续创业发展个人事业的储备资金。

2. 押宝"企三代"一代传承计划

随着企二代继承家业意愿较弱,越来越多创一代将目光瞄向"企三代"——孙子辈。

多位家族信托服务机构主管向记者透露,近年来,越来越多的企业家在设立家族信托时,都提出打算将家族企业传给孙子辈,尽管很多企三代尚未成年。

在他们看来,树立继承家业的信念需"从小培养",因此他们一面设立家族信托约定由孙子辈继承家业,一面要求家族信托服务机构提供专业的接班人培养课程,让孙子辈早早形成继承家业的使命感。

"甚至有些企业家在家族信托里特别约定,若他们指定的'企三代'未来成功继承家业,不但能获得家族企业大部分股权与经营决策权,还能分配到巨额家族财富;反之,他们只能获得小额的生活补贴费用。"赵强透露。然而,将继承家业重任押宝在接班人培养课程上,未必合适,众多"企三代"由于年龄尚小,专业机构一般不会向他们灌输继承家业的重要性,而是侧重教他们传承家族精神。

他还发现,有些已成年的孙子辈即便接受了接班人培养课程学习,在自主创业与继承家族产业之间其仍存在着诸多困惑,包括难以在自主创业与继承家业之间做出抉择,难以合理分配时间、精力兼顾自己事业与家族产业,无法妥善处理老员工与自己的矛盾,无法说服创一代长辈推进企业数字化改革,让企业运营节奏赶上智能化时代发展脚步……

"我们建议创一代在家族信托里做好两手准备——在未来企业股权能够以非交易过户方式纳入家族信托的情况下,若'企三代'愿意继承家业,则需设立一系列条款确保他们在家族企业的经营决策主导权,从而助力他们更好地继承家族企业;反之,则约定一系列产权与经营权分离的条款,在引入职业经理人管理家族企业的同时,将企业利润分红分配给'企三代',确保他们能拥有高品质生活。"

(资料来源:新浪财经,2021-05-19.)

第四节 公司治理的演进趋势

公司治理模式的演变和理论研究表明:一个国家公司治理模式受到特定经济体制、政治体制、法律环境的影响,企业应该选择适应本国国情、本行业及企业所处成长阶段的公司治理模式。各种治理模式都存在弊端,公司治理模式的发展方向也体现了互相借鉴的趋同化。

英美公司治理模式开始转变以往完全信赖市场的治理方式，把目光聚焦于公司内部；德日公司治理模式也开始注重资本等市场环境对公司治理的影响；家族公司治理模式也开始建立规范的公司治理结构。

一、公司治理模式逐渐趋同化

(一)相对控股模式出现

英美型公司治理模式和德日型公司治理模式都具有监督缺失导致的"经营者控制"问题。为了解决这一问题，两种治理模式都在股权结构上进行了改革，由原先的高度分散化股权结构和高度集中化股权结构逐渐转变为相对控股模式。相对控股模式可以在公司经营不善时及时更换经理人。首先，相对控股股东拥有的股权较大，有动力监督公司的日常经营，对公司经理人的更换较为关注。其次，控股股东拥有的股权较多，有能力争取其他股东的支持，使自己推举的经理人当选。最后，控股股东的股权集中度有限，其相对控股股东地位容易动摇，不会强行提名公司的经理人。可见，相对控股股东相比高度分散化的股权结构和高度集中化的股权结构，更容易发挥治理公司的作用，有助于促使经理人按照股东利益最大化从事经营活动，实现公司价值最大化。

相对控股模式通过改变机构投资者持股比重并激励其参与公司治理来实现。机构投资者早先与公司的关系较为疏远，但越来越多的机构投资者发现，参与关系投资能够提升自己的投资组合价值。"关系投资"是指以信任为基础建立起来的外部治理机制。外部市场机制不完善，信息不对称往往导致机会主义行为和高昂的交易成本，为了降低交易成本，企业倾向于选择已经建立信任的伙伴进行交易。与此同时，机构投资者持有较多股份，难以在短期内找到买进这些股份的买家，同时抛售巨额股票引起的股市大跌也会让其遭受巨大损失，这些都会导致机构投资者长期持有股票，并通过投票机制参与公司治理，维护自身权益。

(二)利益相关者逐渐受到重视

公司利益相关者理论认为，公司应当承担社会责任，而不仅仅是为股东提供收益，因此公司治理改革要改变以往的将控制权和权力交给股东的做法，公司更多的利益应该交给其他的利益相关者，如债权人、职工、供应商、消费者等，并让关键的利益相关者进入董事会。消费者和公司员工逐渐认识到，公司不仅应该遵守法律，也应该提升社会整体的福利。

以职工利益保护为例，美国通过立法保护包含职工在内的利益相关者的利益，德国通过职工直接参加公司治理的方式保护职工自己的利益。德国等国家认为，职工与公司兴衰具有特殊的利害关系，股东能够通过分散持股降低风险，但是职工不能同时受雇于多家公司降低事业风险。

二、公司治理模式趋同化的原因

(一)OECD准则逐渐成为公司治理的标准

经济合作与发展组织(OECD)是由市场经济国家组成的政府间国际经济组织，目的在于共同应对全球化带来的经济、社会和政府治理等方面的挑战。1999年，OECD出台了公司治理领域的第一个多国工具——《OECD 公司治理原则》，为各国建立了一个国际性的公司治理基准，很大程度上反映了公司治理功能的趋同。

自 2002 年起，《OECD 公司治理原则》在对各国公司治理模式进行重新考察的基础上进行修订，与第一版《OECD 公司治理原则》的不同之处在于，准则的修订不仅考察了 29 个 OECD 国家，还对非 OECD 国家如亚洲、东南欧和拉美国家进行了经验借鉴，因此《OECD 公司治理原则》具有广泛的适用性，体现了全球公司治理模式的趋同化。

(二)公司相关法律趋同

世界各国的与公司治理相关的立法也出现了明显的趋同。法律的趋同不是折中主义，而是不断增加的大公司选择制度环境趋势的结果，即大公司对开发和利用流动的、成本低的资本的需要。例如，德国将决策控制权倾向于股东，并提高账目的透明度；日本改革了金融体系，取消有价证券交易税，废除了对养老金、保险公司等信托资产运用的限制。对于英美国家而言，逐渐重视银行持股的作用，商业银行和投资银行的界限逐渐变得模糊，商业银行、储蓄贷款机构、信用社、证券公司、养老基金等金融机构的业务差别逐渐淡化。

(三)财务报告准则趋同

长期以来，一些公司在国际市场上不断寻求融资机会，不得不采用国际财务报告准则或美国会计准则。而为了本国公司更好地利用国际市场，一些 OECD 成员国进行了改革，允许国内公司使用国际财务报告准则或美国会计准则。目前绝大多数国家的地区，如中国、欧盟、加拿大、日本等一些公司都使用国际财务报告准则，降低了公司的会计成本，提高了公司的绩效。虽然这种财务报告准则趋同性导致基于各国特殊性的精确性降低，可能会误导消费者，降低社会福利，但采用国际财务报告准则使财务报告更具透明性和可比性，带来的收益更多。

本 章 小 结

首先，本章介绍了英美型公司治理模式。一是从英、美两国市场经济发展，公司资产负债率低、股权资本占比大及反对垄断、热爱竞争的文化介绍了英美型公司治理模式的起源；二是从股权结构分散化、独立董事在董事会中占多数、高管报酬中股票、期权比重较大、公司控制权市场发达等方面介绍了英美型公司治理模式的特点；三是介绍了英美型公司治理模式的优势和劣势，例如，优势包括控制权流动性高、职业经理人市场成熟、企业通过兼并与收购的方式迅速增加实力，劣势包括股东大会"空壳化"严重、股东缺乏聚焦公司长期发展的能力等。

其次，介绍了德日型公司治理模式。一是从企业以向银行融资为主、政策和法律法规对金融机构持有企业股权有较高的自由度、文化背景等方面介绍了德日型公司治理模式的起源；二是介绍了德日型公司治理模式的银行深度参与公司治理、公司间交叉持股、分立董事会和监事会等方面的特点；三是介绍了德日型公司治理模式的优势和劣势，例如，优势包括银行作为股东对企业经营活动的监督更加容易、有利于整个集团企业的长期发展、减少代理成本，劣势包括股票流动性低、交叉持股导致的资本虚增和"无责任"经营等。

再次，介绍了家族型公司治理模式。一是从历史、文化及市场体制方面介绍了家族型公司治理模式的起源；二是从所有权和控制权由家族成员掌握、企业决策家长化、经营者激励约束双重化等方面介绍了家族型公司治理模式的特点；三是介绍了家族型公司治理模式的优势和劣势，例如，优势包括所有权和控制权两权合一减少了代理成本、亲缘关系有助于企业获取物质资本和人力资本、管理者的才能得到充分发挥，劣势包括任人唯亲、企业较为封闭、家族成员操纵企业等。

最后介绍了公司治理的演进趋势。英美公司治理模式开始转变以往完全信赖市场的治理方式，把目光聚焦于公司内部；德日公司治理模式也开始注重资本等市场环境对公司治理的影响；家族公司治理模式也开始着手建立规范的公司治理结构。从相对控股模式的出现和利益相关者逐渐受到重视两方面介绍了公司治理模式逐渐趋同化，并从 OECD 准则逐渐成为公司治理的标准、公司相关法律趋同、财务报告准则趋同等方面介绍了公司治理模式趋同化的原因。

思 考 题

1. 简述英美型公司治理模式的起源，它有哪些优势和劣势？
2. 简述德日型公司治理模式的起源，它有哪些优势和劣势？
3. 简述家族型公司治理模式的起源，它有哪些优势和劣势？
4. 公司治理模式趋同化有哪些表现？

实 践 应 用

公司治理改革进入"深水区"　注册制下须实现三大转变

改进和完善公司治理，为打造有活力、有韧性的资本市场提供重要支撑。南开大学中国公司治理研究院院长李维安，长期从事公司治理的研究与教学工作，推动上市公司治理改革。在接受《证券时报》记者采访时，李维安表示，当前公司治理改革进入"深水区"。

1. 推进资本市场改革，需把握公司治理的新趋势

30年来，我国资本市场经历了从无到有、从有到逐步完善健全的过程，其实质就是公司治理的发展史。当前我国推行的一系列治理改革政策，包括注册制的推行、《证券法》的颁布等，都是建立上市公司治理机制的过程。正是由于构建了这种以与国际接轨的公司治理为平台的资本市场，我国A股市场目前约有4000家上市公司，市场总规模突破70万亿元，2019年A股总市值在我国GDP中的占比约60%。考虑到我国公司在港股和美股等全球资本市场进行上市的情况，2019年全球范围内我国上市公司总市值占GDP比例约为89%。

截至2020年，南开大学中国公司治理研究院已连续18年发布有上市公司治理状况"晴雨表"之称的中国上市公司治理指数，对上市公司治理动态进行跟踪研究。从评价结果看，中国上市公司治理指数总体上不断提高，2003年为49.62，此后除发生金融危机的2009年经历短暂回调外逐年上升，但近年来连续几年公司治理改善幅度趋于降低。我们把这种上市公司治理水平改进放缓的现象称为公司治理提升的"天花板"，这是当前上市公司行政经济型治理模式下公司治理的摇摆性所致。具体表现在以下三个方面。

第一，公司治理不同维度发展不均衡。公司治理是一个有机的系统，特定治理维度不足可能成为公司整体治理水平提升的"短板"。当前，我国上市公司在股东治理、董事会治理、信息披露等方面表现较好，而在经理层治理和利益相关者治理方面表现较为滞后。2019年经理层治理在六大治理维度中处于较低水平，说明经理层期权、股权等激励机制改革滞后，已成为改善公司治理、释放公司活力的"瓶颈"；利益相关者治理指数下降，主要是监管处罚、债务和债权纠纷及知识产权诉讼数量增加，导致利益相关者协调程度降低。

第二，公司治理结构性指标趋同化特征明显，有效性不足。公司治理评价结果显示，在一些公司治理规模结构指标方面，上市公司中出现一定的趋同现象，而部分公司治理有效性指标则提升不足。

以监事会治理评价为例。在公司治理的维度中，监事会治理仍处于较低水平。上市公司监事会规模及职工监事设置上多数仅符合《公司法》的强制合规底线要求。此外，2015—2019年，监事会胜任能力年均提升幅度仅为0.048，远低于监事会运行(1.476)及监事会治理年均提升幅度(0.312)。

第三，治理创新和发展需求与治理制度供给矛盾突出。近年来，伴随技术进步和环境破坏而来的经济社会可持续发展问题迫切，要求现有公司更新治理框架。上市公司利益相关者治理评价数据显示，近年来，我国上市公司在环境保护方面得分下降较多，表现在许多上市公司环境保护还停留在口号或者宣传层面，环保信息披露也较为笼统，存在专门的绿色环保支出的公司较少，环保人员、环保制度、环保部门等长效的环保工作机制尚未有效建立。因此，当前尚需要制定一套适合中国上市公司现阶段发展特征的绿色治理制度，推动绿色治理，促进人类社会与生态环境协调发展。

2. 注册制下，公司治理的"三个转变"

面对注册制的推出，将针对上市、定价、退市、监管、基础制度等方面一系列的配套改革。笔者认为，从核准制到注册制，非但不是公司治理标准的降低，反而是公司治理标准的提升，或者说，是"公司治理2.0版"的出台，是从行政型治理向经济型治理的转型。

这种转变实际上也是适应新型企业的要求而进行的规则修改。亏损企业已经可以上市，像阿里巴巴这样的特殊股权结构的企业也可以上市，还有网络企业……对这些企业究竟怎么判断其价值，传统的行政审批制度已不适应这样的时代要求，更应通过市场化手段来完成。

此次创业板试点注册制在公司治理方面的新要求突出表现为"三个转变"。一是从行政型治理向经济型治理转变。公司是有着营利性目标、按照自身逻辑、在法治化的市场中运行的经济组织，需要经济型治理加以匹配。注册制下取消发行审核委员会，大幅减少公司上市、再融资等环节的各类行政审批干预，由投资者自主进行价值判断，把选择权交给市场，充分体现了激发公司的经济型治理效能要求。二是从入口治理向过程治理转变。核准制模式下，证监会监管模式注重上市入口的事前审核。注册制下，是否符合证券上市条件交由证券交易所自主决定，证监会只对交易所呈报的资料做形式审查，并不做实质判断。审查条件也从注重盈利能力向注重公司独立持续经营能力转变，注重全生命周期的持续合规管理。三是从强制性治理向自主性治理转变。强制性治理表现为上市公司被动遵守国家法律对公司治理规定的最低监管要求，属于初级阶段的公司治理。现阶段的公司治理不但应该合规，而且必须有利于创新。注册制不是放松对上市公司的要求，而是在满足最基本的股票发行条件基础上，强化公司自主治理能力。

良好的公司治理能够为投资者带来溢价,也就是说,"治理溢价"是普遍存在的。之所以公司治理从微观上影响了上市公司股票的市场价值,是因为投资者对公司治理状况好的公司会形成一定预期,而且对公司治理状况改善空间大的上市公司,投资者的这种预期更大。形成这种预期的根本原因,在于好的公司治理能够提升上市公司的价值,带给投资者丰厚的回报,投资者对收益的预期便是最好的证明。良好的公司治理能够促进股权的稳定性而使得股票稀缺,使其资本成本低于治理状况差的公司,能够保障公司战略的连续性与经营的稳定性,降低公司的经营、财务成本及违规风险。

在中国资本市场上,投资者能否获取"治理溢价"呢?我们团队的研究成果证明,中国上市公司投资者不仅愿意为治理好的上市公司支付更高的交易价格,而且的确已经支付了治理溢价。良好的公司治理在公司价值和股票价格上得到了表现。从以我们团队成果中国公司治理指数(CCGINK)为基础研发的央视治理领先指数来看,自2013年6月上市以来,截至2020年9月25日,累计收益率达137.49%,而同期的沪深300指数累计收益率仅为78.48%。由此可见,上市公司良好的治理水平确实能够带来可观的投资收益。

(资料来源:证券时报,2020-10-16,有删减.)

【思考与讨论】
1. 制约中国公司治理水平提升的主要因素有哪些?
2. 注册制下中国公司治理会出现哪些良好的变化?

微课视频

扫一扫,获取本章相关微课视频。

英美型公司治理模式.mp4

德日型公司治理模式.mp4

第十二章　互联网企业的公司治理

【学习目标】
1. 掌握互联网平台企业的基本概念。
2. 了解互联网平台企业与传统企业模式的区别。
3. 掌握网络治理、层级治理和市场治理的区别。
4. 了解互联网平台企业创始人对控制权保护的主要措施。
5. 了解互联网平台企业公司激励模式。

【引导案例】

黄某的卸任与拼多多治理构架的演变

2021年3月17日，拼多多创始人黄某在致股东信中宣布卸任拼多多董事长，由联合创始人陈某继任。随着黄某的卸任，拼多多由之前的"同股不同权构架"重新回到"同股同权构架"。这为投资者理解日落条款如何实现控制权的状态依存，如何实现投票权配置权重倾斜和投资者权益保护二者之间的平衡提供了极好的案例。

9个多月前，陈某接棒黄某卸任的CEO一职。拼多多由黄某和陈某等人于2015年创立，2018年在美国纳斯达克上市。根据发布的2020年第四季度及全年财报，拼多多年活跃买家数达7.88亿，超过淘宝和京东，成为中国用户规模最大的电商平台。

拼多多2018年7月在美国上市时，同时借鉴京东的A、B双重股权结构股票发行和阿里的合伙人制度，形成了拼多多多元而独特的治理构架。例如，一方面，拼多多像京东一样直接发行A、B双重股权结构股票。创始人黄某持有投票权是A类股票10倍的全部B类股票，合计持股比例为44.6%的黄某通过持有具有超级投票权的B类股票，投票权占比达89%。另一方面，拼多多设立具有直接任命执行董事和提名推荐CEO等权力，由黄某、陈某、孙某(联合创始人)和范某某(联合创始人)等为成员的合伙人，建立了类似于阿里的合伙人制度。

那么，随着黄某的卸任，拼多多的公司治理构架将发生哪些变化和调整呢？

第一，随着黄某的卸任，拼多多由之前的"同股不同权构架"重新回到中国投资者更加熟悉的"同股同权构架"。

同股不同权构架由于投票权配置权重向创业团队倾斜，至少在形式上形成了表征决策错误责任承担能力的现金流权(例如，黄某出资占股东全部出资的 44.6%)与表征对重要决策影响力的控制权(例如，黄某占比达 89%的投票权)的分离，形成了经济学意义上成本与收益不对称的"负外部性"。这使得创业团队在理论上具备了以损害外部分散股东的权益为代价，谋取私人收益的动机和能力。因而长期以来，同股不同权构架受到主流公司治理理论的批评。但投票权配置权重向创业团队倾斜则很好地鼓励其投入更多的企业专用的人力资本，迎合了以互联网技术为标志的第四次产业革命浪潮对创新导向的组织重构的内在需求，为越来越多的创新导向的高科技企业所青睐，并受到资本市场投资者的认同和追捧。我们以拼多多为例，拼多多在美国纳斯达克 2018 年 7 月 26 日上市当日，发行价从 19 美元大涨逾 40%，收于 26.7 美元，市值达 295.78 亿美元。

为了实现创新导向下投票权配置权重适度倾斜与外部投资者权益保护二者之间的平衡，近年来，公司治理实践逐步出现了一些治理制度的创新。其中，日落条款就是上述制度创新的重要内容之一。日落条款，是指在公司章程中对投票权配置权重倾斜的创业团队所持有 B 类股票转让退出，和转为 A 类股票及创业团队权力限制的各种条款的总称。

这次黄某卸任，其名下 1:10 的超级投票权随之失效就是自动触发了拼多多公司章程中的相关日落条款的结果。而黄某是拼多多具有超级投票权的 B 类股票的唯一持有人，这意味着拼多多未来只有一类股票，重新回到了"同股同权构架"。如果说拼多多以往通过 A、B 双重股权结构股票的发行，黄某在出资有限的前提下实现了对公司重要决策的主导，形成了"投入少但影响大"的控制权分布格局，那么，黄某的卸任和公司治理构架的调整则重新使拼多多股东的投资额所占的比例同时代表了其投票权的影响力，出资比例越高，则影响力越大。

中国 A 股在 2019 年 7 月科创板创立后开始接纳和包容 A、B 双重股权结构股票。2020 年 1 月 20 日上市的优刻得科技(688158)成为中国 A 股第一只"同股不同权构架"的股票。然而，迄今为止，中国 A 股上市公司并没有触发日落条款的任何案例。因而随着黄某的卸任和拼多多公司治理构架的调整，为国内的投资者理解日落条款如何实现控制权的状态依存，如何实现投票权配置权重倾斜和投资者权益保护二者之间的平衡提供了极好的案例。它将在一定程度上解除中国众多的投资者对于"同股不同权构架"潜在的创业团队道德风险问题的顾虑和担忧。拼多多的案例清晰地表明，由于日落条款的引入，拼多多把业务模式创新的主导权交给创业团队，并不是意味着主要股东完全放弃控制权，控制权的实现是状态依存的。

第二，虽然黄某的超级投票权失效，但在公司章程修改之前，合伙人制度依然在拼多多的公司治理构架中发挥基础和关键作用，因而，作为合伙委员会的重要成员，黄某对于拼多多未来董事会组织依然具有举足轻重的影响。

经过向"繁星慈善基金"捐赠、拼多多合伙人集体及天使投资人 Pure Treasure Limited 公司的股份划转，黄某的持股比例已从上市当年的 44.6%下降为卸任后的 28.1%。尽管如此，黄某仍然为拼多多持股比例最高的第一大股东。黄某在致股东信中承诺，其名下股票将在未来三年内保持锁定，不会出售。

在解读后黄某时代拼多多的公司治理构架演变时，一些媒体在强调黄某对拼多多不容置疑的影响力时，更多的是看到了在回归到"同股同权构架"后黄某依然保持第一大股东地位的事实。我们在这里强调的是，合伙人制度同样是黄某以后在拼多多公司治理构架中发挥重要影响的基础性制度之一。

第三，拼多多在股东投票权履行问题上形成了一个独特模式。我们注意到，黄某在致股东信中宣布,其卸任后,其名下股份的投票权将委托拼多多董事会以投票的方式来进行决策。

哈佛大学 Oliver Hart 教授将股东的权力区分为对公司重要事项在股东大会上进行最后裁决的剩余控制权和受益顺序排在雇员、银行、政府等利益相关者之后承担经营风险的剩余索取权,强调股东应该实现剩余控制权与剩余索取权的匹配,使"最后裁决"的权力和"承担责任"的义务相对应。然而,我们注意到,面对第四次产业革命对创新导向的组织重构的巨大现实诉求,在股权设计层面,股东权益履行将出现深度专业化分工趋势。普通股东着力风险分担的同时,也将专业决策权力更多集中到创业团队手中,实现普通股东风险分担职能(Hart 意义上的剩余索取权)与创业团队集中决策职能(Hart 意义上的剩余控制权)这一原本统一在股东权益履行的两种权力(Hart 意义上的产权)之间的专业化分工,以实现治理效率的提升。这事实上是包括 A、B 双重股权结构股票和合伙人制度在内的在新经济企业控制权安排中十分流行的原因。

未来分散股东投票权的履行将基于股东意愿满足的市场行为,委托给专业的代理投票机构,因而在股东投票权履行过程中同样出现一种专业化分工趋势。我们看到黄某将其持有的股份的表决权委托给董事会履行则成为这一趋势的一个新例证。但未来拼多多董事会基于怎样的代理投票表决协议来代黄某行使投票权力,以及该协议如何保护黄某作为股东的权益将有待进一步观察。至少从目前看,陈某作为董事长的拼多多董事会深得黄某的信赖是包括黄某本人在内的拼多多创业团队在这次黄某卸任中试图向资本市场传递的强烈而明确的信号。

黄某的卸任也为新经济企业包括退休、传承等在内的企业制度建设带来了一些值得思考和观察的有趣现象。

第一,与近年来热烈讨论的因人均寿命的延长和人口老龄化问题而出现的延迟退休趋势相反,在竞争日趋激烈的新经济企业中却出现了创始人提前退休这一相反的趋势。马某在 54 岁时辞任阿里的董事局主席,回归教育本业;而比尔·盖茨同样在 40 多岁急流勇退,致力于慈善工作。2021 年只有 56 岁的亚马逊创始人贝索斯也于 2021 年 2 月 3 日宣布将于第三季度卸任亚马逊 CEO。而黄某还不到 41 岁就卸任,希望未来努力成为"科学家的助理"。一些新经济企业是否由于创始人的提前退休而使继任的年轻领导人更容易不落窠臼,推陈出新,脱颖而出,续写公司的辉煌值得观察。

第二,很多传统企业在创始人年老体衰后,不得不试图说服子女继承父业,在思考如何实现企业传承的问题时,一些新经济企业创始人却简单遵循资本市场的基本规则和内在逻辑,自动实现了企业的有序有效传承。只有在激烈的市场竞争中找到一个真正能创造出新盈利模式的继承人,才能保证创始人手中的股票不会变为废纸。马某对张某的选择逻辑如此,黄某对陈某的选择逻辑同样如此。

[资料来源:恒杉(ID: gh_a80ed55ed650)2021-03-29,作者:郑志刚.]

第一节　互联网企业的公司治理模式

互联网企业有广义和狭义之分,从广义来看,互联网企业是指采用计算机网络技术,利用在线平台提供服务实现盈利的企业,可划分为基础层、服务层、终端层等。从狭义来看,互联网企业是指建立网站,在互联网平台上进行商务活动,即广义互联网企业的终端层互联网企业。

近年来，开源软件(open source software)的蓬勃发展对社会产生了重大影响，狭义互联网企业被社会普遍接受。例如，具有开源操作系统的 Android 手机在 2008 年 10 月发布后，不足 3 年时间市场份额就跃居全球第一，数亿美元的 Android 操作系统设备与其他开源软件产品一起，创造了数十亿美元的经济价值。除开源软件之外，还有很多类似的开源现象，改变了个人生活和组织生产的各个方面。

任何人都可以编辑的 Wikipedia，开创了在线公众知识积累和获取的方式；风靡全球的私家车共享平台 Uber，改变了人们出行的方式；为企业提供全球创意的 InnoCentive 平台，实现了企业将生产任务项目众包给全球范围内的个人或组织。类似于 Android、Wikipedia、Uber 等互联网企业是开源时代诞生的新型组织形式——平台企业。本书所提的互联网平台企业，是狭义的互联网企业概念。

一、互联网平台企业的概念界定

(一)平台企业

平台企业是通过整合各类资源，聚集双边(或多边)顾客群体，使得一边顾客群体的决策影响着其他边顾客群体规模的组织。平台企业的各边顾客群体是指通过中立机制的筛选后纳入平台不同类型的用户群体。中立机制是指各边顾客群体的自身发展策略、交易具体内容等都不受平台企业的控制，各边顾客群体是完全独立于平台企业而存在的。

然而，仅仅提供简单的中介服务是远远不够的，平台企业更像是以自己为核心，提供供、需双方互动的机会，激发网络效应来开启多边市场未被挖掘的潜能，进而吸引各领域的企业和平台企业展开跨界合作，以此打造一个复合形态、产业边界模糊及利润来源分散且多元的平台生态系统。

(二)平台企业与传统企业的区别

以双边平台为例，深入探讨平台企业与传统企业(垂直整合企业、经销商企业以及供应商企业)间的区别，具体如图 12.1 所示。假设企业有两边顾客群体，分别为卖方群体和买方体，在交易过程中卖方群体提供产品(或服务)给买方。

(1) 平台企业与垂直整合企业间主要区别是交易过程中对卖方群体是否有控制权。以出行服务为例，传统的上海强生出租车公司通过雇用专业的司机(卖方群体)为乘客(买方群体)提供出行服务。与之相比，网约车平台公司对网约司机(私家车主)和乘客都没有雇佣关系，车主独立自主地驾驶自己的车接送乘客，网约车平台企业只是双方用车需求的连接者。

(2) 平台企业与经销商企业间主要区别是对产品的所有权的配置。以空调产品为例，在经销商企业模式下，商户(经销商)需要从格力、美的、海尔等空调生产商(卖方群体)购买空调产品，然后，再把产品销售给消费者(买方群体)。在整个交易的过程中，产品的所有权共转移了两次。与之相比，格力、美的、海尔等生产商可以直接在淘宝上销售空调产品给消费者，空调产品的所有权是由卖方与买方间一次性转移完成的。

(3) 平台企业与供应商企业间主要区别是买方群体是否对企业本身存在归属感。平台企业本身不生产产品，只是整合现有资源来满足顾客群体(买方和卖方)的需要，各边顾客群体容易存在多栖现象。例如，消费者可以自由选择在淘宝、京东、亚马逊等平台上购买产品。因此，平台企业必须通过建立有效的机制，从而增加顾客群体对其的功能性归属感(转换成本)和心理性归属感(顾客依赖心理)。但对于供应商来说，更多的是需要关注如何通过创新来改进原材料，提高卖方群体的产品(或服务)的质量，进而增强买方群体的消费体验，因此，买方群体不需要对供应商产生心理层面的依赖。

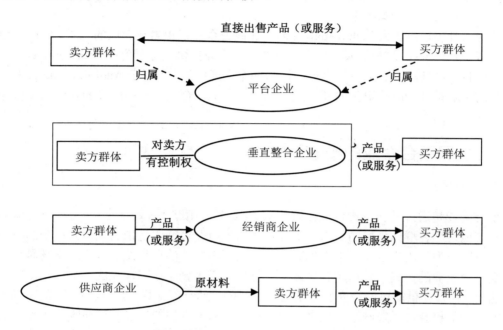

图12.1 平台企业与传统企业的区别

(三)平台生态系统

平台生态系统是由平台企业、平台企业各边用户群体及其他平台企业整合的社会资源及其内部环境共同形成的复合体系。平台生态系统的核心平台企业为中枢企业(nerve-center company)，其他平台企业则是该生态系统的附属中心企业。例如，图12.2所示的平台生态系统是由平台企业A为中枢企业，平台企业B、平台企业C和平台企业D为附属中心企业搭建起来的。该平台生态系统的每一个附属中心的平台企业可能来自互补领域、替代领域、垂直领域，甚至是非相关领域。

平台生态系统内各边顾客群体与平台企业是对等的，个人或企业是否参与合作生产及如何合作生产等决定完全出于个人或企业自我的喜好，各边顾客直接完成交易，不受平台企业管理层的命令限制。信息是平台生态系统必不可少的要素，且生态系统价值增值水平与信息要素的流动速度和透明度是密切相关的。需要强调的是，生态系统会动态地调节各组成要素来维持自身的稳定，因此，平台生态系统内每个附属中心的平台企业不是特定存在的，平台生态系统具有极强的不可复制性，不存在完全一样的生态系统。

综上所述，互联网平台企业模式已经与传统企业模式有很大不同。平台企业是指通过构建一个生态系统，以此实现平台企业价值创造和价值获取的方式，具体如图12.2所示。需要指出的是，平台生态系统是平台企业实现价值增值的基本途径。因此，在公司治理模式方面，平台企业不仅需要考虑企业自身的治理，还需要考虑如何通过有效的设计，实现平台生态系统的网络治理。

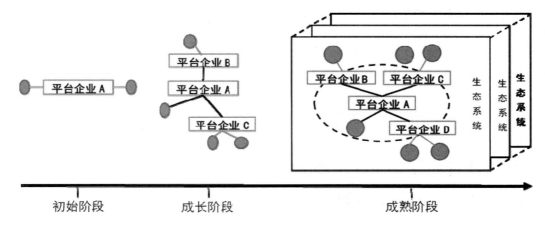

图 12.2　平台生态系统的形成

二、网络治理：互联网平台企业公司治理模式

传统经济学的各种模型中，企业以标准分析单位出现，忽略了企业的连接性和协作性。网络理论强调组织群通过集体决策、联合行动来合作生产产品或服务，从一定程度上说是通过不同层次的资源整合，以便更迅速地适应不断变化的技术和市场环境，提高自身竞争力。

组织理论家和实践者都意识到，如今互联网平台企业是作为平台生态系统的一部分而存在的，平台企业与生态系统内的其他群体形成的合作网络(见图 12.2)，是至关重要的。这表示平台企业的公司治理对象从组织内部拓展到组织外部，并使得管理形式呈现点—点、点—链、点—网及多形式网络关系的跨层次特征。因此，网络治理是平台企业公司治理的核心。

网络组织是一个有选择的、持久的和结构化的自组织企业(包括非营利性组织)的集合。国内学者李维安等(2016)认为网络治理是一个复杂的系统活动过程，具有活动的多维性和要素的多样性，有两条线路：一是利用网络进行公司治理，网络成为公司治理的工具；二是对网络组织进行治理，网络组织成为治理行为的对象。

本章的互联网平台企业的网络治理是对后者的探讨，即将平台生态系统视为平台企业的治理行为对象。正如前文所述，平台生态系统是由平台企业、平台企业各边[①]用户群体及其他平台企业整合的社会资源及其内部环境共同形成的复合体系，是平台企业创造价值的基本工具。平台企业不仅需要考虑企业自身的治理，还要考虑如何通过有效的设计，促进平台生态系统实现组织自治。

平台生态系统是一种自组织系统，是处在远离平衡态的开放系统，通过不断与外界交换物质、能量和信息，在外界条件变化达到一定的阈值时，其将从原有的无序状态转变为时间、空间或功能的有序状态。平台生态系统中的自组织体现在其核心参与者(如图 12.2 所示的平台企业 A)在适应外部环境变化和内部激烈竞争时，通过自身努力与其他参与者形成协调共

---

① 平台企业的各边是指通过中立机制的筛选后纳入平台的不同类型的顾客群体。

生，并且促使协作结构、机制与功能不断优化，进而实现自我服务、自我维系和自我适应。协作和共生是平台生态系统网络治理的关键。

因此，平台企业的公司治理问题既包含平台生态系统建立之前平台企业自身的治理问题，又包含平台生态系统建立之后对平台企业经营活动的治理。本章仅讨论平台企业以自身为核心成功搭建平台生态系统之后的治理问题，即图12.2所示的成熟阶段。因此，网络治理是一种协作导向的公司治理模式，是互联网平台企业公司治理的关键模式。

第二节　互联网企业的公司治理特征

一、网络治理、层级治理及市场治理的区别

(一)网络治理与层级治理的比较

治理分为正式治理与非正式治理，前者是指通过书面合约形式所决定的可观察的规则或通过权力和所有权等正式职位所决定和执行的规则；后者是指通过社会关系所衍生出的隐喻，因而不可能通过书面合约获得也不必通过正式职位来制裁。正式治理反映传统观点，其假设条件是预先规定的行为模式，可以减少摩擦，换言之，摩擦可以通过正式治理避免。

正式治理这种特征建立在一系列基本规则上，包括权威、法律、合约、规划文件和程序等。该原则用来连接组织成员、指导和控制成员的行为。在科层组织中，这种正式治理是不可替代的，然而在网络组织中，权威色彩的淡化与暗含契约作用的增强，使企业的交易嵌入由紧密的、多重纽带所连接的网络中，这些纽带不仅模糊了科层组织的边界，而且使非正式的网络治理发挥作用。

在网络组织的运行中，由于信息不对称性和不完全契约性的存在，与层级组织相比，网络组织更有利于传播隐喻知识，能实现层级组织所无法达到的经济效果(李维安等，2016)。实际上，网络组织是对层级组织所不可能达到的经济结果的反映，它在企业内部要素与企业相互关系之间架起了一座桥梁。

因此，网络治理主要依靠网络机制发挥作用，网络机制成为网络组织得以运作的保障。如果说公司治理是纵向的权力制衡，那么网络治理则是横向的关系协调。当然，网络治理并不否定正式机制，私人秩序总是在"法律的阴影"下运作，只有二者很好地结合才能保证参与者不同经济活动的有效整合。两种秩序(自发秩序与人为秩序)对应着两种规则(规范与规章)，二者不是必然的排斥关系，只有相互一致、相互支持的制度安排才是富有生命力的和可维系的。

(二)网络治理与市场治理的比较

哈耶克和巴纳德都认为经济组织的核心问题是调适，只不过性质不同，即通过市场的自发性调适与层级内的合作性调适。通过指令实施的双边调适是内部组织的显著特征。在市场上，企业出现争端时，法庭会按照惯例支持企业，但它拒绝解决企业内部不同部门发生的有关技术问题的纠纷。既然通向法庭的路被堵死了，那么双方就会在内部解决它们的纠纷，所以层级制就是它们的最终上诉法庭。

威廉姆森认为，市场上，价格就是充分的统计手段，交易双方可以自主地调整位置。在攫取个人的净收益流时，各方都有很强的动力去降低成本与有效调适。市场不能在指令方面模仿企业的原因就在于，市场交易是由完全不同的契约法来界定的。他进一步指出，市场与层级是两个极端，二者存在着混合模式(各种长期缔约、互惠贸易、管制、特许经营等)。

需要说明的是，威廉姆森意义上的混合模式与网络组织还是有区别的。网络组织是一种独立的、具有稳定性的中间性组织形态，而且是组织发展的新趋势；而混合模式是一种处于两极之间不稳定的过渡形态。不过威廉姆森也承认，交易费用经济学主要考虑双边关系，而不太重视网络关系，但他又指出，许多网络效应与交易成本经济学对混合型经济组织的研究非常接近。

综上所述，网络治理不仅区别于层级治理，也与市场交易有着明显的区别。在市场交易中，交易者以价格为中介协调各自的活动，实现彼此资源禀赋的重新配置。而层级组织可以通过设计组织规章、程序，有效地利用分散的信息，通过一定的组织设计在参与人之间实现生产性任务的分工。在网络组织中，合作节点(如图12.2所示的平台企业A、用户群体A和用户群体B等)之间的交易是基于充分信任的互动合作，合作者必须遵守业已建立的行为规范和其他合作者对他的期望，指导他们行动的是网络结构决定的行为标准。

二、网络治理的特征

互联网平台企业的网络治理模式是以互联网技术为基础，个人或组织在不依赖市场层或管理层的协调下，进行知识、文化、信息等产品或服务的大规模自组织的协作方式。其不仅有利于商业经济，还为个人投身于社会公益等其他非营利性事件提供了更好的支持。

平台企业治理方式的基础是整合与连接，互联网平台企业通过整合现有资源，吸引和连接各边顾客群体，促进供、需双方直接交易(transaction)或交互(interaction)，从打破传统生产方式的信息不对称壁垒和加速信息的流动中创造巨大价值，这将完全改变人们的商业行为和生活方式。互联网平台企业的网络治理有三个特征，分别是非所有权(nonproperty)、自我选择(self-selection)和去中心化(decentralized)。

(一)非所有权

如图12.1所示，互联网平台企业不提供产品，产品直接从提供商交到顾客的手中，不需要经过任何中间环节。平台企业的盈利方式不是出售产品的所有权，而是通过整合各种资源共享其使用权的方式来聚集顾客，再设立机制来激发顾客对平台的转换成本和心理依赖双重归属感，进而从中获利。本章将这种基于非所有权的盈利方式称为平台连接盈利模式，是平台企业区别于传统企业类型的根本。

(二)自我选择

自我选择是指平台企业各边顾客是否参与互动或交换及如何进行互动或交换等决定完全出于顾客自我的喜好，不受平台企业管理层的集中限制。以连接私家车车主和打车顾客的Uber平台为例，Uber平台企业与私家车车主及打车顾客是独立的关系，交易是私家车车主与打车顾客的自我选择，Uber平台企业只是双方用车需求的连接者。

(三)去中心化

去中心化不是指平台生态系统在治理过程中没有中心,而是指其在开放、扁平和对等的情况下,存在多个相对中心,这些相对中心都是平台企业,以图12.2所示的平台生态系统为例,平台企业A、平台企业B、平台企业C和平台企业D都是该平台生态系统的相对中心,其中,平台企业A为中枢,其他平台企业为附属中心。去中心化是一种"去权"操作。而价值链生产方式的中心是集权的,是围绕某一所有权转移展开层级式的生产。因而,在网络治理模式下,平台企业是完全中立的,对整个平台生态系统内部的交易和价值创造过程没有任何控制权。以知乎平台为例,用户在知乎平台自由地发布问题或回答问题,分享、调整和更新自己的知识以创造价值,完全不受知乎管理层或市场层等限制。

第三节 创始人对公司控制权的保护

一、创始人与控制权的概念内涵

创始人是指让企业、组织、社团等从无到有的创立人。对于该企业、组织等,他们付出了大量心血,见证了一个企业生命周期的初创阶段和成长阶段。创始人不仅是投入资金的投资人,还是企业经营活动的参与者。与此同时,他们一般也占有企业股份,股权占比有大有小。创始人在意的往往是对企业的控制权。为了维持这种控制权,创始人需要独特的权威,如创始人的领导气质、对有利环境的捕获和利用、战略性地正确引导公司的能力,以及困境中梦想的持续存在都是创始人权威的表现。

控制权是股东及相关各方利益矛盾的解决方式,是一种经济性权利,派生于股东权。控制权主要是协调公司结构中的两种基本的关系。第一种是股东与管理层之间的关系,这是一种外部关系。股东对管理层有着控制关系,因为股东可以行使股权控制,但是管理层行使权力时必须要在投资人的承受范围内,两者不同的利益致使股东需要控制权去监督管理层。第二种是股东之间的关系,这是一种内部关系。股东有大、小股东之分,他们对公司日常事务的关心程度取决于他们持股的比例大小,持股比例悬殊造成大、小股东控制力有强、弱之分,形成了控股股东和中小股东。

总而言之,创始人要掌握公司的控制权,就需要在股东会和董事会采取控制权配置措施。具体内容请见本书第三章公司的股权结构设计和第四章董事会运作机制设计。本章主要介绍互联网平台企业在股权结构制度上的配置方式。

二、互联网平台企业创始人控制权保护:智力资本导向

(一)互联网平台企业创始人控制配置的目的

融资方式的不同决定了公司股权结构的不同,公司为了谋求发展通常会尝试多种融资方式,包括但不限于债券融资、夹层融资和股权融资。对于互联网公司而言,出于巨大财务压力和未来发展的巨大不确定性的考虑,股权融资更受到创始人青睐。股权融资往往也是公司初创期采取的方式,从初期的风投资金再到A、B、C、D轮融资直到上市融资,无疑不是创

始人以股权换取资金。但在此之后,创始人不得不面对一个严重的问题,即风险资本家获得了控制权。

(1) 股权分散。随着公司进行多轮融资,创始公司的股东数量逐渐增加,而股权则逐渐分化和稀释。互联网公司以其有前途的商业模式吸引的风险投资公司越多,公司的股权多元化问题就越严重。

(2) 股东种类复杂。同样是因为公司的成长壮大及多轮融资,公司的股东成分变得逐渐复杂,有创始人持股、管理层持股、风险资本家持股、员工持股等。

(3) 创始人持股比例低。股权的分散性和股权的复杂性导致了创始人股权资产的严重减少。例如,京东、阿里巴巴等互联网上市企业创始人持股比例基本低于20%,这与传统企业是截然不同的。

(4) 为了谋取自身的利益。掌握公司的控制权无疑是创始人的主要目的,掌握公司控制权的两个关键在于持股比例和持股结构,但是创始人往往因为上述融资行为不能获得大比例股权,那么,如何通过科学、合理的公司治理手段,各个利益相关者接受的控制权配置方案的制定成了创始人关注的焦点。因为现代企业经营者的主要收入来自控制权收益,所以对企业获得有效控制成为创始人权威的保障。因此,控制权配置的目的之一就是谋取自身利益。

(二)智力资本导向公司治理模式概念简介

随着知识经济和互联网经济的深入发展,实践中越来越多的新创互联网平台企业主动选择携"同股不同权"的新型制度上市,包括香港交易所在内的证券交易所逐渐为此类"新经济公司"大开其门。在公司治理实践中,拉里·佩奇、扎克伯格、马云、李彦宏、刘某某等带领的企业家团队凭借强大的谈判能力,通过制度设计和选择在公司治理中掌握了控制权,这些公司的双层股权结构和阿里巴巴合伙人制度,为互联网公司创始人的控制权保护研究提供了案例素材和实践基础。

知识经济时代到来后,公司治理实践中的新现象使财务资本导向公司治理范式的基本信念、目标和原则发生了动摇。无论是数量众多的公司所采用的双层股权结构,还是阿里巴巴公司的合伙人制度,都标志着智力资本(经营者)在公司治理中的地位正在超过财务资本(所有者),智力资本导向公司治理范式正在形成(金帆和张雪,2018;Holmstrom,1982)。这一新范式以"以人为本"为共同信念,以智力资本掌握控制权为核心特点,以公司价值最大化为目标实现财务资本与智力资本协同共赢。

Edvinsson 和 Malone(1997)将智力资本按照三种结构分为人力资本(员工的知识、经验、教育水平、年龄等)、关系资本(与客户、供应商、债权人、政府等关系)和结构资本(企业文化、信息系统、软件支持、组织流程等)。Roos 等(1998)则把智力资本归结为一切由企业拥有或控制的有助于企业价值创造活动的无形资源。然而,公司治理要求对智力资本的内涵进行重新审视,而不能照搬原有的概念。公司治理是协调利益相关者之间关系的规范,因此必须从"人"的角度而不是从技术、产品等"物"的角度去认识智力资本。

公司治理属于公司运行的顶层设计问题,因此公司治理中的智力资本不应包括所有员工。"创始人控制权"依附于具体的个人或创业团队,其生命状态、管理能力具有变动性,是公司治理中智力资本的类型之一。 新范式下公司控制权应由保持"企业家状态"的企业家掌控,既可能是企业创始人,也可能是创始人之后的职业企业家。 因此,公司治理中的智力资本不能固化为特定对象,而是保持"企业家状态"的不特定群体。

下面将分别从双层股权结构制度和合伙人制度两方面来阐述智力资本导向模式下,互联网平台企业创始人针对公司控制权的保护所采取的相关公司治理制度。

三、双层股权结构制度

(一)双层股权结构的概念介绍

双层股权结构是一种特殊的股权安排,通过将不同层级的股票分成不同比例的表决权,进而保障创始人在公司融资中和上市之后保有公司的控制权。典型的双层股权结构是将股票分成低级投票权股票和高级投票权股票,也就是常说的A股和B股两种不同类型股票。一般来说,A股是低级投票权股票,只拥有一股投票权,即一股一权;B股是高级投票权股票,可以为A股的几倍、十倍,甚至是几十倍(也有的公司将A股视为高级投票权股票,B股视为低级投票权股票)。A类股票和B类股票的经济性权利通常情况下无差别,一律平等。创始人会根据公司战略发展要求确定B股的倍数。A股和B股都是可以转让的,但B股转让后将丧失原有的投票权优势,就会转换成A股。

在实践中,通过同时发行收益权和表决权不对称的B类股票,一家公司的创始人虽然实际投入企业的资金不多,但可以凭借持有B类股票对公司的重要事务作出决策。这在学术界被称为"控制权与现金流权的分离"。这种分离的直接结果是形成权力与责任,从而收益与成本不再对称。我国法律不允许股份公司采用双层股权结构,美国的双层股权结构发展成熟,如今双层股权结构的实现方式主要通过首发上市。

相对于同股同权来说,采用双层股权结构的行业范围较小,一般集中于互联网高科技行业。Google、京东和阿里巴巴等互联网平台企业上市采用的都是双层股权结构。例如,2004年Google上市采用双层股权结构模式,这使得持有B类股票的创始人谢尔盖•布林与拉里•佩奇及埃里克•施密特三人通过上述模式实现了对公司超过50%的控制权。

互联网平台企业具有中介性特征,不直接提供产品给用户。换言之,平台企业是基于互联网技术构建的一个虚拟平台,这种虚拟平台作为一种服务,容易被模仿和复制。这使得平台企业的市场竞争较为激烈,企业需要不断投入资金用以研发和扩大企业规模。因此,对于互联网平台企业的创始人而言,需要时刻关注其股权在公司发展上市融资过程中被逐渐稀释情况,甚至会成为公司的小股东。因此,双层股权结构制度能够平衡创始人团队和投资者两者的力量,更好地维护创始人对公司的控制。

(二)双层股权结构对创始人控制权保护的积极作用

双层股权结构是创始人根据公司发展需要选择的股权结构形式,可以帮助创始人获得更高的控制权,达到实际控制公司的目的,如果实际控制人获得实际控制权,那么会对公司治理产生一定程度的作用。

1. 提供创始人控制权和企业股权融资的保障

企业在创新、成长过程中,迫切需要引入外部投资者来支持企业发展,企业融资渠道一般为债权融资和股权融资。债权融资需要企业提供信用和资产作为抵押,而互联网公司普遍成立时间较短,缺少可以抵押的资产,融资成本过高。而股权融资不需要资产抵押,融资成本较低，创始人往往会通过引入风险投资者或改变公司股权结构来获取资金。双层股权结构为互联网企业的创新发展提供了新的融资方式，使得创始人及其团队在持股比例相对较低的情形下，仍然能够掌控公司控制权。

2. 保障公司持续稳定发展，防范"恶意收购"

资本对实体经济的影响巨大，投资者因此会不断渗透公司董事会及管理层，容易出现"恶意收购"的情况。2015—2017年的万科股权之争受到学者和企业家的广泛关注，资本对于实体经济的追逐令企业家胆战心惊。创始股东与投资者之间会因价值追求的不同而对公司经营和管理持有不同意见，创始人股东一般非常关注公司的长远发展，而投资者更关注公司的短期经营业绩，以使其获得更多投资利润。双层股权结构使得创始人及其团队能够掌控实际控制权，公司能够在资本市场波动过程中，不会因短期利润影响长期战略的实现，从而维持公司健康稳定发展。

在苹果公司发展历程中，创始人乔布斯也曾出现丧失控制权的情况，被"扫地出门"，但后来公司股东又将乔布斯请回公司委以重任，这才成就了苹果公司的辉煌。在面对恶意收购的情况时，如果是同股同权结构，股权越分散，投票权就越分散，恶意收购出现时就容易无法面对，会让资本市场的追逐者顷刻吞掉公司，损害股东利益。而双层股权结构公司，创始人及其团队已经通过这种股权结构形式将实际控制权牢牢掌握住，即使股权稀释导致股权分散，也无法令他人通过收购公司股票来获得高投票权，从而减少恶意并购事件，保障投资者及其股东利益。

3. 保持创始人团队的人力资本和社会资本优势

创始人及其团队是企业关键的人力资本，掌握着先进技术或管理理念。他们对自己所创办的企业有着很深的感情，全力以赴地付出心血，随着公司的成长，创始人团队的知识储备、技术能力也都在同步发展。双层股权结构的出现使得创始人团队可以很好地发挥人力资本优势和社会资本优势，掌握公司控制权，把握住企业发展的战略方向，安心为企业发展贡献自己的能力，实现其人力资本价值，并追求企业价值最大化，而不仅是追逐短期利益。

4. 弘扬企业家精神和创新精神及延续创新能力

双层股权结构保障了创始人对企业的实际控制权，有助于企业家精神和创新精神的弘扬，有助于企业创新能力延续。企业家将资源从生产力和产出较低的领域转移到较高的领域，互联网企业的企业家更能为了企业长远发展而倾注毕生的心血。熊彼特非常重视企业家在资本主义经济发展中的独特作用，企业家是创新的推动者。创新是企业发展的动力，如果没有企业家就没有创新。

(三)双层股权结构对创始人控制权保护的消极作用

1. 创始人股东的控制权权限过大容易导致权力失控

双层股权结构最大的缺陷在于创始人股东的控制权权限过大，这与控股股东利益侵占相一致，容易损害中小股东的利益。在双层股权结构中，虽然创始人股东的权力得到了稳固，但是公司需要建立相应的制衡机制，以防止其权力失控，中小股东也只能依靠创始人股东进行自我约束。在资本市场上，独立董事制度可以制衡实际控制人的权力，在一定程度上发挥监督作用。双层股权结构公司更加需要完善监督机制，约束和制衡创始人的控制权权限，避免出现关联交易和虚假信息披露等问题。

2. 弱化了公司监督机制，增加了外部监督成本

Jensen 和 Mecling(1976)研究所有权与经营权分离而产生的代理成本问题时指出，如果高管持有少量股权但掌握所有企业经营管理权，且同时承担全部风险和责任时，会出现两种极端情况：如果高管尽职尽责，他所承担成本远远大于收益；如果高管不尽职尽责，只为寻求超额利益，公司价值就会受到损害，这些损害就是代理成本。在双层股权结构公司，所有权与经营权分离是其典型特征，代理成本问题尤为突出。在同股同权结构下，股东可以通过股东大会、董事会、监事会等对公司进行内部监督。

在双层股权结构下，创始人将表决权集中于自己手中，股东大会表决时始终处于表决权优势地位，而且还可以通过控制董事会、经理层等实现对公司的控制，弱化了公司的内部监督机制。在公司经营业绩表现不好甚至亏损时，公司往往会成为投资者收购的对象。在双层股权结构中，面对不同投资者的收购，需要创始人及团队审慎对待，这无疑增加了外部监督成本。

3. 创始人战略决策失误可能影响企业长远发展

随着互联网企业的快速发展，创始人企业家的角色和关系发生了变化，创始人团队成员有成为合伙人的，也有自立门户的。创始人也会带着团队成员将企业做大做强，也有可能出现战略决策失误或失败的可能，因此，创始人在做战略决策时，就需要综合考虑创始人团队、投资者、股东等各方面意见，充分考虑各方利益，以此制定企业战略。

四、合伙人制度

(一)合伙人制度概述

合伙人制度(partnership system)是指由两个或两个以上合伙人拥有公司并分享公司利润，合伙人即为公司主人或股东的组织形式。其主要特点是：合伙人共享企业经营所得，并对经营亏损共同承担无限责任；它可以由所有合伙人共同参与经营，也可以由部分合伙人经营，其他合伙人仅出资并自负盈亏；合伙人的组成规模可大可小。

按我国《合伙企业法》规定，合伙企业有两种模式，即普通合伙企业和有限合伙企业。普通合伙企业的合伙人承担无限连带责任，有限合伙企业的合伙人承担有限责任。我国实行合伙人制度的企业基本有三类，会计师事务所、律师事务所和咨询公司。然而现代企业出现了很多不同的合伙人制度，它们对现有的公司治理结构进行了创新，赋予了企业更多的活力和持续发展的动力。

在合伙人制度的企业中，合伙人既是企业的所有者，也是企业的运营者。只有基于合伙人理念设计的才是真正的合伙人制度。合伙人之间更容易形成相互信任、目标一致的企业团队，在企业的管理方针、文化更为有效地被贯彻执行的同时，也增强了企业的稳定性。

(1) 合伙人的概念。"合伙人"在法学中是一个比较普通的概念，通常是指以其资产进行合伙投资，参与合伙经营，依协议享受权利，承担义务，并对企业债务承担无限(或有限)责任的自然人或法人。合伙人应具有民事权利能力和民事行为能力。在实际立法中，各国对于合伙人向合伙企业投资、合伙经营方面的要求是大体相同的，而对于合伙人的自然身份、

合伙人对企业债务承担责任的形式,以及民事行为能力的限定,则由于法系的不同和习惯的差异有所区别。在对合伙人的身份方面,多数国家规定合伙人既可以是自然人也可以是法人,即允许法人参与合伙;少数国家或地区则禁止法人参与合伙。在合伙人的行为能力方面,所有国家都禁止无行为能力人参与合伙,但对限制行为能力人参与合伙方面,有的国家则予以允许,有的国家予以限制或禁止。

(2) 合伙人的责任形式。合伙人的责任形式是指合伙人对合伙企业债务承担责任的方式,是合伙企业区别于法人类企业的基本特征。关于合伙人的责任形式,不同国家有不同的规定。有的国家要求所有合伙人都承担无限责任,有的国家规定合伙人可承担有限责任,有的国家允许部分合伙人在有人对企业债务承担无限责任的基础上承担有限责任,有的国家还要求承担无限责任合伙人对企业债务负连带责任。我国《合伙企业法》规定,合伙人应对合伙企业债务承担无限连带责任。

(3) 合伙人的权利与义务。作为合伙企业的投资人,合伙人在企业既享有权利,也负有义务。一般而言,合伙人的权利是经营合伙企业,参与合伙事务的执行,享受企业的分配收益;合伙人的义务是遵守合伙协议,承担企业经营亏损,根据需要增加对企业的投入等。由于合伙企业是人合性企业,合伙人的权利与义务主要由合伙协议予以规定,对于一些特定的权利与义务也可以由全体合伙人事后共同确定。但对有些合伙人特定的权利与义务,法律也进行了一些必要的规范。

(二)合伙人制度的优点

合伙人制度最大的优势就是有利于凝聚事业团队,通过权责的匹配和利益的捆绑将人员凝聚在一起,为了企业的共同目标而努力。合伙人制度之所以相比其他制度更有利于团队建设,是因为其更加强调人员能力,而非出资额度。合伙人股权占比的衡量标准是人员能力,以能力为标准提供相匹配的股权、决策权及分红权。所以无论是企业管理还是激励导向都直接指向人员能力,因而能够更加吸引优秀人员,在此基础上再通过股权将大家绑定在一起共同经营。和"出多少钱贡献多少力量"刚好是相反的逻辑,认可人员能力在先。所以当企业对人力资本的要求提高到较高程度,甚至高于资本时可以考虑合伙人制度。

合伙人制度因具有独特的较为完善的激励约束机制,曾被认为是投资银行最理想的体制。在投行中,合伙人制度的优点主要有以下几个方面。

(1) 所有者和经营者的物质利益得到了合理配置,有了制度保障。在有限合伙制投资银行中,有限合伙人提供大约99%的资金,分享约80%的收益;而普通合伙人则享有管理费、利润分配等权利。管理费一般以普通合伙人所管理资产总额的一定比例收取,大约为3%。而利润分配中,普通合伙人以1%的资本最多可获得20%的投资收益分配。

(2) 除了经济利益提供的物质激励外,有限合伙制对普通合伙人还有很强的精神激励,即权力与地位激励。

(3) 有限合伙制由于经营者同时也是企业所有者,并且承担无限责任,因此经营者在经营活动中能够自我约束控制风险,且容易获得客户的信任;同时,由于出色的业务骨干具有被吸收为新合伙人的机会,合伙制可以激励员工进取和对公司保持忠诚,并推动企业走上良性发展的轨道。

(4) 有限合伙的制度安排也充分体现了激励与约束对等的原则。

(三)合伙人的管理

1. 合伙人的进入

合伙人团队是开放的,企业的持续发展离不开人才。每个人的能力都是有限的,无论是面对越来越复杂的管理环境,还是面对越来越多元化发展的业务,仅凭个人的能力是很难解决的,因而公司合伙人团队应该是开放和流动的。

合伙人制度体系构建完成后,新合伙人进入往往需要确定六个方面的内容,即"六定"模型(见图12.3)。

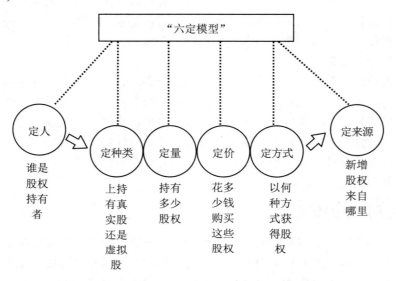

图 12.3 合伙人进入的"六定"模型

2. 合伙人的退出

合伙人可以进入也可以退出,这样才能保障合伙人团队的流动性,而且退出机制本身也是人员在决定是否加入合伙人团队时必须明确的前提条件,否则人员存在自己被捆绑的忧虑。

合伙人退出的直接操作是股权价值的回购,包括回购的主体和金额。回购的主体会在合伙人权利中明确,对创始合伙人赋予优先回购合伙人股权的权利,保障创始合伙人对公司的控制权。回购金额则需按照合伙人进入之初的方式进行。通常合伙人制度下的企业价值计算会低于企业的真实价值,这样,无论是进入还是退出时的计算,都有利于合伙人制度的开放流动。前者有利于吸引有能力却没资金的合伙人;后者则防止大量资金的抽离,保障企业长远发展。

3. 合伙人的激励与考核

合伙人制度是企业的一种治理机制,是企业管理层的一种权力结构,合伙人制度的设计包括股权分红的分配,这也构成了合伙人激励的一部分。但是股权分红并非合伙人激励的全部,合伙人激励还包括基本年薪和绩效年薪。

合伙人和股东不同,合伙人有两种身份:企业的所有者和经营者。作为企业的所有者,剩余利润分配影响了分红大小;作为经营者,其分管领域经营业绩的好坏会直接影响到绩效薪酬的大小。从整体来看，合伙人的激励主要包括以下三个方面。

(1) 基本年薪。体现合伙人任职岗位的基础价值与人员能力。

(2) 绩效年薪。体现合伙人分管领域当期贡献的回报，是对直接承担利润创造和企业经营的合伙人的中期激励。

(3) 分红。体现资本价值，是对合伙人的投资对公司长远发展的回报。

(四)合伙制的四种典型模式

合伙制有四种典型模式，在合伙制条件下，它呈现股权激励+公司控制权+身份象征，这是第一种模式。在公司制条件下，第二种模式是以身份象征为主。第三种模式是以股权激励为主。第四种模式是以公司控制权为主。

1. 第一种模式：德勤模式(原汁原味)

德勤是最原汁原味的合伙人制度。德勤至今仍保留着普通合伙企业的形态，对于新晋合伙人，需要完成严格的绩效标准才有准入资格，新合伙人各方面必须优于现有合伙人的平均水准，并需所有合伙人投票通过才能进入团队。新合伙人入伙时，企业将增发股份，稀释现有合伙人的股份，并完成工商登记，从而使其成为真正意义上的股东，并可以每年得到两次分红。如果退休或离职，公司将按照购股价格退股。

2. 第二种模式：高盛模式(身份象征)

为了追求企业扩张，不少曾经的合伙制企业已经转变为公司制，但是保留了"合伙人"的头衔。"合伙人"变成了一种身份的象征，也为员工的职业发展指明了方向。这就形成了第二种模式。

1999 年，高盛结束了维持 130 年的合伙制企业，转变为股份有限企业，并把"合伙人"作为一个雇员级别保留了下来。成为高盛的合伙人依然是一种身份的象征。员工毕业加入高盛，从分析员(Analyst)做起，历经 Associate、VP、SVP、Director、ED、MD，最终到合伙人，依然是一条让员工备受激励的职业发展愿景。高盛合伙人制度的优势在于：吸引优秀人才并长期稳定；高风险意识与强责任意识；避免薪酬攀比。

3. 第三种模式：华为模式(利润分享)

华为很少用"合伙人"这个概念，但是在公司的股权结构和价值分配中，只有"身股"，没有"银股"，这一点高度类似"合伙制企业"。华为在创业的早期就进行了员工持股计划，任正非持有公司 1.4%的股份，其余股份全部由员工持有，没有任何外部股东。符合绩效条件的员工每年按照经过审计的每股净资产购入公司股票，每年享受分红。股权激励的核心是利润分享权，采用这类模式的典型企业还有永辉超市合伙人制度。

4. 第四种模式：京东模式(公司控制)

网络创新性行业的企业家和人才是成功最关键的因素。但是，早期公司要以迅速扩大用户规模而非盈利为目标，需要大量引入风险资本。然而，如果公司融资较多，则创始团队很容易失去控制权。很多案例表明，如果创始团队失去控制权，很可能会让公司长远发展失去方向，对所有股东都不利。因此，让创始团队以少数股份控制公司的模式(如 AB 股模式，B 股的投票权可能是 A 股的 2～10 倍)开始在美国盛行。"身股"的投票权远远高于"银股"，这是对人力资本的极大认可。

京东合伙人制度,确保了创业团队和核心管理者的控制权和决策权,以及企业文化的可持续性。截至 2021 年 2 月 28 日,京东集团 CEO 刘某某持股 13.9%,拥有 76.9%的投票权。

第四节　互联网企业的公司激励机制

传统企业在层级治理模式下,因财务资本所有者将财产委托给智力资本经营,从而需要设计激励机制以诱导智力资本为委托人(如企业高管、员工等)的利益最大化行动,如年薪制、股权和期权激励等方式。

与之相比,互联网平台企业是以平台生态系统为工具创造价值,通过网络治理模式实现整个生态系统内参与者的大规模协作,这使得互联网企业的公司激励机制更关注生态系统内部的利益相关者,即平台企业、员工及大规模的平台使用者。

需要注意的是,互联网平台企业不直接生产产品,平台生态系统内的产品是由大规模在线使用者自发地生成的。例如,bilibili 在线视频网站平台企业不直接制作视频,该平台上的视频、评论、直播等内容,是由平台使用者(即视频发布者和观看者)自发生成的。

换言之,大规模的平台使用者是平台生态系统的"员工",为平台源源不断地"生产"新产品。因此,互联网企业的公司激励机制设计更需要关注如何通过协作效应和内在驱动,来激发平台使用者的参与意愿。基于此,本节探讨的是互联网平台企业针对平台使用者开发的激励机制。

一、相关理论基础

(一)进化论视角

(1) 从"自然选择"到"人是自私的",再到基于行政或市场社会资源分配方式。

Darwin(1859)的自然选择原则认为进化是基于个体间的激烈竞争,个体的所有行为都是为了自身的利益,个体是自私自利和损人利己的。Trivers(1971)的互惠利他理论揭示了个体的利他行为是互惠的,这从本质上体现了个体是利己的。

道金斯(Dawkins)(1976)在著作《自私的基因》(The Selfish Gene)中更是强调,自然选择的基本单位是自私的基因,个体无论是利己还是利他的行为,都是受控于自私的基因。数个世纪以来,"人是自私的"已成为人们对人性认知的共识,人们对社会资源的分配方式也是建立在"人是自私的"这一假设之上。为此,哲学家 Hobbes(1982)在利维坦(Leviathan)中指出,管理人的唯一方法就是建立政府进行监督和控制,提出了基于行政的社会资源分配方式。

亚当•斯密(Smith)(1776)在《国富论》(Wealth of Nations)中提出另一种解决方案——"看不见的手",认为在自由市场上,"经济人"都是趋利避害的,在追求自利的过程中,最终都能满足彼此的需要,进而达到共同获利,这是基于市场的又一社会资源分配方式。随后,"看不见的手"成为人们认知社会的主流观点。无论社会、政治抑或经济体制是基于行政还是市场的社会资源分配模式,从企业内部视角来看,企业本质上都是员工服从上级领导的层级制组织形式;从整个生产系统视角来看,都是严格按照供应商、制造商和分销商的层级制价值链商业模式进行的。

(2) 从自然合作原则到"人是合作的",再到基于合作的社会资源分配方式。

哈佛生物学教授诺瓦克(Nowak)(2006)在 Science 发表了关于协作进化的评论,认为"自然合作"可视为"突变"和"自然选择"之外的第三个进化基本原则。从进化的角度阐明了"人是自然合作的",由此可见,人是有合作与自私二元性的。基于此,学者本克拉(Benkler)(2007)提出了除基于行政和市场之外的第三种社会资源分配方式——合作,这为互联网平台企业的激励机制提供了理论基础。

(二)共享经济视角

共享经济(sharing economy)为互联网平台企业的用户激励奠定了理论基础,其核心思想是平台用户追求资源灵活与开源的可获取权(access),而不是传统生产方式所强调的所有权。以贝尔克(Belk)(2010)、富尼耶(Fournier)(2013)等学者为代表,从资源分享(resource sharing)视角认为共享经济是指用户通过在线开源的社区,获得或者给予某种资源的可获取权,其本质是基于非所有权(nonproperty)的大规模合作活动。学者通常将共享经济概念表述为共享(sharing)、合作消费(collaborative consumption)、合作生产(coproduction)、产消者(prosumer)或者维基经济学(wikinomics)等(Benkler 和 Nissenbaum,2006;Tapscott,2008;Belk,2010,2014;Haumann 等,2015)。

本克拉(Benkler)(2007)认为自 20 世纪以来,在线社群的迅速发展促进了信息交换、知识以及文化等重大转变,激发了以个人和非所有权大规模合作生产为中心的共享经济浪潮。Belk(2010,2014)指出,共享与经济交易的主要区别在于其对所有权看法的转变。经济交易是人与物的所属关系,买方和卖方通过经济交易实现产品所有权的转换,此时,个人或组织的观念是"拥有我所购买的";共享是指人与人的合作关系,个人或组织是通过合作来分配某种资源或取得某种补偿,此时,个人或组织的理念是"使用我所获取的"。自此,对资源的占有不再像以前那么重要,但对资源的使用则比以往更为重要。

二、互联网平台企业激励机制的主要内容

现有文献主要是针对电商平台(如亚马逊)、在线问答社区(如 Yahoo!Answers)和评论网站(如 Epinions)的研究,还包括社交网站、众包、图片分享社区、微博、维基百科、技术支持论坛等平台。互联网平台企业激励机制可划分为经济激励、非经济激励及联合激励。在平台企业的激励协同框架中,经济激励是平台用户可获得实质性补偿的总和,是实施激励的硬件,具备短期的激励效果;非经济激励是平台用户在无意识情况下受到的非公开激励手段的总和,是实施激励的软件,具备中长期的激励效果。

(一)经济激励

互联网平台企业使用经济激励促使用户贡献内容是一种很自然的方式,包括直接的金钱奖励、优惠券、折扣、虚拟货币奖励、用户打赏等。

(1) 金钱奖励。平台或其他用户直接提供金钱奖励的数额往往较少,比如评论后可获得 0.25 美元。从短期来看,金钱奖励能提升积极用户和不积极用户的参与度,增加贡献频率、丰富评论涉及的主题,但对评论长度没有影响,对评论的感知有用性和贡献者的努力水平只

有作用。金钱奖励对朋友少的成员的评论行为具有激励作用,但会使朋友多的成员失去动力,更重要的是,取消奖励后,实施奖励之前自愿、积极贡献的用户反而变得不积极了,因此奖励时要区分积极用户和消极用户。

(2) 非金钱奖励。平台或其他用户提供产品折扣和优惠券是常见的非金钱奖励方式,对非金钱奖励激励效果的研究较早。非金钱奖励可以提高评论率,但对其他方面影响较小,甚至产生不利影响。

(二)非经济激励

除了直接的经济激励外,平台还通过游戏化设计、声誉系统等非经济激励方式来激励用户贡献内容。非经济激励利用贡献者的利他主义或者对声誉的追求,内化其收益,以实现激励目的。

(1) 游戏化设计。游戏化是指在非游戏背景下游戏设计的应用,常用的游戏元素有徽章、积分、级别、排行榜等。

(2) 可视化声誉。平台企业可以通过对贡献者显示状态标记和公开贡献者信息,以实现可视化平台生态系统的声誉系统。具体来说,可视化声誉是显示状态标记,显示状态标记包括显示与内容相关(如喜欢该内容的人数)或与贡献者相关(如追随者数)的状态标记。

享尼格·索罗(Hennig-Thurau)等(2004)认为声誉能激励用户贡献内容。例如,"我向其他人贡献,表明我是一个聪明的顾客"。正是因为用户追求声誉,有时少量的金钱奖励不仅不能发挥激励作用,反而适得其反(Sun 等,2017)。只要用户可以看到自己的关注者,哪怕关注者沉默,即使其与用户不产生任何互动,也能产生激励作用。

关注代表了用户对被关注者有一定的信任度,关注者的存在(即使是沉默的)和信任两个因素,会影响用户写评论。可视化声誉的另一种方式是公开贡献者的信息,Forman 等(2008)的研究显示,公开信息能促使生成的内容更有用,这是因为在线用户愿意公开信息可能是希望获得社区的身份认同或者获得其他社区成员的认可,因此公开信息的用户贡献有用内容的动机更强烈。

(3) 提供社会标准和外部标准。社会标准是指相关人士中某一行为的流行性,如告知购买某产品的用户已写评论的用户数。社会标准可以影响用户行为,因为了解其他人做了什么相当于提供了既定背景下的社会标准信息。外部标准指请求成员贡献或者坚持标准以实现共同的目标,外部标准与社会标准相比,激励效果较差。Garnefeld 等(2012)向问答社区用户发送规范的请求以激励用户,如"请帮助我们成为德国最大的问答社区,为了实现此目标,我们需要十万多个回答者,请回答您选择的问题以帮助社区",结果表明这种请求只能提高活跃用户发布内容的短期意愿,对不活跃用户的贡献行为并无影响。

(4) 其他。除了上述常用的非经济激励方式,研究者还探讨了社会关系对用户生成内容行为的影响。对于新用户来说,发布的内容得到反馈的积极性会影响该用户未来的贡献行为。因此,平台需要充分开发其社交功能,以此激励新用户在平台上的积极贡献。

(三)联合激励

根据前文所述,单纯使用金钱奖励来激励用户生成内容存在许多问题,因此学者提出采用经济激励和非经济激励相结合的方式。Burtch 等(2017)通过实验发现,同时采用金钱与社会准则联合的方式不仅能激励用户贡献更多评论,而且评论也更长。这是因为金钱奖励可能削弱用户贡献内容的积极性,但是社会标准信息使用户认为写评论是正确、合理的行为,而不是为了获得金钱。同时提供金钱奖励和社会标准,增加了用户贡献内容的频率,并且也未减弱其贡献内容的积极性。除了可以进行同时联合激励,还可以进行分阶段联合激励。

Aaltonen和Seiler(2016)发现在维基百科中,文章越长,其被编辑次数越多,文章质量就越高,即内容贡献具有累积增长效应。因此利用累积增长效应,可以在初期用经济激励方式激励用户生成更多内容,在后期使用非经济激励方式激励用户积极参与编辑。比如商家在发售新产品时,开始可以采用金钱奖励的方式激励用户写评论,尽管此时的评论可能较短,但随后可以利用社会标准来激励用户持续贡献长评论,最终谋求更高质量的内容。表12.1为互联网平台企业用户激励机制的主要内容。

表12.1 互联网平台企业用户激励机制的主要内容

激励方式		用户生成内容类型	与激励效果相关的因素	激励目标	相关研究
经济激励	平台或企业提供金钱奖励	产品或服务评论,众包平台解决方案	社区中的朋友数、效果时限、实施激励前用户的积极性、推荐目标设定、奖励的竞争性、奖励分配方式	评论频率、评论质量(评论长度、评论感知有用性、评论主题)、评论者的努力水平	Geri等(2017)、Burtch等(2017)、Qiao等(2017)、Sun等(2017)
	用户打赏	直播平台中的内容	尚未在学术界得到深入探讨		Wan等(2017)
	折扣或优惠券	产品或服务评论	奖励的贵重程度和易得性	评论数量、评分、评论质量	Cabral和Li(2015)、Kittinger(2015)、Fradkin等(2017)
非经济激励	游戏化设计	在线社区问答、企业内容社交、评论	距下一目标距离、进度显示设计、身份等级、分数分配规则、积分计算方法、徽章价值和拥有徽章人数、同伴评分系统设计	用户回答问题和提问数、评论数、生成内容价值、评论效价	Deangelis和Barber(2014)、Zhao等(2016)
	可视化声誉	评论、微博等	内容、关注者相关状态的显示;是否公开贡献者信息;业余编辑监督	生成内容数量和质量	Forman等(2008)、Toubia等(2013)、Kittinger(2015)
	提供标准	评论和评分	社会标准和外部标准	评分、评论数量和长度	Garnefeld等(2012)、Burtch(2017)
	其他	在线社区内容	得到反馈的积极水平、社会关系	新进入者未来贡献行为、发图行为	Zeng和Wei(2012)
联合激励		评论	实施联合激励的时间和类别	生成内容频率、努力程度、内容质量	Burtch等(2017)

[资料来源:秦芬,李扬.用户生成内容激励机制研究综述及展望[J].外国经济与管理,2018(8).]

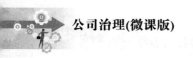

本 章 小 结

　　本章首先介绍了互联网平台企业的概念，然后比较分析了平台企业与传统纵向一体化企业、分销商企业及供应商企业的区别，在此基础上，进一步阐释了平台生态系统的概念。平台企业是通过整合各类资源，聚集双边(或多边)顾客群体，使得一边顾客群体的决策影响着其他边顾客群体规模的组织。

　　平台企业的各边顾客群体是指通过中立机制的筛选后纳入平台的不同类型的用户群体。中立机制是指各边顾客群体的自身发展策略、交易具体内容等都不受平台企业的控制，各边顾客群体是完全独立于平台企业而存在的。

　　然而，仅仅提供简单的中介服务是远远不够的，平台企业更像以自己为核心，提供供、需双方互动的机会，激发网络效应来挖掘多边市场未被挖掘的潜能，进而吸引各领域的企业和平台企业展开跨界合作，以此打造一个复合形态、产业边界模糊及利润来源分散而多元的平台生态系统。

　　平台生态系统是由平台企业及其用户群体相互连接，共同构建的复合型网络组织，是平台企业创造价值的基本工具。因此，平台企业不仅需要考虑企业自身的治理，还需要考虑如何通过有效的设计，实现其平台生态系统的网络治理。

　　网络治理是一种协作导向的公司治理模式，是互联网平台企业公司治理的关键模式。互联网平台企业的网络治理模式是以互联网技术为基础，个人或组织在不依赖市场层或管理层的协调下，进行知识、文化、信息等产品或服务的大规模自组织的协作方式。互联网平台企业的网络治理模式有三个特征，非所有权、自我选择和去中心化。

　　随着知识经济和互联网经济的深入发展，在公司治理实践中，互联网平台企业主动选择携"同股不同权"的新型制度上市，主要有双层股权结构制度和合伙人制度。这两种方式是互联网平台企业创始人针对公司控制权的保护，所采取的主要股权结构制度安排。

　　互联网平台企业激励机制可划分为经济激励、非经济激励及联合激励。其中，经济激励是平台用户可获得实质性补偿的总和，是实施激励的硬件，具有短期的激励效果；非经济激励是平台用户在无意识情况下受到的非公开激励手段的总和，是实施激励的软件，具备中长期的激励效果。互联网平台企业针对平台使用者所采取的经济激励包括平台或其他企业提供金钱激励、用户打赏、折扣或优惠券等。互联网平台企业针对平台使用者所采取的非经济激励包括游戏化设计、可视化声誉和提供社会标准和外部标准等。

思 考 题

1. 互联网平台企业概念是什么？平台企业与其他企业模式的区别是什么？
2. 互联网平台企业创造价值的基本工具是什么？
3. 互联网平台企业的公司治理模式是什么？该模式有什么特征？
4. 互联网平台企业创始人采取哪种股权结构安排以保护其公司控制权？
5. 平台用户激励机制对互联网平台企业为何至关重要？具体激励机制有哪些？

实 践 应 用

科研类众包平台"InnoCentive"激励机制分析

Inno Centive(以下简称 IC)公司成立于 2000 年,是美国知名医药企业"礼来"公司(Eli Lilly and Company)的子公司,随着众包概念的兴起,IC 公司成为一家致力于帮助企业连接外部创新者的开放式众包,以其经过检验的问题解决方法论、无可匹敌的接包方网络、高水准的博士创新专家及优秀的创新管理软件领先于业内竞争者。

截至目前,公司已帮助世界各地企业解决超过 2000 个科研难题,吸引了来自 200 多个国家的近 40 万名接包方,提供了超过 60000 个解决方案,总奖励金额超过 5000 万美元。IC 是一家服务企业,其整体工作流程包括任务包分类、任务协议与利益分配、创新管理平台系统、接包方协作制度、匿名制度与产权保护。

1. 任务包分类:提高发包与接包效率

IC 公司将平台上的任务包分为四类,构思挑战(ideation challenge)、理论挑战(theoretical challenge)、实践挑战(reduction to practice challenge)和电子化需求挑战(electronic request for partners),以提高发包方的发包效率,同时更好地匹配接包方。它们的特点如下,构思挑战是吸引全球各地参与者参与头脑风暴以创造突破性思想,在此种方式下产生对新产品的想法、某个技术问题的创意解决方案、当前产品的应用领域拓展思路等。理论挑战更关注思想理念到实际产品的转化过程,涉及相关的技术解决方案或服务。实践挑战与理论挑战相似。

除此之外,还要求接包方付诸实践。解决者会被给予更多的时间去阐述草拟的方案,同时报酬也会增加。电子化需求挑战是发包方使用 IC 来寻找已经存在的目标技术或有能力开发此技术的企业或顾问,与授予获奖接包方现金奖励的其他挑战不同,在电子化需求挑战中,获奖的接包方通常直接与寻求组织协商合同条款。

2. 任务协议与利益分配:保障公平并激励各方

IC 公司的每个任务包都有自己的条款协议,即发包方和接包方的协议。协议详细说明各方的权利和责任,提交解决方案的标准和审核要求及奖励的发放标准等。接包方只有同意了此协议和 IC 的具体客户条款,才能成功接包,查看任务包详细信息,提交解决方案。接包方在注册时无须向 IC 公司支付任何费用;发包方除了在注册时缴纳会费外,还需根据任务包的类型及悬赏金额,向 IC 公司支付张贴费及成交服务费。而最后方案被选择的接包方将会获得任务发布时规定的赏金,其余接包方则不能获得赏金。若发包方未获得预期结果,则只需支付任务包张贴费。

3. 创新管理平台系统:为任务包完成提供支持

为更好地支持发包方与接包方在众包过程中的各类行为,IC 公司开发了一套创新管理平台系统,具体包括基础的发包与接包功能、任务包项目室、接包方与发包方的匿名交流功能、接包方协作功能等。

首先是发包方与接包方在网站注册之后会有一个独立空间,能够查询和管理各自任务包,同时有链接到各个功能的入口,以方便操作。

其次是任务项目室,每一个任务包的每一个接包方都有一个单独的项目室,接包方可以获取与该任务包相关的各类信息,而同一任务包的所有项目室将与同一个后台程序连接,以方便接包方直接提交解决方案。

此外，项目室还有一个咨询功能，接包方在遇到与任务包内容无关的问题时可以随时咨询IC的科技团队。创新管理平台还可以实现接包方与发包方的匿名沟通，IC创建了一个沟通"黑箱"，方便同一任务的发包方与接包方进行及时有效的沟通，同时IC有权对"黑箱"的信息交互过程进行监控，以便及时发现问题。

4. 接包方协作制度：提高解决问题的能力

IC的很多任务包内容十分复杂，完成的难度大，因此只有企业级别的接包方或者众多个人接包方组成小组才能解决。IC构建了完善的接包方合作制度。所有需要接包方协作完成的任务包都会进入一个专门数据库。寻求协作机会的接包方可以提出申请，IC的项目经理批准后，便可以访问协作数据库。接包方可以使用此数据库寻找机会或潜在的合作伙伴，若发现合适机会，便可以申请组建团队或参与到已有接包方团队中。当团队组建完毕，小组成员一起通过接包申请，签订包括赏金分配等在内的补充协议时，便可正式开始任务包解决流程。作为限制措施，同一个团队内的接包方在六个月内只能同时进行一项任务包。

此外，IC还提供"团队项目室"，包括成员交换想法的讨论论坛，共享和审阅文件的文件交换中心，以及一个共同的消息中心，在促进团队成员交流协作共同完成解决方案的同时，还有利于接包方及时获得发包方和IC方面的反馈。

5. 匿名制度与产权保护：保障公平降低风险

IC流程中发包方的身份完全匿名，其他发包方或接包方都无法得知发包方的具体身份，而关于任务包的描述，都会被修改成具体的科学问题，绝对不会涉及企业的具体业务问题。相应地，在任务完成并选择出最佳完成方案之前，发包方也无法得知接包方的具体身份。

此外，发包方和接包方的知识产权受到严格保护。任务包的初始描述只包括简单的摘要，对细节和要求有兴趣的接包方首先必须接受相关协议，同意发包方提出的奖励、时间、审查标准和知识产权转移方案等。提交解决方案的接包方会临时授权发包方对解决方案进行审查。最终获奖的接包方会获得之前约定的赏金，然后将知识产权转移给发包方，其他没有获奖的接包方仍然拥有自己解决方案的知识产权。同时，获奖接包方如果为IC企业员工，在拿到赏金之前必须提供公司出具的豁免协议，以明确知识产权属于个人。

【思考与讨论】

1. 谈谈IC平台企业模式的特点以及该平台企业的用户群体有哪些。
2. IC平台企业针对不同的用户群体，分别采用了哪些激励方式？

微课视频

扫一扫，获取本章相关微课视频。

互联网平台企业.mp4

网络治理模式.mp4

参 考 文 献

[1] 李超玲. 公司法人特性与公司治理困境解决机制研究[D]. 中南大学，2008.
[2] 闫长乐. 公司治理(修订版)[M]. 北京：人民邮电出版社，2016.
[3] 孙丽. 公司治理结构的国际比较：日本启示[M]. 北京：社会科学文献出版社，2008.
[4] [英]亚当·斯密. 国富论(下)[M]. 郭大力，王亚南，译. 上海：上海三联书店，2009.
[5] 章竟. 企业社会责任视角下的公司治理完善研究[D]. 福建师范大学，2013.
[6] 邓峰. 普通公司法[M]. 北京：中国人民大学出版社，2009.
[7] 叶林. 公司治理制度：理念、规则与实践[M]. 北京：中国人民大学出版社，2021.
[8] [美]小艾尔弗雷德·D. 钱德勒. 看得见的手：美国企业的管理革命[M]. 北京：商务印书馆，1977.
[9] [美]莱纳·克拉克曼，享利·汉斯曼，等. 公司法剖析：比较与功能的视角[M]. 罗培新，译. 北京：法律出版社，2012.
[10] 赵晶. 公司治理：原理与案例[M]. 北京：中国人民大学出版社，2021.
[11] 张海生. 我国上市公司治理结构研究[D]. 华中科技大学，2008.
[12] 王建丰. 公司治理的历史演进与发展趋势[J]. 商业时代，2010(01)：44-45.
[13] 石明虹，张喜民. 日、美家族企业制度演变及对中国民营企业制度变革的启示[J]. 工会论坛(山东省工会管理干部学院学报)，2003(01)：65-67.
[14] 张清，严清华. 机构投资者的介入与公司治理模式的演进与趋同[J]. 中南财经政法大学学报，2005(01)：114-120.
[15] [美]彼得·F. 德鲁克. 创业精神与创新——变革时代的管理原则与实践[M]. 柯政，译. 北京：工人出版社，1989.
[16] [美]威廉·拉让尼克，玛丽·奥苏丽文. 公司治理与产业发展：一种基于创新的治理理论及其经验依据[M]. 黄一义，等，译. 北京：人民邮电出版社，2005.
[17] 马连福. 公司治理[M]. 2 版. 北京：中国人民大学出版社，2020.
[18] 郑志刚. 对公司治理内涵的重新认识[J]. 金融研究，2010(08)：184-198.
[19] 李维安. 公司治理[M]. 天津：南开大学出版社，2000.
[20] 宋剑涛，王晓龙，等. 公司治理学[M]. 成都：西南财经大学出版社，2015.
[21] 吴敬琏. 现代公司与企业改革[M]. 天津：天津人民出版社，1994.
[22] 林毅夫，李周. 现代企业制度的内涵与国有企业改革方向[J]. 经济研究，1997(03)：3-10.
[23] 张维迎. 企业理论与中国企业改革[M]. 北京：北京大学出版社，1999.
[24] 朱长春. 公司治理标准[M]. 北京：清华大学出版社，2014.
[25] 曹廷求. 公司治理与国企改革[J]. 华东经济管理，2002(04)：51-53.
[26] 公司治理包含什么内容[OL]. https://wenku.baidu.com/view/ecd8a698d4d8d15abe234ef7.html.
[27] 廖理. 公司治理与独立董事[M]. 北京：中国计划出版社，2002.
[28] 马红飞. 公司治理视野下利益相关者的法律保护[D]. 西南政法大学，2014.
[29] 陈宏辉. 利益相关者管理：企业伦理管理的时代要求[J]. 经济问题探索，2003(2)：68-71.
[30] 符栋良. 大师兄滤清器的品牌建设与创新[J]. 中国工商管理案例库，2019.
[31] 顾保国. 现代西方企业理论比较分析[J]. 天津社会科学，2002(1)：87-90.

[32] 顾自安. 产权学派关于企业理论的演进[DB]. http：//www.chinavalue.net，2005.

[33] 李善友. 争议拼多多[OL]. https：//www.sohu.com/a/259457409_115035.

[34] 林亮. 国外交易成本理论研究的新进展[J]. 经济观察，2021(2)：104-106.

[35] 唐海滨，丁永霞. 西方企业理论演进与最新进展[J]. 东北财经大学学报，2011(6)：3-8.

[36] 唐海滨. 西方企业理论的发展[J]. 经济学动态，1993(4).

[37] 王国顺. 新古典企业理论的理解与修正[J]. 中南工业大学学报，2000(2)：95-98.

[38] 王小茜. 交易成本理论研究评述[J]. 经济研究，2021：112-113.

[39] 谢霓泓. 利益相关者研究的回顾与思考[J]. 会计之友，2009(4)：89-91.

[40] 杨瑞龙. 企业的利益相关者理论及其应用[M]. 北京：经济科学出版社，2000.

[41] [美]玛格丽特·M.布莱尔. 所有权与控制[M]. 张荣刚，译. 北京：中国社会科学出版社，1999.

[42] 杨小凯. 企业理论的新发展[J]. 经济研究，1994(7)：60-65.

[43] [英]罗纳德·哈里·科斯. 论生产的制度结构[M]. 盛洪，陈郁，译. 上海：上海三联书店，上海人民出版社，1994.

[44] 陈威如，余卓轩. 平台战略[M]. 北京：中信出版社，2013.

[45] [美]奥利弗·E.威廉姆森. 资本主义经济制度[M]. 段毅才，王伟，译. 北京：商务印书馆，2002.

[46] 金帆. 价值生态系统：云经济时代的价值创造机制[J]. 中国工业经济，2014(04)，97-109.

[47] 金帆，张雪. 从财务资本导向到智力资本导向：公司治理范式的演进研究[J]. 中国工业经济，2018，01(No.358)：158-175.

[48] 秦芬，李扬. 用户生成内容激励机制研究综述及展望[J]. 外国经济与管理，2018，8.

[49] 郑志刚，邹宇，崔丽. 合伙人制度与创业团队控制权安排模式选择——基于阿里巴巴的案例研究[J]. 中国工业经济，2016(10)：126-143.

[50] 徐明. 上市公司独立董事制度理论和实证研究[M]. 北京：北京大学出版社，2007.12.

[51] 郑春美，李文耀. 中国上市公司独立董事制度有效性实证研究：基于会计监督视角[M]. 北京：中国社会科学出版社，2014.4.

[52] 姜荣吉. 难行监督之事的监事——日本监事制度的发展历程与启示[J]. 北方法学，2013，7(06)：49-58.

[53] 李维安. 公司治理学[M]. 北京：高等教育出版社，2016：88-99.

[54] 单海洋，张志敏. 股权激励：实践与创新[M]. 北京：机械工业出版社，2019.

[55] 徐芳. 股权激励：让员工为自己打工[M]. 北京：中国铁道出版社，2018.

[56] 杨晓刚. 股权激励一本通：方案+范本+案例[M]. 北京：人民邮电出版社，2000.

[57] 应韵. 基于核心竞争力的高新技术企业股权激励研究——以阿里巴巴为例[J]. 财会通讯，2016(35)：85-88.

[58] [美]拉姆·查兰，丹尼斯·凯利，迈克尔·尤西姆. 董事会领导力：变革时代重新定义公司的管理逻辑[M]. 强薇，译. 北京：机械工业出版社，2018.

[59] 申富平. 独立董事制度保障性问题研究[M]. 北京：中国社会科学出版社，2011.6.

[60] 仲继银. 董事会：公司治理运作精要[M]. 北京：企业管理出版社，2020.

[61] 仲继银. 董事会与公司治理[M]. 北京：中国发展出版社，2014.

[62] 王中杰. 董事会治理[M]. 北京：中国发展出版社，2011.

[63] 慕凤丽. 董事会的本质[M]. 北京：经济管理出版社，2016.

[64] 程原，路跃兵. 卓越董事会：全球最佳实践[M]. 北京：中国经济出版社，2021.

[65] 刘晓青. 独立董事制度研究[M]. 南昌：江西人民出版社，2007.6.

[66] 孙敬水. 独立董事制度：公司治理的创新与革命[M]. 合肥：安徽大学出版社，2003.9.

[67] Smith A. Wealth of Nations[M]. W.Strahan and T. Cadell,1776.

[68] Sun, Y. C, Dong, X. J., McIntyre S. Motivation of User-generated Content: Social Connectedness Moderates the Effects of Monetary Rewards[J]. Marketing Science, 2017, 36(3): 329-337.

[69] Tapscott, D., Anthony. W. Wikinomics[M]. Atlantic Books, 2008.

[70] Toubia, O., Stephen, A. T. Intrinsic vs. Image-related Utility in Social Media: Why do People Contribute Content to Twitter?[J]. Marketing Science, 2013, 32(3): 368-392.

[71] Jensen, M. C., Meckling, W, H. Theory of the Firm: Managerial Behavior, Agency Costs and Ownership Structure[J]. Journal of Financial Economics, 1976, 3(4):305-360.

[72] Miller, V. V., Kent, D. W. Corporate Responsibility and Governance Emerging Local And Global Simultaneously[J]. China Management Studies, 2008, 3:109-140.

[73] Shleifer, A., Vishny R W. A Survey of Corporate Governance[J]. The Journal of Finance, 1997, 52(2):737-783.

[74] Miller, M.. Alternative Strategies for Corporate Governance[C]. A Keynote Address for the Conference on Reformability of the State Sector in China, Shanghai, China, July 19, 1995.

[75] Arrow, K. J. The Economic Implications of Learning by Doing[J]. The Review of Economic Studies, 1962, 29(3): 155-173.

[76] Cheung S.N.S. The Contractual Nature of the Firm[J]. Journal of Law and Economics, 1983, 26(1): 1-21.

[77] Dow G.K.Why Capital Hires Labor:A Bargaining Perspective[J]. American.

[78] Economic Review, 1993, 83(1): 118-134.

[79] FOSS, WEBER.Moving Opportunism to the Back Seat: Boundedrationality, Costly Conflict, and Hierarchical Forms[J].Academy of Management Review, 2016,41(1), 61-79.do1:105465/amr2014.0105.

[80] GOROVAIA,WINDSPERGER.The choice of contract duration in franchising networks:A transaction cost and resource-based view[J].Industrial Marketing Management, 2018(75): 125-133.doi: 101016/j.indmarman2018.03.002.

[81] Grossman, S. J. , Hart, O. D. The Costs and Benefits of Ownership: A Theory of Vertical and Lateral Integration[J]. Journal of Political Economy, 1986, 94(4): 691-719.

[82] Hart, O. , Moore, J. Property Rights and the Nature of the Firm[J]. Journal of Political Economy, 1990, 98(6): 1119-1158.

[83] Holmstrom, B. Moral Hazard and Observability[J]. The Bell Journal of Economics, 1979, 10(1): 74—91.

[84] Howard, R.B.Social Responsibility of the Businessman[M]. NewYork: Harper, 1953.

[85] KETOKIVI, MAHONEY.The Transaction Cost Economics as a Constructive Stakeholder Theory[J].Academy of Management Learning & Education, 2016, 15(1), 123-138.doi:105465/amle20150133.

[86] Ross, S. A. The Economic Theory of Agency: The Principal's Problem[J]. American Economic Review, 1973, 63(2): 134-139.

[87] Spence, M. , Zeckhauser, R.Insurance, Information, and Individual Action[J]. The American Economic Review, 1971, 61(1): 380-387.

[88] Trivers, Robert L. The Evolution of Reciprocal altruism[J]. Quarterly Review of Biology, 1971:35-57.

[89] Wan, J. L., Lu, Y. B., Wang, B., et al. How Attachment Influences Users' Willingness to Donate to Content Creators in Social Media: A Socio-technical Systems Perspective[J]. Information & Management, 2017, 54(7): 837-850.

[90] Zeng, X. H., Wei, L. Y.. Social Ties and User Content Generation: Evidence from Flickr[J]. Information Systems Research, 2012,24(1): 71-87.

[91] Zhao, L., Detlor, B., Connelly, C. E. Sharing Knowledge in Social Q&A Sites: The Unintended Consequences of Extrinsic Motivation[J]. Journal of Management Information Systems, 2016, 33(1): 70-100

[92] Aaltonen, A., Seiler, S.. Cumulative Growth in User-generated Content Production: Evidence from Wikipedia[J]. Management Science, 2016, 62(7): 2054-2069.

[93] Belk, R. Sharing[J].Journal of Consumer Research,2010: 715-734.

[94] Belk, R. You are What you can Access: Sharing and Collaborative Consumption Online[J].Journal of Business Research, 2014:1595-1600.

[95] Benkler, Y., Nissenbaum, H., Commons-based Peer Production and Virtue[J]. Journal of Political Philosophy, 2006: 394-419.

[96] Benkler, Y.The Wealth of Networks: How Social Production Transforms Markets and Freedom[M]. Yale University Press, 2007.Campbell-Kelly M, Garcia-Swartz D, Lam, R. Economic and Business Perspectives on Smartphones as Multi-sided Platforms[J].Telecommunications Policy, 2015: 717-734.

[97] Burtch, G., Hong, Y. L., Bapna, R., et al. Stimulating online reviews by combining financial incentives and social Norms[J].Management Science, 2017.

[98] Cabral, L., Li, L. F. A Dollar for your Thoughts: Feedback-conditional Rebates on Ebay[J]. Management Science, 2015, 61(9):2052-2063.

[99] Darwin, Charles. On the Origin of Species, by Means of Natural Selection,or, The Preservation of Favoured Races in the Struggle for Life[M]. J. Murray, 1859.

[100] Dawkins, R. The Selfish Gene[M]. Oxford University Press, 1976.

[101] Deangelis, D., Barber, S. Systemic Reciprocal Rewards: Motivating Expert Participation in Online.

[102] Communities with a Novel Class of Incentives[J]. International Journal of Agent Technologies and Systems, 2014, 6(2): 30-50.

[103] Edvinsson, L., and M. S. Malone. Intellectual Capital: Realizing Your Company's True Value by Finding Its Hidden Brainpower[M]. New York: Harper Business, 1997.

[104] European Commission.Study on the: Economic Impact of Open Source Software on Innovation and the Competitiveness of the Information and Communication Technologies (ICT) Sector in the EU. Report, European Commission, Brussels, 2006.

[105] Evans, D. S. The Antitrust economics of Multi-sided Platform Markets[J]. Yale Journal on Regulation, 2003: 325-381.

[106] Forman, C., Ghose, A., Wiesenfeld B. Examining the Relationship between Reviews and Sales: The Role of Reviewer Identity Disclosure in Electronic Markets[J]. Information Systems Research, 2008, 19(3): 291-313.

[107] Fournier, S., Eckhardt, G. M, Bardhi, F. Learning to Play in the New "Share Economy"[J]. Harvard Business Review, 2013:125-128.

[108] Fradkin, A., Grewal, E., Holtz, D.. The Determinants of Online Review Informativeness: Evidence from Field Experiments on Airbnb[M]. Mimeo: MIT Press, 2017.

[109] Garnefeld I, Iseke A, Krebs A. Explicit Incentives in Online Communities: Boon or bane?[J]. International Journal of Electronic Commerce, 2012, 17(1): 11-38.

[110] Geri, N., Gafni, R., Bengov, P.. Crowdsourcing as a Business Model: Extrinsic Motivations for Knowledge Sharing in Usergenerated Content Websites[J]. Journal of Global Operations and Strategic Sourcing, 2017, 10(1): 90-111.

[111] Hagiu, A., Wright J. Multi-sided platforms[J]. International Journal of Industrial Organization, 2015:162–174.

[112] Hauge Øyvind, Ayala Claudia, Conradi Reidar. Adoption of Open Source Software in Software-intensive Organizations-A Systematic Literature Review[J]. Information and Software Technology, 2010: 1133-1154.

[113] Haumann, T., Güntürkün P S, Laura M, et al. Engaging Customers in Coproduction Processes: How Value-enhancing and Intensity-reducing Communication Strategies Mitigate the Negative Effects of Coproduction Intensity[J]. Journal of Marketing, 2015:17-33.

[114] Hennig-Thurau, T., Gwinner K P, Walsh G, et al. Electronic Word-of-mouth via Consumer-opinion Platforms: What Motivates Consumers to Articulate themselves on the internet?[J]. Journal of Interactive Marketing, 2004, 18(1): 38-52.

[115] Hobbes, T. Leviathan[M]. Penguin Classics, 1982.

[116] Holmstrom, B. Moral Hazard in Teams[J]. The Bell Journal of Economics, 1982, 13(2): 324-340.

[117] Roos, J., G. Roos, N. C. Dragonetti, and L. Edvinsson. Intellectual Capital [M]. New York: New York University Press, 1998.

[118] Jiang, B., Tian, L.. Collaborative Consumption : Strategic and Economic Implications of Product Sharing[J]. Management Science, Articles in Advance,2016:1-19.

[119] Kittinger, R. S. Incentives that Increase User-generated-content Production in Virtual Environments: A Quantitative Analysis of Crowd-sourced Labor Productivity Over Time[D]. Minnesota: Capella University, 2015.

[120] Levine, S., Prietula, M. Open Collaboration for Innovation: Principles and Performance[J]. Organization Science, 2014:1414-1433.

[121] Nowak, M. A. Five Rules for the Rvolution of Cooperation[J]. Science,2006:1560-1563.

[122] Qiao, D. D., Lee, S. Y., Whinston, A., et al. Incentive Provision and Pro-social Behaviors[A]. Proceedings of the 50th Hawaii International Conference on System Sciences[C]. HICSS, 2017: 5599–5608.